ABITUR-TRAINING GESCHICHTE

Ehrenpreis · Freyberger · Müller

Geschichte 2

STARK

Bildnachweis
Umschlagbild: Sadat, Carter und Begin nach dem Camp-David-Abkommen (1978).
© David Hume Kennerly/Getty Images

ISBN 978-3-86668-555-0

www.stark-verlag.de

Inhalt

Autoren: Petronilla Ehrenpreis, Bert Freyberger, Heinrich Müller

Vorwort

Liebe Schülerinnen und Schüler,

der vorliegende Band enthält eine Zusammenfassung aller **prüfungsrelevanten Inhalte** des Geschichtsunterrichts der **12. Klasse**. Mit diesem Buch können Sie sich effektiv auf den Unterricht sowie auf bevorstehende Klausuren und das Abitur vorbereiten.

- Das Buch präsentiert das in der Abiturprüfung vorausgesetzte **Basiswissen** an Fakten und Zusammenhängen in gut verständlicher Form.
- Die einzelnen Kapitel sind **klar strukturiert** und **übersichtlich gegliedert**. Die Inhalte entsprechen dem neuesten Stand der fachwissenschaftlichen Forschung.
- Die **abwechslungsreiche Materialzusammenstellung** bestehend aus zusammenfassenden Schaubildern, Tabellen, Karten und Abbildungen erleichtert das Lernen.
- Farbig hinterlegte **Grundwissens- und Infokästen** bereiten unverzichtbare Fakten und Zusammenhänge strukturiert auf.
- Mit den vielfältigen **Übungsaufgaben** am Ende jedes Kapitels und mit **materialgestützten Aufgaben im Stil des Abiturs** können Sie das Gelernte selbstständig anwenden und überprüfen.
- Der umfassende **Lösungsteil** am Ende des Bandes gibt Ihnen schließlich die Möglichkeit, Ihren Wissensstand schnell und einfach zu überprüfen.
- Ein ausführliches **Stichwortverzeichnis** ermöglicht das gezielte Nachschlagen und hilft, Wissenslücken schnell und effektiv zu schließen.

Wir wünschen Ihnen viel Erfolg bei der Arbeit mit diesem Buch!

Dr. Petronilla Ehrenpreis | Dr. Bert Freyberger | Heinrich Müller

Wurzeln europäischer Denkhaltungen und Grundlagen moderner politischer Ordnungsformen in Antike, Mittelalter und Früher Neuzeit

„Europa ist nicht nur ein Kontinent, sondern auch eine Idee. Die Gesellschaften und Kulturen am westlichen Ende der gewaltigen eurasischen Landmasse sind immer höchst unterschiedlich gewesen, und so hat sich die Grundlage für ihre Zusammenfassung unter dem Stichwort ‚Europa' auch von Epoche zu Epoche anders dargestellt. Doch seit dem späten Mittelalter haben die verschiedenen Gebiete West- und Mitteleuropas so vieles gemeinsam, dass es nicht abwegig erscheint, sie als Ganzes zu betrachten. Vergleicht man West- und Mitteleuropa mit anderen Kulturregionen der Erde [...], so hat dieser Teil der Welt bis auf den heutigen Tag einen ganz besonderen Charakter." (Robert Bartlett: Die Geburt Europas aus dem Geist der Gewalt. München: Kindler 1996, S. 11)

Die Worte des englischen Historikers verdeutlichen die **komplexe Identität Europas**. Ihre Anfänge gehen auf politische, gesellschaftliche und kulturelle Anstöße in der **griechisch-römischen Antike** zurück. **Einheit in Vielfalt:** Prägnant kennzeichnet dieses Begriffspaar Entstehung wie Selbstverständnis des heutigen Europas. Sein „ganz besonderer Charakter" fußt dabei auf dem frühen Streben der Menschen nach Selbstvergewisserung in einem religiös dominierten Leben: **Wissen und Information** sind entscheidende Elemente **europäischer Identitätsfindung**.

Seit der Geburt der griechischen Philosophie durchzog wachsendes Verlangen nach Hinterfragung aller Existenz den Fortgang der Wissenschaft. **Verstand, Vernunft** und **Logik** gewannen dabei zunehmend an Bedeutung und revolutionierten letztlich auch das traditionelle Weltbild. Durch die Vermittlung des **Römischen Rechts** und des **Christentums** als doppeltem Erbe des Römischen Weltreichs lebte griechisch-lateinisches Wissen im Mittelalter fort. Dieses beeinflusste den Alltag der Menschen in Form von prägnanten Rechtssatzungen und Wertvorstellungen. Wie vielfältig die historische Selbstfindung Europas war, zeigen auch die zahlreichen Einflüsse aus dem muslimischen Kulturkreis.

1 Antike Grundlagen europäischen Denkens im Überblick

Für das **Selbstverständnis des heutigen Europas** ist die griechisch-römische Antike von großer Bedeutung. Vom Althistoriker Christian Meier stammt die Aussage, die Antike sei „wirkungsmächtiger Teil der europäischen Geschichte des Mittelalters und der Neuzeit gewesen". Deshalb müsse man „Europa nicht einfach ethnisch, von den Völkern, sondern von dem her [...] verstehen, was diese Völker so eigenartig durchdrungen, sie herausgefordert, was ihnen so ungeheure Spielräume eröffnet, was sie (wenigstens mehrere von ihnen) zum Beispiel seit dem sechzehnten Jahrhundert dazu befähigt hat, die ganze Welt teils in Besitz zu nehmen, teils in Bann zu schlagen" (Christian Meier: Kultur, um der Freiheit willen. Griechische Anfänge – Anfänge Europas? München: Siedler 2009, S. 11). Es geht also nicht um eine umfassende europäische Identität, sondern eher um Elemente und Spielformen dessen, was rückblickend als **typisch „europäisch"** bezeichnet werden kann.

Griechenland und Rom haben die Moderne in unterschiedlicher Weise geprägt. Bis heute haben sich mehrere Stränge eines antiken Erbes herausgebildet, das die europäische Idee gerade in Zeiten politischen Einheitsstrebens deutlich befördert. Die Griechen haben durch intensives Hinterfragen des menschlichen Daseins **kritischem Denken** und damit auch der **Demokratie als politischer Ordnungsform** entscheidende Anstöße gegeben. Die Römer haben durch die

Zeus entführt in Gestalt eines Stiers die phönikische Königstochter Europa (griechische Vasenmalerei, um 490 v. Chr.).

Bildung eines Weltreichs und die damit einhergehende **Romanisierung** wichtige Erkenntnisse in Recht, Verwaltung, Kult und Kultur zu verbindlichem Allgemeingut gemacht. Möglich wurde dies v. a. dadurch, dass das Römische Reich viele Jahrhunderte lang weite Teile der Welt umspannte. Griechisches Denken und lateinische Sprache gingen letztlich eine Synthese ein, die über die Antike hinaus prägend wurde. Europa profitiert hiervon bis heute in hohem Maße.

1.1 Grundformen europäischen Denkens in der griechischen Antike: Empirie, Rationalität und Diskurs

Vom Mythos zum Logos

Die Menschen haben bereits in der Antike nach dem **Ursprung und dem Selbstverständnis aller Existenz** gefragt. Entsprechende Antworten, insbesondere im Bereich der Physik, der Ethik und der Logik, lieferte ihnen die **griechische Philosophie** („Liebe zur Weisheit"). Bisher selbstverständliche Wahrheiten wurden so schleichend erschüttert. Der Mythos, ein komplexes Geflecht aus fantastischen Sagen von Göttern, Halbgöttern, Helden sowie dem Schicksal ganzer Völker und Geschlechter, begann zu bröckeln; insbesondere der Glaube an das wirkmächtige Eingreifen von Gottheiten in das Weltgeschehen wurde infrage gestellt.

Den Mythos ersetzte das neue, rationale („vernunftorientierte") Bewusstsein, mit dem der **Mensch als logisch denkendes Wesen** nun an Statur gewann. So entstanden auch die Philosophie und die Naturwissenschaft sowie erste Formen ethisch-moralischer Reflexion. Durch die immer systematischere Hinterfragung von Phänomenen des Alltags weitete sich der geistige Horizont der Menschen, der an Wahrheit und Vernunft (beides gr. **„logos"**) orientiert war. Vor allem Philosophen aus der Zeit vor Sokrates (ca. 470–399 v. Chr.), die sog. **Vorsokratiker**, traten in den neu gegründeten Städten an der kleinasiatischen Küste Ioniens (der heutigen Westtürkei) und im griechischen Einflussgebiet Unteritaliens und Siziliens auf. Hier kam es auch zu ersten Kontakten mit dem jahrtausendealten **Wissen des altorientalischen Kulturkreises**.

Konfrontiert mit fremden Denkweisen, warfen die Philosophen auf ihrer Suche nach dem Ursprung der Welt immer neue Fragen auf, die die Grundlage für die weitere Entwicklung der Philosophie legten. Gemeinsam war ihnen die Frage nach dem **Urstoff** (gr. „arché") jeder Existenz. **Thales aus Milet** (ca. 624–546 v. Chr.) etwa identifizierte diesen als **Wasser**. Zudem erkannte er die Kugelgestalt der Erde, beschäftigte sich mit den Planeten, bestimmte die Höhe ägyptischer Pyramiden, suchte physikalische Erklärungen für Überschwemmungen und Erdbeben und sagte für das Jahr 585 v. Chr. eine Sonnenfinsternis voraus, die tatsächlich eintrat. Es gab aber auch Philosophen, die andere Elemente (z. B. **Feuer, Erde oder Luft**), eine Mischung dieser Stoffe oder sogar das Unendliche als Erklärungen für das Leben heranzogen. „Alles strömt und nichts dauert", soll **Heraklit** (ca. 520–460 v. Chr.) sinngemäß formuliert haben. Dieser Satz beschreibt die grundlegenden Prinzipien der menschlichen Existenz, vor allem das Werden und das Vergehen. Erstmals konnte der Mensch seine Rolle im kosmologisch-biologischen Universum selbst bestimmen. Gemäß dem **Homo-Mensura-Satz** des Sophisten **Protagoras** (490–411 v. Chr.), der Mensch sei das „Maß aller Dinge", standen dessen Fragen und Antworten, Wünsche und Bedürfnisse, Taten und Entscheidungen im Mittelpunkt der Betrachtungen. Damit begann auch das bewusste Nachdenken über das **Verhältnis von Individuum und Gemeinschaft**.

Mensch und Staat, Recht und Moral

Sokrates (ca. 470–399 v. Chr.), ein herausragender Denker der Antike, entwarf das Modell eines wissenschaftlichen Nachdenkens auf Basis der **Dialektik**, d. h. der Kunst der Gesprächsführung. Unermüdlich führte er **„sokratische Lehrgespräche"** mit seinen Schülern, die einer von ihnen, Platon, überliefert hat. In diesen Dialogen wurde jede Antwort sofort wieder kritisch und nach den Gesetzen wissenschaftlicher Logik infrage gestellt. Sokrates umschrieb diesen dialektischen Weg mit dem berühmten Satz „Ich weiß, dass ich nichts weiß" und bezeichnete seine Methodik als „Hebammenkunst" (gr. „Mäeutik").

Sokrates und seine Schüler, Fresko im Hauptgebäude der Universität Halle-Wittenberg, 1885

Solcher **Mut zur kritischen Selbstreflexion** ebnete vor allem im Athen des 5. Jahrhunderts v. Chr. den Weg zu freiem Denken, das eine wesentliche Grundlage für die Entstehung der Demokratie bilden sollte. Laut Cicero (106–43 v. Chr.) habe erst Sokrates die Philosophie definitiv vom Himmel auf die Erde gebracht.

Auf der Suche nach dem **Beweis absoluter Wahrheit** betonte Sokrates, dass grundlegende Werte im Leben auf keinen Fall infrage gestellt werden dürften. Sein sog. **ethischer Individualismus** verstand den Menschen als Teil der Gemeinschaft, deren Werte und Normen trotz eigener Überzeugungen absoluter Maßstab für das menschliche Handeln waren. Damit zog sich Sokrates die **Gegnerschaft der Sophisten** zu, die insbesondere in Athen die philosophische Meinungsbildung dominierten.

Sophisten („Wissenskundige" bzw. „Lehrer der Weisheit")

Die Sophisten waren **Wanderphilosophen** des 5. Jahrhunderts v. Chr., die ihre Lehren meist gegen Bezahlung auf den Marktplätzen Griechenlands (z. B. Athens) darboten. Am bekanntesten waren **Protagoras** (490–411 v. Chr.), **Gorgias** (ca. 480–380 v. Chr.) und **Hippias** (zweite Hälfte 5. Jahrhundert v. Chr.), die – wie viele ihrer Mitphilosophen – in mehreren Wissensgebieten (Natur- und Rechtswissenschaften sowie Rhetorik) ausgebildet waren. Ihre Ethik besagte, dass der Mensch in jeder Lebenslage sein **individuelles Geschick in die Hand nehmen** und aktiv steuern könne.

Der rasche Erfolg der Sophisten geht darauf zurück, dass in den jungen Demokratien Griechenlands der Beherrschung der Redekunst zunehmende Bedeutung zukam. Nicht selten versprachen die Sophisten ihren Zuhörern, über den Erwerb rhetorischer Fertigkeiten (Tüchtigkeit, Tugend) Erfolg im politischen Leben erzielen zu können.

Nachhaltigkeit und Effektivität der öffentlichen Redekunst waren eher an Überredung statt an Überzeugung orientiert. Zudem konnten **individuelle Standpunkte** jenseits allgemeiner Moralmaßstäbe vollkommen rechtmäßig sein. Damit betonten die Sophisten den **Vorrang relativer vor absoluter Moral**, wie sie Sokrates ein Leitbild war.

Als die Athener – den Sophisten folgend – **Sokrates** den Prozess machten, akzeptierte dieser trotz Gelegenheit zur Flucht das wegen angeblicher Gottlosigkeit und Verführung der Jugend verhängte **Todesurteil**. Das unumstößliche Gesetz der Mehrheit hatte auch sein eigenes Gesetz zu sein. Er ordnete sich damit in die verbindliche Logik des menschlichen Zusammenlebens in der Polis ein. Diese sah gemäß Platon und Aristoteles grundsätzlich vor, dass Recht und Moral den Menschen größtmögliche Orientierung geben sollten. Einen solchen **utopischen Idealstaat** auf Basis allgemeiner Gerechtigkeit beschrieb **Platon** (428/27–348/47 v. Chr.) in seinem Hauptwerk **„Politeia"**

(„Der Staat"). Jedem Bürger war danach ein unveränderlicher, durch individuelle Leistung errungener Status in einem hierarchischen System unterschiedlicher Stände vorgegeben.

Polis

Der Begriff „Polis" (gr. „Burg, Siedlung, Stadt") bezeichnet den griechischen **Stadtstaat**, bestehend aus **Akropolis** (Burgberg), **Agora** (Wohnsiedlung mit Marktplatz) und landwirtschaftlich genutztem Umland. Kennzeichen waren zudem wirtschaftliche Unabhängigkeit **(Autarkie)**, politische Selbstständigkeit **(Autonomie)** und äußere Freiheit **(Eleutherie)**.

Nach Phasen der Monarchie, Aristokratie und Tyrannis, der illegitimen Alleinherrschaft über eine Polis, entstand im 5. Jahrhundert v. Chr., vor allem in Athen, die Regierungsform der Demokratie (gr. „demos" und „kratia" für „Volksherrschaft"). In der **attischen Demokratie** traf die Vollversammlung der Bürger politische Entscheidungen durch Mehrheitsbeschluss. In griechischen Stadtstaaten war aufgrund der geringen Bevölkerungszahl die direkte Bürgerbeteiligung im Rahmen der **direkten Demokratie** möglich.

Aristoteles (384–322 v. Chr.) ging noch systematischer als Platon vor, indem er unterschiedliche Staats- und Verfassungsformen miteinander verglich. Am Beispiel Athens entwickelte er Kriterien für eine kritische Beurteilung gesellschaftspolitischer Systeme, vor allem hinsichtlich der **Teilhabe des Bürgers am Gemeinwesen**. Zu den drei „guten", legitimen Verfassungstypen gehörten nach Aristoteles die **Monarchie** (Alleinherrschaft, Herrschaft des Königs), die **Aristokratie** (Herrschaft einer kleinen Gruppe/der Adligen) und die **Politie** (Herrschaft der Vernünftigen bzw. der Besonnenen). Setzten sich hier jedoch jeweils Egoismus und Anarchie durch, konnten alle Verfassungsformen in ihr Gegenteil umschlagen: in die **Tyrannis** (Willkürherrschaft der Monarchen), die **Oligarchie** (Herrschaft einer kleinen Gruppe von Aristokraten) oder die **Demokratie** (Ochlokratie, Herrschaft des Pöbels).

Politische Ordnungen nach Qualität und Anzahl der Herrschaftsberechtigten

Qualität/Wer herrscht?	Einer	Wenige	Alle
gut	Monarchie	Aristokratie	Politie
schlecht	Tyrannis	Oligarchie	Demokratie

Der Begriff „Demokratie“

Bei **Aristoteles** hatte der Begriff „Demokratie“ eine **negative Bedeutung**. Die so von ihm bezeichnete „Herrschaft der freigeborenen Armen“ sei eine verfehlte Staatsform, da sie nicht dem Wohl der Allgemeinheit, sondern nur dem des gerade in ihr herrschenden Teils der Bevölkerung, eben den Armen, diene.

Ihm schwebte vielmehr die **Politie**, eine Mischung aus Demokratie und Oligarchie (gr. „oligoi“ und „archein“ für „Herrschaft der Wenigen“), als gerechte Staatsform vor. Demnach soll das Gemeinwesen von den Vernünftigen bzw. Besonnenen seiner Mitglieder regiert werden, die in Wahlen zu bestimmen sind.

Aristoteles formulierte in seiner politischen Systematik zudem fundamentale Eckpfeiler städtischen Selbstverständnisses wie politische Unabhängigkeit **(Autonomie)**, wirtschaftliche Eigenständigkeit **(Autarkie)** und rechtliche Gleichheit aller Bürger **(Isonomie)**. Er definierte den Menschen als **„zoon politikon“** („politisches Wesen“), das außerhalb seiner städtischen Gemeinschaft nicht wirklich existieren konnte. Ein solches Wesen strebte jederzeit nach individueller Glückseligkeit **(Eudämonie)** gemäß den ethisch-moralischen Vorgaben der Polis, der man sich zugehörig fühlte.

Ab dem 3. Jahrhundert v. Chr. definierten Philosophenschulen wie die Stoiker (benannt nach der athenischen Säulenhalle Stoa) oder die Epikureer (benannt nach dem Schulgründer Epikur) die Pflichten des Einzelnen in der Gemeinschaft ganz neu: Die **Stoiker** verwiesen auf „stoische“, disziplinierte Erfüllung von Bürgerpflichten für das Gemeinwesen; die **Epikureer** zogen ländliche Abgeschiedenheit dem hektischen Leben in der Stadt vor und waren überzeugt, dass nur vollkommene Freiheit von äußerer Fremdbestimmung lustvolle Selbstverwirklichung garantieren könne. In beiden Fällen sollte der Einzelne eine Form von Unerschütterlichkeit und Leidenschaftslosigkeit (also die **Abwesenheit jeglicher Störung des inneren Gleichgewichts**) entwickeln, die ihn die gewählte Lebensform mit Freude ausüben ließ.

Die **Kyniker** radikalisierten schließlich die Idee vom Menschen als natürlichem Wesen: Nur wer nichts besitze und keinerlei Bedürfnisse habe, könne den wahren Sinn des Lebens, nämlich Zufriedenheit mit seinem Los, erkennen. So soll etwa der kynische Schulgründer **Diogenes** (ca. 410–328/323 v. Chr.) beim Besuch des Makedonenkönigs Alexander auf dessen Frage nach einem persönlichen Wunsch erwidert haben, jener solle ihm schlicht aus der Sonne gehen.

Denkhaltungen in der Antike

Wo liegt der Ursprung aller Existenz?	**Mythos**	Erklärung der Welt durch das Eingreifen von Göttern in das Weltgeschehen
	Logos	Erklärung der Welt, der Gemeinschaft und des Individuums durch die menschliche Vernunft
Was ist der Urstoff?	**Vorsokratiker**	Suche nach dem Urstoff hinter den vier Elementen (Thales, Heraklit)
Wie soll der Mensch leben?	**Sophisten**	• „Der Mensch ist das Maß aller Dinge" (Protagoras) • Rechtmäßigkeit individueller Moral • Rhetorik dient der Überredung, nicht der Überzeugung
	Sokrates	ethischer Individualismus: Der Mensch lebt nach den gesellschaftlichen Konventionen, ohne im Idealfall jedoch von seinen eigenen Überzeugungen grundsätzlich Abstand zu nehmen.
Was ist der ideale Staat?	**Platon**	Jeder hat einen durch Leistung errungenen Platz innerhalb der Ständehierarchie: Wächter, Krieger, Erwerbstätige.
	Aristoteles	• der Mensch als „zoon politikon" • legitime Herrschaftsformen des Allgemeinwohls: Monarchie, Aristokratie, Politie • illegitime Herrschaftsformen des Eigennutzes: Tyrannis, Oligarchie, Demokratie
Wie gelangt der Mensch zum Einklang mit sich selbst?	**Stoiker**	„stoische" Pflichterfüllung für das Gemeinwesen
	Epikureer	Abgeschiedenheit und vollkommene Freiheit von äußerer Fremdbestimmung
	Kyniker	Besitz- und Bedürfnislosigkeit

Selbstverständnis und Vielfalt der Wissenschaften

Im griechischen Denken lag der Fokus wissenschaftlichen Arbeitens lange Zeit auf den **Naturwissenschaften**, die als Bestandteil der Philosophie angesehen wurden. Jedoch dominierten in der Philosophie bestenfalls **Ansätze empirischen Vorgehens** im Sinne wissenschaftlicher „Beweisbarkeit" (von gr. „empeira": Erfahrung). Man beobachtete die Dinge zwar sehr genau, experimentierte aber nicht mit ihnen. So entdeckte z. B. die Astronomie durchaus einzelne Elemente des Kosmos bzw. der Natur, ohne daraus jedoch spezifische Gesetzmäßigkeiten abzuleiten. Eine echte Theorie der Naturwissenschaften war dies letztlich noch nicht.

Das Selbstverständnis der **Wissenschaft als Universaldisziplin** blieb lange Zeit unverändert. Erst Aristoteles und dessen Schüler (die sog. **Peripatetiker**) etablierten seit dem 4. Jahrhundert v. Chr. **Spezialdisziplinen** wie die

Biologie, die **Meteorologie** oder die **Geologie**. Das Gesamtwerk des Aristoteles legte zudem die Grundlagen für weiteres wissenschaftliches Forschen: allen voran die Erkenntnis einer gattungsspezifischen Entwicklung von Fauna und Flora (durch die Unterscheidung mehrerer Hunderter Tier- und Pflanzenarten), die Erklärung von Niederschlägen (durch die Hinterfragung physikalischer Vorgänge auf der Erde und in der Atmosphäre) oder die Erklärung geologischer Erscheinungen (z. B. Ebbe und Flut, Erdbeben oder Vulkanausbrüche). Damit erwarb er sich große Verdienste in der Annäherung von Naturwissenschaft und Philosophie.

Auch die **Mathematik** wurde immer wichtiger: Die **Arithmetik** (heute: Algebra) und die **Astronomie** zählten später sogar zu den sog. **Sieben Freien Künsten**. Der Mathematiker **Euklid** nutzte Ende des 3. Jahrhunderts v. Chr. die **Geometrie** ganz praktisch für Vermessungen oder Entfernungsangaben bei Reisen. Manche dieser Fundamentalerkenntnisse, etwa der „Satz des Thales" über das Zustandekommen rechter Winkel oder der „Satz des Pythagoras" über rechtwinklige Dreiecke, sind bis heute mathematisches Gemeingut.

Dem Denken und Handeln der Menschen widmete sich im 5. Jahrhundert v. Chr. auch die neu entstandene Geschichtsschreibung. Vor allem Herodot und Thukydides setzten sich mit dem Phänomen geschichtlicher Wahrheit bzw. Objektivität auseinander. **Herodot** (490–424 v. Chr.), der die Beziehungen zwischen Persern und Griechen beschrieb, betonte erstmals die Bedeutung eigener Erfahrungen bzw. zuverlässiger Gewährsleute vor Ort. Aufgrund seiner Forderungen nach – heute selbstverständlicher – **systematischer Quellenarbeit** nannte ihn Cicero **„Vater der Geschichtsschreibung"**. Thukydides (460–399 v. Chr.) unterschied bei seiner Erklärung des Ausbruchs des Peloponnesischen Kriegs zwischen Athen und Sparta kurzfristige äußere Anlässe (lokale Streitigkeiten zwischen den Verbündeten Athens und Spartas) von einer längerfristigen Vorgeschichte („Ursachen": Hass und Misstrauen zwischen Athen und Sparta).

Der Mensch in der Welt

Dank der neuen Erkenntnisse in der Mathematik und den Naturwissenschaften nahm man nun zunehmend auch die nähere und weitere Umwelt in den Blick. Es entstand die **Vermessungskunst**, der die praktische Notwendigkeit exakter Aufteilung von Ländereien und, damit einhergehend, die rechtliche Klärung von Eigentumsverhältnissen zugrunde lag. Bald schon diente sie aber viel allgemeiner auch der Bestimmung relevanter Koordinaten der Erdoberfläche, der Bestimmung des Erdradius und -umfangs, der Methode der Gradmessung oder der Erforschung der Rolle des Meridianbogens. Diese Daten gewannen schließlich im Zuge der **Eroberungsfeldzüge Alexanders des Großen** sowie der **Siedlungspolitik**, die diese begleitete, an Bedeutung: Hier konnten dank Aristoteles, dem Lehrer Alexanders, jeweils neue geografische, klimatologische und biologische Erkenntnisse vom Weltmeer „Ozean" als dem bisher angenommenen östlichen Weltende gewonnen werden.

Insbesondere reisende Händler und Forscher lieferten früh wertvolle Informationen über die Erdoberfläche und die sie besiedelnden Zivilisationen. **Hekataios von Milet** (ca. 560–480 v. Chr.) und **Herodot** sammelten als erste Forscher kulturgeografische Fakten über die Besiedlung bestimmter Erd- und Landesteile. Damit änderte sich auch das damalige Verständnis für die Dimensionen der Welt, die man zuvor eher vage dem Mythos (vgl. S. 3 f.) entnommen hatte. Vor allem die daraus bekannten **„Säulen des Herakles"** (die atlantische Meerenge bei Gibraltar, bis dahin als das Ende der Welt vermutet) oder die östlichen Küstenregionen des Pontos (Schwarzes Meer) wurden nun zu klaren Fixpunkten bei Reisen.

Mithilfe dieser Informationen entstanden erste geografische Karten mit exakteren Angaben zum Verhältnis von Land- und Wassermasse, zur Verteilung von Kontinenten und Ländern sowie zur Kugelgestalt der Erde. Eine **erste realistische Weltkarte** fertigte der griechische Geograf **Ptolemaios von Alexandria** (ca. 100–178 n. Chr.) an. Dieses exakte Koordinatensystem mit Längen- und Breitengraden sowie Tausenden von Ortschaften stellte noch Jahrhunderte später den aktuellen Wissensstand der westlichen Welt dar.

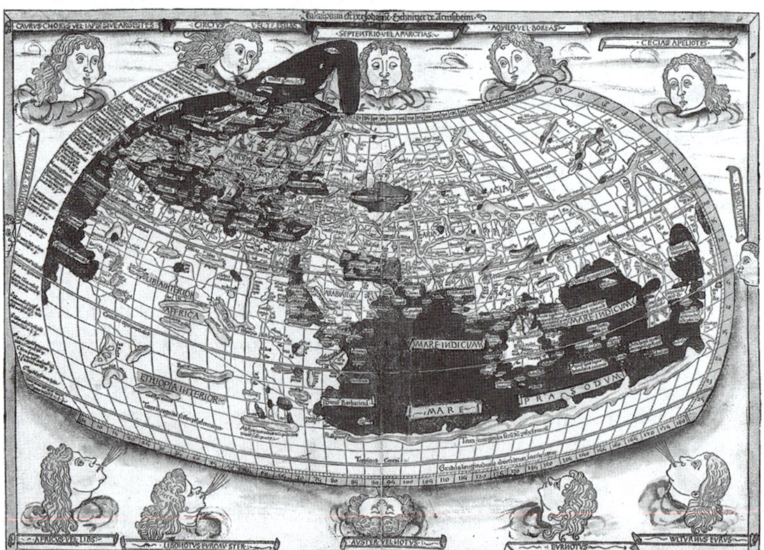

Ptolemaios-Ausgabe, Ulm 1482

Die Geburt Europas

Die Ausweitung des Wissens über die Welt und die Erde gab auch dem **Begriff „Europa"** erste Konturen. Dessen Anfänge lagen in den **Mythen** von Homer und Hesiod. Letzterer erzählt von der phönikischen Königstochter Europa, die der Göttervater Zeus in Stiergestalt nach Kreta entführt haben soll. Die dort entstandene **minoische Kultur** wird daher gerne als erste typische Manifestation europäischer Zivilisation in der Antike gesehen.

Parallel zur mythischen entwickelte sich eine **geografische Sehart** von Europa. Ab dem 6. Jahrhundert v. Chr. erscheint neben Afrika und Asien irgendwo im Norden ein dritter Kontinent namens Europa. Dieser war um die Zeitenwende schließlich fester Bestandteil in der **Weltkarte des Ptolemaios**. Dort verkörperte er einen weitgehend maßstabsgetreuen Kontinent im politischen Ordnungsraum des Imperium Romanum.

Hinzu kam, etwa bei Herodot, eine **politisch-ideologische Komponente**. V. a. in den Perserkriegen um 500 v. Chr. definierte er Europa einseitig als Bollwerk hellenischer Kultur gegen den barbarischen Osten. Doch schon bei der von Alexander dem Großen betriebenen **Verschmelzungspolitik von Ost und West** wich eine solche Überlegenheitspropaganda dem Streben nach einer Kultur gebildeter Weltbürger, in der Europa seinen festen Platz hatte. Auch Rom als Erbe des Alexanderreichs kannte später keine ideologische Kluft dies- und jenseits der lateinisch-griechischen Sprachgrenze.

Seit der Spätantike und dem frühen Mittelalter erschienen weitere Hinweise auf ein neues, nunmehr **christlich geprägtes Selbstverständnis von Europa**. Eine spanische Chronik nennt erstmals „Europäer" unter ihrem Anführer Karl Martell, die in der Doppelschlacht von Tours und Poitiers 732 n. Chr. die eingefallenen Araber zurückschlugen. Ein solches Verständnis Europas als christlicher Schicksalsgemeinschaft im Westen ließ schließlich auch den Begriff des **„Abendlands"** entstehen.

Die **Kaiser des Heiligen Römischen Reichs** bedienten sich im Mittelalter bewusst der christlichen Identität. Es war für sie selbstverständlich, die ideelle Bestätigung ihrer Macht durch den Papst auf einem **Romzug** einzuholen. Erst als 1453 das christliche Byzanz dem Angriff der Osmanen unterlag und der Islam zu einem neuen, wichtigen Bestimmungsfaktor wurde, begann für Europa abermals eine völlig neue Zeit.

1.2 Die Bedeutung der Römischen Rechtstradition

Grundlagen des Römischen Rechts in Republik und Kaiserzeit

Ein wesentliches Element **römischen Erbes** im heutigen Europa ist das **Recht**. Während die Römer im Laufe ihrer Geschichte zahlreiche Errungenschaften (v. a. im Bereich der Kultur) von den von ihnen unterworfenen Griechen übernahmen, ist das Römische Recht hingegen eine ganz eigene Schöpfung. Es trug viele Jahrhunderte lang maßgeblich zur Stabilisierung des Römischen Reichs in der Welt bei.

Rechtsprinzipien

Zahlreiche Rechtsprinzipien von heute stammen aus der Feder römischer Juristen, z. B.:

- im Zweifel für den Angeklagten (lat. „in dubio pro reo"),
- wo kein Kläger, da kein Richter (lat. „nullo actore, nullus iudex"),
- über Tote soll nur Gutes gesagt werden (lat. „de mortuis nil nisi bene")
- oder auch die grundlegende Unterscheidung zwischen Besitz und Eigentum.

Das Römische Recht entwickelte sich über Jahrhunderte. Dabei entstand ein rechtliches Potpourri, das bisheriges Gewohnheitsrecht, konkrete Einzelfallentscheidungen und neue formale Satzungen in sich einte. Am Anfang dieses Prozesses standen die **Zwölftafelgesetze**, die als militärisch erfochtener Kompromiss aus den **Ständekämpfen** zwischen Oberschicht (Patrizier) und Unterschicht (Plebejer) im 5./4. Jahrhundert v. Chr. das Sakral-, Straf- und Privatrecht erstmals schriftlich fixierten. Diese Gesetze, die auf Tafeln für jedermann einsehbar auf dem Forum Romanum aufgestellt waren, lösten das von den Patriziern willkürlich gehandhabte Gewohnheitsrecht ab. Künftig galten die Zwölftafelgesetze für römische Bürger ebenso wie die Gesetze der Volksversammlung oder die Beschlüsse des Senats, die bis dahin den einzig relevanten rechtlichen Rahmen definiert hatten.

Seit der Mitte des 2. Jahrhunderts v. Chr. gab es zudem **Geschworenengerichte**, die zunächst aus fachkundigen Senatoren, später auch aus Rittern bestanden. Diese waren für schwere Verbrechen, u. a. Hochverrat, Wahlbetrug, Hinterziehung staatlichen Eigentums, Erpressung in den Provinzen, Mord oder Ehebruch, zuständig. Mit der Expansion des Reichs in der späten Republik wurden auch **Edikte** (Verfügungen) **der Provinzialstatthalter** juristisch verbindlich. Als Kaiser **Hadrian** (76–138) im 2. Jahrhundert n. Chr. diese in einem eigenen **edictum perpetuum** alleiniger Bestätigung im Kaisergericht unterstellte, war Reichsrecht zum Privileg der Staatsspitze geworden.

Darstellung der Zwölftafelgesetze am Reichsgerichtsgebäude in Leipzig

Edikt
In der Zeit der Republik öffentliche Erklärung eines römischen Beamten mit **verbindlicher rechtlicher Wirkung**. Seit Augustus (27 v. Chr. –14 n. Chr.) Privileg der römischen Kaiser, die unter diesem Begriff zunehmend eigene Gesetze erließen.

Im **edictum perpetuum** („ewig gültige Verordnung") verkündete ursprünglich der für das Rechtswesen zuständige Jahresbeamte (lat. „praetor urbanus") das für sein Amtsjahr gültige Recht; dieses blieb faktisch jedoch weit darüber hinaus gültig (deshalb „ewig"). **Kaiser Hadrian** erklärte schließlich das „edictum perpetuum" nach **grundlegender Überarbeitung** durch den Juristen Julianus für unveränderlich und entzog es endgültig der Zuständigkeit der Beamtenschaft.

Ebenfalls seit jener Zeit engagierten römische Kaiser **professionelle Juristen** als Berater, die meist der führenden Adelsschicht entstammten und der Öffentlichkeit für Rechtsauskünfte zur Verfügung standen. Die Kommentare bedeutender Vertreter wie **Julianus, Paulus, Ulpian oder Papinian** zu den Dekreten (Verordnungen), Mandaten (Weisungen an Statthalter), Reskripten (Entscheidungen bei Einzelanfragen und Petitionen) oder Konstitutionen (allgemein verbindliche Vorschriften) der Kaiser haben das römische Rechtsprofil deutlich geschärft und bildeten fortan den Grundstock der **Rechtsliteratur**. Dieses von Juristen geschaffene Recht löste das Gewohnheitsrecht ab.

Das römische Rechtsverständnis ist in wenigen Abstraktionen erkennbar, die bis heute gültig sind. Der Rechtssatz **„Jedem das Seine"** (lat. „suum cuique") galt seit Cicero als absolut bindend. Ein wichtiges Element war auch die moralisch verbindliche Anerkennung wechselseitiger Beziehungen, also **Treue und Glauben** (lat. „fides"). Dies kam in alten Institutionen wie der Privatklientel, einst gegenseitige Schutz- und Hilfevereinbarung eines Patriziers mit einem Plebejer, oder neuen Institutionen wie dem Verhältnis von Kaiser und Untertan zur Geltung. Zudem sollte der Rechtsweg nur eingeschlagen werden, wenn es den Beteiligten unumgänglich schien: „Das äußerste Recht ist das äußerste Unrecht" (lat. „summum ius summa iniuria") – eine Warnung davor, alles stets nur mit rechtlichen Schritten lösen zu wollen. Allerdings war der römische Staat mit seiner streng hierarchisch gegliederten Gesellschaft und der oft besseren Behandlung von Privilegierten mit dem in der Neuzeit maßgeblichen Prinzip völliger Rechtsgleichheit („ohne Ansehen der Person") nicht vereinbar. Dies änderte sich erst mit der **Constitutio Antoniniana** des Jahres 212.

Constitutio Antoniniana

Offizieller Erlass, in dem der zur Familie der Antoninen gehörige **Kaiser Caracalla** im Jahr 212 n. Chr. allen **freien Einwohnern des Römischen Reichs das Römische Bürgerrecht verlieh** und jene so erstmals rechtlich gleichstellte. Die bisherige Unterscheidung zwischen Römern und Fremden (den sog. Peregrinen) war fortan hinfällig.

Mit der Integration weiter Teile der damals bekannten Welt in das Imperium war die Komplexität verschiedenster Rechtsverhältnisse (rechtliche Auswirkungen sozialer Ungleichheit, ausufernde Privilegien, Bürgerrechtsverleihungen an einheimische Aristokraten etc.) so groß, dass zur Wahrung des sozialen Friedens eine **Vereinheitlichung der Rechtsverhältnisse**, wie sie die Constitutio Antoniniana schuf, dringend nötig war. Ob, wie in damaligen Oppositionskreisen vermutet, das Gesetz lediglich die zahlenmäßige Basis der diversen Steuern unterworfenen römischen Bürger verbreitern sollte, ist in der Forschung heute umstritten. Wahrscheinlich war es eher im Sinne des Kaisers, die Zahl der ihm wohlgesinnten Bürger deutlich zu erhöhen.

Der spätantike Rechtsstaat

Die Entwicklung des Römischen Rechts in der Spätantike kennzeichnet eine starke Ambivalenz, die sich aus dem Charakter des Staates selbst erklärt. Zwar spricht die moderne Forschung nicht mehr pauschal von einem spätantiken „Zwangsstaat“, dessen Anspruch auf möglichst umfassende Regelung aller Lebensbereiche ist aber unbestritten. In der Rechtsprechung sind Tendenzen zu engmaschiger **Monopolisierung der kaiserlichen Befugnisse** klar erkennbar.

Die Flut an Regelungen basierte seit Anfang des 5. Jahrhunderts meist auf sog. **Zitiergesetzen**; diesen zufolge durften bei Streitfällen den Rechtsentscheidungen nur noch explizite Kommentare bestimmter, aus Sicht des Kaiserhauses etablierter Juristen (Papinian, Paulus, Ulpian, Modestinus und Gaius) zugrunde gelegt werden. Dennoch musste die unübersichtliche Rechtslage systematisch erfasst werden. Daher entstanden nunmehr diverse Rechtssammlungen („Kodifikationen“) vom **Codex Theodosianus** bis hin zum Corpus Iuris Civilis. Letzteres vereinte erstmals in der römischen Geschichte bestehendes Recht in all seinen Facetten.

Der oströmische **Kaiser Justinian I.** (482–564) strebte im 6. Jahrhundert die **Wiederherstellung der Einheit des Römischen Reichs** an. Er betrieb dies einerseits durch aufwendige militärische Eroberungszüge, deren territoriale Zugewinne zumindest während seiner Regierungszeit Bestand hatten. Andererseits bemühte er sich nachdrücklich um das Zustandekommen eines **allgemein verbindlichen Rechts:** „Der beste Schutz des Staates beruht auf zwei Grundlagen, den Waffen und den Gesetzen.“ – so die Erklärung für die göttlich inspirierte, auf Ewigkeit angelegte Schaffung eines „Tempels der Gerechtigkeit". Dieses **Corpus Iuris Civilis** fasste erstmals die jahrhundertelange römische Rechtsentwicklung vollständig und systematisch zusammen. Das Corpus Iuris Civilis galt zunächst im gesamten Reich, das Justinian nach der Trennung von Ost- und Westrom (vgl. S. 18 f.) kurzzeitig reorganisieren konnte. Im Sturm der Völkerwanderung (vgl. S. 88 f.) ging jedoch vieles wieder verloren oder verflachte angesichts des Einflusses germanischer Stammesrechte. Diese verschmolzen mit einer einfachen Variante des spätantiken Römischen Rechts, dem sog. **Vulgarrecht**. Überall dort, wo sich germanische Reiche auf römischem Boden dauerhaft etablierten, entstanden nun solch **allgemeine Rechtssammlungen**, am bekanntesten die „Lex Romana Visigothorum" der Westgoten oder die „Lex Romana Burgundionum" der Burgunder. In ihnen wird deutlich, dass die Germanen trotz der Zeitumstände großen Respekt vor den juristischen Leistungen Roms hatten. So konnten auch Handschriften des Corpus Iuris Civilis langfristig gerettet werden. Zwar erlangte dieses bei den Germanen nie wirkliche Bedeutung und wurde als lateinisches Werk im griechischen Byzanz bald nicht mehr verstanden. Dennoch hat allein seine langfristige Existenz das Selbstverständnis europäischer Rechtsgeschichte in der Zukunft nachhaltig geprägt.

Corpus Iuris Civilis

Das Corpus Iuris Civilis („Sammlung des Zivilrechts"; Begriff mittelalterlich, aber erst seit dem 16. Jh. offiziell) wurde 533 in lateinischer Sprache rechtskräftig veröffentlicht.

Diese **erste umfassende Rechtssammlung** der römischen Geschichte resultierte aus der Lektüre von 2 000 Büchern unterschiedlicher Rechtstraditionen und bestand aus vier größeren Teilen: Die **Digesten** (gr. „Pandekten") umfassten ca. 200 Zitate römischer Juristen, die **Institutiones** skizzierten lehrbuchartig Römisches Recht, der **Codex Iustinianus** beinhaltete die Kaisergesetze seit dem 2. Jh. n. Chr., die später hinzugekommenen, meist auf Griechisch verfassten **Novellen** ergänzten neue Gesetze späterer römischer Herrscher. Damit war das Römische Recht durch Bündelung wichtiger und Ausscheidung veralteter Satzungen aktualisiert und sein Einfluss neu definiert worden.

Die Rezeption des Römischen Rechts im Mittelalter und in der Neuzeit

An der Wende vom 11. zum 12. Jahrhundert entdeckten italienische Gelehrte, allen voran **Irnerius von Bologna** (ca. 1050–ca. 1130), eine Handschrift der Digesten und unterzogen sie an der ersten europäischen **Universität in Bologna** wissenschaftlicher Bearbeitung. Dies war wegweisend, da gerade oberitalienische Städte, die im Zeitalter kommunaler (d. h. allgemeiner städtischer) Bewegung als neue Macht aus dem Boden schossen, ihr junges wirtschaftliches Selbstbewusstsein auch juristisch untermauern mussten.

Zudem verstand sich das **Reich der Staufer** im Sinne epochenübergreifender Herrschaftskontinuität **(„translatio imperii")** als direkter Erbe des antiken Kaisertums und somit auch seines hoch entwickelten Rechtssystems. Da dieses jedoch inzwischen nicht mehr sonderlich bekannt war, mussten es Fachleute nachhaltig erläutern. So entstanden nun die Schulen der **Glossatoren**, die den abgeschriebenen Texten Randbemerkungen beifügten, sowie die der **Kommentatoren**, die auf Basis solcher Vorarbeiten eigene juristische Arbeiten verfassten und in der Praxis auch als Gutachter auftraten. Das Faszinierende an jenem neuen Recht war, dass es die Herrschaftsgewalt weitaus präziser definierte, als dies im traditionellen Lehenswesen des Mittelalters bislang möglich war. Dort üblichen Idealen wie „Treue" und „Ehre" – im Grunde bereits antike Begriffe (vgl. S. 13) – waren nun gleichsam moralische Pflichten des Fürsten im Rahmen eines „allgemeinen Willens" oder des Gemeinwohls entgegengestellt. Der weltliche Herrscher besaß allumfassende, aber juristisch definierte Kompetenzen, die er zugunsten aller Untertanen einsetzen musste. Dass dies auch der **Beginn absoluter Herrschaft jenseits rein religiöser Legitimierung** war, bedeutete eine wichtige Abstufung des monarchischen Prinzips hinsichtlich der gesetzgebenden Gewalt.

Translatio imperii (lat. „Übertragung des Reichs bzw. der Herrschaft")

Bereits in der Bibel existierte die **Vorstellung einer zwangsläufigen Abfolge von Reichen** (Buch Daniel, 5. Jahrhundert v. Chr.: Babylonier – Perser – Griechen – Römer). Im Übergang von der Spätantike zum Frühmittelalter löste sich das Römische Reich zwar auf. Die **Franken** im Westen und **Byzanz** im Osten bildeten jedoch neue Reiche, die spätestens mit der Kaiserkrönung Karls des Großen im Jahre 800 um eine **Rechtsnachfolge Roms** rivalisierten.
Damals entstand die theologisch fundierte Idee der „translatio imperii", die nach dem Zerfall des Karolingerreichs vor allem im Ostfrankenreich, d. h. in der Vorstellung des Heiligen Römischen Reichs, ihren langfristigen Niederschlag fand (ab dem 15. Jahrhundert dann auch mit dem Zusatz „deutscher Nation"). Dementsprechend verstanden sich **mittelalterliche Kaiser des Abendlandes als unmittelbare Rechtsnachfolger** ihrer Vorgänger in der römischen Antike (vgl. ihren offiziellen Titel „Römischer Kaiser").

Das so weiterentwickelte Römische Recht etablierte sich rasch und nachhaltig in weiten Teilen Europas. Ob in Frankreich, England oder im Heiligen Römischen Reich deutscher Nation – meist trug es dazu bei, jeweils eigene Positionen im jahrhundertelangen Dualismus zwischen Zentral- und Territorialgewalt rechtlich zu untermauern. Als **Kaiser Maximilian** (1459–1519) für das Heilige Römische Reich 1495 ein gemeinsames **Reichskammergericht** einsetzte (vgl. S. 43 f.), wurde auch dort nach Römischem Recht geurteilt.

Entwicklung und Rezeption des Römischen Rechts

450 v. Chr.	**Zwölftafelgesetze** erste schriftliche Fixierung Römischen Rechts infolge der Ständekämpfe
2. Jh. n. Chr.	**Edictum perpetuum** Kaiser Hadrian bringt die alljährlich neu festzulegenden und durch Edikte angepassten Regelungen für die Rechtsprechung in endgültige Form.
212	**Constitutio Antoniniana** Kaiser Caracalla erreicht die rechtliche Gleichstellung aller freien Einwohner des Reichs durch Verleihung des Römischen Bürgerrechts.
438	**Codex Theodosianus** Systematisierung des spätantiken Rechts durch Kaiser Theodosius
533	**Codex Iustinianus** Schaffung eines allgemein verbindlichen Rechts durch Kaiser Justinian
6. Jh.	**Vulgarrecht** Verschmelzung germanischer Stammesrechte mit einer einfachen Variante des spätantiken Römischen Rechts
11. / 12. Jh.	**Wiederentdeckung der Digesten** • Wiederentdeckung der Digesten durch italienische Gelehrte • wissenschaftliche Beschäftigung mit Römischem Recht an der Universität Bologna • Deutsche Kaiser stellen ihre Herrschaft in die Tradition des römischen Rechts.
1495	**Gemeinsames Recht** • Neuorganisation des Reichskammergerichts durch Kaiser Maximilian I. • Orientierung am Römischen Recht zulasten der einheimischen Volksrechte
Ende 16. Jh.	**Corpus Iuris Civilis** Gesamtdruck des Römischen Rechts („Sammlung des Zivilrechts“)
1804	**Code Napoléon** Grundlage des kontinental-europäischen Rechts
1900	**Bürgerliches Gesetzbuch** Inkrafttreten des Bürgerlichen Gesetzbuchs (BGB) im Deutschen Reich

Vor allem in Deutschland verdrängte das Römische Recht dank höherer Komplexität diverse Regionalrechte oder wurde aufgrund seines hohen Abstraktionsgrades zu Mischformen weiterentwickelt. Dieses neue **Gemeine Recht**, das im Kern römisch blieb, wich erst im Zuge aufklärerischer Rationalität neuen Gesetzbüchern, die vor allem in Bayern, Preußen und Österreich Anklang fanden. In Grundzügen entsprachen diese dem **Code Civil** Napoleons in Frankreich bzw. in den von ihm besetzten Staaten Europas.

Der deutsche Einigungsprozess des 19. Jahrhunderts brachte im Jahr 1900 schließlich auch ein einheitliches Gesetzbuch für ganz Deutschland, das **Bürgerliche Gesetzbuch** (BGB), hervor, das sich vor allem im Selbstverständnis zahlreicher Rechtsbegriffe eng am Römischen Recht orientierte. Dies war aus Sicht pragmatischer Rechtspraxis ebenso folgerichtig wie die Tatsache, dass der aktuelle Einigungsprozess Europas ohne das länderübergreifende Selbstverständnis des Römischen Rechts der Antike im Grunde nicht denkbar ist.

1.3 Die Rolle des Christentums bei der Bewahrung antiken Wissens im Mittelalter

Das Römische Reich wird christlich

Kaiser **Konstantin der Große** (ca. 280–337) steht am Anfang eines christlich geprägten römischen Staates. Seine Regierungspraxis war von zunehmender politischer, sozialer und rechtlicher **Bevorzugung der Christengemeinde** geprägt. **Kaiser Theodosius I.** (347–395) machte das **Christentum** im Jahr 391 schließlich zur einzig gültigen **Staatsreligion**. Dieser Schritt war umso wichtiger, als große Teile der senatorischen Oberschicht lange Zeit demonstrativ heidnisch geblieben waren. Auch das von Theodosius 393 verhängte Verbot der **Olympischen Spiele**, die jeher ein zentrales Element des heidnischen Glaubens dargestellt hatten, ist als symbolischer Akt zu werten.

Außenansicht der Hagia Sophia, der Hauptkirche des Byzantinischen Reichs, die 537 eingeweiht wurde.

Mit der **Verlegung der Reichshauptstadt von Rom nach Konstantinopel** (ehemals Byzanz) 331 entwickelte sich im Osten eine zunehmend griechische, christlich-orthodoxe Kultur, die als **byzantinisch** bezeichnet wird. Zudem veränderte sich um 400 das **Wesen der Stadt Rom:** Neben älteren außerstädtischen Märtyrerkirchen entstanden nun auch im Stadtkern immer mehr christliche Kultgebäude. Als etwa 600 heidnische Tempel und staatliche Bauten zu christlichen Kirchen umfunktioniert wurden, war die **topografische Christianisierung** der früheren Hauptstadt offensichtlich. Die Kirche war nun vitalste Kraft im gesellschaftspolitischen Leben, der **Papst als Bischof von Rom** das Oberhaupt einer neuen städtischen Gemeinschaft, die in den päpstlichen Hauptkirchen als Grabstätten der Apostel Petrus und Paulus eindrucksvolle Symbole sakraler Identität aufbot.

Byzantinisches Reich

Nach dem **Tod** des **Kaisers Theodosius** 395 wurde das Römische Reich unter dessen Söhnen Honorius und Arcadius in zwei Herrschaftsbereiche aufgeteilt. Seit dieser Zeit spricht man von einem **Nebeneinander eines Weströmischen und eines Oströmischen Reichs**, an deren Spitze fortan jeweils ein eigener Kaiser stand.

In den über 1 000 Jahren seiner Existenz (bis zur Einnahme durch die Osmanen 1453) war das Byzantinische Reich stark **griechisch geprägt**. Die ursprüngliche Hauptstadt Ostroms, Konstantinopel, änderte ihren Namen wieder in **Byzanz**, das einst in der Großen Kolonisation im 7. Jahrhundert v. Chr. von griechischen Siedlern gegründet worden war. Seit etwa 600 war die offizielle Amtssprache nicht mehr Latein, sondern **Griechisch**. Zudem formierte sich der **griechisch-orthodoxe Glaube**, der unter dem Schutz des weltlichen Kaisers stand. Diese Tradition der engen Verbindung von weltlicher und geistlicher Herrschaft war bereits von Kaiser Justinian geschaffen worden, der sich im Bau der Staatskirche **Hagia Sophia** („Kirche der heiligen Weisheit", Einweihung 537) ein christliches Denkmal setzte. Diese monumentale Kuppelbasilika wurde ab Mitte des 7. Jahrhunderts **Krönungskirche der byzantinischen Kaiser** und nach dem Fall von Byzanz schließlich Hauptmoschee der Osmanen.

Das Verhältnis von antik-heidnischer sowie christlicher Bildung und Wissenschaft

Der Umgang christlicher Autoren, die sich selbstverständlich als römische Bürger sahen, mit der Tradition ihrer Heimat Rom war durchaus ambivalent. Zwar bot das alte Heidentum viel Anlass zu Fundamentalkritik, doch schien es unerlässlich, dass dieses als elementarer Bestandteil der römischen Geschichte angesehen wurde. Dies zog zunächst immer wieder scharfe Polarisierungen nach sich. Am Hof Kaiser Konstantins **verteidigte** als Erster der Apologet (wörtlich: „Verteidiger christlicher Programmatik") **Laktanz** (ca. 250–320) das **Christentum** und kritisierte dessen Verfolgung scharf. In seinem Werk „Von den

Todesarten der Verfolger" sprach er von einer Art weltlichem Gericht Gottes an den Feinden des neuen Glaubens und skizzierte drastisch das Schicksal der Kaiser, die gegen Christen vorgingen. **Bischof Eusebios** (263–339), Konstantins engster Vertrauter, läutete seinerseits das Ende des Misstrauens vieler Christen gegen die weltliche Macht ein und stilisierte das **christliche Kaiserreich** zur ausersehenen **Kampfgemeinschaft gegen alles Böse auf Erden**. Ein Jahrhundert später sprach der Geschichtsschreiber **Orosius** in seinen „Geschichten gegen die Heiden" von einer Art Vorsehung, die Rom geradezu zum Träger aktiver Verbreitung des christlichen Glaubens bestimmt habe.

Vor diesem Hintergrund gab dessen Zeitgenosse, der Kirchenlehrer **Augustinus** (354–430), der bekannten altrömischen **Theorie des „gerechten Kriegs"** eine neue, christliche Note. Geschockt von der unerwarteten Eroberung Roms 410 durch die Westgoten, appellierte der Kirchenvater in seinem Werk „Vom Gottesstaat" vehement an das Pflichtbewusstsein der Christen zum legitimen Einsatz militärischer Mittel für die römische Heimat. Für Augustinus war Krieg darüber hinaus im Dienste Gottes, in ethisch angemessener Form und mit dem Hauptziel der **Friedensstiftung** zu führen. Dies untermauerte seine theologische Gesamtsicht des Reichs, die im **Heidentum** die einfachste Erklärung für den **römischen Sittenverfall und Untergang** fand. Nur der christliche Staat konnte und durfte, indem er auf Erden verschiedene Proben (z. B. Hungersnöte und Kriege) bestand, weitgehende Gerechtigkeit garantieren und wahren Glauben notfalls mit Gewalt durchsetzen.

Angesichts der Suche spätantiker Menschen nach Orientierung bezog das Christentum auch zur **antik-heidnischen Bildung**, vor allem zur Rhetorik und Philosophie, Stellung. Dabei spielte sicherlich eine Rolle, dass nahezu alle bedeutenden christlichen Schriftsteller bis hin zu den Kirchenvätern auf ihrem Lebensweg heidnisch geprägt waren und erst infolge individueller Einsicht zum Christentum konvertierten. Das Meinungsspektrum war über die Jahrhunderte relativ breit: Während der frühe christliche Schriftsteller **Tertullian** (ca. 150–220) heidnisches Bildungsgut strikt ablehnte, waren bedeutende Christen knapp 200 Jahre später eher zwiespältig bzw. kamen im Detail zu unterschiedlichen Ergebnissen. **Sulpicius Severus** (ca. 363–420/425) ließ sich in einer Biografie über den christlichen Heiligen Martin von Tours zu den Worten hinreißen, dass es nutzlos, wahnsinnig und verderblich sei, u. a. dem Philosophen Sokrates nachzueifern, da man dadurch seine Seele dem ewigen Tode überschreibe. Kirchenvater **Hieronymus** (347–419), Verfasser der lateinischen Übersetzung der Bibel aus dem Griechischen (lat. **„Vulgata"**), berichtete von einem Angsttraum, in dem er lieber heidnische Autoren als die Bibel gelesen habe und deshalb von Gott deutlich getadelt worden sei. So sah er eine

Verführung der Christen durch heidnische Literatur als große Gefahr an und forderte daher insbesondere die jungen Mönche auf, stets auf ihr eigenes Seelenheil bedacht zu sein.

Cassiodor (ca. 485–580) hingegen, bis tief ins Mittelalter hoch geschätzter Staatsmann unter Theoderich dem Großen sowie christlicher Schriftsteller, sprach sich für eine Art Verschmelzung des traditionellen Wissens mit der christlichen Bildung aus. So baute er die **Sieben Freien Künste der Antike** in das christliche Verständnis von Bibel und Wissenschaft ein. Dort also, wo man Verbindungen zwischen Altem und Neuem sah, übernahm man geschickt jenes ausgefeilte methodische Instrumentarium der heidnischen Bildung und entwickelte dieses für die eigene Ethik aktiv weiter.

Als ehemaliger Rhetor und neuplatonischer Philosoph plädierte **Augustinus** in seinem Werk „Über die christliche Bildung" für eine kluge Ablösung falschen philosophischen Ballasts, um so von der klassischen Kultur bestmöglich profitieren zu können. Heidnische Bildung als Ganzes, zumal mit **polytheistischem Götterbild**, sei als **Bedrohung des Seelenheils** zu verwerfen. Sinnvolle Elemente wie Prinzipien der Dialektik oder die Suche nach dem Sinn aller Existenz widersprächen aber nicht den Grundideen des Christentums und könnten als Fundament neuer Glaubensstärke dienen. Hier deutete der Kirchenvater maßgebliche Ideen Platons in christlicher Manier um: etwa die Unterscheidung einer höheren und niederen Wirklichkeit, die jeweils nur vom Denken bzw. durch die Sinne erfassbar sei und somit für den bezeichnenden Dualismus von Seele und Körper stehe. Eine solche Einstellung ließ sich langfristig auch mit dem **Neuplatonismus** eines **Plotin** (ca. 205–270) oder **Boëthius** (ca. 480–524) vereinen. Letzterer verband das platonische Ideenprinzip mit der Existenz einer einzigen, obersten Gottheit und wurde so zum Vorläufer für christliches Nachdenken in lateinischer Sprache, das antikes Wissen auf diese Weise im Mittelalter bewahren sollte. Das geistige Ringen zwischen philosophischem Wissen und religiösem Glauben war damit aber noch lange nicht entschieden.

Neuplatonismus
An philosophischen Gedanken Platons orientierte **Denkrichtung**, die vor allem durch die Lehren des griechischen Philosophen **Plotin** im Römischen Reich starken Anklang fand. Als im spätantiken Rom der Kampf zwischen heidnisch inspirierter Philosophie und christlichen Ideen tobte, stellte der Neuplatonismus eine Bastion des Vergangenen dar, indem er ein komplexes metaphysisches System definierte, das grundsätzlich nach Sinn und Zweck allen menschlichen Seins (u. a. nach der Rolle der Seele und nach dem freien Willen usw.) fragte.

Die europäische Universität als Vermittlerin antiken Wissensbestands

Aufbauend auf verschiedenen spätantiken Traditionen konnte sich die mittelalterliche Universität als selbstbestimmte Zweckgemeinschaft zur Förderung der Bildung in Europa fest verankern: Sie etablierte in der Gesellschaft intellektuelles Denken als positiven Wert und setzte in der Wissensvermittlung vollkommen neue Maßstäbe. Als „welthistorische Errungenschaft" (Wolfgang E. J. Weber) stellte sie zum einen der Autorität des religiösen Weltbilds **Erkenntnisdrang um seiner selbst willen** entgegen. Zum anderen ebnete die **Perfektionierung der Lehrmethoden** den Weg für humanistisches und frühaufklärerisches Gedankengut der Neuzeit.

Ein Professor im Lehrstuhl mit seinen Studenten

Theologie und Naturwissenschaft rückten über die vor allem in Paris praktizierte Annäherung von Glauben und Vernunft näher zusammen. Die **Medizin** entwickelte sich von einer zum Teil noch auf der Magie gegründeten Erfahrungswissenschaft zu einem experimentierenden Fach weiter. Der Ausbau der **Rechtswissenschaften** zog eine zunehmend logische Synthese antiker Traditionen mit späteren Rechtsformen nach sich und schuf damit entscheidende Grundlagen für das private Recht sowie die moderne Staatstheorie.

All dies bedeutete eine Art übernationaler **Vereinheitlichung europäischen Geisteslebens**. Es blieb schließlich der Entwicklung in der Zeit des Humanismus und der Renaissance vorbehalten, weitere fachliche Inhalte stärker ins Licht zu rücken: Dichtung und schöne bzw. volkssprachliche Literatur, Kunst, Wirtschaft und angewandte Techniken warteten im Schatten des traditionellen Fächerkanons auf neue Dynamik, die ohne jenen universitären Bildungsschub nicht zustande gekommen wäre.

Die Bedeutung von Islam und antiker Philosophie

Dort, wo sich Abend- und Morgenland in ihrer geschichtlichen Entwicklung geografisch und zivilisatorisch berührten, also insbesondere auf Sizilien und in Spanien, kam es im Laufe der Jahrhunderte zu einem intensiven **Austausch von antiker Tradition und islamischem Denken.** Ein erster Höhepunkt des erfahrungsgestützten Forschens an Naturphänomenen war das **„Falkenbuch" Kaiser Friedrichs II.**, das in einzigartiger Präzision die Kunst des Jagens mit Vögeln in all ihren Facetten beschrieb und dabei in vielen Punkten islamische Vorbilder aufnahm. Auch die Eroberung von Byzanz durch die Araber im Jahr 1453 bedeutete keinen Bruch im traditionellen Geistesleben. Vor allem die dortige berühmte Bibliothek profitierte davon, dass das muslimische Kulturverständnis gegenüber dem Erbe griechischer Philosophie überaus tolerant war. Neben vereinzelten christlichen und jüdischen Gelehrten übergaben vor allem arabische Wissenschaftler den Universitäten im Westen zahlreiche Schriften aus Byzanz wie auch aus dem muslimischen Spanien und übersetzten diese in der Regel aus dem griechischen Original ins Lateinische.

Zentraler Bezugspunkt dieser Forschungen war der Universalgelehrte Aristoteles, dessen Werk nunmehr vielfältigste Rezeption erfuhr. Der **katholischen Kirche** missfiel diese Entwicklung jedoch: Sie konnte die vermeintlich zu liberalen Ideen des antiken Philosophen im Lichte ihres engen Moral- und Glaubenskanons nicht tolerieren. Die Ansichten des Aristoteles zur voraussetzungslosen Entstehung der Welt aus dem Nichts passten nicht zum Glauben an die Schöpfung des Menschen durch Gott. Auch das in seiner „Poetik" positiv bewertete Lachen (als Basis der Selbstbefreiung des Menschen) konterkarierte das autoritäre, von Furcht vor Gott dominierte Menschenbild der katholischen Kirche. Da Aristoteles das Grundverständnis des Glaubens letztlich fundamental infrage stellte, kam es immer wieder zu kirchlich angeordneter **Zensur des aristotelischen Gesamtwerks**.

Jenseits solcher Verbote von höchster Stelle war die Rezeption der Gedankenwelt des Philosophen im 13. Jahrhundert jedoch nicht aufzuhalten. Zum einen machte der arabische Gelehrte und Arzt **Averroës** (eigentlich Ibn Ruschd, 1126–1198) aus Córdoba in seinen Kommentaren zum Gesamtwerk des Aristoteles wichtige Aussagen zum harmonischen Verhältnis von Religion und Naturwissenschaft, die bis hin zur Behauptung ewiger Weltexistenz reichten. Vor allem an der **Universität Paris**, die eine berühmte Fakultät der Freien Künste beherbergte, fanden sich nun zahlreiche Verteidiger und Schüler des Averroës, denen deren Gegner, unter ihnen **Thomas von Aquin** (1225–1274), den Namen **„Averroisten"** gaben.

Kaiser Friedrich II. und sein Falkenmeister, Zeichnung nach einer Miniatur aus dem Falkenbuch Friedrichs II., um 1260

Im Mittelpunkt der Diskussion stand dabei die von Averroës weiterentwickelte **Naturphilosophie des Aristoteles**. Demzufolge sei die Einheit Gottes mit der irdischen Welt aufgrund seines detaillierten Wissens um diese von vorneherein angelegt und müsse durch naturnahes, der wissenschaftlichen Logik verpflichtetes Leben des Menschen befördert werden: Wer dies beherzige, verstehe folglich nicht nur sich selbst, sondern auch das Göttliche besser. Etwas anders argumentierten **Albertus Magnus** (ca. 1200–1280) und **Thomas von Aquin**, die zeitweise auch in Paris lehrten: Aristotelisches Gedankengut müsse den Vorstellungen christlicher Glaubenslehre angepasst werden, rationale Welterkenntnis könne stets nur die Grundlage theologischer Erkenntnis sein. Indem beispielsweise Thomas von Aquin, einer der herausragenden Denker des hohen Mittelalters, das **Wort Gottes** bewusst als **„übervernünftig“** (nicht: „unvernünftig“) deklarierte, konnte er zwei Formen der Erkenntnis unterscheiden: den **Glauben**, der die Grundlagen jeglichen Lebens offenbar mache, und die **Vernunft**, die alle weltlichen Angelegenheiten erklärbar mache. So könne man als moderner Mensch an Gott glauben, da dieser den Menschen nach seinem Bild geschaffen habe, damit dieser, von Gott mit Freiheit beschenkt, seine Vernunft gebrauche. Die von ihm formulierte Hierarchie der beiden Sphären war damit klar erkennbar.

Aufgaben

1 Erläutern Sie, wie sich die Bedeutung des Einzelnen in der Gemeinschaft gemäß griechischem Denken schrittweise weiterentwickelte.

2 Charakterisieren Sie die Entwicklung des Römischen Rechts von der Republik bis zur Spätantike.

2 Trennung von weltlicher und geistlicher Gewalt

Römisch-katholische Kirche und fränkische Herrschaft

Die Taufe des merowingischen Königs **Chlodwig I.** und seiner Gefolgsleute 496 stand am Beginn eines Zusammenwirkens von römisch-katholischer Kirche und fränkischen Herrschern, das sich im frühen Mittelalter zunehmend intensivierte. Mitte des 8. Jahrhunderts, als sich ein Dynastiewechsel vom Königsgeschlecht der Merowinger zu den Karolingern abzeichnete, gab der Papst 751 ohne Zögern sein Einverständnis zur Königserhebung des Karolingers **Pippin des Jüngeren** (714–768). Im Jahr 754 salbte der Papst Pippin und verlieh den Karolingern damit jene Weihe, die in den Augen der Mitwelt die wahre Legitimation der Königsherrschaft begründete. Pippin trug nun als Erster den Titel **„König von Gottes Gnaden"**. Die Salbung gehörte seitdem zum Krönungsritual der Könige.

Von der Bindung der Karolinger an das Papsttum zeugt auch die **Kaiserkrönung Karls des Großen** (748–814) durch Papst Leo III. am Weihnachtstag des Jahres 800 in Rom. Diese führte zur **Erneuerung des weströmischen Kaisertums** sowie zu jahrelangen Spannungen mit Byzanz (Zweikaiserproblem).

Zweikaiserproblem

Mit der **Kaiserkrönung Karls des Großen** wurde das 476 erloschene weströmische Kaisertum wiederbelebt. Der neue karolingische Kaiser trat damit in **Konkurrenz** zu dem bis 1453 bestehenden **oströmischen Kaisertum**, dem Byzantinischen Reich. Eine gegenseitige Anerkennung der beiden Souveräne war angesichts des **universalen Machtanspruchs** des Kaisertums nicht möglich.

Im Jahr 812 schloss Karl der Große zwar Frieden mit dem Kaiser von Byzanz, doch das Zweikaiserproblem blieb während des ganzen Mittelalters bestehen.

Papstfreie Kaiserkrönungen (Ludwig der Fromme 813 und Lothar I. 817) waren zu vernachlässigende Ausnahmen. Der Normalfall war fortan die **Krönung des Kaisers durch den Papst in Rom**. Seit **Otto I.** (912–973), der 962 zum Kaiser gekrönt worden war, blieb die **Kaiserwürde** den Königen des **ostfränkischen Reichs** vorbehalten, die damit zwar keine neuen Rechte, wohl aber einen ideellen Vorrang für die eigene Dynastie beanspruchen konnten. Mit der Kaiserwürde fiel den fränkischen Königen auch die Rolle des **Schutzherrn der gesamten Christenheit** und eine besondere Verantwortung gegenüber der römisch-katholischen Kirche zu. Dies schloss Eingriffe der weltlichen Herrscher in die Sphäre der Kirche mit ein, wie das Beispiel der **Synode von Sutri** 1046 zeigt: Heinrich III. (1017–1056) beendete dort mit der Absetzung dreier rivalisierender Päpste und der wenig später folgenden Einsetzung des Bamberger Bischofs Suitger als Papst Clemens II. das Papstschisma (gr. „Spaltung"). Clemens II. nahm daraufhin die Krönung Heinrichs III. zum Kaiser vor.

Bis Mitte des 11. Jahrhunderts hatte sich die **römisch-katholische Kirche** (Westkirche) zu einer deutlich von der griechisch-orthodoxen Kirche (Ostkirche) und dem Islam abgegrenzten, hierarchisch organisierten Kirche mit **universalem Anspruch** entwickelt.

Das westfränkische und das ostfränkische Reich

Nach dem **Tod Karls des Großen** 814 herrschte dessen Sohn **Ludwig der Fromme** (814–840) über das Frankenreich. Noch zu Lebzeiten regelte er seine Nachfolge. Sein ältester Sohn **Lothar I.** wurde Mitkaiser, die Söhne **Ludwig der Deutsche** und **Pippin** (gest. 838, also noch vor seinem Vater) wurden in den Teilreichen Bayern und Aquitanien Unterkönige. Der Versuch Ludwigs des Frommen, die Erbfolgeregelung zugunsten seines jüngsten Sohnes Karls des Kahlen, der aus zweiter Ehe stammte, zu ändern, führte zu kriegerischen Auseinandersetzungen zwischen den Brüdern.

Nach dem **Tod Kaiser Ludwigs des Frommen** im Jahr 840 kämpften seine Erben, Lothar I., Ludwig der Deutsche und Karl der Kahle, um die Vorherrschaft im Reich. In den **Straßburger Eiden** (842) bekräftigten die beiden Brüder Ludwig und Karl vor ihren Heeren ihr Bündnis gegen Lothar, der als Ältester den Kaisertitel geerbt hatte.

Der **Vertrag von Verdun** beendete 843 den Konflikt: Lothar erhielt das **Mittelreich** mit den Kaisersitzen Rom und Aachen, Ludwig erhielt den Kern der deutschsprachigen Lande **(Ostfrankenreich)**, Karl den der romanischen Lande **(Westfrankenreich)**. Mit dem Vertrag von Verdun war keine Spaltung der Reichseinheit beabsichtigt, er führte letztlich aber zum **Zerfall des Fränkischen Reichs** in ein Westfränkisches und ein Ostfränkisches Reich.

„rex et sacerdos"

Die enge Verbindung von geistlicher und weltlicher Sphäre zeigt sich auch in der mittelalterlichen Vorstellung vom sakralen Charakter des Königtums. Bereits den merowingischen Königen schrieb man sakrale Züge zu: das **Königsheil**. Es war die Grundlage der Macht und drückte sich in einem besonderen Charisma und besonderen Kräften aus, die den Wohlstand und den Frieden des Reichs sicherten. Diese göttliche Gnade legitimierte in karolingischer Zeit die Herrschaft und wurde daher mit Nachdruck propagiert.

Der König war „rex et sacerdos" (König und Priester) und übte sein Amt in Stellvertretung Gottes aus. Seit den ottonischen Herrschern galt er als **Stellvertreter Christi auf Erden** („vicarius christi"). Die theokratische (religiöse) Legitimation verlieh dem König eine besondere Würde und außergewöhnliche Stellung, nahm ihn aber gleichzeitig in die Pflicht, seine Herrschaftsausübung in hohem Maße verantwortungsbewusst und nach christlichen Idealen auszuüben.

An vielen Stellen der an **Symbolen und Ritualen** reichen mittelalterlichen Herrschaftspraxis tritt der sakrale Charakter des Königtums in Erscheinung, so etwa im Akt der Herrscherweihe, bei Pilgerreisen der Könige, aber auch in Form von Insignien wie der Heiligen Lanze und der das Himmlische Jerusalem symbolisierenden achteckigen Reichskrone. Vor allem die zahlreichen Herrscherdarstellungen aus ottonisch-salischer Zeit übersetzen die Vorstellung von **Gottesgnadentum** und Stellvertreterschaft Christi in die Bildsprache der Zeit. Die Darstellung Heinrichs II. in einer zu Beginn des 11. Jahrhunderts entstandenen Prachthandschrift – Christus setzt Heinrich II. die Krone auf, zwei Engel übergeben ihm die Heilige Lanze und das Reichsschwert – steht in diesem Kontext stellvertretend für viele.

Investiturstreit

Vor dem Investiturstreit wurden Sakralkönigtum und königliche Herrschaft auch in geistlichen Fragen nie grundsätzlich infrage gestellt. Im frühen Mittelalter war die Einbindung der Kirche in Verwaltung und Politik selbstverständlich, eine klare Trennung zwischen weltlicher und geistlicher Gewalt existierte nicht. Könige und Adlige gründeten Klöster und Kirchen, die ihnen als **„Eigenkirchen"** unterstellt waren. Könige setzten – vor allem in ottonisch-salischer Zeit – Bischöfe mit Ring und Stab, den Symbolen des geistlichen Amts, ein **(Laieninvestitur)** und übertrugen ihnen Verwaltungs- und Regierungsaufgaben. Die Bischöfe und Reichsäbte wurden mit Grundbesitz und Hoheitsrechten versehen und übten weltliche Herrschaftsrechte aus **(Reichskirchensystem)**.

Diese Praxis, in der sich die Herrschaft der weltlichen Gewalt über die Kirche in sehr ausgeprägter Form manifestierte, war zwar in karolingischer und ottonischer Zeit unumstritten, aber keineswegs grundsätzlich immun gegen Konflikte. Diese zeigten sich im 11. Jahrhundert, als die seit dem 9. Jahrhundert vom burgundischen Koster Cluny ausgehende, um die Zurückdrängung weltlicher Einflüsse bemühte **kirchliche Reformbewegung** zunehmend Anstoß an der Praxis der Einsetzung von Bischöfen durch den König nahm. Das Streben nach Befreiung der Kirche von weltlichen Einflüssen setzte nun unverkennbar mit aller Macht ein. In päpstlichen Synoden wurde die Laieninvestitur verboten. Die Kirchenreformer prangerten Ämterkauf **(Simonie)** und die Praxis der Vergabe von Kirchenämtern an Laien an.

Da die **Bischöfe** seit ottonischer Zeit zu **wichtigen Stützen der Reichsverwaltung** geworden waren, trafen die Widerstände der Reformkirche das Königtum an einer empfindlichen Stelle. Der König widersetzte sich vehement und

Investitur eines Bischofs durch den König (Laieninvestitur): Der König überreicht dem Bischof den Stab, das Symbol des geistlichen Amts, 10. Jahrhundert.

berief sich bei der Investitur von Bischöfen und Reichsäbten auf den sakralen Charakter des Königtums, der sich im Akt der Salbung offenbare. Für das **Papsttum**, das in der Zeit der Reform großes Selbstbewusstsein an den Tag legte und seinen Anspruch auf **Primat und universale Geltung** mit Vehemenz vertrat, war der König nur ein Laie, dessen Mitwirkung bei der Besetzung eines geistlichen Amtes mit Simonie gleichgesetzt wurde. Die Reformbewegung erhielt mit dem 1073 zum Papst gewählten **Gregor VII.** einen kompromisslosen Mitstreiter im **Kampf um die Freiheit der Kirche** („libertas ecclesiae").

Angesichts der starken Polarisierung verhärteten sich die Fronten rasch. Der Konflikt, der später als **Investiturstreit** in die Geschichte einging, eskalierte anlässlich der Besetzung des Mailänder Kirchenstuhls. König Heinrich IV. hatte 1075 den königlichen Kaplan Thedald als Erzbischof von Mailand eingesetzt. Auf Beschwerden von Gregor VII. hin reagierte Heinrich IV. mit der Absetzung des Papstes im **Wormser Dekret** (Januar 1076). Dessen Antwort folgte in aller Schärfe mit der **Verhängung des Kirchenbanns über Heinrich IV.** (Februar 1076), d. h. mit dessen Ausschluss aus der Kirchengemeinschaft. Zudem untersagte er ihm die Leitung des Reichs und entband seine Untertanen von der Gehorsamspflicht.

Diese Gelegenheit nutzte die deutsche Fürstenopposition, um sich gegen Heinrich IV. zu organisieren. Sie erwog eine Neuwahl, sollte sich Heinrich IV. nicht mit dem Papst einigen. Der König, durch dieses Ultimatum unter Druck gesetzt, musste also seine Wiederanerkennung bei Papst Gregor VII. erwirken. Diese erreichte Heinrich IV. zumindest für kurze Zeit durch die **Buße in Canossa** (Januar 1077).

Gang nach Canossa

Die Burg Canossa wurde 1077 während der als **Investiturstreit** bekannten Auseinandersetzung zwischen **Papst Gregor VII.** und **König Heinrich IV.** Schauplatz eines bedeutenden historischen Ereignisses: Um sich vom Kirchenbann zu befreien, zog Heinrich IV. dem Papst über die Alpen entgegen und erschien im **Büßergewand** barfuß und fastend vor der **Burg Canossa.** Auf Vermittlung der Burgherrin Markgräfin Mathilde von Tuszien und des Abts Hugo von Cluny erwirkte Heinrich IV. die **päpstliche Lossprechung vom Bann** – ein vorübergehender taktischer Erfolg des Königs.

Der Ausdruck „**nach Canossa gehen**" wurde in späterer Zeit immer wieder im Sinne von „**sich unterwerfen**" gebraucht. Reichskanzler Bismarck beharrte z. B. 1872 während der Kulturkampfzeit darauf, keinesfalls „nach Canossa zu gehen", d. h. im Konflikt mit dem Papst nicht nachgeben zu wollen.

Durch diesen wohlüberlegten politischen Schachzug konnte sich Heinrich IV. gegen die sich formierende **Fürstenopposition** – Rudolf von Rheinfelden war zum **Gegenkönig** erhoben worden – durchsetzen. Die Jahre nach Canossa sind jedoch durch erneute **Spannungen zwischen König und Papst** gekennzeichnet. Auf der Fastensynode von 1080 wiederholte der Papst den Bannspruch und setzte Heinrich IV. ab, während Heinrich einen **Gegenpapst** (Clemens III.) einsetzte, der ihn zum Kaiser krönte. Die Konfrontation mündete in einen heftigen öffentlichen Schlagabtausch zwischen den Anhängern des Papstes und denen seines königlichen Gegners. Nach dem Tod des Gegenpapstes (1100) und der unter Zwang erfolgten **Abdankung Heinrichs IV.** (1105/06) kam es schließlich unter seinem Sohn Heinrich V. zur Beilegung des Konflikts.

Die Einigung, die mit Heinrich V. im **Wormser Konkordat** (1122) erzielt wurde, fußte auf der Kirchenrechtslehre Ivos von Chartres (um 1040–1115), die zwischen geistlichem Amt („spiritualia") und weltlichen Hoheitsrechten („regalia") unterschied. Heinrich V. verzichtete auf die Investitur mit Ring und Stab und erklärte sich mit der freien kanonischen Wahl der Bischöfe sowie der Reichsäbte (d. h. nach dem Kirchenrecht der römisch-katholischen Kirche) einverstanden. Das Konkordat gestattete dem König die Anwesenheit bei der Bischofswahl und die Entscheidung bei unklarem Wahlausgang.

Die königliche Verleihung der **Regalien** erfolgte mit dem weltlichen Symbol des **Zepters** und geschah vor der Bischofsweihe, die Verleihung der **Spiritualia** durch **Ring und Stab** hatte der Papst vorzunehmen. Die Reichsbischöfe wurden nun zu geistlichen Fürsten, die den Aufbau eigener Territorien anstrebten und den Prozess der Territorialisierung des Reichs forcierten.

Canossa – ein „Gang“ mit Folgen

Die Wirkung des Investiturstreits ist nicht zu unterschätzen. Das **sakrale Königtum** war in seinem Selbstverständnis schwer erschüttert worden. Die theokratische Legitimation des Königs war nach Canossa nicht mehr selbstverständlich, sondern bedurfte einer besonderen Betonung. Dies zeigt sich u. a. darin, dass sich die Kanzlei des Stauferkaisers **Friedrich I.** (1152–1190) ab 1157 der Formulierung „Sacrum Imperium Romanum“ **(Heiliges Römisches Reich)** bediente, und zwar in Analogie zu der von der päpstlichen Kanzlei verwendeten Formel von der „heiligen römischen Kurie“.

Mit diesem Vorgehen demonstrierten die **Staufer** ihre Entschlossenheit, die im Investiturstreit erschütterte Herrschersakralität erneut zu betonen und das Papsttum deutlich in seine Schranken zu weisen. Denn mit dem Investiturstreit war die frühmittelalterliche Einheit von weltlicher und geistlicher Gewalt zerbrochen und einem **Dualismus der Gewalten** gewichen. In ihrem Bemühen, andere, rationale Elemente der Herrschaftslegitimierung zur Stärkung kaiserlicher Macht gegenüber dem Papsttum heranzuziehen, reaktivierten die Staufer das Römische Recht und konnten sich hierbei auf die Juristen der bekannten Rechtsschule von Bologna stützen.

Auf dem Weg zum westeuropäischen Staat der Moderne, für den die **Trennung von kirchlichem und weltlichem Recht** konstitutiv ist, stellte der Investiturstreit die erste und wohl tiefste Zäsur dar. Seit Canossa führte die Konfliktfrage, in welcher Konsequenz und Schärfe weltliche und geistliche Sphäre zu trennen seien, bis in die Gegenwart immer wieder zu Spannungen. In der Französischen Revolution wurden die Ansprüche des sich auf die Souveränität des Volkes stützenden Staates gegenüber der Kirche unmissverständlich formuliert. Auch im Deutschen Kaiserreich entflammte im 19. Jahrhundert mit dem Kulturkampf eine mit drastischen Mitteln geführte Auseinandersetzung um den kirchlichen Einfluss im Staat, vor allem im Bildungswesen und Eherecht. Am Ende dieses Konflikts hatte sich der Staat mit der Einführung von Zivilehe und staatlicher Schulaufsicht durchgesetzt.

Europäische Gesellschaft und Politik sind auch heute noch keineswegs einer Meinung, wenn es um die Frage der Abgrenzung von kirchlicher und weltlicher Sphäre geht. Dies zeigt z. B. die Entscheidung des Europäischen Gerichtshofs für Menschenrechte vom 18. März 2011, Kruzifixe in Klassenzimmern staatlicher Schulen verstießen nicht gegen die Europäische Menschenrechtskonvention. Das Anbringen von Kruzifixen in den Klassenzimmern, so die Richter, falle in den Einschätzungsspielraum des Staates, zumal es unter den Mitgliedstaaten des Europarats in der Frage der Präsenz religiöser Symbole in den Schulen keine Übereinstimmung gäbe.

König Heinrich IV. kniet in Canossa vor Mathilde, der Herzogin von Tuszien nieder, um 1115. Die Unterschrift der mittelalterlichen Buchmalerei lautet übersetzt: „Der König [Heinrich IV.] bittet den Abt [Hugo von Cluny, Heinrichs Taufpaten] um Rat und fleht Mathilde von Tuszien um Hilfe an."

Aufgabe

3 Zeigen Sie die Folgen des Investiturstreits für Königtum, Papsttum und die Verfassungsstruktur des Reichs auf.

3 Wurzeln des modernen Föderalismus im Alten Reich

3.1 Die Entwicklung des politischen Ständewesens

Politisches Ständewesen: Institutionelle Traditionen und zentrale Entwicklungen
In ganz Europa ist seit dem Spätmittelalter die Entstehung **ständischer Verfassungen** – d. h. politischer Ordnungen, nicht geschriebener Verfassungen – zu beobachten. Die Formen, die die **politische Partizipation** im Europa der Frühen Neuzeit annehmen konnte, waren vielfältig. Zusammensetzung und Befugnisse der ständischen Vertretungskörperschaften, die mit den Fürsten Entscheidungen in **Steuer-, Rechts- und Friedensfragen** trafen und in den vormodernen europäischen Gesellschaften ganz unterschiedliche Namen trugen (Generalstände, Landtag, Parlament, Provinzialstände, Reichstag), differierten sehr stark.

Das politische Ständewesen der Frühen Neuzeit konnte an bestimmte tradierte Strukturen anknüpfen. Denn bereits die frühmittelalterliche Herrschaft kannte „Institutionen“: Hierbei handelte es sich um die **Reichsversammlungen** oder die **Hof- und Reichsverwaltung** mit sich schrittweise entwickelnden, personenbezogenen Ämtern. Was in der frühmittelalterlichen Verwaltung nicht existierte, war ein „Beamtenstand“; die Amtsträger waren vielmehr königliche Gefolgsleute oder entstammten der herrschenden Adelsschicht. Weder Amt und Eigenherrschaft noch Exekutive und Judikative waren klar voneinander getrennt.

Im Hochmittelalter war es Usus, dass der Herrscher regelmäßig die Adligen auf dem **Hoftag** (lat. „curia regis“) um sich scharte, um einen Konsens in wichtigen politischen Fragen zu erzielen. Mitwirkung und Mitbestimmung des Adels an der Herrschaftsausübung sowie die Wechselseitigkeit der Verpflichtungen gehörten zu den wesentlichen Kennzeichen der mittelalterlichen politischen Ordnung. Allerdings entbehrten diese **gewohnheitsrechtlichen Beratungen** noch einer festen Struktur. Weder der Kreis der Teilnehmer noch die Beratungsinhalte waren genau fixiert. Doch bleibt festzuhalten, dass sich im Mittelalter bereits anerkannte Instanzen und Normen sowie feste, gewohnheitsmäßige „Spielregeln“ und „ungeschriebene Gesetze“ (G. Althoff) entwickelt hatten, nach denen Herrschaft funktionierte.

Der Blick auf die deutsche Verfassungsentwicklung zeigt, dass Defizite des Königtums, insbesondere die Durchsetzungsschwäche bei der Bewältigung der Zentralaufgaben von Rechts- und Friedenswahrung, in der Folgezeit zur Aufwertung dieser Reichsversammlungen und zur Abhaltung **„königsloser Hoftage“**, zu der die Stände die Initiative ergriffen hatten, führten. Seit Beginn des

15. Jahrhunderts entstand zudem eine **fürstliche Reformbewegung**, die auf intensivierte ständische Partizipation abzielte. So ist der vom Kaiser einberufene **Reichstag** des 16. Jahrhunderts nicht als Ende einer steten institutionellen Entwicklung zu sehen, sondern in hohem Maß ständischer Respons auf zu bewältigende Krisensituationen. Für die Zukunft galt es, dauerhaft Frieden und Sicherheit zu gewährleisten. Es mussten sowohl die Osmanen abgewehrt werden, die 1453 Byzanz erobert hatten und in der Folge die Grenzen des Heiligen Römischen Reichs bedrohten, als auch das zunehmend außer Kontrolle geratene Fehdewesen (vgl. S. 42 f.) eingedämmt werden.

Ausformung politischer Partizipation im dualistischen Ständestaat

Im weiteren Verlauf der Entwicklung wurde die politische Partizipation der Stände auf eine breitere soziale Basis gestellt und es erfolgte die **institutionelle Verfestigung des Alten Reichs in Form des Reichstags** des ausgehenden 15. Jahrhunderts (vgl. S. 42 ff.). Neue Elemente verdrängten mittelalterliche, wenngleich die legitimatorische Bedeutung des Herrschers, die ihren Ausdruck auch im fehlenden ständischen Selbstversammlungsrecht fand, und die herausgehobene Rolle des Adels in den ständischen Beratungsgremien bis zum Ende des Reichs unverändert blieben.

Um 1500 war es keineswegs festgelegt, sondern noch prinzipiell offen, in welche Richtung sich diese ständische Tradition fortentwickeln würde. In einem langen Prozess, der in der ersten Hälfte des 16. Jahrhunderts an Dynamik gewann, formierten sich auf Reichsebene und auf der Ebene der Territorien **ständische Vertretungen**, deren soziale Zusammensetzung, Beratungsverfahren und Rolle im politischen Prozess immer festere Strukturen und Gesetzmäßigkeiten annahmen. Die Geschichtswissenschaft spricht für das erste neuzeitliche Jahrzehnt daher auch von einer **„formativen Phase"**. Im Gegensatz zu den mittelalterlichen Hoftagen kristallisierte sich in der Frühen Neuzeit heraus, wer dauerhaft an den Beratungen teilnehmen konnte bzw. musste; nun entschieden nicht mehr der König oder die Adligen, wer geladen wurde bzw. der Ladung Folge leisten musste. Das Beratungsverfahren war dagegen bis auf die Tatsache der Einberufung durch den Herrscher noch wenig festgelegt. Die mittelalterliche Tradition der symbolischen und rituellen Akte, u. a. bei der Eröffnung der Versammlungen, wurde in der Neuzeit fortgeführt.

In der Geschichtswissenschaft wird die politische Verfasstheit, die sich in der Frühen Neuzeit herausbildete, als **„dualistischer Ständestaat"** bezeichnet. Fürst und Stände entwickelten mit der Zeit immer klarere Vorstellungen, was voneinander erwartet wurde, und artikulierten ihre Forderungen auf den **Reichstagen** (auf Reichsebene) oder den **Landtagen** (auf der Ebene der Territorien) mit aller Deutlichkeit. Auf der Tagesordnung der Ständeversammlungen stand an erster Stelle die **Bewilligung der Steuern**, denn an der Schwelle zur Neuzeit erhöhte sich der Geldbedarf der Fürsten zunehmend. Die Zustimmung der großen Landbesitzer, der Adligen, Prälaten und Klöster war notwendig, wollte der Landesfürst die Untertanen des Adels besteuern. Dies musste auf den auch als „Geldtage" bezeichneten Landtagen ausgehandelt werden. Auf Reichsebene drängte der Kaiser die Stände auf den Reichstagen zur Bewilligung der etwa für die Türkenkriege notwendigen Reichssteuern.

Die Stände beriefen sich ihrerseits auf den aus dem Römischen Recht stammenden Grundsatz, der im Hoch- und Spätmittelalter in den Debatten um die politische Partizipation der Stände kursierte: „Quod omnes tangit, ab omnibus tractari et approbari debet." („Was alle betrifft, über das müssen alle beraten und dem müssen alle zustimmen.") Die Stände banden Zugeständnisse hinsichtlich finanzieller Unterstützung an das Mitspracherecht bei politischen Entscheidungen, an die Erfüllung von Forderungen, ihre autonomen Rechte zu vergrößern oder zu sichern. Die Ständeversammlungen waren der geeignete Ort, an dem **Beschwerden („Gravamina")** vorgetragen werden konnten. Inwieweit beide Seiten ihre Ziele verwirklichen konnten, zeigte dann der Abschied des Reichs- bzw. Landtags. Hier wird deutlich, dass die im Terminus **„dualistischer Ständestaat"** implizierte Tendenz zum Gegeneinander von Kaiser und Reichsständen bzw. Fürst und Landständen in Wirklichkeit eine Mischung aus **Mit-, Neben- und Gegeneinander** war.

Aufschlussreicher Indikator des Kräfteverhältnisses zwischen den geistlichen und weltlichen Eliten und den Landesfürsten sowie zwischen diesen und den Monarchen waren die Verfahrensbestimmungen und das Protokoll, die die Einberufung und den Ablauf der Ständeversammlungen regelten (**Sessionsordnung**, die den Rang und die Nähe zum Herrscher reflektierte). Zusammenkunft bzw. Abweichen von dieser Tradition waren von größter symbolischer und aktueller politischer Bedeutung.

Seit 1521 war auch die Reformation Tagesordnungspunkt auf dem Reichstag. Es galt dort, erhebliche, mit **Reformation und Türkenkriegen** in Verbindung stehende Probleme zu bewältigen, was die Position der ständischen Körperschaften auf der Waagschale politischen Durchsetzungsvermögens erhöhte.

Nach 1555 begann der Kampf um die Interpretation des Augsburger Religionsfriedens (vgl. S. 45 f.). Die Zeit nach 1555 kann als verfassungspolitisch dynamische Zeit charakterisiert werden, in der Institutionen wie die **Reichskreise** oder das **Reichskammergericht** eingerichtet bzw. in eine endgültige Form gebracht wurden (vgl. S. 43 f.).

Das 15. und 16. Jahrhundert wird als **Blütezeit der Ständeversammlungen** bezeichnet. Die Stände und ihre Vertreter sahen sich als potenzielle Mitregenten oder unentbehrliche Ratgeber der Fürsten. Sie trugen immer mehr zu den sich intensivierenden, finanziellen Lasten bei. In den Territorien des Alten Reichs übernahmen insbesondere in der zweiten Hälfte des 16. Jahrhunderts fast alle Landstände die herrschaftlichen Schulden. Auf den Reichstagen forderte der Kaiser immer wieder die **Türkenhilfe** ein. Im Reich bildete sich so eine von den Ständen organisierte und kontrollierte Steuerverwaltung aus.

Stieg die Bedeutung der ständischen Organe im 15. und 16. Jahrhundert, so spielten die **Städte** nach den Niederlagen des 14. Jahrhunderts meist nur mehr die Rolle eines Pfandes im Machtkampf zwischen Adel, Klerus und Landesfürsten. Die Reformation führte in Teilen Mitteleuropas zu einer deutlichen Verschiebung des politischen Gewichts zugunsten des Adels und dessen politischer Vertretung auf Reichstagen und Landtagen.

Das 16. Jahrhundert war auch eine Epoche des stärkeren Ausbaus der staatlichen Verwaltung. Das Prinzip der Gewaltenteilung zwischen Judikative und Exekutive gewann allerdings erst in der zweiten Hälfte des 18. Jahrhunderts an Einfluss, setzte sich aber auch dann nur langsam im 19. Jahrhundert durch. Die ständischen Machteliten wälzten die europaweit zunehmenden Kosten der Staatsfinanzierung auf die städtische und ländliche Bevölkerung ab. Die administrative Bedeutung der Stände nahm zu, die Teilhabe politischer Macht verfestigte sich in Form von **periodisch stattfindenden Versammlungen** (Reichstag, der seit 1663 als Gesandtenkongress „immerwährend" tagte).

Zur Perpetuierung und administrativen Professionalisierung des Reichstags trugen auch die ständischen Ausschüsse bei, die als Exekutivorgane der Stände zwischen den Sitzungsperioden tätig waren. Zudem zeigt der Bau von Ständehäusern, die als Versammlungsorte dienten, die gewachsene Stellung der Stände.

Zuweilen eskalierten Gegensätze zu **Ständerevolten**, wenn es nicht mehr gelang, einen Konsens mit dem Kaiser oder den Fürsten herzustellen. Hier wurde die Pflicht zum Widerstand gegen eine tyrannische Obrigkeit formuliert. Eine markante Ständerevolte brach mit dem **Prager Fenstersturz** 1618 in Böhmen vor dem Hintergrund religions- und machtpolitischer Gegensätze der böhmischen Stände zu den Habsburgern aus (vgl. S. 47). Das rebellische Verhalten der ständischen Eliten und der Druck, diese Revolten zu legitimieren bzw. zu delegitimieren, zwangen zum Nachdenken über Herrscherrechte, Untertanengehorsam, Partizipation, adlige Freiheit und Souveränität (vgl. S. 47 ff.). Daher wirkten Ständerevolten als wichtiger Impuls für die Weiterentwicklung der politischen Theorie und der Verfassung.

Prager Fenstersturz am 23. Mai 1618 – Beginn des Dreißigjährigen Kriegs

Seit Mitte des 17. Jahrhunderts sind eine Intensivierung der staatlichen Herrschaft und ein **Abbau ständischer Partizipationsrechte** feststellbar. Dazu trugen Primogeniturregelungen (Erbfolgerecht, nach dem nur der Erstgeborene das Erbe antritt), die Stärkung der Landesfürsten durch die Reformation und die Einrichtung stehender Heere nach 1648 wesentlich bei. Von einem gänzlichen Verschwinden der Stände kann aber nicht die Rede sein. Nach wie vor kennzeichneten Kooperation und Konflikt das herrschaftlich-ständische Miteinander. Das **Prinzip der Kontrolle fürstlicher Gewalt** konnte auch der Absolutismus nicht verdrängen.

Die moderne Forschung verweist auf das staatsbildende Potenzial der Stände und auf zukunftsweisende Elemente des Ständetums wie das **Repräsentativprinzip**. Gegenwärtig haben dualistische Interpretationsmodelle, die auf einer elementaren Gegensätzlichkeit von Herrscher und Ständen beruhen, kaum noch Bedeutung.

3.2 Das Alte Reich – ein staatspolitisches „Monstrum“

Reichsterminologie

Das in den Quellen als **„Heiliges Römisches Reich deutscher Nation“** bezeichnete Alte Reich hatte bis zur Niederlegung der Kaiserkrone durch Kaiser Franz II. am 6. August 1806 Bestand. Die einzelnen Elemente des Namens lassen zu Recht auf mittelalterliche und neuzeitliche Komponenten schließen: Der Zusatz „römisch“ verweist auf die **Kontinuität des antiken römischen Kaisertums** und verdeutlicht einen universalen Herrschaftsanspruch. Damit verbunden war die Vorstellung von der sog. **translatio imperii**, d. h. der Übertragung der Herrschaft von den Römern auf die Franken und mit der Krönung Ottos I. (962) schließlich auf das Heilige Römische Reich (vgl. S. 15 f.).

Zu dieser Betonung der weltlichen Universalmacht trat seit Mitte des 12. Jahrhunderts das Adjektiv „heilig", das auf staufische Vorstellungen zurückgeht. Dieses Attribut betont die Gleichberechtigung von Kaiser und Papst und drückt den Anspruch auf eine **sakrale Würde des Reichs** aus. Seit dem 15. Jahrhundert – erstmals im Landfriedensgesetz Kaiser Friedrichs III. von 1486 – findet sich der Zusatz **„deutscher Nation"**, in einer Zeit also, in der sich zunehmend nationalstaatliche Tendenzen in Europa festmachen lassen. Das heißt aber keineswegs, dass sich das Reich nur auf den deutschen Sprachraum erstreckte. Zum Heiligen Römischen Reich gehörten auch Gebiete im ehemaligen Königreich Burgund und Arelat sowie in Reichsitalien.

Aufgrund der **Dominanz der deutschen Reichsinstitutionen** und des deutschen Bevölkerungsanteils wurde das Alte Reich in den Quellen des 18. Jahrhunderts auch als „Imperium Romano-Germanicum" oder „Teutsches Reich" bezeichnet. Im Laufe der Zeit entwickelte sich ein Verständnis vom Reich, das nur noch deutschsprachige Gebiete umfasste.

Altes Reich
Wissenschaftlicher Begriff für die zeitgenössische Bezeichnung **„Heiliges Römisches Reich deutscher Nation"** (Ende 1806). Das Attribut „alt" dient der Abgrenzung zum 1871 gegründeten Deutschen Kaiserreich.

Reichsverfassung und Charakter des Alten Reichs

Der Staatsrechtslehrer **Samuel Pufendorf** charakterisierte im 17. Jahrhundert in seiner Schrift „De statu imperii Germanici" („Die Verfassung des deutschen Reiches") das Heilige Römische Reich abwertend als einen **„irregulären und einem Monstrum ähnlichen Körper"**. Denn das Alte Reich war in seiner Gesamtheit nicht in die Kategorien der aristotelischen Staatsrechtslehre (Monarchie, Aristokratie, Demokratie) einzuordnen (vgl. S. 6 f.). Pufendorf definierte dieses „Monstrum" als ein Staatsgebilde, bei dem unklar war, wo die Souveränitätsrechte lagen. Im 18. Jahrhundert setzte sich in der Reichspublizistik, so z. B. bei **Johann Stephan Pütter**, die Auffassung vom Reich als einem **föderativ verfassten Staatswesen** unter einem gemeinsamen Oberhaupt durch.

Die nationale Geschichtsschreibung des 19. Jahrhunderts fällte über das föderale, in Klein- und Kleinststaaten zersplitterte Heilige Römische Reich ein vernichtendes Urteil und konstruierte nationale Kontinuitäten vom staufischen

Kaisertum über den Aufstieg Brandenburg-Preußens zum preußisch dominierten Deutschen Kaiserreich Bismarcks. Erst in der zweiten Hälfte des 20. Jahrhunderts setzte sich, als der deutsche Nationalstaat selbst in Misskredit geraten war, eine Sichtweise durch, die die **föderale Struktur** und die **transnationale Komponente des Reichs** mit Blick auf ein **vereintes Europa** wertschätzte und auf die rechtsstaatlichen Elemente in der Gerichtsbarkeit des Reichskammergerichts sowie des Reichshofrats verwies.

In der jüngeren Forschung gibt es Historiker, die die „Staatlichkeit" des Alten Reichs eher bejahen, indem sie „Staat" nicht im Sinne eines Einheitsstaates, sondern im Sinne **„komplementärer" Staatlichkeit** (Georg Schmidt) verstehen. Diese Begrifflichkeit verweist darauf, dass es keine einheitliche Staatsgewalt gab, sondern zwei Ebenen von Staatlichkeit: zum einen die autonome Handlungsebene der Fürstenstaaten und zum anderen die übergeordnete, gemeinsame Handlungsebene des Reichs. Es gibt aber auch Gegner, die eine Einordnung des Reichs in die Kategorien „Staat" und „Nation" vehement ablehnen. Sie bevorzugen die Bezeichnung **„Reichssystem"** (z. B. Heinz Schilling).

In jedem Falle ist der Versuch einer Charakteristik des Reichs dann zum Scheitern verurteilt, wenn der Nationalstaat des 19. Jahrhunderts als Maß aller Dinge erscheint. Denn das Reich besaß **keine systematische schriftliche Verfassung**, keine Rechtsgleichheit, **keine festen Grenzen**, kein stehendes Heer und auch keine zentrale Exekutive. Es fehlten diesem Verband also wesentliche Merkmale dessen, was einen Staat im modernen Sinne ausmacht.

Reichsverfassung

Die Reichsverfassung war **keine Verfassung im modernen Sinn**, die sich an einer einzelnen Verfassungsurkunde festmachen lässt. Vielmehr handelte es sich um ein **komplexes Geflecht** aus Gewohnheitsrechten, fallweise erlassenen Übereinkünften und einigen schriftlich fixierten „Grundgesetzen" („leges fundamentales").

Das Alte Reich war weder Staat noch Staatenbund, sondern ein über die Jahrhunderte hinweg entstandener **dezentraler, föderativ strukturierter, ständisch-korporativer Verband** mit ganz unterschiedlichen Reichsgliedern und dem Kaiser als Reichsspitze. Es fußte auf der Reichsverfassung und wurde bis zu seinem Ende 1806 durch die lehnsrechtliche Bindung zusammengehalten.

Das Reich war bis zu seinem Ende kein Territorialstaat, sondern ein **Personenverband**, in dem symbolische Inszenierungen und rituelle Akte eine nicht zu unterschätzende Rolle spielten. Der föderative Charakter des Reichs zeigte sich in der Einteilung in Reichskreise, in den reichsständischen Territorien und den Reichsstädten. Zeit seines Bestehens blieb das Alte Reich eine **Wahl-, keine Erbmonarchie**. Dazu hatten sich die Kaiser in den Wahlkapitulationen (vgl. S. 50) verpflichtet. Der König bzw. Kaiser wurde von einem sich allmählich herausbildenden, erstmals in der Goldenen Bulle (1356) festgelegten Kreis von Fürsten, den Kurfürsten, gewählt (vgl. S. 50).

Das Reich war von seiner Struktur her defensiv ausgerichtet, ein **Verband zur Friedens- und Rechtswahrung**. Dies war nicht zuletzt daran festzumachen, dass die Glieder des Reichs ihr Recht vor **Reichsgerichten** suchen konnten. Dabei handelte es sich um ganz unterschiedliche Rechtspositionen, die sich auf das Lehnsrecht sowie auf diverse erworbene Freiheiten und Privilegien gründeten. Diese alten Rechtsbestände waren nicht antastbar, was sich im 18. Jahrhundert zulasten der Reformfähigkeit des Reichs auswirkte.

Der Charakter des Alten Reichs

Zusammenfassung: Was war das Alte Reich?	
Struktur:	• loser Verbund heterogener Reichsglieder unter dem Kaiser als Oberhaupt • hierarchisch strukturierter Lehensverband, aus dem sich seit dem 15. Jahrhundert in Ansätzen moderne Staatlichkeit entwickelte • dezentral, föderativ • ständisch-korporativ • defensiv ausgerichtet • keine Trennung der religiösen und politischen Ordnung • keine von den Reichsständen unabhängige Exekutivgewalt
Rechtsgrundlage:	• Reichsgrundgesetze (leges fundamentalis): u. a. Goldene Bulle (1356), Augsburger Religionsfrieden (1555), Westfälischer Frieden (1648), kaiserliche Wahlkapitulationen • Reichsherkommen und Gewohnheitsrechte
Aufgaben / Ziele:	• Rechtswahrung • Friedenssicherung • gemeinsame Steuern und Dienste

„Kaiser und Reich"

Die Zeitgenossen selbst sprachen vom Reich als einem Körper aus Haupt und Gliedern, die offizielle Formel lautete „Kaiser und Reich". Der **Kaiser** bildete die **Spitze der Hierarchie**, von der sich die ganze Ordnung legitimierte. Er war oberster Lehnsherr, oberster Richter und Wahrer von Frieden und Recht. Zudem hatte der Kaiser die Befugnis, gegen Verletzungen des Reichsrechts vorzugehen. Allerdings konnte er in Ermangelung von Exekutivorganen Maßnahmen gegen den Willen der Reichsstände nicht gewaltsam erzwingen. Wollte der Kaiser etwas durchsetzen, war er darauf angewiesen, dass die Reichsstände dies mittrugen. **Herrschaft** beruhte wie im Mittelalter **auf Konsens**.

Die Kurfürsten, Fürsten, Prälaten, Grafen, Ritter und Städte standen dem Kaiser als Glieder des Reichs gegenüber; insgesamt eine sehr heterogene Gruppe, die z. B. Klöster und städtische Kommunen, geistliche und weltliche Fürsten, Reichsfürsten mit großen Territorien und kleine Reichsritter umfassen konnte. **Reichsunmittelbar** waren alle Reichsglieder, die keinem Landesherrn, sondern direkt dem Kaiser unterstellt waren, also die in den Reichskreisen vertretenen Reichsstände, die Reichsritter und die wenigen Reichsdörfer. Sie alle zahlten Reichssteuern. Diejenigen reichsunmittelbaren Glieder des Reichs, welche Sitz und Stimme auf dem Reichstag hatten, besaßen die **Reichsstandschaft**.

Aber bei Weitem nicht alle Reichsglieder waren reichsunmittelbar. Den meisten Reichsständen standen in ihren Territorien **landsässige oder mediate Stände** gegenüber, die in einem mittelbaren Verhältnis zu Kaiser und Reich standen. Wie die Reichsstände auf den Reichstagen, so übten die Landstände **auf den Landtagen Partizipationsrechte** aus. Die Landstände wiederum übten u. a. Herrschaft über Hintersassen oder Grund- und Gutsuntertanen aus, sodass sich abgestufte Herrschaftsbereiche ergaben. Im Reich wurde auf verschiedenen Ebenen autonome Herrschaft ausgeübt.

Die **Reichsglieder**, die, was Macht und Rechtsstatus betrifft, stark differierten, hatten unterschiedliche Beweggründe, von ihren **Partikularinteressen** abzusehen und sich zum Nutzen des Reichs in das Reichsganze zu integrieren.

Die politische Struktur des Heiligen Römischen Reichs

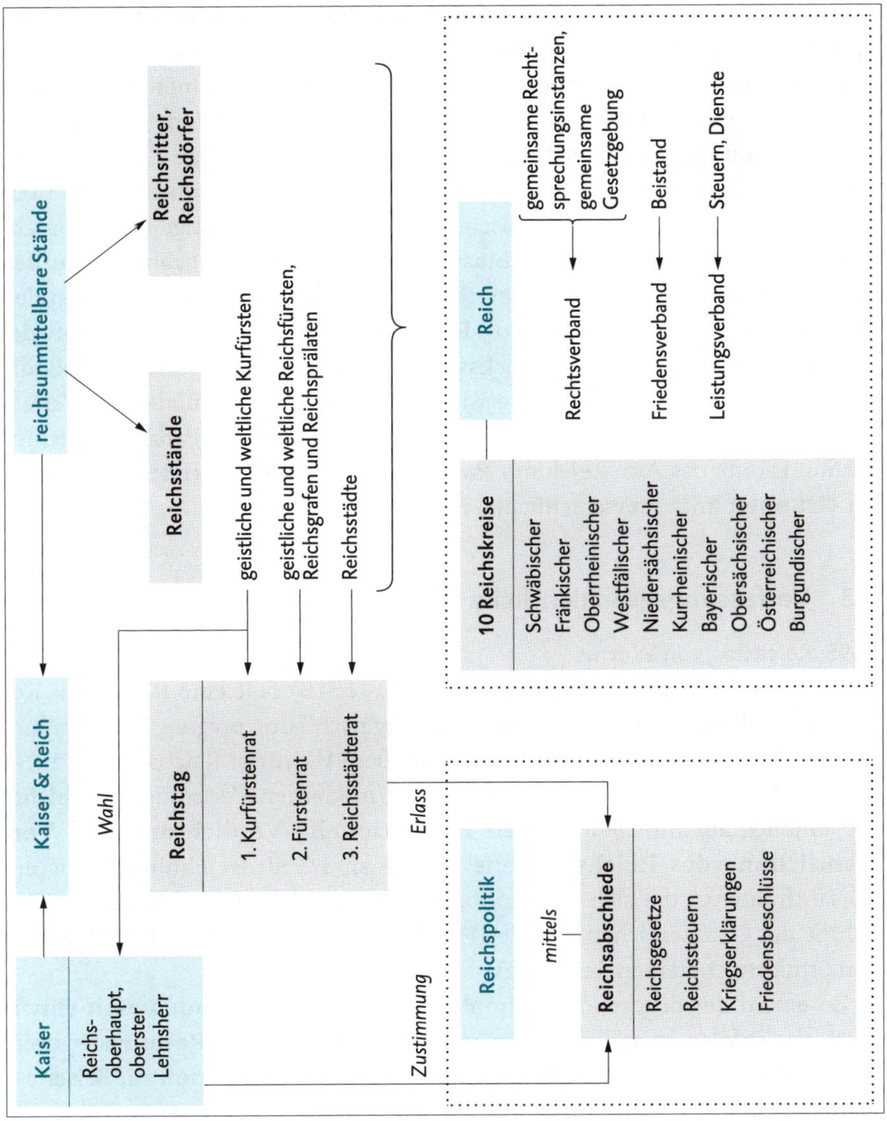

Während die **kleinen und mittleren Reichsstände** auf den **Schutz des Kaisers** angewiesen waren, hing es bei den großen Reichsständen von der jeweiligen politischen Situation ab, welche Position sie zum Reich einnahmen. Das Reich kannte aber auch zeitlich begrenzte föderative Zusammenschlüsse über die Ständegrenzen hinweg (z. B. Schwäbischer Bund, Liga, Union, Fürstenbund).

In den **Reichsgrundgesetzen** („leges fundamentales"), zu denen u. a. die Goldene Bulle (1356), der Ewige Landfrieden (1495), der Augsburger Religionsfrieden (1555), der Westfälische Frieden (1648), wichtige Reichstagsabschiede und die kaiserlichen Wahlkapitulationen (seit 1519) zählten, wurden die Partizipationsrechte der Reichsstände klar geregelt (vgl. S. 50). Neben den Reichsgrundgesetzen gab es die sog. **Reservatrechte**. Diese Rechte konnte der Kaiser ohne Zustimmung der Reichsstände im ganzen Reich ausüben (z. B. die Vornahme von Standeserhöhungen). Im Gegensatz zum modernen Verfassungsstaat, der auf Gleichheit aller Bürger, Mitwirkung und Parlamentarismus beruht, kannte das Alte Reich nur **Partizipationsrechte korporativ verfasster Gruppen** mit unterschiedlichen Rechten und Privilegien.

3.3 Verfassungsgeschichtliche Zäsuren

1495: Reichstag von Worms

In die Regierungszeit **Maximilians I.** (1493–1519) fällt eine Reihe von Reformmaßnahmen, welche die Reichsordnung nachhaltig prägten. Die Veränderungen, die an der Schwelle zur Neuzeit mit dem Wormser Reichstag von 1495 konkrete Gestalt annahmen, werden in der modernen Verfassungsgeschichte im Hinblick auf ihre Wirkung als **institutionelle Verdichtung und Verrechtlichung des Reichs** beschrieben. Sie sind Teil der Umbruchszeit des 15. Jahrhunderts, die sich am ökonomischen Wandel – erkennbar in der Zunahme der Geldwirtschaft und des Handels – ebenso festmachen lässt wie an den Strukturproblemen des Reichs.

Zu einem der drückendsten Probleme hatte sich das **Fehdewesen** entwickelt, das infolge kaiserlichen Unvermögens, Frieden und Recht zu wahren, zunehmend außer Kontrolle geraten war. Politische Kooperation zur Krisenbewältigung war dringend nötig in einer Zeit, in der sich zu inneren Problemen auch gewaltige **äußere Bedrohungen** gesellten; darunter fallen die Hussitenkriege zu Beginn des 15. Jahrhunderts, der Ansturm der Osmanen im Südosten des Reichs seit der Eroberung von Byzanz 1453 oder die Abwehr der Ansprüche des französischen Königs in Italien seit 1494.

Das mittelalterliche Fehdewesen

Als Fehde wird die bereits aus der germanischen Tradition bekannte, rechtlich anerkannte **Regulierung von Rechtsbrüchen** zwischen **Freien** bezeichnet. Die Ausübung des Fehderechts war an bestimmte Formen gebunden: Ankündigung im Fehdebrief, Herausforderung zum Zweikampf durch Werfen des Fehdehandschuhs, Schonung gewisser Personen und Gegenstände.

Die Kirche bemühte sich seit dem 10. Jahrhundert im Rahmen der **Gottesfriedensbewegung**, dem Fehdewesen Einhalt zu gebieten: So durfte an vier Tagen in der Woche keine Fehde ausgetragen werden. Auch die weltliche Macht erließ immer wieder Bestimmungen, die das Fehderecht einschränkten, z. B. im Mainzer Landfrieden von 1235. Aber erst auf dem **Wormser Reichstag** von 1495 wurde mit dem Erlass des **Ewigen Landfriedens** ein unbefristetes **Fehdeverbot** im Alten Reich verkündet. Mit der Etablierung des Reichshofrats sowie des Reichskammergerichts waren mittlerweile Möglichkeiten des friedlichen Konfliktaustrags geschaffen worden.

Der Reformbedürftigkeit des Reichs wurde unter Maximilian I. durch die Entwicklung neuer politischer Strukturen Rechnung getragen, die das **politische Gewicht zugunsten der Reichsstände** auf Kosten der königlichen Gewalt verschoben. Auf dem 1495 anlässlich des Regierungsantritts Maximilians I. einberufenen Reichstag zu Worms unter Leitung des Erzbischofs von Mainz, Berthold von Henneberg, artikulierten Kaiser und Reichsstände ihre jeweilige Position sehr deutlich: Der Kaiser benötigte Geld zur Kriegführung, die Reichsstände forderten die Lösung von Strukturproblemen und eine regelmäßige politische Mitsprache.

Reichskammergericht und Reichshofrat

Das 1495 von Kaiser und Reichsständen gegründete **Reichskammergericht** sollte den Landfrieden im Alten Reich sichern. Sein Richterkollegium wurde von allen Reichskreisen ausgewählt. Es war **erste Instanz für alle reichsunmittelbaren Reichsglieder**, aber auch **höchste Appellationsinstanz** für landesherrliche Territorialgerichte. d. h., es handelte sich um ein Gericht, bei dem Berufung gegen Urteile einer niedrigeren Rechtsinstanz eingelegt werden konnte. Darüber hinaus war es auch zuständig bei Landfriedensbruch und Rechtsverweigerung in den Ländern. Das Reichskammergericht hatte bis 1689 seinen Sitz in **Speyer**, danach in **Wetzlar**.

Das konkurrierende zweite Reichsgericht, der **Reichshofrat**, hatte seinen **Sitz am Kaiserhof** und wurde ausschließlich vom Kaiser bestimmt. Er stand in Konkurrenz zum Reichskammergericht, da die beiden höchsten Reichsgerichte ähnliche Kompetenzbereiche hatten. Der Reichshofrat war aber auch zuständig für die **Reichslehen** sowie für die **kaiserlichen Privilegien und Reservatrechte**.

Ergebnis des Reichstags war eine Reihe wichtiger Reformgesetze. Das bedeutendste war der **Ewige Landfrieden**. Dieser beinhaltete ein unbefristetes Fehdeverbot und war damit ein großer Meilenstein auf dem Weg zu mehr Rechtssicherheit im Reich. Zur Einhaltung dieses Landfriedens wurden ein von den Ständen dominiertes Reichskammergericht und der kaiserliche Reichshofrat eingerichtet, in denen in der Folgezeit Konflikte politischer, sozialer, wirtschaftlicher sowie religiöser Natur auf dem Rechtsweg ausgetragen wurden.

Die in Worms beschlossene Reichssteuer **(Gemeiner Pfennig)**, derzufolge jeder Einwohner des Reichs über 15 Jahre eine vermögensabhängige Abgabe entrichten sollte, scheiterte auf lange Sicht, da den Landesherren ein solch weitgehender Eingriff des Reichs in die finanziellen Ressourcen der Territorien ein Dorn im Auge war. Schließlich kam es in Worms noch zur sog. **Handhabung Friedens und Rechts**. Diese sah jährlich stattfindende Reichstage vor und damit die stete politische Beteiligung der Reichsstände sowie die Notwendigkeit der Zustimmung der Stände bei der Steuerbewilligung, bei Entscheidungen über Krieg und Frieden und bei Bündnissen.

Der Versuch, ein ständisches, permanentes Regierungsorgan in Form des **Reichsregiments** (1500–1502 und 1521–1530) zu verwirklichen, scheiterte am Unwillen der Reichsstände, den eigenen Machtverlust, den dieses Organ mit sich gebracht hätte, zu tolerieren. Erfolgreicher war die Etablierung von zunächst **sechs Reichskreisen** (Fränkischer, Bayerischer, Schwäbischer, Oberrheinischer, Niederrheinisch-Westfälischer und Niedersächsischer Kreis). Mit dem Reichstag zu Köln 1512 erfolgte die Ausdehnung der Kreisverfassung auf fast das ganze Reich. Vier weitere Reichskreise folgten: der Österreichische und der Burgundische Kreis, der Kurrheinische und der Obersächsische Kreis.

Mit der Pflicht zur Vollstreckung der Urteile des Reichskammergerichts und des Reichshofrats, der sie durch den Einsatz von Truppen nachkommen konnten, erfüllten die Reichskreise als Exekutivorgane wichtige Funktionen bei der Sicherung des Landfriedens. Sie stellten Kontingente zum **Reichsheer** und waren auf wirtschaftlichem Gebiet (z. B. Marktordnung) tätig. Das Hauptorgan der Reichskreise, der **Kreistag**, fasste seine Beschlüsse mit Stimmenmehrheit und setzte sich aus den Reichsständen im jeweiligen Reichskreis zusammen.

Die Effizienz der Reichskreise hing vor allem von deren Zusammensetzung ab. Waren ein oder mehrere mächtige Stände in einem Kreis vertreten, die eine **Kreisselbstverwaltung** nicht unterstützen wollten, konnte der Kreis seinen Aufgaben nur schwer nachkommen. Hier wie generell in der Reichsverfassung funktionierte die Ordnung da am besten, wo die mächtigsten Stände Interesse am Funktionieren hatten und die Organe die weniger mächtigen Stände in die Lage versetzten, ihre genuine strukturelle Schwäche zu kompensieren.

1555: Augsburger Religionsfrieden

Nachdem die Reformation ihren Siegeszug durch das Reich ungebremst angetreten hatte, war die reichsrechtliche Legitimierung des bestehenden **konfessionellen Nebeneinanders** nicht mehr zu umgehen. Den konfessionspolitischen Kompromiss, den König Ferdinand I. (in Vertretung des Kaisers) und die Reichsstände auf dem Reichstag in Augsburg 1555 aushandelten, sah für die Landesherren und die Obrigkeiten der Reichsstädte das Reformationsrecht **(„ius reformandi")** in ihren Territorien vor, d. h., die Untertanen mussten die Konfession ihres Landesherrn annehmen **(„cuius regio eius religio")**. Sie erhielten lediglich das Recht, aus konfessionellen Gründen auszuwandern **(„ius emigrandi")**. Ein **allgemeiner Landfrieden** wurde erlassen und die Reform des Reichskammergerichts sah die Hinzunahme evangelischer Assessoren vor. Die Handhabung des Landfriedens wurde in einer Exekutionsordnung den Reichskreisen übertragen.

Der zu Augsburg geschlossene Religionsfrieden, der nur für die **römisch-katholische und die evangelisch-lutherische Konfession**, nicht aber für die reformierte Konfession (Calvinismus) galt, verhinderte nicht zuletzt deshalb eine Eskalation zwischen den Konfessionen, weil religiöse Konflikte verrechtlicht wurden. Er ließ aber manches im Unklaren und barg erhebliches Konfliktpotenzial, wie sich in den Folgejahren zeigen sollte. Hierzu gehörte der sog. **Geistliche Vorbehalt** („reservatum ecclesiasticum"), nach dem ein zum Protestantismus übertretender geistlicher Fürst Amt, Herrschaft und Güter verlustig gehen und ein katholischer Kandidat nachfolgen sollte. Auch die Regelung, nach der nur die von den protestantischen Landesherren und Städten vollzogenen Säkularisierungen von Kirchengütern vor dem Abschluss des **Passauer Vertrags** (1552) legalisiert wurden, führte zu Spannungen.

Passauer Vertrag (1552)

Im Jahr 1552 kam es zum sog. **Fürstenaufstand**, in dem sich die protestantischen Reichsfürsten **mit Unterstützung Frankreichs gegen Kaiser Karl V.** zusammenschlossen. Neben der Freiheit der Reichsfürsten sollte vor allem der Protestantismus verteidigt werden. Nachdem das französische Heer bis zum Rhein vorgedrungen war und die verbündeten Reichsfürsten zahlreiche süddeutsche Städte erobert hatten, schloss König Ferdinand I., der Bruder Karls V., in dessen Auftrag mit den protestantischen Reichsständen einen **Vertrag zur vorläufigen Beruhigung der Religions- und Verfassungsstreitigkeiten**. Er sah einen Status quo in der Konfessionszugehörigkeit und ein Einfrieren der Säkularisationen von Kirchengut vor.

Die Auslegung der Konfessionsparteien hinsichtlich der **Gültigkeit des Augsburger Vertrags** war höchst unterschiedlich. Die Protestanten sahen darin ein unveränderbares Reichsgrundgesetz und betrachteten die Gleichstellung beider Konfessionen als gesichert. Die katholische Seite interpretierte den Vertrag dagegen als Zwischenlösung bei prinzipiell weiter geltendem Kirchenrecht.

Mit dem Reformationsrecht der Landesherren war diesen nun die Möglichkeit gegeben, **weltliche und geistliche Gewalt in einer Hand** zu zentrieren. Katholische wie protestantische Landesherren versuchten, das Kirchenwesen in ihrer Hand zu vereinen, mit der Folge einer Ausweitung des Reglements und der Kontrolle über die Untertanen. Die folgende Entwicklung war deshalb geprägt von der Entstehung dreier voneinander getrennter Konfessionskirchen **(lutherische, reformierte und katholische Konfession)** sowie von dem Vorgang der **Konfessionalisierung** und den damit einhergehenden **Modernisierungsschüben** in den einzelnen Territorien.

Der Augsburger Religionsfrieden ist ein mehrere Seiten umfassendes handschriftliches Dokument in Buchform. Dem Schriftstück sind acht Siegel angehängt. Das größte von ihnen ist das königliche Siegel Ferdinands I., der auf dem Augsburger Reichstag als Vertreter Kaiser Karls V. fungierte. Bei den anderen sieben Siegeln handelt es sich um die der Kurfürsten.

Konnte der Augsburger Religionsfriede bis in die 1580er-Jahre seine friedensstiftende Funktion erfüllen, so kam es im ausgehenden 16. Jahrhundert vermehrt zu Konflikten (u. a. Kölner Kapitelstreit, Auseinandersetzung um die Reichsstadt Donauwörth, Vierklosterstreit), deren „Lösungen“ nicht einigend, sondern konfliktsteigernd wirkten. Die **Konfliktverdichtung** führte schließlich sukzessive zur Lähmung der Reichsorgane, denn die katholische Mehrheit der Reichsstände berief sich zunehmend auf das Mehrheitsprinzip, ohne den Versuch zu machen, einen Konsens herzustellen. Von 1613 bis 1640 kam es bezeichnenderweise nicht mehr zur Einberufung eines Reichstags.

1648: Westfälischer Frieden

Die wichtigste Zäsur in der Reichsverfassungsgeschichte des 17. Jahrhunderts stellte der Westfälische Frieden von 1648 dar. Er beendete den **Dreißigjährigen Krieg**, an dessen Beginn der Aufstand der protestantischen Stände in Böhmen gegen die Habsburger gestanden und der eine ganze Reihe von Konflikten miteinander verbunden hatte. So verteidigten die protestantischen Reichsstände ihr Kirchenregiment und kämpften um Partizipationsrechte im Reich. Der **Konfessionskonflikt** ging somit Hand in Hand mit einem **Verfassungskonflikt**. Darüber hinaus wurden im Dreißigjährigen Krieg **machtpolitische Gegensätze** ausgetragen, so etwa der zwischen Habsburg und Frankreich.

Erneut stand offen, wie sich das Reich zukünftig weiterentwickeln würde, ob in Richtung einer kaiserlichen Dominanz oder eines lockeren föderal organisierten Verbunds mit weitgehender Selbstständigkeit der Reichsglieder.

Der Dreißigjährige Krieg (1618–1648)

Der Dreißigjährige Krieg begann als lokaler **Aufstand der protestantischen Stände Böhmens** gegen die habsburgische Herrschaft **(Prager Fenstersturz)** und entwickelte sich zu einem in vier Phasen teilbaren großen Krieg unter Beteiligung vieler europäischer Staaten (Böhmisch-Pfälzischer Krieg, Dänisch-Niedersächsischer Krieg, Schwedischer Krieg, Schwedisch-Französischer Krieg).

Es vermengten sich hier die **politischen und religiösen Spannungen** des Alten Reichs mit bestehenden **europäischen Konflikten** um die Vormachtstellung in Europa. Die Länge der Auseinandersetzung, die **Brutalität der Kriegführung** sowie **Seuchen** und **Hungersnöte** im Gefolge des Kriegs verwüsteten und entvölkerten ganze Landstriche des Alten Reichs.

Nach langen Friedensverhandlungen wurde 1648 der Dreißigjährige Krieg mit der Unterzeichnung der in Münster (mit Frankreich) und Osnabrück (mit Schweden) ausgehandelten Friedensverträge beendet.

Der Westfälische Frieden war **Reichsgrundgesetz und völkerrechtlicher Friedensvertrag** in einem. Nun wurden die ungelösten Fragen des Augsburger Religionsfriedens von 1555 einer Regelung zugeführt. Die Reichsstände aller drei Konfessionen (also auch die Reformierten) wurden rechtlich gleichgestellt. Das sog. **Normaljahr (1624)** bildete das Stichjahr, nach dem die konfessionellen Besitzverhältnisse wiederhergestellt werden sollten. Die Reichsstände behielten ihre Kirchenhoheit, andersgläubigen Untertanen musste aber die Ausübung ihres Glaubens im privaten Raum gestattet werden, was den Prozess der Konfessionalisierung bremste.

Als bedeutend erwies sich die Regelung, dass in den Reichsinstitutionen durch Einführung der **konfessionellen Parität** zukünftig keine Konfession mehr die andere majorisieren konnte. Zudem sollten in Religionsangelegenheiten die Konfessionsparteien zunächst getrennte Beratungen durchführen („itio in partes"). Die anschließende gemeinsame Beschlussfassung erfolgte nicht – wie sonst üblich – durch Stimmenmehrheit, sondern durch eine **gütliche Einigung**.

Der Vertrag von 1648 setzte den Weg der mächtigen Reichsfürsten hin zu moderner Staatlichkeit in ihren Territorien fort. Denn er schrieb alle bestehenden Rechtspositionen fest: Den **Fürsten** wurde die freie Ausübung ihrer **Landeshoheit** garantiert. Außerdem erhielten sie das Recht, **Bündnisse mit auswärtigen Mächten** zu schließen, ausgenommen solche, die sich gegen Kaiser und Reich richteten. Den Reichsständen sicherte der Frieden auf Reichstagen **Mitbestimmung** bei allen wichtigen Reichsangelegenheiten zu.

Aber auch dem Kaiser eröffneten sich durch den Frieden Möglichkeiten, die kaiserliche Position zu stärken. Mit dem Westfälischen Frieden waren die bestehenden Rechtsverhältnisse garantiert worden. Darauf bauten in erster Linie die kleineren, weniger mächtigen Reichsstände, die auf den Reichsverband angewiesen waren und vor den Begehrlichkeiten mächtiger Nachbarn beim Kaiser Schutz suchten. Der **Kaiser** konnte sich so im Reich eine **treue Klientel** aus meist kleineren Reichsständen und den katholischen Hochstiften schaffen.

In den folgenden Jahren kam es nicht zuletzt infolge der geschickten Politik Kaiser Leopolds I. zu einer Konsolidierung kaiserlicher Macht, sodass das Haus Habsburg zur europäischen Großmacht aufsteigen konnte.

Auf der anderen Seite bauten **mächtige Reichsfürsten** wie Brandenburg-Preußen oder Kurbayern eigene stehende Heere auf und drängten ihre Landstände zurück. Manche mächtige Reichsglieder wurden selbst „gekrönte Häupter" und hatten **kaum mehr Interesse am Reichsverband**, der vor allem kleinen, weniger mächtigen geistlichen und weltlichen Reichsständen Schutz bot. Historiker sprechen in diesem Zusammenhang von einer **„Rechtsbewahrungsinstanz"**. Die neuere Forschung betont die herausragende Bedeutung des Westfälischen Friedens, der dem Reich eine Ordnung gab, die immerhin bis 1803 Bestand hatte, vergleichsweise stabile Verhältnisse schuf und die kulturelle Vielfalt bewahrte. Letztlich schrieb der Westfälische Frieden die **föderalistischen Traditionen der deutschen Verfassungsgeschichte** fest.

Im 18. Jahrhundert bekundeten die mächtigen Reichsstände, darunter auch Monarchen, die selbst Kronen trugen, wie Kurfürst Georg Ludwig (Kurhannover) als Georg I. König von England oder Friedrich August II., der nicht nur die sächsische Kurwürde, sondern auch die polnische Königskrone innehatte, immer weniger Interesse am Reich. Als geradezu desaströs erwies sich auf lange Sicht der **preußisch-österreichische Gegensatz** für den Reichsverband. Die Auseinandersetzung zwischen dem hohenzollerischen Preußen und dem habsburgischen Österreich verband sich im Reich rasch mit dem Konfessionsgegensatz, die Reichsverfassung wurde erneut konfessionell polarisiert.

Der **Reichsdeputationshauptschluss** von 1803, der unter französischem Einfluss mit der Säkularisation zugunsten der großen und mittleren Fürstentümer eminent in das Reichsverfassungsrecht eingriff, bedeutete im Grunde bereits das Ende des Alten Reichs, dem **Franz II.** unter dem Druck Napoleons 1806 mit der **Niederlegung der Kaiserkrone** Rechnung trug.

Der Friedensreiter, 1648: Über das Ende des Dreißigjährigen Kriegs und den erfolgreichen Abschluss der Friedensverhandlungen in Münster und Osnabrück wurde die Bevölkerung durch Flugblätter informiert.

Die wichtigsten Reichsgrundgesetze auf einen Blick

- **Goldene Bulle (1356)**
  Vertrag zwischen dem Kaiser und den Kurfürsten, der Regelungen zur **Königswahl** und verfassungspolitische Bestimmungen enthielt:
  - Ende der Doppelwahlen, da immer eindeutige Entscheidung bei Königswahlen
  - Festschreibung der Zusammensetzung des Kurfürstengremiums
  - Regelung der jeweiligen Rechte der Kurfürsten und damit Ende der Rangkonflikte
  - Recht der Kurfürsten, sich förmlich ohne Kaiser versammeln zu dürfen
  - Mehrheitsprinzip unter den Kurfürsten
- **Ewiger Landfrieden (1495)**
  - allgemeines, zeitlich unbefristetes Fehdeverbot
  - Einrichtung des **Reichskammergerichts** zur Sicherung des Landfriedens.
- **Augsburger Religionsfrieden (1555)**
  - **religionspolitischer Kompromiss** zwischen den katholischen und evangelischen Reichsständen (gleicher Schutz und gleiche Rechtssicherheit)
  - ius reformandi für die Landesherren
  - „Geistlicher Vorbehalt" für die katholischen geistlichen Landesherren
  - „cuius regio, eius religio" und Auswanderungsrecht für andersgläubige Untertanen
  - neue Exekutionsordnung: Handhabung des Landfriedens oblag den Reichskreisen.
- **Wahlkapitulationen von Karl V. bis Franz II. (1519–1792)**
  - **Forderungskatalog der Kurfürsten**, der seit 1519 ihrem Kaiserkandidaten vor der Wahl vorgelegt wurde. Dieser enthielt auch Begünstigungen für die nichtwahlberechtigten Reichsstände.
  - Der Kandidat musste die Erfüllung der Forderungen im Falle seiner Wahl durch seine Unterschrift bestätigen.
  - Festlegung der Kompetenzen und Machtbefugnisse des Kaisers.
- **Westfälischer Frieden (1648)**
  - endgültige Festlegung der Rechte der Reichsstände
  - itio-in-partes-Regelung bei Religionsangelegenheiten auf dem Reichstag
  - Einführung der konfessionellen Parität in den Reichsinstitutionen
  - Normaljahrsregelung (1624) für den konfessionellen Besitzstand
  - souveräne Landesherrschaft und Bündnisrecht für Reichsstände mit Ausnahme solcher Bündnisse, die gegen Kaiser und Reich gerichtet waren.
- **Reichsdeputationshauptschluss (1803)**
  - **Entschädigung der weltlichen Fürsten**, die im **Frieden von Lunéville** zwischen Frankreich und Österreich 1801 linksrheinisches Gebiet abzutreten hatten, mit rechtsrheinischen Gebieten.
  - **Säkularisation** fast aller geistlicher Herrschaften und Mediatisierung (Verlust der Reichsunmittelbarkeit) kleinerer Territorien; Folge: **Auflösung des Alten Reichs**.

3.4 Der Reichstag als zentrale Institution des Alten Reichs

Der Reichstag war das wichtigste Verfassungsorgan des Reichs. Er setzte sich seit dem Westfälischen Frieden (1648) aus **drei gleichberechtigten Kollegien (Kurien)** zusammen: dem Kurfürstenkollegium, dem Fürstenkollegium und dem reichsstädtischen Kollegium. Reichsritter und Reichsdörfer waren nicht am Reichstag vertreten, ebensowenig die italienischen Reichsfürsten.

Kurfürstenkollegium

Das Kurfürstenkollegium war trotz der formalen Gleichberechtigung das erste und **einflussreichste aller drei Kollegien**. Jedes Mitglied hatte ein eigenes Stimmrecht, die sog. **Virilstimme**, und führte darüber hinaus (außer Sachsen) mehrere Stimmen im Fürstenrat, in dem die kurfürstlichen Gesandten auch andere Reichsstände vertraten.

Bei den **Kurfürsten** handelte es sich um eine Gruppe von Fürsten, die seit dem Hochmittelalter das Recht der Wahl des Kaisers bzw. Königs für sich beanspruchen konnte (Kur: mittelhochdeutsch für Wahl). Zu den oft als **„Säulen des Reichs“** bezeichneten Kurfürsten gehörten die Erzbischöfe von Mainz, Köln und Trier, der König von Böhmen, der Herzog von Sachsen, der Markgraf von Brandenburg sowie der Pfalzgraf bei Rhein. In der **Goldenen Bulle** Kaiser Karls IV. von 1356 waren dieser Gruppe wichtige **Privilegien** zugeschrieben worden (vgl. S. 50).

Eröffnung des Reichstags in Regensburg, 1663

Obwohl die Goldene Bulle vorsah, dass die Zusammensetzung des Kurfürstenkollegiums konstant bleiben sollte, traten im Laufe der Frühen Neuzeit dennoch Änderungen ein: Im Dreißigjährigen Krieg (vgl. S. 47 ff.) erhielt der Herzog von Bayern 1623 die Kurwürde des geächteten Kurfürsten von der Pfalz. Im Westfälischen Frieden bekam der Kurfürst von der Pfalz eine neu geschaffene Kurwürde und der Herzog von Bayern blieb im Besitz seiner 1623 verliehenen Kur, sodass sich die Zahl der Kurstimmen auf acht erhöhte. Ende des 17. Jahrhunderts erhielt zudem der Herzog von Braunschweig-Lüneburg (Hannover) vom Kaiser die Kurwürde übertragen. Die Anzahl der **Stimmen im Kurfürstenkollegium** betrug damit **neun**.

Seit der Wahl Karls V. (1519) wurden die Forderungen, welche die Kurfürsten an den künftigen Kaiser stellten, in den **Wahlkapitulationen** festgehalten (vgl. S. 50). Sie enthielten zu garantierende Rechtsbestände, die unsystematisch immer weiter fortgeschrieben wurden.

Die Bedeutung der Kurfürsten ist auch daran abzulesen, dass ihnen wichtige **Reichsfunktionen** zukamen. Ranghöchstes Glied des Reichs war der **Kurfürst von Mainz**, der die Königswahlen leitete und die Reichstage organisierte. Hier sind insbesondere der Mainzer Kurfürst Berthold von Henneberg (Ende des 15. Jahrhunderts) und Johann Philipp von Schönborn im 17. Jahrhundert als gestaltende Kräfte der Politik zu nennen. Die Bedeutung des Kurfürstenkollegiums wurde besonders dann offenkundig, wenn der Kaiser sich wenig um das Reich kümmerte, wie im 15. Jahrhundert, oder die anderen Reichsorgane versagten, so im Dreißigjährigen Krieg.

Reichsfürstenkollegium

Die zweite und zahlenmäßig stärkste Kurie auf dem Reichstag war die der **Reichsfürsten, Reichsprälaten, Reichsgrafen und Herren**. Sie zeichnete sich durch ihre Größe sowie ihre äußerst **heterogene Zusammensetzung und Stimmenverteilung** aus. Die weltlichen Reichsfürsten, die als Landesherren Herrschaft über ein oder mehrere Territorien ausübten, und die geistlichen Reichsfürstentümer, die aus dem gräflichen bzw. ritterschaftlichen Adel oder aus den großen Fürstendynastien besetzt wurden, waren mächtige Gruppen auf dem Reichstag. Zu den politisch und sozial weniger Mächtigen, in der Reichshierarchie unter den Fürsten Stehenden, gehörten einerseits die Reichsprälaten, andererseits die Reichsgrafen und Reichsfreiherren. Die Reichsprälaten, die vor allem im Südwesten des Reichs zu finden waren und eine nicht zu unterschätzende **Stütze des Kaisers** darstellten, waren auf dem Reichstag zur **rheinischen und schwäbischen Prälatenbank** zusammengeschlossen.

Bank
Zusammenschluss gleichrangiger Reichsstände entsprechend ihrer geografischen Lage im Heiligen Römischen Reich sowie der Zugehörigkeit zur weltlichen oder geistlichen Untergruppe.

Der Gefahr des Verlustes der Reichsunmittelbarkeit sahen sich so manche Grafen und Herren ausgesetzt, die nur kleine Territorien besaßen. Oft befanden sie sich in Abhängigkeit von benachbarten Fürsten. Um drohender Mediatisierung zu entgehen und zur Führung ihrer kollegialen Reichstagsstimme schlossen sich die Grafen zu Korporationen wie dem Wetterauer Grafenverein oder dem Schwäbischen Grafenverein zusammen. Auch die **Reichsgrafen** bildeten eine wichtige **Klientel des Kaisers**, denn sie waren zur Aufrechterhaltung ihrer politischen Selbstständigkeit auf die Unterstützung des Kaisers angewiesen.

Reichsstädtisches Kollegium

Die dritte Kurie auf dem Reichstag bildeten die **Reichsstädte**, die ebenfalls unmittelbar dem Kaiser unterstanden. Sie waren vor allem im Westen und Südwesten des Reichs zu finden und nicht wenige von ihnen, wie Nürnberg oder Augsburg, stiegen zu Zentren des Gewerbes und Handels auf. Daneben gab es Klein- und Kleinststädte, die vom Verlust ihrer kommunalen Autonomie bedroht waren; denn benachbarte Landesherren waren immer wieder versucht, diese ihrem Territorium einzuverleiben.

Wie die Prälaten waren die Städte in zwei „Bänken" organisiert, der **schwäbischen und rheinischen Städtebank**. Der jeweilige Rat der Stadt, der, den Territorien gleich, die Landeshoheit ausübte, vertrat diese im Reichstag. Die Reichsstädte leisteten die größten Zahlungen an Reichssteuern. Manche Reichsstädte spielten darüber hinaus eine besondere Rolle: Frankfurt am Main, in der die Könige und Kaiser gewählt und seit 1526 auch gekrönt wurden, Nürnberg, dem die Reichskleinodien, d. h. die Insignien kaiserlicher Macht, anvertraut wurden, Wetzlar, wo seit 1689 das Reichskammergericht tagte, oder **Regensburg** als **Stadt des seit 1663 Immerwährenden Reichstags** (vgl. S. 54 ff.).

Arbeitsweise des Reichstags

Was die Arbeitsweise des Reichstags betrifft, hatte sich im 16. Jahrhundert ein bestimmtes Verfahren herausgebildet: Der Kaiser lud über den Kurfürsten von Mainz als Reichserzkanzler die Reichsstände in eine Reichsstadt (z. B. Nürnberg, Augsburg, Worms, Speyer). In der Eröffnungssitzung, die ihrerseits auch der Herrschaftsinszenierung diente, wurde die **kaiserliche Proposition** verlesen, aus der die zu behandelnden Gegenstände zu entnehmen waren. Die **Kurfürsten, Fürsten und Städte berieten nach Kurien getrennt** und suchten nach einem Konsens. Danach tauschten die ersten beiden Kurien (Kurfürsten- und Fürstenrat) ihre Ergebnisse (Re- und Correlation) aus. Bei Übereinstimmung (lat. „amicabilis compositio") wurde der Städtekurie das Ergebnis mitgeteilt.

Während die Kurfürsten sowie die geistlichen und weltlichen Reichsfürsten jeweils eine eigene Stimme **(Virilstimme)** am Reichstag hatten, verfügten die Grafen, Herren, Prälaten und Reichsstädte nur über ein **Kuriatstimmrecht**, d. h., sie konnten nur gemeinsam abstimmen (Sammelstimme). Das Abstimmungsverfahren sah auch die Einsetzung von Ausschüssen (aus allen drei Kurien zusammengesetzt) vor. Hier zählten die Stimmen aller Mitglieder gleich viel. Lag eine Entscheidung vor, wurde vom Kurfürst von Mainz in seiner Funktion als Reichserzkanzler ein **Reichsgutachten** erstellt. Stimmte der Kaiser dem zu, wurde es zu einem **Reichsschluss** und erhielt Gesetzeskraft. Abschließend erfolgte die Publikation im **Reichsabschied**.

Reichsabschied
Zusammenfassung der auf dem Reichstag beratenen und erlassenen Bestimmungen. Die von der Reichstagsmehrheit beschlossenen und vom Kaiser ratifizierten **Reichsgesetze** waren **für alle Reichsstände** – auch wenn diese dagegen gestimmt hatten oder nicht auf dem Reichstag vertreten gewesen waren – **bindend**.

Trotz des transparenten Verfahrens blieb die Frage der **Verbindlichkeit und Umsetzung der Reichsschlüsse** prekär. Stände, die nicht am Reichstag anwesend waren, beriefen sich auf das Prinzip „Was alle betrifft, muss von allen entschieden werden" und widersetzten sich nicht selten der Übernahme von Reichsschlüssen. Außerdem existierte die Praxis, durch eine **„protestatio"** deren Verbindlichkeit infrage zu stellen. Trotz dieser Möglichkeiten leisteten die Reichstage im 16. Jahrhundert gute Arbeit. Ausdruck hierfür ist die **rege Gesetzgebungstätigkeit** vor allem zu Beginn des Jahrhunderts (z. B. Reichspoliceyordnungen, „Constitutio Criminalis Carolina" von 1532).

Der Reichstag, der bis 1630 nur unregelmäßig vom Kaiser einberufen wurde und an verschiedenen Orten wie Worms, Speyer, Nürnberg, Regensburg oder Augsburg beriet, wurde ab 1663 bis zum Ende des Alten Reichs 1806 zu einer permanent tagenden Einrichtung **(„Immerwährender Reichstag")**.

Das Regensburger Rathaus als Tagungsort des Immerwährenden Reichstags, 1729

Dem Regensburger Reichstag von 1653/54 war es nicht gelungen, alle **offenen Verfassungsfragen** (u. a. Reichstagsordnung, beständige Wahlkapitulation, Regelung des Achtverfahrens) zu klären, die im Westfälischen Frieden von 1648 auf den nächsten Reichstag vertagt worden waren. Auch auf dem Reichstag von 1663, der sich versammelte, da eine **Türkensteuer** anstand, konnten die noch ungelösten verfassungsrechtlichen Fragen zu keinem Abschluss gebracht werden. Dies führte letztlich zu einer Permanenz der Verhandlungen. Die Reichsstände und der Kaiser waren nicht mehr persönlich am Reichstag anwesend, sondern ließen sich durch weisungsgebundene Gesandte vertreten, sodass der Reichstag zu einem **ständigen Gesandtenkongress** wurde. Neu waren ein fürstlicher Prinzipalkommissar an der Spitze, der den Kaiser vertrat, Beamte und Fachleute, die nicht nur die Entscheidungsprozesse trugen, sondern auch als Kontaktpersonen und Informanten fungierten. Die Ausdifferenzierung der Geschäftsordnung und des Beratungswesens führte dazu, dass alle Belange des Reichs und der europäischen Politik beraten wurden. Der Reichstag wurde auch Anlaufstation für zahlreiche Bittschriften, die von Reichsfürsten bis zu bäuerlichen Untertanen eingereicht wurden. Infolge der ständigen Anwesenheit von Gesandtschaften europäischer Mächte wurde **Regensburg** ein wichtiger **Knotenpunkt für politische Information und Kommunikation**.

Die Arbeitsweise und Beschlussfassung des Reichstags

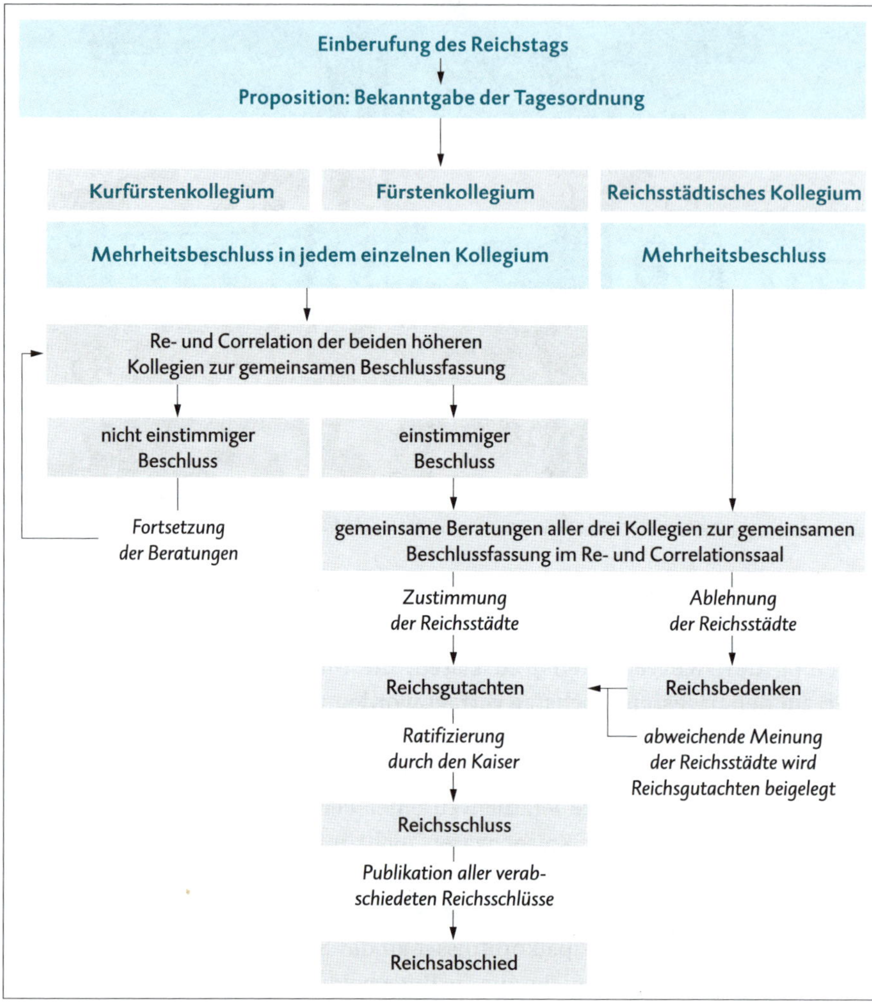

Altes Reich und moderner Föderalismus

Das föderale System, wie es in der Grundstruktur des Alten Reichs mit seiner komplizierten Territorialstruktur sehr deutlich in Erscheinung tritt, gehört zu den bestimmenden, Kontinuität stiftenden Elementen deutscher Staatlichkeit. Es kann jedoch **keine direkte Entwicklungslinie vom Reichstag** des Alten Reichs **zum Deutschen Bundestag** gezogen werden. Dem Grundgesetz entsprechend geht im politischen System der Bundesrepublik alle Staatsgewalt vom Volk aus und wird in Wahlen und Abstimmungen ausgeübt. Daher werden die Abgeordneten des Deutschen Bundestags durch unmittelbare, freie, gleiche und geheime Wahlen gewählt und sollen (bei freiem Mandat) die Interessen des gesamten Volkes vertreten. Der Gedanke, dass in einer Demokratie Herrschaft zeitlich begrenzt ist, spiegelt sich darin, dass die Legislaturperiode des Bundestags nur vier Jahre beträgt. Der Reichstag war hingegen ein korporativ verfasstes Organ, in dem die Macht durch eine privilegierte Herrschaftsschicht ausgeübt wurde.

Zentrale Unterschiede zwischen Immerwährendem Reichstag und Bundestag

Immerwährender Reichstag	Deutscher Bundestag
• Vertretung der Reichsstände, d. h. einer privilegierten Minorität • vom jeweiligen Landesherrn bestimmte Gesandte • weisungsgebundene Bevollmächtigte, die die Interessen ihres Landesherrn vertreten • horizontal-ständische sowie vertikal-konfessionelle Gliederung • unbegrenzte Tagungsdauer (bis zur Auflösung des Alten Reichs 1806)	• Vertretung des gesamten Volks • vom Volk durch allgemeine, unmittelbare, freie, gleiche und geheime Wahlen gewählte Repräsentanten • Abgeordnete mit freiem Mandat, die die Interessen des gesamten Volks vertreten • Zusammenschluss in Fraktionen oder Gruppen • Legislaturperiode von vier Jahren

Aufgaben

4 Zeigen Sie auf, inwiefern der Wormser Reichstag von 1495 eine Zäsur für die Verfassungsgeschichte des Alten Reichs darstellte.

5 Erläutern Sie die verfassungspolitischen Folgen des Westfälischen Friedens für die künftige Kräfteverteilung zwischen Kaiser und Reichsständen.

4 Wandel des Denkens durch die Aufklärung

4.1 Die Weiterentwicklung des Welt- und Menschenbilds

Die Ursprünge wissenschaftlicher Revolution

Die **Renaissance** (franz. „Wiedergeburt“) im 15./16. Jahrhundert war ein Meilenstein im Geistesleben der Neuzeit. Die intellektuelle Erfahrung des **Humanismus** (lat. „humanus“ für „menschlich“), der die Geburt von Akademien als alternativen Bildungszentren förderte, und der Wissenstransfer in überseeische Gebiete (Entdeckung der Neuen Welt) machten die Modernisierung traditioneller Positionen unabdingbar. Dies zog eine Schwerpunktverlagerung und Entklerikalisierung des akademischen Studiums nach sich. Druckerzeugnisse wurden dank der Erfindung des **Buchdrucks** mit beweglichen Lettern durch Johannes Gutenberg zu Massenartikeln, die den Grundstein für ein **Wissens- und Informationszeitalter** legten.

Im **Hochabsolutismus** des 17. und frühen 18. Jahrhunderts blühten die Wissenschaften als Ergebnis der allgemeinen Förderung zunehmend auf. Geradezu revolutionär war, dass viele Herrscher erkennbaren Wert darauf legten, akademisches Expertenwissen an ihren Höfen zu versammeln. In zahlreichen größeren und kleineren Staaten entstanden Akademien der Wissenschaften, die speziell naturwissenschaftlicher Forschung gewidmet waren. Damit förderten die Herrscher eine **Professionalisierung wissenschaftlicher Erkenntnis**, die für damalige Verhältnisse ihresgleichen suchte. Der Siegeszug des vielfältigen neuen Wissens und der fortschrittlichen Methoden bedeutete auch das Ende der bisherigen Vorrangstellung der Theologie.

„Die Schule von Athen“ (Fresko des Malers Raphael, 1510/11): Im Zentrum des Bildes stehen die Philosophen Platon und Aristoteles. Das Fresko verherrlicht im Sinne der Renaissance das antike Denken als Ursprung der europäischen Kultur, ihrer Philosophie und Wissenschaften.

Aufbauend auf den Gedanken des Aristoteles, betonten Anhänger des **Rationalismus** die herausragende Rolle der angeborenen **Vernunft** im Erkenntnisprozess, und zwar in allen Bereichen der Physik, der Metaphysik und der Moral. Den Weg wies hier der Franzose **René Descartes** (1556–1650). In seinem Hauptwerk über die „Methode des richtigen Vernunftgebrauchs" („Discours de la méthode", 1637) stellte er den erkenntnistheoretischen Dreisatz „Ich denke, ich zweifle, ich werde getäuscht – also bin ich" als methodisches Prinzip, als eine Art Vorstufe eines Naturgesetzes auf. Kritische Selbstvergewisserung legte Descartes somit als universelles, mathematisches Gedankenexperiment an: Erst durch eigenständige analytische Reflexion, deren Hinterfragung und die mögliche Widerlegung des zunächst Angenommenen sei das Individuum in der Lage, einen Sachverhalt deduktiv, also durch eine logische allgemeingültige Schlussfolgerung zu durchdringen.

In eine andere Richtung zielte die Grundüberlegung des **Empirismus**, etwa des Engländers **Francis Bacon** (1561–1626), wonach Vernunft nicht ausreiche, um volle Erkenntnis über die Wirklichkeit zu garantieren. Allein aktive Erfahrung und sinnliche Wahrnehmung, also Beobachtung und systematisches Experiment, könnten Vorwissen ausgehend vom Einzelfall absichern und durch sog. induktive Überlegung zu einem logischen, mathematisch begründbaren, allgemeingültigen Ergebnis führen. Der frühaufklärerische **Skeptizismus** erhob den Zweifel zur Grundlage allen Denkens und Forschens. Die im Detail so individuellen Philosophien lagen insofern wieder beieinander, als das physische Leben und dabei der **Mensch als anatomisch erforschbares Wesen** mehr und mehr in den Mittelpunkt des Interesses rückten.

Wie gelangt der Mensch an wissenschaftliche Erkenntnis?

René Descartes: Rationalismus	Francis Bacon: Empirismus
• Primat der **angeborenen Vernunft** im Erkenntnisprozess • Täuschung der menschlichen Wahrnehmung jederzeit möglich • Methoden: **analytische Reflexion und Logik** • **Deduktion:** Der Wissenschaftler erschließt sich die nach logischen Gesetzen aufgebaute Welt mittels seiner Vernunft.	• Primat der **sinnlichen Wahrnehmung** im Erkenntnisprozess • aktive Erfahrung für den Erkenntnisprozess unverzichtbar • Methoden: **Beobachtung und Experiment** • **Induktion:** Der Wissenschaftler leitet sich die allgemeinen logischen Gesetzmäßigkeiten der Welt aus seiner Beobachtung von Einzelfällen ab.

Medizinischer Fortschritt und Menschenbild

Spätestens Mitte des 16. Jahrhunderts hatte fast jede europäische Universität eine medizinische Fakultät, an der angesehene Persönlichkeiten lehrten und forschten. In der Tradition des Arzneipflanzengartens (lat. „hortus medicus"), wie er in Bayern seit Anfang des 17. Jahrhunderts eingerichtet wurde (am bekanntesten jener im Juliusspital in Würzburg), nahm die **Pharmazie** als seriöse Wissenschaft ihren Anfang. Mit **Leonardo da Vincis** (1452–1519) präzisen Zeichnungen von Körpern stand zunehmend auch die **menschliche Anatomie** im Vordergrund. Vorstufe dessen war die experimentelle Untersuchung von Tieren, zunächst in Form der **Vivisektion**, d. h. des medizinischen Eingriffs bei lebendigem Leibe. Die Forschung nach Erkenntnissen über deren Blutdruck und -zirkulation bzw. Muskelbewegungen vollzog sich nicht selten öffentlich, in sog. **Anatomischen Theatern**, vor einem meist akademischen Publikum.

Die niederländische Universität Leiden entwickelte ab 1593 die Methode der Überprüfung einer biologisch-physiologischen Hypothese an lebenden Hunden, bald auch an Menschenleichen. Seit 1632 fanden an der Universität Paris einmal im Jahr **Schauautopsien** statt, die den Praxisanteil am Medizinstudium erheblich steigerten. Durch ständige Wiederholung und Verfeinerung der Untersuchungsmethoden wurden die Ergebnisse deutlich geschärft, sodass allmählich viele Erkenntnisse über den Menschen vorhanden waren. Um 1650 war, erneut von den Niederlanden ausgehend, die **Chirurgie** als Spezialfach in Nordeuropa weitgehend etabliert, um 1700 war es üblich, praktischen Unterricht zu Demonstrationszwecken auch am Krankenbett zu erteilen.

Im 17. Jahrhundert nahm die sog. **iatromechanische Medizin** ihren Anfang. Diese definierte, noch mit gewissen abergläubischen Elementen, den Körper des Menschen als reine Maschine, die über bestimmte physikalische Kräfte, vor allem Druck und Bewegung bzw. Statik und Hydraulik zu bewegen war. Zudem entdeckte **William Harvey** (1578–1657), Leibarzt des englischen Königs Charles I., im Jahr 1628 den komplexen Blutkreislauf, der sämtliche Organismuszellen ausreichend mit Nährstoffen versorgt. Diesem Phänomen hatten sich bereits in der Antike zahlreiche Forscher gewidmet: **Aristoteles** hatte sich mit den Grundzügen der Verdauung und der Zusammensetzung des Bluts beschäftigt, Blut dabei aber lediglich als Transportmittel für die Nahrung erkannt. Im 2. Jahrhundert hatte dann der griechische Arzt und Anatom **Galen** (129–199) im Rahmen seiner Studien über ein vermeintliches Gleichgewicht der Säfte (die sog. **„Viersäftelehre":** Blut, Schleim, gelbe und schwarze Galle) die – letztlich falsche – Feststellung gemacht, Blut werde in der Leber aus verdauter Nahrung produziert, durch die verschiedenen Organe aktiv angesaugt und über Arterien transportiert, die selbstständig pulsierten.

In den Jahrhunderten danach sind annähernd 400 anatomische Schriften überliefert, die über antike Erkenntnisse jedoch nicht weit hinauskamen. Als Erster wies **William Harvey**, der in Padua Medizin studiert hatte, wissenschaftlich korrekt (durch Berechnungen der Menge pulsierenden Blutes und anhand von Experimenten an Menschen und Tieren) die hydraulische Pumpfunktion der Herzklappen und damit ein **zentrales Kreislaufsystem** von Blutstrom und -rückstrom in Arterien und Venen nach. Die Frage jedoch, wie das Blut aus den Arterien in die Venen gelangt, konnte erst um 1660, dank der Entdeckung eines Netzes kleinster Blutgefäße, der **Kapillaren**, mittels eines neuen Mikroskops in Italien abschließend geklärt werden.

Das Weltbild ändert sich

Viele neue Gebiete wissenschaftlicher Beschäftigung – mit Naturphänomenen, dem Kosmos oder den Planeten – wurden in der Frühen Neuzeit zu klar **abgegrenzten Domänen von Gelehrten**, die sich von der buchfixierten Wissensvermittlung an den Universitäten distanzierten. Dass dieses Wissen der Gelehrten zunächst nicht als Gefahr für das offizielle Weltbild galt, zeigt das Beispiel des **Nikolaus Kopernikus** (1473–1543), der seine astrologischen Forschungen lange Zeit nahezu unbehelligt betreiben konnte.

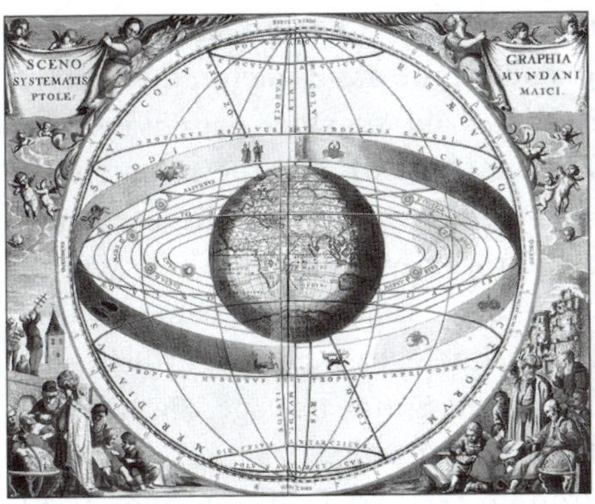

Geozentrisches Weltbild

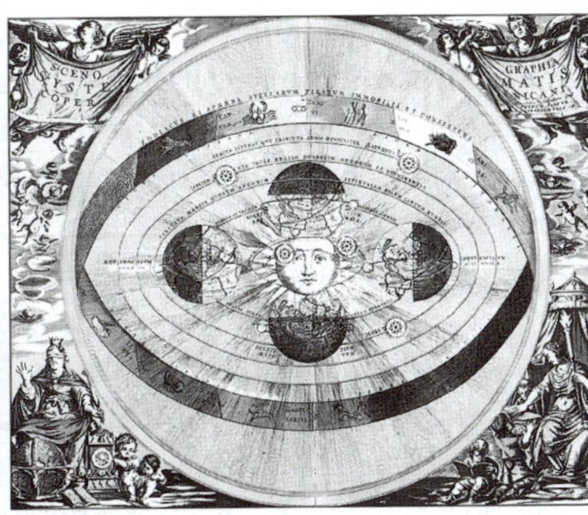
Heliozentrisches Weltbild

In mehreren wissenschaftlichen Schriften, die auf systematischen und komplexen Berechnungen zum Sternensystem beruhten, vertrat er die revolutionäre These, dass die Erde sich jeden Tag um ihre eigene Achse und innerhalb eines Jahres einmal kreisförmig um die Sonne drehe. Kopernikus begründete damit das **heliozentrische Weltbild**, dessen Verständnis dem bestehenden **geozentrischen Weltbild** (mit der Erde als Zentrum) diametral entgegenstand. Die Thesen des Forschers wurden von der katholischen Kirche zwar zunächst verworfen und brachten ihm den Vorwurf der Häresie, der Abweichung vom offiziellen Glauben, ein. Dennoch war damit eine geistesgeschichtliche Entwicklung eingeleitet, die auf lange Sicht nicht mehr zu bremsen war.

Geozentrisches Weltbild
Weltsicht, die die **Erde im Mittelpunkt des Universums** sieht und somit alle anderen Gestirne (Sonne, Mond und Planeten) als auf sie bezogen bzw. von ihr abhängig darstellt. Basierend auf dem Glauben an eine Scheiben- oder Kugelform der Erde bestimmte dieses Weltbild das Verständnis des antiken und des mittelalterlichen Menschen von der Welt und den Göttern. In der Antike waren bereits **Aristoteles** und **Ptolemaios** Verfechter dieser Theorie. Das geozentrische Weltbild wurde erst in der Renaissance dank zahlreicher empirischer Untersuchungen zunehmend in Zweifel gezogen.

Heliozentrisches Weltbild
Weltsicht, die die **Sonne im Mittelpunkt des Universums** sieht. Im Zuge der **Kopernikanischen Wende** (Nikolaus Kopernikus, 1473–1543) wurde der Beweis erbracht, dass die Erde nicht – wie über Jahrhunderte angenommen – im Zentrum aller Planetenbewegungen stehen könne. Der Naturwissenschaftler **Galileo Galilei** (1564–1642) und der Forscher **Isaac Newton** präzisierten diese Sichtweise in den folgenden Jahrhunderten entscheidend auf Basis wissenschaftlicher Erkenntnis.

Innerhalb weniger Jahrzehnte kam es zu einer heftigen Kontroverse, bei der es zunächst nur um die Frage ging, ob Sonne oder Erde das Zentrum des Universums bilde. Diese weitete sich jedoch schon bald zu einer grundsätzlichen Diskussion um die **Rolle moderner Wissenschaft im Rahmen des christlichen Weltbilds** und damit letztlich um den Anspruch auf die Deutungshoheit über die menschliche Existenz aus. Trotz päpstlichen Verbots wurden die Beobachtungen des Kopernikus durch den Forscher **Johannes Kepler** (1571–1630) erhärtet bzw. verfeinert. Er berechnete, dass sich die Erde in einer Art elliptischen, nicht kreisförmigen Bahn um die Sonne bewege, die einen der beiden feststehenden Brennpunkte der Erdbahn darstelle.

Der Mathematiker, Physiker und Astronom **Galileo Galilei** (1564–1642) revidierte in seinen „Dialogen über die beiden Hauptsysteme der Welt“ (1632) das alte geozentrische Weltsystem epochal und verhalf damit der kopernikanischen Deutung zum wissenschaftlichen Durchbruch. Zwar widerrief Galilei unter Folterandrohung der **Inquisition** seine Beobachtungen, er galt aber für die katholische Kirche über Jahrhunderte dennoch als Unperson. Erst Ende des 20. Jahrhunderts wurde er schließlich offiziell rehabilitiert.

Mit dem englischen Mathematiker und Astronomen **Isaac Newton** (1643–1727) setzte sich Ende des 17. Jahrhunderts die moderne experimentelle

Methode in der Beobachtung des Sternensystems endgültig durch. Er war Schöpfer des **Gravitationsgesetzes**, demzufolge die elliptischen Bahnen der Planeten um die Sonne ausschließlich durch die Gesetzmäßigkeit der Schwerkraft bestimmt seien. Damit definierte er das Universum nicht mehr nur als willkürlich positionierten Haufen von Sternen und Planeten, sondern als **kausales System von Himmelskörpern**, das nach den Gesetzen von Anziehungs- und Zentrifugalkraft funktionierte. Zugrunde lagen solchen Erkenntnissen immer genauere mathematische Formelberechnungen und Beobachtungen von Naturgesetzen, deren fortschrittlichen Effekt man zu Recht als „Entzauberung der Welt“ (Max Weber) bezeichnet hat.

Fortschritt zwischen Absolutismus und Aufklärung

Die zweite Hälfte des 17. Jahrhunderts sah eine Fülle weiterer Erkenntnisse, durch die die Menschheit **technische Messungen** (Luft- und Wasserdruck, Optik und Lichtzusammensetzung, Wärmemessung etc.) erheblich präziser durchführen konnte. **„Wissen ist Macht!“** – so könnte man ein verkürztes Wort Bacons aus seinem Werk „Instauratio magna“ („Große Erneuerung“) auf die Epoche insgesamt anwenden.

Der Mensch definierte sich bald nicht mehr als primär schöpfungsgeschichtliches Objekt, sondern als erforschbares und forschendes Gattungswesen, das im Interesse an Unbekanntem immer neue Stufen objektiver Wirklichkeitserkenntnis zu erklimmen suchte. Nahezu jede Erscheinung der Natur war, wenn man es darauf anlegte, auf ihre **kausale Logik** hin zu befragen. Es ist in der Tat ein fundamentaler Einschnitt im Selbstverständnis weltlichen Daseins, dass menschlicher Verstand und göttliche Ordnung keine zwangsläufige Synthese mehr bildeten. Das Universum selbst war zu einer Art riesiger Maschine geworden, die mit modernen, diesseitsorientierten Methoden durchschaubar wurde. Nur das, was man quantitativ messen, mathematisch ausdrücken und experimentell beweisen konnte, hatte fortan echte Geltung.

All dies prägte die allgemeine Gesellschaftslehre in entscheidender Weise. Ausgehend von Frankreich, den Niederlanden und England plädierten immer mehr Philosophen und andere Intellektuelle für den **endgültigen Bruch mit dem religiösen Absolutheitsanspruch** früherer Tage. Alte wie neue Erkenntnisbasis war die Natur, die auch in theologischen Traktaten – im Sinne einer vollkommenen göttlichen Ordnung – eine traditionell wichtige Rolle spielte. Darüber hinaus entwickelte sich eine Form von **atheistischem Materialismus**, der in streng säkularer Fortschrittsperspektive das ganze Universum als grenzenlos erforschbar ansah.

Das gewaltige Werk der „**Enzyklopädie** oder ein durchdachtes Wörterbuch der Wissenschaften, Künste und des Handwerks“ der Franzosen **Denis Diderot** und **Jean d’Alembert** sammelte ab Mitte des 18. Jahrhunderts das gesamte erfahrbare Wissen der Zeit und bezog dabei Erfahrungshorizont wie Wissensbedürfnis aller gesellschaftlichen Schichten ein. In der Tradition Bacons (vgl. S. 59 f.) wurde hier der Dreiklang von Gedächtnis, Erfindungs- und Urteilsvermögen zugunsten der zwei letzteren weiterentwickelt. Traditionelle, auf Lektüre von Bekanntem basierende Gelehrsamkeit wurde lediglich als Grundvoraussetzung menschlichen **Forschereifers** betrachtet. Denn nur Letzterer könne zu neuen, wahren Erkenntnissen führen. Philosophie und Wissenschaft waren erst dann frei und zu Fragen jedweder Art berechtigt, wenn gerade zur Theologie eine klare Trennung vollzogen wurde. Im Grunde umschrieb die „Enzyklopädie“ das, was in der Wissenschaftsrevolution des Jahrhunderts zuvor bereits angelegt war: die **endgültige Emanzipation des Menschen vom Glauben**.

4.2 Staatstheorien des 17. und 18. Jahrhunderts

Die Epoche der Aufklärung

Seit dem späten 17. Jahrhundert erfasste die Aufklärung, von England und den Niederlanden ausgehend, mit starken regionalen Unterschieden den europäischen Kontinent. Es ging den Aufklärern um die Befreiung des Menschen aus seiner „selbstverschuldeten Unmündigkeit“, wie der Philosoph **Immanuel Kant** (1724–1804) 1784 in seiner Schrift „Was ist Aufklärung?“ formulierte. Mündig sollte der aufgeklärte Mensch sein, in der Lage, selbst zu denken und Dinge kritisch zu hinterfragen. **Vernunft und Kritik** wurden zu Schlüsselbegriffen der Aufklärung, die von der Möglichkeit der Vervollkommnung des Menschen und der grundsätzlichen Veränderbarkeit der politisch-sozialen Ordnung ausging. Der Erkenntnisprozess sollte sich in öffentlich-kritischer Auseinandersetzung vollziehen.

Zunächst erfasste die Aufklärung nur eine kleine Schicht von Gelehrten, die in **wissenschaftlichem Diskurs** über die neuen Ideen disputierten, doch rasch erweiterten sich die Trägerschichten: Journalisten, Lehrer, Beamte und Kaufleute transportierten das Ideengut der Aufklärung, das zunehmend Eingang in breite Kreise der Bevölkerung fand. Wissenschaftliche Gesellschaften, Salons, Lesegesellschaften, Sozietäten und Freimaurerlogen, aber auch Orte der Geselligkeit wie Kaffeehäuser, Parks oder Theater dienten dem **Meinungsaustausch und kritischen Dialog** über Entwürfe zu Politik und Gesellschaft.

Die expandierende Buch- und Journalproduktion, Broschüren und private Korrespondenzen waren wichtige Transportmedien der neuen geistigen Richtung, die eine breite, die Ländergrenzen überschreitende, aufgeklärte Öffentlichkeit entstehen ließen. Zudem entstanden überregionale Netzwerke.

Mensch und Natur sowie Gesellschaft und politische Ordnung waren Themen, denen die Aufklärer besonderes Augenmerk schenkten. In vielerlei Hinsicht erscheint die Aufklärung als Bildungsbewegung. Von den Aufklärern kamen wichtige Impulse zur Erziehung und Bildung, zur Naturwissenschaft, zur Modernisierung des Schulwesens, zur Humanisierung der Justiz und zur politischen Theorie. Im ausgehenden 17. und 18. Jahrhundert entstanden Naturrechtstheorien, die dem **positiven Recht**, d. h. dem vom Menschen gesetzten Recht, ein in der Natur des Menschen begründetes Recht entgegenstellten. Dieses **Naturrecht** konnte einen starken Herrscher ebenso legitimieren wie den Ausbau der Rechte des Bürgers gegen eine starke Staatsgewalt. Nicht zuletzt begleiteten die Aufklärung auch **Säkularisierungstendenzen**, so etwa die Idee der Toleranz gegenüber religiösen Minderheiten.

Szene in einem Kaffeehaus (frühes 18. Jahrhundert)

Politische Theorie im Zeitalter des Rationalismus

Das Streben nach mechanischer Systematisierung der Welt schlug sich auch in der politischen Theorie der Zeit nieder. Die Vertreter des Rationalismus waren der Überzeugung, der Staat gleiche einer nach rationalen Regeln funktionierenden, überall gleichartigen Maschine. Zu den Staatstheoretikern, die davon ausgingen, alle Herrschaftsverhältnisse hätten sich an der **„natürlichen Vernunft“** auszurichten, zählt auch der monarchistische Staatsphilosoph **Thomas Hobbes** (1588–1679), der den **„Leviathan“** (1651) verfasste. Hobbes' Staatstheorie zeugt von dem Willen, die mathematische Methode auf den Bereich der Politik zu übertragen und die Gesetzmäßigkeit des öffentlichen Lebens zu demonstrieren. Streng logisch und systematisch, ohne Einbezug der christlichen Religion, leitet Hobbes aus der Natur des Menschen den auf einen Vertrag gegründeten starken Staat ab: Der Selbsterhaltungstrieb, weniger die schlechte Natur des Menschen, lässt im Naturzustand dessen negative Eigenschaften Oberhand gewinnen. Die Vernunft gebietet es, die Situation des „Kriegs aller gegen alle" zu beenden und in einen Zustand zu überführen, der dem Einzelnen Schutz und Sicherheit gewährt. Der Erkenntnis, dass es einer Zwangsgewalt bedürfe, um Frieden herzustellen, ist geschuldet, dass die Menschen in einem **Staatsvertrag** freiwillig das **Recht auf Selbstregierung dem Souverän übertragen**.

Mit dem „Leviathan" lag eine politische Theorie vor, auf die sich die Befürworter absolutistischer, unumschränkter Herrschaft berufen konnten. Der Staat darf absoluten Gehorsam verlangen, aber die Privatsphäre sollte unberührt bleiben, solange der Bereich der Öffentlichkeit nicht tangiert wurde. Hobbes' Antwort auf das Problem, dass Religion – wie die politischen Ereignisse des englischen Bürgerkriegs (1642–1649) gezeigt hatten – enorme zerstörerische Kraft entfalten konnte, war die Machtfülle des Souveräns und das Abdrängen der Kirche in den privaten Raum.

Auch die politische Theorie des französischen Staatstheoretikers **Jean Bodin** (1529/30–1596) entstand als Reaktion auf blutige Religionskriege. Bodins politisches Hauptwerk „Six livres de la république" („Sechs Bücher über den Staat", 1576) entstand während der Hugenottenkriege in Frankreich und kann vor diesem Hintergrund als Suche nach politischer Stabilität gedeutet werden. Für Bodin war es einzig der von seiner Pflicht zum Schutz der wahren Religion befreite Staat, der Garant der politischen Ordnung sein konnte. Charakteristisches Merkmal des **Staats** war die **„souveräne Gewalt"**, die Fokussierung der Macht und aller politischen Befugnisse auf einen Fürsten. In einer starken **Monarchie** sah Bodin die **bestmögliche Staatsform**.

1690 gelangte der britische Philosoph **John Locke** (1632–1704) in seinem Werk „Two Treatises of Government" („Zwei Abhandlungen über die Regierung") zu anderen Schlussfolgerungen. Locke trat den Theorien von Thomas Hobbes und Robert Filmer (1588–1653), die einer absolutistischen Herrschaft das Wort redeten, entschieden entgegen. In seiner politischen Theorie ging Locke von einem **Naturzustand** („state of nature") aus, den er als Zustand vollkommener Freiheit und Gleichheit beschreibt, in dem die Menschen gemäß der Vernunft, dem „law of nature", ohne übergeordnete Autorität leben. Verstöße gegen das „law of nature" durch Menschen, die nicht nach der Vernunft leben, führen zu Feindschaft, Aggression und Zerstörung. Die Menschen schließen sich zur Erhaltung ihres Lebens, ihrer Freiheit (inklusive Gewissensfreiheit) und ihres Besitzes – bei Locke unter dem Begriff „property“ (Eigentum) zusammengefasst – zu Gemeinschaften zusammen **(Gesellschaftsvertrag)**. Die Gesellschaft, die Locke vor Augen hat, ist die bürgerliche Gesellschaft, die ihren (durchaus ungleichen) Besitz geschützt wissen will.

Die dem Menschen von Natur aus gegebene Neigung, sich selbst zu erhalten, entspricht auch dem Willen Gottes. Die Gesellschaft, will sie ihrer Aufgabe, den Schutz und das Wohl der Menschen zu garantieren, gerecht werden, muss nach bestimmten Prinzipien organisiert werden. Im Zentrum steht die **Legislative** als „supreme power“, der die Mitglieder der Gesellschaft zu Gehorsam verpflichtet sind. Dies gilt jedoch nur, wenn die von der Legislative erlassenen Gesetze durch Mehrheitsbeschluss zustande kamen. Bei Machtmissbrauch kann das Volk Widerstand leisten und der Legislative das Mandat entziehen. Von der Legislative, die nur bei Erfordernis zusammenzutreten hat, ist die permanent agierende **Exekutive** („executive power“) zu trennen, der die Aufgabe der Durchführung der Gesetze zugewiesen ist. Die **Föderative** („federative power“) hat sich der Vertretung der öffentlichen Interessen nach außen zu widmen. Beide, exekutive wie föderative Gewalt, die von einer Person ausgeübt werden, haben bei Machtmissbrauch den Anspruch auf Legitimität verloren und können – wie die Legislative – notfalls auch mittels Gewalt abgesetzt werden.

Lockes Theorie erschien kurz nach der **Glorious Revolution** von 1688, welche die Auseinandersetzung zwischen Krone und Parlament zugunsten des Parlaments entschieden hatte, und wurde lange Zeit als Traktat zur Rechtfertigung der Revolution interpretiert. Die Geschichtswissenschaft hat sich von dieser Einschätzung inzwischen verabschiedet. Die enorme Wirkung, die Lockes Theorie quasi als Glaubensbekenntnis des politischen Liberalismus auf die westliche Welt ausübte, ist jedoch gänzlich unbestritten. Lockes Theorie vom **Gesellschaftsvertrag**, seine Vorstellungen von der Organisation der politischen Macht durch **Gewaltenteilung** und die Überzeugung vom **legitimen Recht auf Widerstand** übten enormen Einfluss auf die Amerikanische Revolution und Verfassung aus (vgl. 212 ff.).

Lockes politische Theorie fand auch in der französischen Aufklärung großen Widerhall. Der Philosoph **Voltaire** (1694–1778) nannte den Staatstheoretiker „le sage Locke“ (den weisen Locke) und sah im aufgeklärten, weder von Kirche noch Adel abhängigen Monarchen ein politisches Ideal.

Staatstheoretiker des 18. Jahrhunderts

Mitte des 18. Jahrhunderts legte der französische Baron **Charles de Montesquieu** (1689–1755) in seinem Hauptwerk „De l'esprit des lois" („Vom Geist der Gesetze", 1748) einen politischen Entwurf vor, der wirkungsgeschichtlich betrachtet für die amerikanische Verfassungsentwicklung und die westliche Verfassungstheorie ebenso bedeutend war wie John Lockes „Two Treatises of Government". Der adlige Jurist aus Bordeaux hatte zunächst als Rat, später als Präsident am Parlament in Bordeaux die Rolle der Parlamente (d. h. der Gerichtshöfe des vorrevolutionären Frankreich) als selbstbewusste, sich dem König auch widersetzende Körperschaften kennengelernt. Aufgrund dieser Erfahrungen **stand er der französischen Monarchie distanziert gegenüber**. Als Vorbild galt ihm die englische Verfassung.

In seiner politischen Theorie „De l'esprit des lois" stellte Montesquieu Kausalitäten her, ergründete die Welt in ihren Zusammenhängen und Ursachen und zeigte deutlich, dass er Descartes genau studiert hatte. Montesquieu legt seiner politischen Theorie eine allgemeine Soziologie zugrunde, derzufolge aus vielen verschiedenen Einflüssen wie Klima, Religion, Gesetzen, Regierungsgrundsätzen, Sitten oder Traditionen ein „esprit général", d. h. eine **nationale Mentalität** erwächst. Aber äußere Einflussfaktoren sind nicht irreversibel, sondern können und sollen durch den Gesetzgeber geändert werden. Hier bricht Montesquieu mit dem rigiden, schematischen Rationalismus. Die Gesetze eines Landes sollen der jeweiligen nationalen Mentalität entsprechen.

Für Montesquieu garantiert die englische Verfassung ein Optimum an Freiheit, aus der er das **Modell einer Idealverfassung** konstruiert. Wesentliches Element hierbei ist die Teilung der Gewalten. Die drei Gewalten der **Legislative, Exekutive und Judikative** sind in verschiedene Hände zu legen, nur dann wird Machtmissbrauch vermieden. Die Gesetzgebung obliegt einer Volksvertretung, die nicht an Aufträge und Weisungen gebunden ist, und einem dem Adel vorbehaltenen Oberhaus. Der Monarch ist für die Ausführung der Gesetze und auswärtige Angelegenheiten zuständig, unabhängige Gerichte sorgen für die Rechtsprechung, die an das Gesetz gebunden sein muss. Mit Unabhängigkeit der Rechtsprechung und Gesetzesbindung als conditio sine qua non setzte Montesquieu Maßstäbe, denen sich Rechtsstaaten bis heute verpflichtet fühlen.

Der schottische Moralphilosoph **David Hume** (1711–1776) entfernte sich von den Rationalisten, indem er Herrschaftslegitimation jenseits der Argumentation der Vernunft der Individuen auf den Glauben an die Legitimität von Herrschaft zurückführte. Der freien Presse maß Hume eine wichtige Rolle zu.

Der aus Genf stammende Schriftsteller, Künstler, Pädagoge und Philosoph **Jean Jacques Rousseau** (1712–1778) brach in seinem staatstheoretischen Werk **„Du Contrat social"** („Vom Gesellschaftsvertrag oder Prinzipien des Staatsrechts", 1762) rigoros mit dem Rationalismus eines Diderot und ging dezidiert neue Wege. Rousseau ging davon aus, der im Naturzustand freie Mensch werde durch die Zivilisation verdorben. Daher sprach sich Rousseau z. B. in seinem Erziehungsroman „Émile" (1762) für eine Erziehung aus, die es dem Kind ermöglichen sollte, seine freie Persönlichkeit von innen heraus, ohne äußeren Zwang zu entfalten.

Rousseaus Überlegungen gingen dahin, eine Gesellschaftsordnung zu finden, die den einzelnen Menschen schützt, in der dieser aber wie zuvor frei bleibt. Denn nach Rousseau gehört die **Freiheit** zur Natur des Menschen und ist daher unveräußerlich. Ein **„Gesellschaftsvertrag"** konstituiert den Staat, der den Einzelnen wieder zu seiner Freiheit kommen lässt.

Alle staatliche Gewalt muss uneingeschränkt und direkt beim Volk liegen. Rousseaus Credo folgend, dass **Volkssouveränität unbeschränkt und nicht einschränkbar** ist, sind im Staat Repräsentativversammlungen oder Parteien überflüssig. Souveränität kann nicht vertreten werden. Auch Gewaltenteilung ist im Staat nicht vorgesehen, denn die Staatsgewalt ist prinzipiell nicht teilbar. Allein das Volk stimmt über die Gesetze ab. Die **Regierung** ist nur **Vollzugsorgan**, zu jeder Zeit dem Souverän rechenschaftspflichtig und abrufbar.

Da Rousseau das Prinzip der Repräsentation ablehnt, ist zu lösen, wie die Identität von Einzel- und Gesamtwohl herzustellen ist. Hier greift Rousseau zur **Lehre vom Gemeinwillen** („volonté générale"). Die Bildung dieses „Gemeinwillens" erfolgt nicht durch Addition aller Einzelwillen („volontés particulières"), denn diese stellen nur das jeweilige Sonderinteresse dar, das der Einzelne ohne Rücksicht auf das Gemeinwohl verfolgt. Die **Summe aller Einzelwillen** bezeichnet Rousseau als **Wille aller** („volonté de tous"). Das Allgemeinwohl dagegen muss aus den Einzelwillen herausgefiltert werden, und zwar durch die Abstimmung, bei der die Sonderinteressen sich gegenseitig aufheben und sich, wie Rousseau formuliert, „die gleichmäßige Gemeinsamkeit des Interesses" herausbildet. Wenn nötig, muss der Mensch zur Freiheit gezwungen werden.

Rousseaus politische Theorie wurde während der Jakobinerdiktatur in Frankreich 1792 erstmals politisch erprobt. Der führende Jakobiner Maximilian Robespierre war ein glühender Verehrer Rousseaus. Kritiker sehen in Rousseaus Theorie einen Vorläufer totalitärer Systeme.

Staatstheorien des 17. und 18. Jahrhunderts

	Bodin	Hobbes	Locke	Montesquieu	Rousseau
Werk	Sechs Bücher über den Staat (1576)	Leviathan (1651)	Zwei Abhandlungen über die Regierung (1690)	Vom Geist der Gesetze (1748)	Vom Gesellschaftsvertrag (1762)
Zeit	Hugenottenkriege (1562–1598)	Englischer Bürgerkrieg (1642–1649)	Glorious Revolution (1688)	Französischer Absolutismus (18. Jh.)	
Ausgangslage	Suche nach politischer Stabilität	„Krieg aller gegen alle" im Naturzustand, da Selbsterhaltungstrieb des Menschen	Zerstörung von Freiheit und Gleichheit im Naturzustand durch Menschen, die nicht nach der Vernunft leben	Esprit général: Gesetze und Staatsformen entsprechen der nationalen Mentalität	Zivilisation verdirbt den frei und autark lebenden Menschen; Unfreiheit durch Eigentum und gesellschaftliche Differenzierung
Lösung	**Idee der „souveränen Gewalt" des Staates:** Staat als Garant der politischen Ordnung, starke Monarchie	**Staatsvertrag:** freiwillige Übertragung der Macht an einen Souverän	**Gesellschaftsvertrag:** Gemeinschaftsbildung mit Gewaltenteilung und Widerstandsrecht bei Machtmissbrauch	**Verfassung mit Gewaltenteilung** nach englischem Vorbild	**Gesellschaftsvertrag:** Wiederherstellung der Freiheit durch Volkssouveränität ohne Gewaltenteilung; Orientierung am „Gemeinwillen"

Aufgeklärter Absolutismus

Im 18. Jahrhundert maßen europaweit auch Regenten und deren Berater ihr politisches Handeln an den Ideen der Aufklärung. In unterschiedlicher Intensität wurde „aufgeklärt" regiert: in Preußen, Österreich, Baden oder den Großherzogtümern Mailand und Toskana z. B. sehr entschieden, in Polen und Spanien kaum nennenswert. Kennzeichnend für Staaten, die von „aufgeklärten" Herrschern regiert wurden, war das massive Streben nach Reformen, die Verwaltung, Justiz, Wirtschaft und Bildungswesen gleichermaßen erfassten und in hohem Maße **Modernisierungsvorgänge** beschleunigten. Die Durchdringung des Territoriums mit staatlicher Administration, die Vereinheitlichung und Integration waren übergeordnete Ziele. So wurde unter **Friedrich II.** in Preußen 1740 z. B. das Strafrecht mit Abschaffung der Folter und bestimmter grausamer Formen der Todesstrafe humanisiert und 1780 das Rechtswesen durch Erlass des „Allgemeinen Landrechts für die Preußischen Staaten" vereinheitlicht.

Die Aufklärung als Zeit des Übergangs

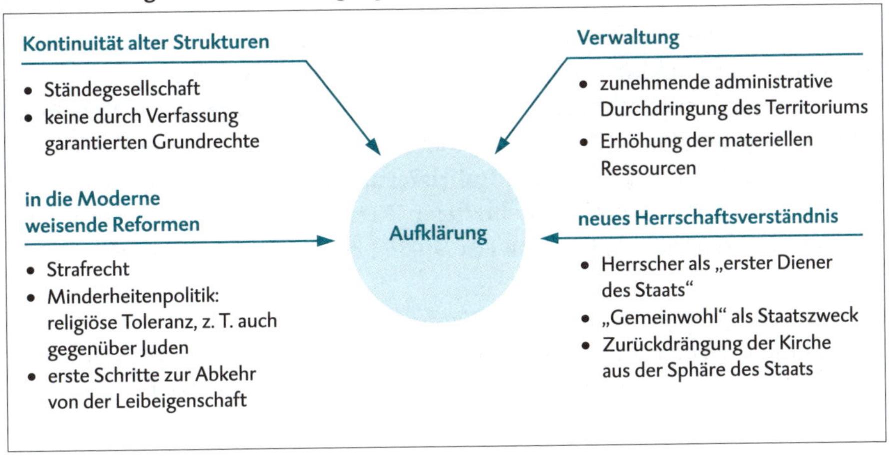

Von einer intensiven Förderung von Handel, Gewerbe und Landwirtschaft, der Schaffung einheitlicher Rechtskodifikationen oder der Förderung der Wissenschaft versprachen sich die „aufgeklärten" Regenten eine optimale Nutzung der Ressourcen ihres Landes. Denn bei allen Affinitäten zu Postulaten der Aufklärung wie vernunftgeleitetem Handeln, der Orientierung am Gemeinwohl und der Praktizierung von Toleranz waren doch **fiskalische Interessen** der Motor der Reformen. Daher spricht die Forschung auch von **Reformabsolutismus**.

Dies lässt sich v. a. an der österreichischen Variante des „aufgeklärten Absolutismus" **(Josephinismus)** ersehen. Der Sohn Maria Theresias, Joseph II., hatte nach dem Tod seiner Mutter 1780 als Alleinregent ein umfangreiches Reformwerk in Gang gesetzt, das – wie die rigiden kirchenpolitischen Maßnahmen zeigen – einen kompromisslosen Bruch mit alten Traditionen nicht scheute. Die Einschränkung kirchlicher Feiertage und Wallfahrten, staatliche Eingriffe in die von den Domkapiteln durchgeführten Bischofswahlen, Säkularisationen von Klöstern und der Zwang zur staatlichen Regelung der Priesterausbildung lassen beides erkennen: das für die Aufklärung typische Streben nach **Zurückdrängung der Kirche** aus der Sphäre des Staats sowie das obrigkeitliche Bedürfnis nach **Erhöhung der materiellen Ressourcen** des Landes.

Auch in den geistlichen Staaten kam es zu Modernisierungsprozessen. Die **„katholische Aufklärung"** setzte zumindest punktuell im Schul-, Gesundheits- und Armenwesen neue Impulse. Obwohl es sich bei Absolutismus und Aufklärung um Gegenpole handelt, die bestenfalls partiell vereinbar sind, bahnten die „aufgeklärten" Herrscher, die sich als **„erste Diener des Staates"** verstanden, den Weg von der Untertanen- zur Staatsbürgergesellschaft.

4.3 Menschen- und Bürgerrechte

Die mit modernen Verfassungsstaaten assoziierte konstitutionelle Garantie von Rechten des Individuums, das in seiner Freiheit, insbesondere gegenüber staatlichen Übergriffen zu schützen ist, kann als Resultat der bürgerlichen Revolutionen des ausgehenden 18. Jahrhunderts angesehen werden. Die politischen Umbrüche jener Zeit führten zu einer **Politisierung der Aufklärung**. Naturrechtliche Vorstellungen wurden in breiteren Kreisen rezipiert, Menschenrechte wurden zum zentralen politischen Prinzip und fanden Eingang in Verfassungen.

Festschreibung von Grundrechten in Verfassungen

Bereits die im Folgejahr der Glorious Revolution erlassene **„Bill of Rights“** (1689) garantierte individuelle Rechte der Engländer wie das Petitionsrecht oder den Schutz vor bestimmten Strafen. Aber erst die Revolutionen des 18. Jahrhunderts führten zu umfassenderen Grundrechtskatalogen und deren Verankerung in Verfassungen (Konstitutionalisierung von Grundrechten). Die Präambel der **amerikanischen Unabhängigkeitserklärung** (4. Juli 1776) formulierte, was sich in der politischen Theorie als Gemeingut der Zeit zementiert hatte und immer wieder repetiert wurde: der Mensch sei gleich erschaffen und von Gott mit unveräußerlichen Rechten (Leben, Freiheit, Streben nach Glück) ausgestattet worden (vgl. S. 214).

Die englische **„Bill of Rights“** vor Augen wurde der **Verfassung von Virginia** (12. Juni 1776) eine **„Declaration of Rights“** vorangestellt. Deren Beispiel folgten rasch andere nordamerikanische Einzelstaaten (u. a. Pennsylvania, North Carolina, Massachusetts) in weiteren Deklarationen, die teils separat platziert wurden, teils Aufnahme in die Verfassungen fanden. Als erstes „amendment“ (Ergänzung) der Bundesverfassung trat im Dezember 1791 die aus zehn Artikeln bestehende „Bill of Rights“ in Kraft, die den Bürgern der USA u. a. die Presse-, Versammlungs- und Meinungsfreiheit sowie Religionsfreiheit, das Petitionsrecht und den Schutz vor willkürlicher Strafverfolgung garantierte.

Die Entwicklung in Nordamerika beeinflusste gleichermaßen wie das Ideengut der französischen Aufklärer und die politische Theorie Rousseaus die Genese der **französischen „Erklärung der Menschen- und Bürgerrechte“** (Déclaration des droits de l'homme et du citoyen), die am 26. August 1789 in der französischen Nationalversammlung beschlossen worden war. Die französische Variante war umfassender als ihr amerikanisches Vorbild. Während die amerikanischen Erklärungen in erster Linie Freiheitsschutz und Einschränkung der Macht des Gesetzgebers bezweckten, wurden in Frankreich **Freiheit und Gleichheit** der Menschen zu zentralen Kategorien erhoben. Auf abstrakter

Ebene wurde eine Art Kanon von Grundrechten formuliert. Der **Rechtekatalog**, der u. a. Meinungs- und Religionsfreiheit, Schutz des Eigentums und Schutz vor willkürlicher Strafverfolgung beinhaltet, stützt sich darauf, dass die Menschen frei und gleich an Rechten geboren werden.

Die französische Menschenrechtsentwicklung entfaltete enorme Breitenwirkung. Sie machte im wahrsten Sinne des Wortes Schule und wurde in Europa und darüber hinaus (auch in Südamerika) rezipiert. Der Konstitutionalismus des 19. Jahrhunderts, das Prinzip der Staatsverfassungen, hatte in den französischen Verfassungen des ausgehenden 18. Jahrhunderts ein Vorbild.

Kritik entzündete sich an der Meinung einiger, dass Frauen bei der Erklärung der Menschen- und Bürgerrechte nicht ausdrücklich berücksichtigt wurden. Die Schriftstellerin **Olympe de Gouges** (1748–1793) brachte mit der „Erklärung der Rechte der Frau und Bürgerin" („Déclaration des droits de la femme et de la citoyenne", 1791) diese Forderung in schriftliche Form. In England forderte **Mary Wollstonecraft** (1759–1797) in ihrer Schrift „Verteidigung der Rechte der Frau" („A Vindication of the Rights of Women", 1792) auch für die Frauen bürgerliche und politische Rechte.

In vielen Verfassungen des 19. Jahrhunderts wurden Staatsbürgerrechte wie Versammlungsfreiheit, Pressefreiheit und die Gleichheit vor dem Gesetz aufgegriffen. Im 20. Jahrhundert (1948) beschlossen dann die Vereinten Nationen eine **„Allgemeine Erklärung der Menschenrechte"**.

John Hancock, Präsident des Kontinentalen Kongresses, nach der Unterzeichnung der Unabhängigkeitserklärung, 1776

Aufgaben

6 Nennen Sie die Elemente der politischen Theorien Lockes und Montesquieus, die zu Eckpfeilern der westlichen Demokratien der Moderne geworden sind.

7 a) Skizzieren Sie wichtige Merkmale des Alten Reichs (Struktur, Rechtsgrundlage, Aufgaben/Ziele).
b) Ermitteln Sie aus dem Text, wie Pufendorf das Heilige Römische Reich charakterisiert.
c) Zeigen Sie die Gründe auf, die Pufendorf für die Schwäche des Alten Reichs verantwortlich macht.
d) Setzen Sie sich kritisch mit Pufendorfs Einschätzung, das Reich sei „schwach“ (Z. 44), auseinander.

M 1: Samuel Pufendorf über die Verfassung des deutschen Reichs (1667)

Wie die Gesundheit und Eignung der natürlichen und künstlichen Körper sich aus der geordneten Harmonie und Verbindung ihrer Teile ergibt, so beurteilt man auch die moralischen Körper oder die Gesellschaftsbildungen danach als stark oder schwach, ob ihre Teile untereinander richtig verbunden sind oder nicht, sie also eine geordnete Struktur oder etwas Irreguläres und Monströses an sich haben. Die bisherigen Ausführungen haben deutlich gemacht, daß im deutschen Reich etwas steckt, was seine Zuordnung zu den einfachen Staatsformen, wie sie allgemein von den Lehrern der Politik beschrieben werden, verbietet. [...]

In bezug auf die einzelnen Teile oder Stände des Reiches ergeben sich wenig Schwierigkeiten. Denn alle weltlichen und geistlichen Fürstentümer [...] und auch die Grafschaften sind Monarchien [...]. Von den freien Städten werden einige aristokratisch regiert; d. h. souverän ist dort der Senat, [...] der weder von der Bürgerschaft kontrolliert wird, noch ihr Rechenschaft über die Regierungsmaßnahmen schuldig ist. Andere haben eine Demokratie, weil der Senat von den Zünften gewählt und kontrolliert wird. [...]

Welche Staatsform man aber dem ganzen deutschen Reich zuschreiben soll, darüber sind sich die deutschen Schriftsteller nicht einig. Dies ist ein sicherer Beweis [...] für die irreguläre Staatsform [...].

Es bleibt also nichts anderes übrig, als das deutsche Reich, wenn man es nach den Regeln der Wissenschaft von der Politik klassifizieren will, einen irregulären und einem Monstrum ähnlichen Körper zu nennen, der sich im Laufe der Zeit durch die fahrlässige Gefälligkeit der Kaiser, durch den Ehrgeiz der Fürsten und durch die Machenschaften der Geistlichen aus einer regulären

Monarchie zu einer so disharmonischen Staatsform entwickelt hat, daß es nicht mehr eine beschränkte Monarchie, wenngleich der äußere Schein dafür spricht, aber noch nicht eine Föderation mehrerer Staaten ist, vielmehr ein Mittelding zwischen beiden. Dieser Zustand ist die dauernde Quelle für die tödliche Krankheit und die inneren Umwälzungen des Reiches, da auf der einen Seite der Kaiser nach der Wiederherstellung der monarchischen Herrschaft, auf der anderen die Stände nach völliger Freiheit streben. Es ist aber die Natur aller Degenerationen, daß ein Staat, wenn er sich schon weit vom ursprünglichen Zustand entfernt hat, in schnellem Niedergang wie von selbst sich dem anderen Extrem nähert, während er sich nur mit großer Anstrengung auf seine Urform zurückführen läßt. Wie man einen Felsen, der einmal ins Rollen gekommen ist, sehr leicht vom Berg in die Ebene hinunterbringt, aber nur mit ungeheurer Anstrengung auf den Gipfel hinaufwälzt, so wird man auch Deutschland nicht ohne größte Erschütterungen und ohne totale Verwirrung der Verhältnisse zur monarchischen Staatsform zurückführen können; zum Staatenbund entwickelt es sich dagegen von selbst. [...] Wir können also den Zustand Deutschlands am besten als einen solchen bezeichnen, der einem Bund mehrerer Staaten sehr nahe kommt, in dem ein Fürst als Führer des Bundes die herausragende Stellung hat und mit dem Anschein königlicher Gewalt umgeben ist. [...]

Deutschland ist deswegen so schwach, weil bei ihm zwei Übel zusammenkommen: eine schlecht eingerichtete Monarchie und zugleich ein ungeordneter Staatenbund; das Hauptübel ist, daß auf Deutschland keine dieser Staatsformen paßt. Der äußere Schein und die leeren Formen deuten auf eine Monarchie hin. In der Frühzeit war der König tatsächlich, was sein Titel besagte. Nachdem sein Einfluß gesunken und die Macht und Freiheit der Stände gestiegen war, ist kaum ein Schatten der monarchischen Herrschaft geblieben, den man etwa bei den Führern eines Staatenbundes wahrnehmen kann. So wird der Reichskörper durch ein vernichtendes Tauziehen zwischen den Interessen des Kaisers und der Stände erschüttert: jener erstrebt mit allen Mitteln die Wiederherstellung der alten monarchischen Rechte, diese verteidigen standhaft die errungene Machtstellung. [...] Wie monströs ist schon allein dies, daß sich Haupt und Glieder wie zwei Parteien gegenüberstehen.

Samuel von Pufendorf: Die Verfassung des deutschen Reiches. Übers., Anm. u. Nachw. von Horst Denzer. Durchges. Ausg. Stuttgart: Reclam 1985 (= Reclams Universal-Bibliothek; Nr. 966), S. 96 f., 106 f., 119.

„Volk" und „Nation" als Identifikationsmuster

„Volk" und „Nation" sind keine naturgegebenen Phänomene, sondern jeweils Ergebnis komplizierter ethnischer, kultureller und mentaler Prozesse im Umfeld der Entstehung eines kollektiven Zusammengehörigkeitsgefühls. In **Frankreich** etwa lag einem solchen Prozess die gewaltige Euphorie zugrunde, die neue Werte wie **Freiheit**, **Gleichheit** oder **Brüderlichkeit** in der Revolution ab 1789 auslösten. **Deutschland** dagegen tat sich insbesondere nach den Erfahrungen des Zweiten Weltkriegs mit der Bestimmung seiner nationalen Identität überaus schwer. Der nationalsozialistische Massenmord an den europäischen Juden, der von einem **rassenideologisch pervertierten Nationalismus** befördert wurde, machte eine positive Identifikation mit der eigenen Geschichte unmöglich.

Den deutschen Wiedervereinigungsprozess 1989/90 spiegeln zwei zeitgenössische Aussagen wider: Der Satz „Jetzt wächst zusammen, was zusammengehört!" des früheren Bundeskanzlers Willy Brandt am 10. November 1989 ebenso wie der beliebte Straßenwitz „Sagt ein Ossi zum Wessi: ‚Wir sind ein Volk!' Sagt der Wessi zum Ossi: ‚Wir auch!'". Beide Aussagen wurzeln in der jüngeren deutschen Vergangenheit: Das, was „zusammengehört", war 1871 Ergebnis eines militärischen Sieges und einer raschen **Nationalstaatsbildung von oben**, die als politische Demonstration gegen den besiegten **„Erbfeind" Frankreich** inszeniert war. Der Witz der Einigungszeit offenbart, wie der Kalte Krieg und mit ihm die Mauer aus Angehörigen desselben Volkes innerhalb weniger Jahrzehnte regelrecht Fremde machen konnte. Zu sehr richteten sich vor allem die Politiker trotz Wiedervereinigungsgebots im bundesdeutschen Grundgesetz auf den Status quo der Teilung ein – mit mentalen Folgen, die da und dort über 1989/90 hinaus bis heute spürbar sind.

Volk

(indogermanischer Begriff für „viele"; lateinisch: „populus", englisch: „people"); Bezeichnung für eine **größere Menge von Menschen**, die sich ursprünglich mit dem Ziel gemeinsamer kriegerischer Aktivität zusammenschloss. Seit Beginn der Neuzeit dominiert dagegen das Selbstverständnis als **Sprach- bzw. Kulturgemeinschaft**.

Die Festigung eines kollektiven Empfindens für „Volk“ und „Nation“ bedarf des Zusammenspiels mehrerer Faktoren. Der Historiker Hagen Schulze formuliert dies nach einer Definition des Religionswissenschaftlers Ernest Renan (1823–1892) sehr treffend: „Nationen sind geistige Wesen, Gemeinschaften, die existieren, solange sie in den Köpfen und Herzen der Menschen sind, und die erlöschen, wenn sie nicht mehr gedacht und gewollt werden; Nationen beruhen auf Nationalbewußtsein; Nationen erkennen sich in einer gemeinsamen Geschichte, in gemeinsamem Ruhm und gemeinsamen Opfern wieder – man muß hinzufügen, daß diese gemeinsame Geschichte in der Regel von begrenzter Realität ist, in aller Regel mehr erträumt und konstruiert als wirklich.“ (H. Schulze: Staat und Nation in der europäischen Geschichte, ^{2}2004, S. 110 f.). Mehr als für andere Nationen gilt dies für das Konstrukt nationaler deutscher Vergangenheit. Entsprechende Wurzeln reichen hier bis in die römische Antike zurück.

1 „Volk“ als Konstrukt eines Geschichtsbilds

1.1 Nationale Vergangenheitskonstruktion durch historische Ursprungsmythen

Arminius und Hermann – Erinnerung und Deutungen

2009 jährte sich zum zweitausendsten Mal die **Varusschlacht**. Im Jahr 9 n. Chr. erlitt der Oberbefehlshaber Publius Quinctilius Varus des bis dahin – zumindest im Eigenanspruch – allzeit siegreichen Heeres des römischen Kaisers Augustus (63 v. Chr.–14 n. Chr.) eine völlig überraschende und vernichtende Niederlage (vgl. S. 87 ff.).

Bereits am Ende der augusteischen Kaiserherrschaft setzte eine **politische Verklärung** der Ereignisse ein, die nicht mehr viel mit der realen Ausgangslage jener Tage gemein hatte. Diese Instrumentalisierung nahm im Laufe der Jahrhunderte eine interessante Entwicklung. Im Mittelalter, nach dem Untergang bzw. der ethnischen und kulturellen Transformation des Römischen Reichs sowie der dauerhaften germanischen Staatsbildung auf römischem Territorium, verliert sich dann für lange Zeit jede Spur der Erinnerung an frühe Stämme und Personen der Germanen.

Vor diesem Hintergrund nahm die Konstruktion eines bewussten Arminius- bzw. Hermannbilds erst sehr viel später, im Zeitalter des **Humanismus** (vgl. S. 58), ihren eigentlichen Anfang. So fanden italienische Altertumsforscher um 1500 in der Bibliothek der westdeutschen Benediktinerabtei Corvey erstmals Auszüge aus Handschriften des **taciteischen Geschichtswerks der**

„Annalen“. Sie eröffneten damit einen neuen Blick auf die Geschichte Roms unter der julisch-claudischen Kaiserdynastie (27 v. Chr.–68 n. Chr.) im Allgemeinen, die Lebensgeschichte des germanischen Fürsten Arminius sowie Ort und Umstände der Varusschlacht im Besonderen. Die dort enthaltenen Informationen verschmolzen nun mit jenen Aussagen zur germanischen Antike, die man der schon einige Jahrzehnte länger bekannten **„Germania“-Monografie** des **Tacitus** entnehmen konnte. Dies umso mehr, als gerade deutsche Humanisten wie Konrad Celtis, Jakob Wimpfeling oder Heinrich Bebel im 15. Jahrhundert Germanen und Deutsche wie selbstverständlich gleichsetzten und somit bemüht waren, einen nationalen „Argumentationsrückstand“ (Stephan Schmal) gegenüber Italienern, Franzosen und Engländern aufzuholen.

Schon Tacitus hatte germanische Eigenschaften eines „unverdorbenen Naturvolkes“, wie z. B. **Treue, Tapferkeit, Ehrlichkeit, Aufrichtigkeit** oder unstillbare, ja unbesiegbare **Freiheitsliebe**, nachdrücklich gepriesen. Der römische Autor hatte damit einen bewusst stilisierenden (und überzeichnenden) Sittenspiegel geschaffen, der der selbst erlebten zeitgenössischen Dekadenz in Rom vorgehalten wurde. Allerdings verselbstständigten sich solche alten Klischees in der Neuzeit als typische Züge eines angeblichen **deutschen Volkscharakters**, der sich von seinen vermeintlich barbarischen Ursprüngen über die Jahrhunderte weit entfernt hatte. Auch in Deutschland setzten erste Formen einer **„invention of tradition“** (Eric Hobsbawm) ein, wie sie für andere Nationen schon lange kennzeichnend war. Die Nationalisierung Europas war in vollem Gang.

„Invention of tradition“
Das Konzept der „invention of tradition“ („Erfindung der Tradition“) wurde in den 1980er-Jahren von Eric Hobsbawm und Terence Ranger entwickelt. Hierbei handelt es sich um eine bewusste **Konstruktion fiktiver, in die Vergangenheit zurückprojizierter Traditionen**, um ausreichend **Legitimation** für gegenwärtige Zustände, Normen oder Werte zu schaffen. Dabei versuchen Staaten oder Gesellschaften, meist **künstliche Kontinuitäten zu vorbildhaften Zeiten** herzustellen.

In die zunehmende Nationalisierung fügte sich auch der neu entdeckte Cheruskerfürst Arminius ein. Dieser wurde im 1529 verfassten **Arminius-Dialog** des deutschen Humanisten und Papstgegners **Ulrich von Hutten** (1488–1523) rasch zu einem mythologisch verklärten deutschen Nationalhelden, der sein Vaterland endgültig von der römischen (in der eigenen Gegenwart von der römisch-päpstlichen) Tyrannei befreit habe. Bezeichnenderweise meinte Hutten auch im Zeitgenossen **Martin Luther** einen **neuen Arminius** zu erkennen.

Von hier bis zur ersten **deutschen Übersetzung** des lateinischen Namens „Arminius“ mit **„Hermann“** (lat. „dux belli“: Heer-Mann, Anführer im Krieg) in der Bayerischen Chronik des **Johannes Aventinus** (1477–1534) ist es dann nicht mehr weit. Dennoch bildete das Heilige Römische Reich weiterhin den eigentlichen Bezugspunkt für die beispiellose Erfolgsgeschichte des Christentums bis in die eigene Zeit: Nicht zuletzt durch die bewusste Rückorientierung auf die römische Antike und die Überzeugung von einer Art Übergang der Herrschaft auf die deutschen Kaiser entstand eine (faktische wie gefühlte) Kontinuität zum Römischen, die nur langsam germanischen Einflüssen weichen sollte. Der nationale Arminius-/Hermann-Mythos gewann deshalb erst wieder Jahrhunderte später an Bedeutung.

In den **Befreiungskriegen** gegen die napoleonische Herrschaft zu Beginn des 19. Jahrhunderts wurde der deutsch interpretierte **Hermann** zum eigentlichen **Symbol des national orientierten Aufstands gegen die „welsche“ (französische) Fremdbestimmtheit** und somit aktiv zum Vorreiter nationalstaatlicher Einigung stilisiert. Wenngleich letztere nach dem Ende des Heiligen Römischen Reichs im Jahr 1806 noch über ein halbes Jahrhundert auf sich war-

Freiherr von Lützow hatte in den Befreiungskriegen gegen die Herrschaft Napoleons (1813–1815) Freiwilligenverbände aufgestellt, die sog. Lützower Jäger. Bei diesen sammelten sich besonders diejenigen, die für einen deutschen Nationalstaat eintraten. Ehemalige „Lützower“ wie die Dichter Ernst Moritz Arndt und Theodor Körner wurden nach 1815 wichtige Vertreter der deutschen Nationalbewegung.

ten lassen sollte, war sie nunmehr Objekt zunehmend politisierter Sehnsucht und fand in jenem tapferen Kämpfer gegen alles Römische ihr bestimmendes, stark emotionsgeladenes Stereotyp. In **Heinrich von Kleists** Drama „Die Hermannsschlacht“ (1808) entluden sich in der Darstellung des Kampfes zwischen Römern und Germanen eindeutig **antifranzösische Ressentiments**.

In einer solchen Atmosphäre, in der Franzosen zu Römern wurden und Napoleon gar zum zweiten Augustus oder Varus avancierte, wurde die Varusschlacht zum „Gründungsakt der deutschen Nation“ (Rainer Wiegels). Als Napoleon in der **„Völkerschlacht“ bei Leipzig** 1813 schließlich die entscheidende Niederlage einstecken musste, konnten patriotische deutsche Kreise diese deshalb rasch zur **„neuen Hermannsschlacht“** umdeuten.

Befreiungskriege (1813–1815, auch Freiheitskriege genannt)
Als Folge der **napoleonischen Eroberungskriege** in Europa regte sich v. a. in den besetzten deutschen Staaten Widerstand gegen die Invasoren von jenseits des Rheins. In den Jahren 1813–1815 gelang es einer Koalition europäischer Staaten, angeführt von Russland und Preußen, Napoleon mehrere militärische Rückschläge zuzufügen, u. a. in der berühmten **Völkerschlacht bei Leipzig** 1813. Mit der endgültigen Niederlage bei Waterloo (Belgien) 1815 war Napoleon in Europa definitiv besiegt. Der **Wiener Kongress** sorgte 1814/15 schließlich für eine **politische Neuordnung Europas**.

Auf der Suche nach einem nationalen Denkmal

Die nach dem Abzug der Franzosen weithin **euphorische nationale Stimmung** sollte angesichts neuer Kleinstaaterei auf oberster politischer Ebene rasch verpuffen. Restaurative Tendenzen in nahezu allen deutschen Territorien verhinderten eine einheitliche politische Nationalbewegung. So suchte sich das nationale Empfinden an der Basis zumindest ein Ventil in der Forderung nach einem nationalen Denkmal. **Ernst Moritz Arndt** schlug in der Zeitschrift „Hermann“ als einer der Ersten ein spezielles Hermannsdenkmal vor, das als „Denkmal der Thaten“ und als „nöthiges Warnmal gegen die Fehler der Uneinigkeit“ dienen sollte. Er musste aber resigniert zur Kenntnis nehmen, dass die Zeit hierfür noch nicht reif war. Arminius / Hermann als potenzieller Freiheitskämpfer war im Deutschland der Restauration nicht mehr gerne gesehen. So fand jener für die kommenden Jahrzehnte bestenfalls örtlichen Anklang, indem man sich in zunehmendem Maße für die Lokalisierung des Schlachtfelds der Varusschlacht „im Teutoburger Wald“ (Tacitus) zu interessieren begann.

Restauration

(lat. „restaurare: wiederherstellen“): Grundsätzliche **Wiederherstellung eines alten politischen Zustands**, der meist durch Revolution oder Putsch beseitigt wird. Oftmals bedeutet dies die Wiedereinsetzung einer früheren Dynastie, deren Herrschaft unter neuen politischen Umständen als gerechtfertigt (legitim) angesehen wird.

In Europa bezeichnet Restauration die **Zeit zwischen dem Wiener Kongress 1815 und den Revolutionen von 1848**, in der in zahlreichen Staaten die Herrschaft von Monarchien wiederhergestellt wurde. Führender Vertreter der Restauration war Fürst Klemens von Metternich aus Österreich (1773–1859).

Als einziger deutscher Staat setzte das Königreich Bayern mit der **Walhalla** der **Erinnerung an Arminius / Hermann** 1830 ein steinernes Denkmal. Die symbolische Grundsteinlegung fand am Jahrestag der Völkerschlacht bei Leipzig statt, die offizielle Einweihung 1842. König **Ludwig I.**, Kritiker der machtpolitischen Annäherung seines Vaters Maximilian I. an die Franzosen, setzte mit der Errichtung der Walhalla am Donauhochufer bei Regensburg „den rühmlich ausgezeichneten Teutschen“ ein nationales Denkmal. Er ließ in jenem griechisch inspirierten Helden- und Ruhmestempel Büsten und Gedenktafeln all jener Großen der Geschichte aufstellen, denen als einendes Band die „teutsche Zunge“ zu eigen war. Der Gebäudename selbst war als Art Paradies für im Kampf verstorbene Helden der germanischen Mythologie entnommen. Vor allem die beiden Tempelgiebel boten Projektionsfläche für symbolhafte Darstellungen deutscher Vergangenheit und Gegenwart und ergänzten sich in ihrem Bildprogramm gegenseitig: im Süden die bildhafte Darstellung der zeitgenössischen deutschen Befreiung vom französischen Joch, im Norden der Beginn der deutschen Geschichte mit Arminius als zentralem Helden der Hermannsschlacht, dem im Tempel selbst auch die erste Ehrentafel gewidmet ist.

Da der bei der Einweihung der Walhalla anwesende bayerische Bildhauer **Ernst von Bandel** (1800–1876) den griechischen Baustil für ein deutsches Nationaldenkmal als recht unpassend empfand, erweckte er in seiner Vorliebe für einen eigenen deutschen, gotischen Stil die alte Idee eines **Hermannsdenkmals** zu neuem Leben. Er verließ das aus seiner Sicht „allzu griechenfreundliche“ München und kam schließlich nach Hannover, das seinen Aussagen zufolge recht nahe am legendären Teutoburger Wald liegen musste. Auf der Grotenburg, in der Nähe der Residenzstadt Detmold, ließ ihn der regierende Fürst Leopold II. zur Lippe ein Denkmal errichten, dessen Konzeption von einem 1838 gegründeten **„Verein für das Hermannsdenkmal“** mit deutschlandweiten Filialen finanzielle Unterstützung fand.

Einweihung der Walhalla, 1842

1841 fand eine Feier zur Grundsteinlegung des Denkmals statt. In einer zum Festakt erschienenen Festschrift wurde dessen Unterbau als „Felsen der Eintracht, Felsen deutscher Gesinnung, Felsen deutscher Stärke und Größe“ gepriesen. Das von Bandel erhoffte künftige „Engagement der deutschen Nation“ für den Bau kam jedoch nicht zustande, da sich die reale Unterstützerbasis (v. a. spendentechnisch) als zu gering erwies. Zudem hatten sich die Zeiten politisch geändert: In der Frankfurter Paulskirche etwa, die zum Sitz des deutschen Parlaments von 1848 wurde, war Hermann als Held von Einheit und Freiheit nicht mehr präsent. Vielmehr entfaltete dort die **Personifikation der Germania** mit Eichenlaubkranz, Ölzweig und schwarz-rot-goldener Fahne entscheidende nationale Symbolkraft.

Für den unvollendeten Bau des Denkmals erbrachten das Scheitern der 1848er-Revolution und die sich hieraus neu formierte deutsche Nationalbewegung in den 1850er- und 60er-Jahren neuen Schwung. Die im Spiegelsaal von Versailles vollzogene Proklamation des preußischen Königs Wilhelm zum deutschen Kaiser und die Gründung des Deutschen Reichs als Höhepunkt nationaler Euphorie markierten den Hintergrund für die offizielle **Einweihung des Hermannsdenkmals** im Jahr 1875, an der neben 30 000 begeisterten Zuschauern auch der Kaiser teilnahm; als das Denkmal enthüllt wurde, sprach Wilhelm bezeichnenderweise von **„Hermann dem Deutschen“**.

Hermannsdenkmal südwestlich von Detmold im Teutoburger Wald

Der Bildhauer Ernst von Bandel mit dem Kopf des Hermannsdenkmals

Das Bauwerk selbst, mit gewaltigen Dimensionen (u. a. über 57 m Höhe), neben einschlägigen Tacitus-Zitaten mit Inschriften wie „Deutsche Einheit meine Stärke“ und „Meine Stärke Deutschlands Macht“ versehen, **identifizierte** nachdrücklich **Hermann mit Wilhelm I.** Hiermit stilisierte es Letzteren zum wahren Vollender der deutschen Geschichte. So wurde das Denkmal zum zentralen **Sinnbild deutscher Einheit**, die in der machtvoll-selbstbewussten Auseinandersetzung mit Deutschlands Nachbarn entstanden war.

Germanenwahn und Rassenideologie

In den folgenden Jahrzehnten bis 1945 bildete das Bemühen um die Konstruktion einer über 2 000 Jahre ungebrochenen **Kontinuität germanisch-deutscher Geschichte** den Kern nationaler Propaganda und führte dabei zu einer bewussten symbolischen Überfrachtung der Hermannsschlacht. Diese war fortan in ihrer welthistorischen Bedeutung unter Gelehrten wie Politikern unbestritten. Hinzu trat, v. a. aus Frankreich (Arthur de Gobineau) und England (Houston Stewart Chamberlain) kommend, spätestens ab Ende des 19. Jahrhunderts die zunehmende **Überhöhung des Germanentums** durch eine immer populärer werdende Rassentheorie, die die Germanen ins Zentrum einer nordisch-arischen Rasse bzw. Blutsgemeinschaft stellte. Demzufolge hatten einzig die reinrassigen Germanen die Führungsposition in der Welt und damit das langfristige Erbe von Griechen und Römern zu übernehmen.

Diese Sichtweise korrespondierte mit Verlautbarungen der „Antisemiten Deutschlands“, die sich mehrfach am Hermannsdenkmal versammelten und **Arminius** demonstrativ als **„Urvater aller rassisch reinen Deutschen“** feierten. Schließlich kulminierte diese Entwicklung in verschiedenen Motiven vaterländisch gesinnter Postkarten, auf denen mit Blick auf künftige Schlachten (des Ersten Weltkriegs) zu lesen war: „Wir kämpfen unter Hermanns Zeichen, bis alle unsre Feinde bleichen!“

Nach der deutschen Niederlage im Ersten Weltkrieg erweiterte die einschlägige nationale Propaganda den Hermann-Mythos: Sie setzte die **Ermordung des Arminius** durch die eigene Familie mit dem **„Dolchstoß“** seitens vaterlandsloser „Novemberverbrecher“ gleich, der die deutsche Armee um ihren Sieg gebracht habe.

„Dolchstoßlegende“

Unmittelbar nach der deutschen Kapitulation im Ersten Weltkrieg von rechten Kreisen verbreitete Behauptung, die **„im Felde unbesiegte“ deutsche Armee** sei von linken, zivilen Politikern in der Heimat verraten und durch deren Friedensangebot „von hinten erdolcht“ worden. Eine wichtige Rolle bei der Verbreitung der Propaganda spielten die einstigen militärischen Oberbefehlshaber Erich **Ludendorff** und Paul **von Hindenburg**.

„Novemberverbrecher“

In engem Zusammenhang mit der „Dolchstoßlegende“ beschimpften führende Vertreter rechter und rechtsradikaler Parteien (v. a. der NSDAP) all jene **Politiker** als „Novemberverbrecher“, die im November 1918 aktiv an der **linksdemokratisch-bürgerlichen Revolution** beteiligt waren und die am 11. November 1918 den **Waffenstillstand von Compiègne** unterzeichneten. An deren Ende standen der Rücktritt des Kaisers und die Etablierung der Weimarer Demokratie.

Das vielfältige rechte Spektrum der Weimarer Zeit brachte 1925 anlässlich der 50-Jahr-Feier der Errichtung des Hermannsdenkmals stattliche 50 000 Besucher zusammen. Diese tauschten unter den alten Reichsfarben Schwarz-Weiß-Rot revanchistisches Gedankengut aus und waren sich darüber hinaus im **Streben nach einem deutschen Messias** als ersehntem Anführer einer neuen Hermannsschlacht einig. Dementsprechend konnten sie sich auch bestätigt fühlen, als sich im Jahr danach **Adolf Hitler**, ein gerade erst aus der Landsberger Festungshaft entlassener Putschist von 1923, als prominenter Besucher mit folgenden Worten ins Gästebuch des Restaurants Grotenburg am Hermannsdenkmal eintrug: „Keiner red' von alten Recken der Vergangenheit, der nicht die Pflicht zu gleichem Wirken für die Zukunft in sich fühlt. Adolf Hitler“.

Nach der Machtergreifung der Nationalsozialisten im Jahr 1933 wurden **Rassendoktrin und Germanen-Mythos**, vom Chefideologen Alfred Rosenberg theoretisch untermauert, rasch zum offiziellen Propagandagut des neuen Staates. Hitler wie Rosenberg verwiesen in öffentlichen Reden immer wieder auf jene beeindruckende Hochkultur der Germanen sowie auf eine direkte **Kontinuität von Arminius bis zum „Führer“**. Zahlreiche neu geschaffene universitäre Lehrstühle für Ur- und Frühgeschichte erforschten unermüdlich die Urstammessitze der Germanen im hohen Norden und kamen dabei immer weiter in frühe Zeiten zurück. Vor diesem Hintergrund wurde die Varusschlacht immer mehr zur Entscheidungsschlacht zwischen deutschem Germanentum und angeblicher mediterraner Überfremdung, die der Rassereinheit des Ersteren zwangsläufig hatte unterliegen müssen.

Der im Jahr 1935 auf Betreiben Heinrich Himmlers gegründeten „Studiengesellschaft für Geistesurgeschichte Deutsches Ahnenerbe“ kam ausschließlich die Aufgabe zu, durch entsprechende Forschungen **Arier- und Germanentum als dominierendes Element der Antike** zu beweisen. Auch die verpflichtende Ausstellung eines Ariernachweises, der bis ins 18. Jahrhundert zurückgehen sollte, für jeden heiratswilligen Deutschen passte in dieses Bild. Obwohl auch der **Personenkult** im Nationalsozialismus eine neue Blüte erlebte, verpuffte ein Antrag auf Umwandlung des Hermannsdenkmals in eine Nationale Wallfahrtsstätte angesichts der monumentalen Inszenierungen des Regimes. Diese fanden in zunehmendem Maße auf den Nürnberger Reichsparteitagen statt und stellten dort allein den „Führer“ in den Mittelpunkt.

Hermann und das Denkmal nach dem Zweiten Weltkrieg

Nach der deutschen Niederlage im Zweiten Weltkrieg und dem Zusammenbruch des NS-Regimes setzte in der Bundesrepublik eine nachhaltige Demokratisierung ein. So verloren sowohl Germanen- als auch Hermann-Mythos rasch an Bedeutung. Insbesondere für das **Hermannsdenkmal** bedeutete dies einen völligen Neubeginn der Nutzung. Seit den 1950er-Jahren wurde bisherige nationale bzw. nationalistische Motivation mehr und mehr durch **touristische Interessen**, vornehmlich in Form familiärer Sonntagsausflüge zu Kaffee und Kuchen in die idyllische Mittelgebirgslandschaft, abgelöst. Den Höhepunkt der inhaltlichen Umwidmung bzw. **Entnationalisierung des Gedächtnisortes** stellte zweifelsohne die werbeträchtige Einkleidung der Hermann-Statue mit dem größten Fußballtrikot der Welt (in den Vereinsfarben von Arminia Bielefeld, mit der symbolischen Rückennummer 9) dar, was 2001 schließlich sogar Einzug ins Guinness-Buch der Rekorde hielt. Ein solcher Wandel des ursprünglich politischen Kerns ins rein Sportliche zeigt auch die Tradition des Hermannslaufs, der bis heute alljährlich von Detmold nach Bielefeld führt, und dessen Veranstalter – der „Turn- und Sportverein Einigkeit 1890 Bielefeld“ – den einstigen historischen Kern zumindest symbolisch noch im Namen trägt.

1.2 Die Varusschlacht im Jahr 9 n. Chr.

Zwischen Anspruch und Realität: das Beispiel des Arminius/Hermann

Die Verselbstständigung des Arminius- bzw. Hermann-Mythos begann, wie gesehen, früh in der Antike und entfernte sich bald von der historischen Realität. Dies zeigt sich bereits an der Person und Biografie des Arminius selbst, dessen germanischer Name unbekannt ist. Weit davon entfernt ein germanischer Nationalheld zu sein, war dieser ursprünglich **cheruskische Stammesfürst** von klein auf im romfreundlichen bzw. römischen Umfeld erzogen und ausgebildet worden. Er besaß das volle römische Bürgerrecht im Rang eines Ritters und verdankte seinen gesamten Aufstieg dem römischen Militärwesen. Als Offizier eines germanischen Hilfstruppenkontingents im römischen Heer setzte er sich an die Spitze einer **Aufstandsbewegung** verschiedener **germanischer Stammesfürsten**, die mit den rücksichtslosen Maßnahmen der Provinzialpolitik des römischen Oberbefehlshabers im freien Germanien, **Publius Quinctilius Varus**, nicht zufrieden waren; vor allem die rigorose Erhebung von Steuern war nicht im Sinne der ehedem Mächtigen des Landes.

Vor diesem Hintergrund wurden die Armeen des Varus 9 n. Chr. in einen Hinterhalt gelockt und in mehrtägigen Kämpfen mit ca. 20 000 Toten vollständig aufgerieben; Varus beging in dieser aussichtslosen Lage Selbstmord. Die historische wie archäologische Forschung diskutiert bis heute, wo jene große **Schlacht** tatsächlich stattgefunden habe, hat sich inzwischen aber weitgehend auf den Ort **Kalkriese bei Osnabrück** geeinigt. Zumindest weisen die Bodenbefunde dort auf eine große militärische Auseinandersetzung hin, die mithilfe von Münzfunden in das Jahr 9 n. Chr. datiert werden kann. Arminius selbst wurde später Opfer weiterer innergermanischer Auseinandersetzungen und 21 n. Chr. im Rahmen einer familiären Intrige ermordet. Er hatte wohl nach dem Sieg über die Römer selbstbewusst nach dem Titel eines Stammeskönigs gestrebt, was ihm die Cherusker nicht hatten gestatten wollen.

Die Frage, was das eigentliche Endziel römischer Politik in Germanien gewesen sein mag, ist bis heute nicht geklärt. Der **Gallische Krieg** des Gaius Julius **Caesar** (100–44) rückte den germanischen Raum erstmals in den Blickwinkel der Römer. Hatte der spätere römische Diktator dabei den Rhein bewusst zur strategischen Grenze zwischen Galliern und Germanen erklärt und zur Abschreckung sogar zweimal den Strom militärisch überquert, unternahm sein Nachfolger **Augustus** (63 v. Chr.–14 n. Chr.) schon früh weitaus systematischere **Vorstöße ins „freie“ Germanien** („Magna Germania“). Römische Legionen stießen unter den Kaisersöhnen Drusus und Tiberius seit 16 v. Chr. tief in germanisches Gebiet vor und erreichten dabei die Nordseeküste sowie die Flüsse Ems, Weser und Elbe. All dies ist durch zahlreiche Bodenfunde (v. a. die Überreste von Holz-, Erd- und Steinkastellen, die oft aus römischen Marschlagern entstanden) bezeugt. Man vermutet heute, dass erobertes Gebiet langfristig befestigt und eine **römische Provinz Germanien** eingerichtet werden sollte. Außer wenigen literarischen Aussagen römischer Autoren bzw. Schlachten- und Kastellfunden gibt es aber keine Beweise für diese These.

Auf dem Sterbebett hatte Augustus seinem Nachfolger Tiberius den Rat gegeben, die Grenzen des Reichs im germanischen Norden nicht auszuweiten. In der Tat fanden hier in den folgenden Jahrzehnten über die Errichtung und wiederholte Befestigung des **obergermanisch-rätischen Limes** sowie die zunehmende Romanisierung der alt angestammten Territorien links des Rheins hinaus keine weiteren bedeutsamen römischen Aktivitäten statt.

Obergermanisch-rätischer Limes

Der Limes war eine **defensive Grenzlinie** des Römischen Reichs zwischen Rhein und Donau. Seine **Errichtung unter Kaiser Domitian** (81–96) war der offizielle Wendepunkt römischer Germanienpolitik. Fortan bildete dieser entlang der Grenzen der linksrheinischen römischen Provinz Obergermanien (Germania superior) sowie der Donauprovinz Rätien eine **starke militärische Befestigungslinie**. Diese sollte mögliche Einfälle bewaffneter germanischer Kontingente abwehren, gleichzeitig aber bewusst auch Durchlass für den friedlichen Austausch von Handelswaren gewähren.

Die Zeit der **Völkerwanderung**, deren Anfänge im 3. Jahrhundert n. Chr. lagen, ließen Rom endgültig von möglichen Offensiven gegen Germanien absehen. Im Gegenteil: Mehr und mehr geriet die einstige Weltmacht hier in die Defensive und begnügte sich notgedrungen mit strategischen Angeboten römischen Landes für eingefallene „Barbaren“, als welche man die Germanen trotz veränderter Machtverhältnisse weiterhin gerne sah.

Entwicklung des obergermanisch-rätischen Limes von einem einfachen Palisadenzaun mit Wall und Graben zu einer massiven, bis zu drei Meter hohen Mauer

Man kann abschließend mit Sicherheit sagen, dass es zu keinem Zeitpunkt in der Antike eine kollektive germanische Freiheitsbewegung gegeben hat. Zu unterschiedlich waren die Interessen der verschiedenen (kleineren und größeren) germanischen Stammesfürsten, als dass über den kurzen geschichtlichen Augenblick hinaus eine langfristig tragbare und erfolgreiche Koalition hätte gebildet werden können. Dies gilt umso mehr, als ein germanisches „Volk“ oder gar eine entsprechende „Nation“ niemals existiert hat, so wie auch der **Begriff „Germanen“** eine pauschale, strategische **römische Fremdbezeichnung** (erstmals bei Caesar) war, die aus heutiger Sicht ethnisch wie kulturell schwer haltbar ist.

Schriftliche germanische Quellen sind nicht bekannt, was ein Hinweis auf ethnische wie kulturelle Kleinteiligkeit sein könnte. Schon die **germanische Armee gegen Varus** war wohl nicht mehr als ein loses **Zweckbündnis** verschiedener Stämme bzw. Stammesgruppen gewesen, das nach dem großen Sieg sehr bald wieder zerfallen sollte. Erst als die zunehmend dauerhafte römische Grenzlinie an Rhein und Donau **zwei sich auseinander entwickelnde Kulturlandschaften** diesseits und jenseits des Rheins schuf, näherte sich die historische Realität im Nachhinein den literarischen Konstrukten der römischen Autoren an: Während ins Römische Reich integrierte Territorien zunehmend romanisiert wurden, entwickelte sich im „freien“ Germanien eine eigenständige materielle Kultur, die sich von jener links des Rheins deutlich abhob.

Wichtige Etappen im Umgang mit und in der Deutung des Arminius / Hermann

um 1400/1450	**Aufgreifen des antiken Germanen-Mythos (Tacitus):** • Gleichsetzung Germanen – Deutsche • Konstruktion des deutschen Volkscharakters • Lob deutscher Tugenden (z. B. Tapferkeit, Ehrlichkeit, Freiheitsliebe) • Arminius / Hermann als tapferer Nationalheld, der sich gegen die römische Herrschaft auflehnt
15./16. Jh.	**mythologische Verklärung des deutschen Nationalhelden:** Gegenwartsbezug: Arminius / Hermann als Befreier von der römisch-päpstlichen Tyrannei
frühes 19. Jh.	**Wiederaufleben des Arminius- / Hermann-Mythos in den Befreiungskriegen:** • Stilisierung des Arminius / Hermann zum Vorreiter nationalstaatlicher Einigung • Arminius / Hermann als Symbol der deutschen Nationalbewegung gegen die französische (= napoleonische) Besatzungsherrschaft
1813	• Sieg der Deutschen über Napoleon in der „Völkerschlacht" bei Leipzig: Umdeutung der Varusschlacht zur neuen „Hermannsschlacht"
seit Ende des 19. Jh.	**völkische Überhöhung des Germanentums und des Arminius- / Hermann:** • Konstruktion einer über 200 Jahre ungebrochenen Kontinuität germanisch-deutscher Geschichte • Arminius / Hermann als „Urvater aller rassisch reinen Deutschen"
nach 1918	• Erweiterung des Arminius- / Hermann-Mythos: Gleichsetzung des mutmaßlichen Schicksals des Arminius / Hermann (Ermordung durch Familie) mit „Dolchstoß gegen das im Felde unbesiegte Deutschland"
1933–1945	**Rassendoktrin und Germanenmythos als Propagandamittel:** • Kontinuität von Arminius / Hermann zum „Führer" • Stilisierung des Arminius / Hermann zum „Sieger gegen mediterrane Überfremdung" • aber: schleichender Bedeutungsverlust des Arminius- / Hermann-Mythos gegenüber dem Führermythos Hitlers
nach 1945	**Entpolitisierung und Entnationalisierung des Arminius- / Hermann-Mythos:** Spätestens bei der 2000-Jahr-Feier der Varusschlacht (2009) Historisierung des „Konstrukts Arminius / Hermann" als geschichtspolitische Instrumentalisierung und Inszenierung nationalpolitischer Vergangenheit

Aufgabe

8 Stellen Sie die Entwicklung des germanischen Ursprungsmythos dar. Erklären Sie dabei auch, warum dieser im 19. und 20. Jahrhundert so stark mit Propaganda überformt werden konnte.

2 Die Vorstellung der modernen Nation und Probleme der Nationalstaatsbildung

2.1 Staatsbürger oder Volk? – Unterschiedliche Konzepte von „Nation“

„Nation“ in der Moderne

Der Begriff „Nation“ ist in seiner Entstehung ähnlich vielfältig wie der Begriff „Volk“. Erstmals spezifisch im Mittelalter verwendet, verweist er allgemein auf eine (de facto sehr eingeschränkte) Gemeinschaft, die sich durch **Geburt** (lat. „natus“: „geboren“) definiert. Anders aber als im Mittelalter oder in der ständischen Gesellschaft der Frühen Neuzeit ist der Nationsbegriff der Moderne durch die Zusammengehörigkeit seiner Staatssubjekte gekennzeichnet. Insbesondere seit der Französischen Revolution und der napoleonischen Expansion in Europa haben zahlreiche Denker unterschiedlichste Erklärungs- und Legitimationsmodelle von „Nation“ vorgelegt. Betrachtet man dort die verschiedenen Aspekte der Nationswerdung(en) genauer, sind zwei gegensätzliche, in ihrem Selbstverständnis **idealtypische Phänomene** auseinanderzuhalten: die Staatsbürgernation (z. B. in den USA, in Frankreich oder in der Schweiz) und die Volks- bzw. Kulturnation (z. B. in Deutschland oder Polen). Beide konnten sich in der Realität durchaus überlappen bzw. gegenseitig ergänzen.

Die Staatsbürgernation, kurz **Staatsnation** genannt, beruht auf dem **territorialen Prinzip** und ist meist Ergebnis eines einenden revolutionären Kampfs Unterdrückter gegen bestehende Obrigkeiten. Zentrales Element in ihr ist die **Verfassung** mit ihren grundlegenden Rechten für die Bürger des betreffenden Staates (hier v. a. entscheidend der Gleichheitsgrundsatz). Bestes Beispiel hierfür ist **Frankreich**, in dem die Revolutionäre am Vorabend und im Zuge der Revolution mehrere verfassungsrechtlich bedeutende Dokumente erarbeiteten: etwa die weltweit bis heute nachwirkende **„Erklärung der Menschen- und Bürgerrechte“** oder die insgesamt vier Staatsverfassungen, die zwischen 1791 und 1799 mit großem Aufwand, am Ende aber auch mit rückschrittigen Tendenzen erlassen wurden.

Dies zeigt, dass die Sorge um den bestmöglichen verfassungsmäßigen Zustand ein wesentliches Kennzeichen des Strebens nach einem neuen Gehalt von „Nation“ war. In gewisser Weise bildet dies eine Brücke zu den Überlegungen der Mütter und Väter des Grundgesetzes der Bundesrepublik Deutschland von 1949, mit dem – aus der extrem nationalistischen Erfahrung der Jahrzehnte zuvor lernend – die Idee eines allumfassenden **„Verfassungspatriotismus“** geboren wurde. Auch das Konzept des am Wohle der demokratischen Nation orientierten **„Bürgers in Uniform“**, das den Wiederaufbau der westdeutschen Bundeswehr prägte, ist hier zu nennen.

Die **Volks- bzw. Kulturnation** hingegen kennzeichnet, ausgehend von der Vorstellung einer **gleichen ethnischen Abstammung** ihrer Bürger, vor allem eine gemeinsame Sprache als wichtigen Teil einer eigenen Kultur; auch das Wissen um eine einende Religion oder die Behauptung eines gemeinsamen Territoriums konnten hier maßgeblich sein. Anders als die Staatsnation ist das Phänomen der Volks- bzw. Kulturnation nicht objektiv definiert, da vielfach auch nur der Glaube an sie die Bürger zusammenschweißen konnte. Der Bewusstwerdungsprozess einer so verstandenen Nation zog zu Beginn des 19. Jahrhunderts die **Entstehung massiver nationaler Emotionen** nach sich.

Später jedoch sorgte der Wunsch nach ethnischer Homogenität in **Vielvölkerstaaten** oder an territorialen Rändern für erhebliches **Störpotenzial:** Ersteres zeigte sich spätestens am Vorabend des Ersten Weltkriegs, als regionale nationale Strömungen mit einem neuartigen Anspruch auf eigene Souveränität nahezu zeitgleich die Habsburgermonarchie und das Osmanische Reich erfassten; Letzteres betraf vor allem Deutschland, das im Norden, Osten und Westen des Staates entsprechende Separationstendenzen zu gewärtigen hatte (am bekanntesten die lange umstrittene Zugehörigkeit von Elsass-Lothringen).

Staatsbürgernation versus Volksnation

Staatsbürgernation	Volksnation
• Territorialprinzip (politisch): einheitliches Staatsgebiet • Verwirklichung der revolutionären Ideen des Volkes: Freiheit, Gleichheit, Brüderlichkeit (Solidarität) • Verfassungspatriotismus: Identifikation der Bürger mit dem Staat	• Abstammungsprinzip (ethnisch): Blutsrecht, eigene Kultur (v. a. Sprache) und Religion • Prinzip möglichst großer Homogenität • Verschworene Schicksalsgemeinschaft, die sich gegenüber anderen Nationen abgrenzt • Sakralisierung der Heimat
↓	↓
rationaler (vernunftbetonter) Zugang	emotionaler (gefühlsbetonter) Zugang

Gerade die **Kulturnation** ist aufgrund der Umstände ihrer Herausbildung auch schon früh von einer spezifischen Doppelperspektive geprägt: Zum einen ergab sich aus der bewussten, oft **pathetischen Aufwertung** der eigenen Nation **zum „heiligen Vaterland“** eine Art einende Frontstellung, ja Abgrenzung der gewollten Schicksalsgemeinschaft gegenüber anderen Nationen, was nicht selten fast zwangsläufig zum Krieg führen musste. Zum anderen diente der nationale Gedanke („Deutschland einig Vaterland") in den ersten Jahrzehnten des 19. Jahrhunderts auch dem Ziel, bisherige Kleinstaaterei (und monarchisch-fürstliche Dominanz) zu überwinden und so die Überreste absolutistischen Denkens aus Zeiten des Ancien Régime zu beseitigen.

Damit war eine solche Idee der „Nation" ein begehrtes Zukunftsmodell, nach dem viele strebten. Ihre Idealvorstellung beruhte dabei weitgehend auf dem – einfach nachvollziehbaren – **Prinzip möglichst großer Homogenität**, die in Politik und Kultur für jedermann sichtbar sein sollte. In gewisser Weise hatte dies auch schon für nahezu alle frühneuzeitlichen Gesellschaften Europas gegolten, in denen sich die jeweils zwei bzw. drei führenden Stände als die Repräsentanten ihrer „Nation" verstanden hatten; das nicht privilegierte, einfache Volk kam hier nicht vor. Es verwundert daher nicht, dass die moderne Vorstellung von „Nation" erst mit der Überwindung der alten ständischen Ordnung Gestalt annehmen konnte.

Die Nationsidee in Frankreich

Es kam einer Revolution gleich, als Abbé Emmanuel Joseph Sieyès (1748–1836) im sozial und wirtschaftlich gärenden Frankreich des Jahres 1789 seine programmatische Flugschrift „Was ist der Dritte Stand?" veröffentlichte. In ihr stand erstmals der **Dritte Stand** – das einfache Volk, dem bisher alle Rechte verwehrt waren, das aber knapp 98 Prozent der Gesamtbevölkerung ausmachte – im Mittelpunkt. Da allein das einfache Volk, d.h. Bauern und Bürger, **für Wohlstand und Wohlfahrt der Nation verantwortlich** sei, müsse es, anders als der nicht körperlich arbeitende Adel und Klerus, das wahre Sinnbild der Nation sein bzw. politische Rechte besitzen. Dies besagte nichts weniger, als dass der „Dritte Stand" mit der „vollständigen Nation" gleichzusetzen sei.

Sieyès bestritt fundamental die Rechtmäßigkeit der bestehenden gesellschaftspolitischen Ordnung. So wiesen die Vertreter des Dritten Standes anlässlich der Einberufung der Generalstände des Landes, die seit langer Zeit wieder nötig geworden war, das Angebot des Königs für eine Abstimmung nach Ständen zurück und forderten die für sie vorteilhaftere Abstimmung nach Köpfen. Als dies wie erwartet an den Privilegierten (Adel und Klerus) scheiterte, erklärten sich die neuen Deputierten selbstbewusst zur **Nationalversammlung**. Kurz darauf schworen sie im sog. **Ballhausschwur**, erst dann wieder auseinanderzugehen, wenn Frankreich eine neue Verfassung erhalten habe. Damit war in der Tat ein „erster revolutionärer Akt" (Eberhard Schmitt) mit weitreichenden Folgen vollbracht.

Die Deklaration der Menschen- und Bürgerrechte trennt das Reich der Finsternis vom Reich des Lichts und der Aufklärung. Rechts tanzen Franzosen um einen mit einer Jakobinermütze geschmückten Freiheitsbaum.

In seiner Flugschrift postulierte Sieyès eine Art Gleichsetzung von (einfachem) Volk und Nation, die die Grundlage für eine neue Verfassung bilden sollte: In ihr waren von nun an die revolutionären Ideen von (individueller) **Freiheit**, (rechtlicher) **Gleichheit** und menschlicher **Brüderlichkeit** (d. h. Solidarität) die wichtigsten Grundpfeiler einer neuen Wertegemeinschaft, der sich in der Theorie jeder zugehörig fühlen konnte, der diese von ganzem Herzen akzeptierte. Damit verbunden war das Recht auf Teilhabe jedes Einzelnen am politischen Willensbildungsprozess, das eines der unumstößlichen Kennzeichen moderner Demokratie darstellt. All dies ließ sich fortan zielgenau auf das neue Verständnis von „Nation“ zurückführen.

„Die Nation bildet den hauptsächlichen Ursprung jeder Souveränität“ heißt der entscheidende Satz im Artikel 3 der „Erklärung der Menschen- und Bürgerrechte“ vom 26. August 1789. Kurz zuvor war bereits die alte Feudalgesellschaft (mit allen ständischen Privilegien des Absolutismus) demonstrativ abgeschafft worden. Dadurch konnte sich die **neue „Nation“** als eine **Gemeinschaft gleichberechtigter Bürger** verstehen. Nicht alle Revolutionäre meinten damit jedoch demokratisches Gedankengut, da die Bandbreite der mit dem System Unzufriedenen von Anfang an recht groß war (z. B. Besitzbürgertum, städtisches Proletariat, wohlhabende und einfache Bauern). Ebenso vielfältig waren die Vorstellungen für eine künftige Staatsform (von einer konstitutionellen Monarchie bis hin zu einer demokratischen Republik).

Eine solche Vielfalt, die politische Meinungsverschiedenheiten geradezu in sich trug, entwickelte früh eine Eigendynamik und führte zu einer steten Radikalisierung, nicht nur gegenüber den Gegnern, sondern auch unter den Anhängern des Aufbruchs selbst. „Die Revolution frisst ihre Kinder" – so ein griffiger Kommentar zur Eskalation des damaligen Jahrzehnts. Man mag darin zu Recht einen Grund sehen, warum das revolutionäre Modell des Jahres 1789 letztlich in die **Kaiserherrschaft Napoleon Bonapartes** (1769–1821), eine fortschrittliche Spielform der Monarchie, münden sollte. Den neuen Alleinherrscher hat man daher als „Vollender und Beender" der Revolution bezeichnet. Indem er von dieser wichtige, werthaltige Symbole (wie z. B. die langfristig neue Nationalhymne **„Marseillaise"** oder die **Trikolore** als Nationalflagge) übernahm, machte er deutlich, dass kein Herrscher mehr hinter bestimmte Errungenschaften der Zeit zurückgehen konnte. Um auch dem neuen Stellenwert seiner Bürger im Staatswesen Rechnung zu tragen, nannte sich Napoleon schließlich bewusst **„Kaiser der Franzosen"**. Er setzte sich damit demonstrativ vom absolutistischen Herrschertypus ab, dessen traditioneller Titel „König von Frankreich" gewesen war.

2.2 Deutschland als „Nation" zwischen Einigung und Abgrenzung

Nationalbewusstsein und Nationalismus

Das 19. Jahrhundert bezeichnen manche Wissenschaftler als **„Jahrhundert der Nationalstaaten"**, zahlreiche andere als **„Jahrhundert des Nationalismus"**. Gemeint ist damit eine Epoche, in der sich das einst positive Streben vieler Individuen und Völker nach nationaler Einung dramatisch verselbstständigte und schließlich so übersteigert war, dass Aggression, Intoleranz und Geringschätzung anderer Völker den gesellschaftspolitischen Alltag prägten. Wie war ein langfristig derart grundlegender Wandel, sogar bis hin zu einer Art „politischer Religion", möglich?

Man spricht im Zusammenhang mit der Entstehung und Festigung des Nationalismus auch vom **„langen 19. Jahrhundert"**. Stand am Anfang mit der Französischen Revolution der Inbegriff neuer nationaler Sehnsucht benachteiligter Volksschichten, kulminierten nationale, schließlich **nationalistische Strömungen** zu Beginn des Ersten Weltkriegs, der als die „Urkatastrophe des 20. Jahrhunderts" gilt. Hierin zeigt sich die große Sprengkraft, die dem Phänomen zwangsläufig innewohnte. Bis heute streiten sich Wissenschaftler, ob es sich beim Nationalismus eher um eine Ideologie oder eine Bewegung bzw. bei alledem um den Ausdruck mentaler Veränderungen in Gesellschaften handelte. Eines ist jedoch sicher: Anders als in anderen europäischen Sprachen besitzt der deutsche **Begriff „Nationalismus“** eine klar **negative Konnotation**. Dies ist den Folgen zweier Weltkriege geschuldet, die nationalistisch befeuerte politische Entscheidungsträger in Deutschland aktiv forcierten bzw. auslösten.

Man spricht auch davon, dass es langfristig eine **Entwicklung vom linken zum rechten Nationalismus** gegeben habe. In der Tat hatten sich gegen Ende des 19. Jahrhunderts sowohl die ursprünglichen Träger des Nationalismus als auch deren jeweilige politische Stoßrichtung fundamental geändert: Waren es zunächst Studenten und andere freiheitsliebende Akademiker, die den Begriff der Freiheit bewusst mit Gleichheit, Solidarität und mit politischer Vielfalt verbanden, setzten sich nach der Mitte des Jahrhunderts schließlich jene Strömungen durch, für die das Erreichen politischer Einheit die radikale Durchsetzung des preußisch dominierten, homogenisierten Obrigkeitsstaates bedeutete.

Versuche, zwischen positivem und negativem Nationalismus idealtypisch zu unterscheiden, sind zu schablonenartig. Natürlich gab es – vor allem in der Frühphase des 19. Jahrhunderts – Formen nationaler Gesinnung, die man als **Patriotismus bzw. Vaterlandsliebe** bezeichnen kann. Zudem war es für damalige Staaten legitim, verschiedene nationale Interessen zu besitzen und diese bestmöglich wahren zu wollen. Die Geschichte kennt bereits lange vor Beginn des 19. Jahrhunderts den Willen menschlicher Gemeinschaften zum **loyalen Zusammenschluss** bzw. zum nach außen gewendeten Zusammengehörigkeitspathos, ohne dass dies in ähnlich pervertierte Bahnen geführt hätte; man denke nur an die zahlreichen germanischen Stämme der Völkerwanderungszeit in der Hochphase ihrer Sesshaftwerdung im Römischen Reich, das fränkische Karolingerreich mit seinem hohen kulturellen Selbstbewusstsein im Rückgriff auf antike Vorbilder oder die frühe, aber nachhaltige Entstehung eines Zentral- und Nationalbewusstseins in Frankreich, das im Selbstverständnis der „Grande Nation“ bis heute nachwirkt. Hingegen kannte erst der Nationalismus des ausgehenden 19. Jahrhunderts einen solchen Grad an gesellschaftspolitischer und kultureller Verabsolutierung, der uns heute von einer von politischem Sendungsbewusstsein geprägten Ideologie sprechen lässt.

Anders als typische Träger kollektiver Sinnstiftung in der Vergangenheit (z. B. Landschaft, Stamm, Dynastie, Schicht, Klasse, Stand oder Konfession) erhob jener **nationalistisch übersteigerte Staat** einen derart ausschließlichen Anspruch auf seine Bürger, dass es ihm immer wieder gelang, diese irrational zu mobilisieren und auf ein gemeinsames, nationales Ziel zu verpflichten. Aus dem weitblickenden Weltbürger der Aufklärung des 18. Jahrhunderts war inzwischen der loyale Angehörige einer bestimmten Nation geworden. Mehr noch: In einer Zeit, die sich, für alle wahrnehmbar, zunehmend säkularisierte, konnte der Nationalismus zu einer Art **Ersatzreligion** werden. Nicht mehr weit war dann der Weg zum bewusst einkalkulierten oder geforderten **Opfer des Einzelnen für seinen Staat**, im Extremfall dann sogar bis zum Tod.

Ohne Staat kein echter Nationalismus: Es verwundert deshalb nicht, dass die nationalen Bewegungen stets den Staat als politischen Ordnungs- und Handlungsrahmen suchten. Nur so konnten sich europäische Nationalstaaten formen, an ihrer Spitze die **revolutionäre Nation Frankreich**, die mit extrem starkem politischem Sendungsbewusstsein jene neuen Ideen – notfalls gewaltsam – ins übrige Europa zu exportieren gedachte. Umgekehrt entstand gerade im Widerstand gegen solche Fremdherrschaft in zahlreichen deutschen Staaten ein **Gefühl nationaler Verbundenheit**, das sich in den **„Freiheitskriegen“** gegen Napoleon (vgl. S. 81) Bahn brach. Vor diesem Hintergrund erreichte die generelle Auseinandersetzung zwischen Besetzern und Besetzten bis heute ungeahnte emotionale Höhen: Man denke nur an den Freiheitskampf der Griechen am Rande des Türkisch-Osmanischen Reichs, der von nicht wenigen Europäern in romantischer Bewunderung lautstark unterstützt wurde. Hier wie anderswo wurde deutlich, dass die Vertreter des Alten den revolutionären Ideen des Nationalismus in der Regel erbitterte Gegenwehr leisteten.

Patriotismus und Nationalbewusstsein in Deutschland im 19. Jahrhundert

Auch in den deutschen Staaten fanden die modernen Ideen der Französischen Revolution Anklang. So setzten etwa in **Preußen** oder in den **Rheinbundstaaten** schon früh **Reformen** ein, die nach **französischem Vorbild** das Feudalsystem aufbrachen und die Ständegesellschaft abschafften. Da aber mit dem Ende des Alten Reichs 1806 zunächst auch die politische Einheit verloren ging, konnte der Wunsch nach neuer nationaler Einung im Kampf gegen die **napoleonische Fremdherrschaft** nicht nach dem Modell der Staatsnation funktionieren. Ein solches Streben war im Deutschen Bund, der sich auf Napoleons Gnaden konstituierte und schon bald wieder in restaurative Bahnen geriet, völlig undenkbar. Umso mehr musste die **Idee der Volks- bzw. Kulturnation** (vgl. S. 92 f.) zum Motor nationaler Bedürfnisse werden.

Aus den zahlreichen Stimmen, die eine solche Vorstellung von Nation vehement propagierten, ragt **Johann Gottlieb Fichte** (1762–1814) heraus. Dieser forderte in seinen „Reden an die deutsche Nation“ 1808 einen deutschen Einheitsstaat, der aus national erzogenen, kulturell harmonierenden und politisch gleichberechtigten Bürgern bestehen sollte. Ähnlich entschlossen waren auch die **Brüder Jacob und Wilhelm Grimm**, deren Werke über die deutsche Sprache und Kultur einen wesentlichen Beitrag zur Schaffung eines deutschen Nationalgefühls in der breiten Bevölkerung auf Basis einer gemeinsamen Literatur darstellten. Der Historiker und Schriftsteller **Ernst Moritz Arndt** (1769–1860) verfasste 1813, in der Hochphase der antinapoleonischen Freiheitskriege, das wohl wirkmächtigste politische Gedicht jener Zeit. Unter dem Titel „Was ist des Deutschen Vaterland?“ lautete eine der programmatischen Zeilen: „So weit die deutsche Zunge klingt und Gott im Himmel Lieder singt, das soll es sein! Das, wackrer Deutscher, nenne dein!“ Hier wie anderswo in Literatur und Kunst entstand rasch ein verklärtes Bild deutscher Vergangenheit und Gegenwart, das sich in der Strömung der **Romantik** Freiraum schuf.

Revolution von 1848/49

Revolutionäre Ereignisse im Deutschen Bund zwischen März 1848 (deshalb auch „Märzrevolution“ genannt) und Spätsommer 1849: Die Aufstände, die sich an jüngsten Vorbildern in Italien (Januar 1848) und Frankreich (Februar 1848) orientierten und sich überall **gegen regierende Fürstenhäuser der Restauration** richteten, waren hauptsächlich von Akteuren aus dem Bürgertum und aus der Arbeiterschicht getragen.

Zwar wurde eine der Hauptforderungen, ein einheitliches und demokratisch verfasstes Deutschland, aufgrund massiver Widerstände in Preußen und Österreich nicht erreicht. Dennoch kam es in weiten Teilen Deutschlands zur **Bildung neuer liberaler Regierungen** sowie zur Durchführung von **Wahlen zur verfassunggebenden Nationalversammlung** in der Paulskirche in Frankfurt.

Wenn man heute pessimistisch von einer „stecken gebliebenen Revolution“ spricht, meint dies, dass die anfänglich weit gefassten demokratischen Ziele einer zunehmenden gesellschaftspolitischen Dominanz des Groß- bzw. Besitzbürgertums geopfert wurden.

Noch für längere Zeit blieb die **territoriale Zersplitterung** der deutschen Staaten ein Hemmnis für nationale Bestrebungen. Auch weiterhin waren **Multinationalität und Multiethnizität** (und somit die Existenz nationaler Minderheiten) wesentliche Kennzeichen des Deutschen Bundes, an denen auch die Revolution von 1848/49 nicht grundlegend rüttelte. Bezeichnend ist, dass das „Deutschlandlied“ (oder **„Lied der Deutschen“**), 1841 von **August Heinrich Hoffmann von Fallersleben** (1798–1874) gedichtet, in seiner ersten Strophe („Deutschland, Deutschland über alles, über alles in der Welt“) ebendiese territoriale Vielfalt anprangerte und sich zum Ziel setzte, ein einendes Band in Form gemeinsamer deutscher Sprache und Kultur über diese zu legen; erst in späterer Zeit, angeheizt durch einen sich verändernden Nationalismus sowie die propagandistische Pervertierung unter den Nationalsozialisten, wurde daraus imperialistisches, rassistisches Gedankengut. Diese Strophe der deutschen Nationalhymne darf deshalb bis heute nicht öffentlich gesungen werden.

Auf dem Weg zum deutschen Nationalstaat

Viele nationalistische Vorstellungen blieben Mitte des 19. Jahrhunderts jedoch zunächst Theorie, da der preußische König Friedrich Wilhelm IV. nicht als „Kaiser von der Revolution Gnaden" in die Geschichte eingehen wollte und das neue Verfassungswerk 1849 und dessen „Ludergeruch" rundherum ablehnte. Trotzdem musste der latent spannungsgeladene **Dualismus zwischen Preußen und Österreich**, der auch in der Paulskirchenversammlung deutlich geworden war, gelöst werden.

Preußisch-österreichischer Dualismus

Das 1871 gegründete **Deutsche Reich** stand innenpolitisch unter **preußischer Dominanz**. Da das mehrheitlich deutschsprachige Österreich bewusst aus dem Reich ausgeschlossen war, spricht man von einer **„kleindeutschen Lösung"** (im Gegensatz zur möglichen „großdeutschen Lösung" einschließlich Österreichs). Eine solche Regelung war Konsequenz einer andauernden **politischen Rivalität zwischen** den beiden führenden politischen Mächten **Österreich und Preußen** im deutschen Sprachraum. Bereits Mitte des 18. Jahrhunderts hatte es erste **militärische Konflikte** gegeben (vgl. u. a. die gewaltsame Einverleibung Schlesiens durch den preußischen König Friedrich II. gegenüber der österreichischen Kaiserin Maria Theresia). Im Rahmen der **Einigungskriege** der 1860er-Jahre wollte sich Dänemark die norddeutschen Herzogtümer Schleswig, Holstein und Lauenburg vertragswidrig einverleiben. Dies wehrte der Deutsche Bund im **Deutsch-Dänischen Krieg** von 1864 (auch „Deutscher Krieg" genannt) militärisch ab. Daraufhin kam es jedoch zwischen Preußen und Österreich zu massiven Unstimmigkeiten um die künftige Verwaltung von Schleswig und Holstein. Diese eskalierte im **Preußisch-Österreichischen Krieg** von 1866, den Preußen überlegen für sich entschied. Der seit 1815 existierende Deutsche Bund wurde zugunsten des **Norddeutschen Bundes unter preußischer Führung**, in dem Österreich bewusst kein Mitglied mehr war, aufgelöst.

Von der Idee einer sprachlich bestimmten Kultur- bzw. Volksnation nicht angetan, näherte sich der preußische Ministerpräsident Fürst **Otto von Bismarck**, der in den 1860er-Jahren die **kleindeutsche Lösung** (zugunsten Preußens) vorangetrieben hatte, nun strategisch klug der nationalen deutschen Bewegung an. Als Gegner einer Revolution „von unten", wie sie Frankreich seinerzeit erlebt hatte, hatte Bismarck jenen Bestrebungen bislang eher ablehnend gegenübergestanden. Mit der **Proklamation des Deutschen Reichs** und der Ausrufung des preußischen Königs Wilhelm II. zum deutschen Kaiser (als Wilhelm I.) war erstmals in Deutschland politische Einheit hergestellt – dies aber eben als Ergebnis einer **Revolution „von oben"**.

Revolution „von oben“
Staatsgründung bzw. -reform, die nicht als Ergebnis eines Aufstands breiter Volksmassen, sondern durch **gezielte Politik der Umgestaltung bestehender Verhältnisse seitens eines Herrschers** zustande kommt.

Dass durch das nationale Konzept der „kleindeutschen Lösung“ große deutschsprachige Bevölkerungsteile (Österreichs) ausgeschlossen, umgekehrt aber erhebliche sprachliche Minderheiten (etwa französische im Westen oder polnische im Osten) eingeschlossen waren, störte im Eifer des Erfolgs gegen den Rivalen Frankreich nur wenige Zeitgenossen. Zu sehr hatte die **demonstrative Inszenierung der Proklamation** des neuen deutschen Kaisers im Herzen des besiegten Frankreichs (im Spiegelsaal von Versailles, dem traditionellen politisch-ideologischen Zentrum der französischen Monarchie) die begeisterte Zustimmung vieler Zeitgenossen erhalten. Hinzu kam, dass die Deutschen auch die Einverleibung **Elsass-Lothringens** als eine naturgegebene Rückkehr dieser Territorien in die seit dem Mittelalter bestehenden Stammlande feierten, obwohl sich maßgebliche Bevölkerungsteile dort zu Frankreich bekannten.

Mit alledem nahm man in Kauf, dass das Verhältnis zum großen Nachbarn im Westen sowie die allgemeine politische Atmosphäre in Europa auf absehbare Zeit vergiftet waren. Die bewusste **Demütigung des besiegten Frankreich** legte die Basis für eine jahrzehntelange Feindschaft zwischen beiden Nachbarn, die sogar zur **„Erbfeindschaft“** stilisiert wurde. Blicken wir noch-

Der preußische König Wilhelm wird am 18. Januar 1871 im Spiegelsaal von Versailles zum ersten deutschen Kaiser gekrönt (Gemälde von Anton von Werner).

mals auf eine der Arndt'schen Strophen von 1813, die eine solche Spannung schon früh aufzeigte: „Das ist des Deutschen Vaterland. Wo Zorn vertilgt den welschen Tand, wo jeder Franzmann heißet Feind, wo jeder Deutsche heißet Freund. Das soll es sein! Das soll es sein! Das ganze Deutschland soll es sein!"

Reichsgründung 1871
Als Folge des **Deutsch-Französischen Kriegs** von 1870/71, den das mächtige Preußen provoziert und dank militärischer Überlegenheit siegreich beendet hatte, wurde das Deutsche Kaiserreich am 18. Januar 1871 als **deutscher Nationalstaat** ausgerufen. Dabei wurde der preußische König als **Wilhelm I. erster deutscher Kaiser** (Regentschaft 1871–1888), der preußische Ministerpräsident **Otto von Bismarck erster Reichskanzler** (1871–1890).

„Nation" und „Nationalismus" im vereinten Europa

Mit dem Ende des Zweiten Weltkriegs und der Erkenntnis eines fatalen Irrwegs, v. a. der deutschen Geschichte, erhielten Ideen eines vereinten Europas, die es vereinzelt bereits seit dem 19. Jahrhundert gegeben hatte, neuen Auftrieb. Bis heute wurde ein solches Europa schrittweise verwirklicht, zunächst als **Wirtschafts- und Währungsgemeinschaft**, dann als **politische Union**, um deren abschließende Prägung die europäischen Staaten angesichts der massiven Krise der Euro-Währung aber bis heute heftig ringen. Geht es hier doch um nicht weniger als die weitgehende Aufgabe nationaler Souveränität und somit um ein Urelement moderner Staatlichkeit, das seit Beginn des 19. Jahrhunderts – bisweilen unter großen Entbehrungen und Opfern – erkämpft worden ist.

Insofern wird die Vision einer friedlichen, die europäischen Staaten einenden Europäischen Union nur dann erfolgreich sein, wenn es gelingt, eine neue Identität zu schaffen und gleichzeitig Altes (v. a. kulturelle und sprachliche Eigen- und Besonderheiten) maßvoll zu bewahren. Ob hier weiter „Vaterländer" dominieren werden oder eine neue Form von „Wertegemeinschaft" entstehen kann, wird die entscheidende Frage der Zukunft sein. Maßgebliches Kriterium hierbei muss sein, wie und wo sich die europäischen Staaten im Spannungsfeld zwischen Patriotismus und **europäischer Identität** sammeln werden.

Aufgabe

9 Erklären Sie die Umstände, unter denen es in Deutschland – anders als bei anderen Nationen in Europa – zu einer Reichsgründung „von oben" kam.

3 Nationale Fremd- und Selbstbilder: das deutsch-französische Verhältnis im 19. und 20. Jahrhundert

3.1 Deutschland und Frankreich: ein historisches „Auf und Ab“

Das deutsch-französische Verhältnis ist für die Geschichte und das Selbstverständnis Europas im 19. und 20. Jahrhundert von elementarer Bedeutung. Mehr noch als in den Jahrhunderten zuvor sind die Geschichten beider Länder in dieser Zeit eng miteinander verbunden. So verwundert es nicht, dass sich die Nachbarn nach der Katastrophe des Zweiten Weltkriegs schrittweise angenähert haben und seitdem gar zum **„Motor der europäischen Einigung“** wurden.

Ohne bzw. gegen die beiden einflussreichen Länder wird auch die künftige Standortbestimmung Europas nicht möglich sein. Dass mitunter gar von einem **„deutsch-französischen Sonderverhältnis“** – Ergebnis einer beispiellosen „Erfolgsgeschichte“ der Annäherung in der zweiten Hälfte des 20. Jahrhunderts – die Rede ist, macht dies mehr als deutlich. Dabei waren die Jahrhunderte währenden engen Kontakte zwischen Deutschland und Frankreich meist nicht von Harmonie geprägt. Mehr noch: Ihre gemeinsame, vielfach verwobene Geschichte ist durch ein extremes Auf und Ab gekennzeichnet, an dessen Tiefpunkten wiederholt blutige militärische Konflikte standen.

Vorgeschichte: Mittelalter und Frühe Neuzeit

Als Ergebnis einer allmählichen politischen und territorialen Auflösung besiegelte der **Vertrag von Verdun** 843 die Aufteilung des fränkischen Karolingerreichs unter den Enkeln Karls des Großen (747/748–814). Diese **karolingische Reichsteilung** in ein **Ost-** und ein **Westfrankenreich** legte die Basis für die langfristige Nations- und Staatenbildung Frankreichs und Deutschlands, die sich weitgehend entlang bestehender Sprachgrenzen vollzog. Die dazwischenliegenden Gebiete Elsass und Lothringen dagegen blieben über Jahrhunderte nachbarlicher Zankapfel und wechselten dabei immer wieder die Herrschaft.

Die Reichsteilung bedingte eine Rivalität zwischen „Ost“ und „West“, die in der beiderseitigen Vereinnahmung des politischen Urvaters – **Karls des Großen** bzw. **Charlemagne** – ihren Anfang nahm. In den **Straßburger Eiden** (842), einem wichtigen Dokument der Spaltung des Reichs, kamen mit dem Althochdeutschen und dem Altfranzösischen erstmals zwei Regionalsprachen auf, die vom jeweils anderen kaum mehr verstanden wurden.

Die fortan getrennte politische Entwicklung hinterließ ihre Spuren bis ins Zeitalter der Nationalstaatsbildung. Denn im Widerstreit von Zentral- und Periphergewalt (Randgewalt) gingen beide Reiche höchst gegensätzliche Wege: Frankreich entwickelte sich dank selbstbewusster Dynastien zu einem straffen, von Paris aus dominierten Zentralstaat. Dagegen führte die Überlagerung verschiedenster Machtbereiche (Kaiser, Fürsten, Papst) im Heiligen Römischen Reich zu einer komplizierten Territorialisierung, die im Sieg des föderalistischen Prinzips auf Basis fürstlicher Landesherrschaft gipfelte (vgl. S. 36 ff.). Langfristig ist in der Tat eine kontinuierliche **Festigung des nationalen Selbstverständnisses** unter politisch gegensätzlichen Vorzeichen (Zentralismus in Frankreich, Föderalismus in Deutschland) zu beobachten, die im Grunde bis heute ungebrochen ist. All dies lässt sich als Folge unterschiedlichster Charakteristika erklären, die für die Herrschaft der Franken in Europa prägend waren.

An der Wende vom 15. zum 16. Jahrhundert standen mit Karl V. und Franz I. jeweils starke Könige an der Spitze des Heiligen Römischen Reichs und Frankreichs. Im Streben nach der **Universalmonarchie** konkurrierten diese auch um die geistige und politische Führung Europas. Spätestens mit der Kaiserwahl des Habsburgers Karl (1519) standen die Zeichen auf unversöhnlicher Rivalität. Ein knappes Jahrhundert später schürte der „Sonnenkönig" **Ludwig XIV.** durch aktive **Erbansprüche Frankreichs** gegenüber dem Heiligen Römischen Reich erhebliche Unruhe in Europa. Im Laufe zweier Kriege (Holländischer Krieg 1672–1679, Pfälzischer Erbfolgekrieg 1688–1697) verwüsteten seine Truppen jeweils weite Teile der Kurpfalz.

Bereits im Dreißigjährigen Krieg, der den Kontinent in politisches Chaos gestürzt hatte (vgl. S. 47 f.), hatte territorialer Streit um das **Elsass** die Nachbarn diesseits und jenseits des **„Schicksalsflusses" Rhein** (vgl. S. 109 ff.) entzweit. Das beinahe regelmäßige Hin und Her zwischen zwei Nationen bzw. Staaten und der mehrfache Wechsel der offiziellen Sprache verliehen der Bevölkerung der kleinen, aber wirtschaftlich potenten Region das Gefühl, Spielball zwischen den nationalen Ambitionen beider Seiten zu sein. Vor diesem Hintergrund bildete sich ein bemerkenswertes elsässisches Eigenbewusstsein, das entgegen offiziellen Regulierungsbemühungen Frankreichs bis heute sehr lebendig ist.

Deutschland und Frankreich entwickelten im Wissen um ihr unterschiedliches Staatsverständnis dennoch auch echte Bewunderung füreinander. Gerade die geistesgeschichtlichen **Einflüsse der Aufklärung** (vgl. S. 64 ff.) trugen dazu bei, dass man sich trotz mancher Nachwehen der ausgreifenden Territorialpolitik Ludwigs XIV. annäherte. Nachdem das Französische seit dem 16. Jahrhundert immer mehr zur Sprache der Diplomaten geworden war, ließ auch der intensive Gedankenaustausch des Preußenkönigs Friedrich II. mit dem Philosophen Voltaire Mitte des 18. Jahrhunderts neues, fortschrittliches Gedankengut in die deutsche Öffentlichkeit einfließen. Dies ging einher mit einer grundsätzlichen Bewunderung französischer Kultur im **aufgeklärten Absolutismus** (vgl. S. 70 f.).

Von der napoleonischen Besetzung zur „Erbfeindschaft“

Die Französische Revolution von 1789 schwappte bereits zu Beginn der **Revolutionskriege** (1792–1815) mit erheblichem Sendungsbewusstsein auf die Nachbarstaaten Frankreichs über. Für das Heilige Römische Reich brachte dies zunächst nur kleinere lokale und regionale Unruhen und Aufstandsbewegungen mit sich. Nach den militärischen Siegen des revolutionären Frankreichs unter Napoleon kam es mit dem **Reichsdeputationshauptschluss** von 1803 jedoch zu grundlegenden politischen und territorialen Veränderungen im Reich (vgl. S. 48 f.). Fortschrittliche Ideen brachen vor allem zur Freude der deutschen Intelligenz im Namen von Freiheit, Gleichheit und Brüderlichkeit teils starre Herrschaftsformen auf. Der **„Code Napoléon“**, ein modernes Gesetzeswerk, war neben anderen Einflüssen Leitfaden für die preußischen Reformen unter den Freiherren vom Stein und von Hardenberg.

Nicht wenige deutsche Akademiker, allen voran Dichter und Philosophen, hatten den Nachbarn im Westen bereits mit Ausbruch der Revolution zu einem Vorreiter neuer aufgeklärter Ideale erhoben. Im Zuge immer heftigerer Gewaltorgien in der französischen Innen- und Außenpolitik sowie als Folge der schmachvoll empfundenen Unterlegenheit gegenüber Napoleon waren sie jedoch auf innere Distanz gegangen. Mehr noch: Es entstand ein regelrechter Franzosenhass, der die Beziehungen der unlängst noch gepriesenen „Brüdervölker“ im weiteren Verlauf des Jahrhunderts sehr ambivalent gestaltete. In seltenem Einklang von Literatur und Politik entwickelte sich ein zunehmender Gegensatz zwischen jenen, die Frankreich zumindest ideell weiterhin als Hort der Freiheit betrachteten, und jenen, die im **Ressentiment gegenüber allem „Welschen“** die deutsch-germanische Karte spielten und in dreister historischer Verfälschung an den (vermeintlichen) Freiheitskampf des antiken Germanentums gegen Rom erinnerten (vgl. S. 80).

Erstere Haltung findet sich meist in den Rheinbundstaaten, die in direkter Abhängigkeit von Napoleon standen, letztere in öffentlichen Verlautbarungen jener jungen Burschenschaften, die im Zuge der nationalen Dynamisierung der deutschen Öffentlichkeit vielerorts entstanden waren. Federführend war hier der bereits erwähnte **Ernst Moritz Arndt** (1769–1860), deutscher Schriftsteller und später auch Deputierter der Frankfurter Paulskirche, aus dessen Werken ungezügelter Hass gegenüber Frankreich spricht. Beim Nachbarn wiederum entwickelte sich ein emotionales, zwiespältiges Deutschlandbild, das gerade Romantiker wie die Schriftstellerin **Madame de Staël** (1776–1817) in typischer Zerrissenheit zwischen Sehnsucht und Revolte zeichneten.

Ernst Moritz Arndt: „Über den Volkshass“ (1813), Auszug:

„Ich will den Haß gegen die Franzosen, nicht bloß für diesen Krieg, ich will ihn für lange Zeit, ich will ihn für immer. Dann werden Deutschlands Grenzen auch ohne künstliche Wehren sicher sein, denn das Volk wird einen Vereinigungspunkt haben, sobald die unruhigen und räuberischen Nachbarn überlaufen wollen. Dieser Haß glühe als die Religion des deutschen Volkes, als ein heiliger Wahn in allen Herzen und erhalte uns immer in unsrer Treue, Redlichkeit und Tapferkeit.“

Madame de Staël: „Über Deutschland“ (1813/14), Auszug:

„Die Deutschen sind im Allgemeinen aufrichtig und treu; fast immer ist ihr Wort ihnen heilig und der Betrug fremd. [...] Der Machttrieb zur Arbeit und zum Nachdenken ist ebenfalls ein Unterscheidungszeichen im Charakter der Deutschen. Die Nation ist von Natur literarisch und philosophisch [...]. Man hat viel Mühe, wenn man soeben aus Frankreich kommt, sich an die Langsamkeit, an die Trägheit des deutschen Volkes zu gewöhnen; es hat nie Eile, findet allenthalben Hindernisse. [...] Muß gehandelt werden, so weiß der Deutsche nicht, was es heißt, mit Schwierigkeiten zu kämpfen; und seine Achtung vor der Macht rührt mehr davon, daß sie in seinen Augen dem Schicksale gleicht, als von irgendeinem gemeinnützigen Grunde her.“

Hier wie da war die allgemeine Stimmung ständigen Schwankungen ausgesetzt. Die Revolutionen von 1830 und 1848, die in beiden Ländern politisch gerade Etabliertes, Restauriertes rasch wieder infrage stellten, taten dabei langfristig ihr Übriges, um Stimmen, die auf beiden Seiten (v. a. in Deutschland) vor dem Nachbarn warnten, immer deutlicheres Gehör zu verschaffen. Auch erzeugte das Erleben ständig wachsender Wirtschaftskraft des deutschen Nachbarn in der Industrialisierung irrationale Ängste, die in dem herabwürdigenden Begriff **„Boche“** („Holz-“ bzw. „Dickkopf“) gipfelten. Je mehr sich die französische Seite als traditionelle Kulturnation stilisierte, desto **unzivilisierter, ja militaristischer** erschien das **deutsche Pendant**.

Eine einschneidende Wendung brachte der **Deutsch-Französische Krieg** von 1870/71, dessen wichtigste innenpolitische Folge die preußisch-deutsche Nationalstaatsbildung war. Wie die **Emser Depesche**, ein Musterbeispiel propagandistischer Dokumentenfälschung, beweist, war dieser Krieg in beiderseitiger Verblendung vom Zaun gebrochen worden und gipfelte in der kalkulierten Demütigung Frankreichs durch Deutschland im Spiegelsaal zu Versailles.

Emser Depesche

Telegramm vom 13. Juli 1870, in dem der preußische Ministerpräsident Bismarck von außenpolitisch relevanten Vorgängen im Kurort **Bad Ems** erfuhr, wo sich der preußische **König Wilhelm I.** zur Erholung aufhielt. Bei einem Treffen mit dem König forderte der angereiste **französische Botschafter** ultimativ den für alle Zeiten gültigen Verzicht der preußischen Hohenzollern-Dynastie auf die aktuell anstehende Erbfolge in Spanien.

In einer eigenständig verfassten Pressemitteilung, die Bismarck noch am selben Tage in einer regierungstreuen Zeitung veröffentlichen ließ, war der **französische Text** jedoch mehrfach **sinnentstellend** von ihm **gekürzt** worden. So entstand das Bild eines kriegslüsternen Nachbarlandes Frankreich, das durch überzogene Forderungen einen Krieg mit Preußen provozieren wolle. Als am nächsten Tag auch in **Frankreich** Übersetzungen der Pressemitteilung erschienen, war die Empörung über diese Manipulation allgemein so groß, dass schließlich am 19. Juli eine offizielle **Kriegserklärung an Preußen** erfolgte. Bismarck hatte letzten Endes den Krieg, den er stets gewollt hatte.

Das Konstrukt einer deutsch-französischen **„Erbfeindschaft“** nahm in diesem propagandistischen Schachzug Bismarcks seinen Anfang und wurde insbesondere in der deutschen Öffentlichkeit bald als gleichsam naturgegeben propagiert. Auch erschien es leicht, eine direkte Kausalkette ständiger Bedrohungen durch das Nachbarvolk bis weit ins Mittelalter zu behaupten (vgl. S. 102 f.). Vermehrt wurden nun auf beiden Seiten radikale Klischees aus der Zeit der Befreiungskriege (1813–1815) bemüht, die den Gegner zum „Inbegriff allen Bösen“ oder zum „auszutilgenden Ungeziefer“, kurzum zum Objekt totaler Verachtung degradierten. Im Raum stand da wie dort die **Vorstellung eines existenziellen Kampfes zwischen Zivilisation und Barbarei**.

Die neue Vorstellung eines **„deutschen Sonderwegs“**, der kraft nationaler Revolution „von oben“ die militärische und politische Überlegenheit Deutschlands gegenüber dem besiegten Frankreich (und dessen liberaler Staatsdoktrin) bewiesen habe, sollte das Verhältnis der beiden Nachbarstaaten schwer belasten und die allgemeine Atmosphäre regelrecht vergiften. Der starke deutsche Staat, monarchisch geführt und militaristisch ausgerichtet, war das Gegenbild eines volksrevolutionär entstandenen, parlamentarisch orientierten, republikanischen Staates, wie er in Frankreich – als Ergebnis der jüngsten Niederlage gegen Deutschland – nun dauerhaft (bis 1939) installiert wurde. Nicht zuletzt wegen der stets schwelenden **Elsass-Frage** sahen Frankreich wie Deutschland den jeweils anderen als primäre außenpolitische Bedrohung an.

An zahlreichen Denkmälern sowie an dem zur nationalen Tradition gewordenen **„Sedantag“** im deutschen Kaiserreich war erkennbar, wie sehr man Frankreich zum Hauptgegner stilisierte: Jeweils zum 2. September, dem Jahrestag des Siegs über die Franzosen sowie der Gefangennahme des französischen Kaisers Napoleon III. (1870), der zwei Tage später abgesetzt worden war, fand eine symbolische Militärparade statt. Diese rückte langfristig auch die innovative Bedeutung der Reichseinigung von 1871 in den Mittelpunkt.

Im Kontext der Erinnerungspolitik wurden reale Gegensätze wie auch **nationale Vorurteile, Stereotypen und Feindbilder** erheblich vertieft, wofür die zwei Weltkriege maßgebliches Zeugnis ablegen. Zwar ist der Ursprung des Ersten Weltkriegs als „Urkatastrophe des 20. Jahrhunderts“ auf ein komplexes Bündel von Faktoren zurückzuführen, doch wiesen **Angst und Verachtung** mancher Verantwortlicher auf beiden Seiten weit über 1918 hinaus und schufen die Basis für eine Politik, die nur selten über den Tellerrand hinaus blickte (vgl. S. 112 ff.).

Deutsch-Französischer Krieg 1870/71 und deutsche Erinnerungspolitik

Der Sedantag

In der Nähe der französischen **Festungsstadt Sedan** (Ardennen) brachten preußische Truppen der **französischen Armee** am 1. September 1870 die entscheidende **Niederlage** des Kriegs bei und nahmen tags darauf den dort verschanzten französischen Kaiser Napoleon III. gefangen. Dies brachte Preußen-Deutschland einen großen Prestigegewinn und war Basis für das siegesgewisse Selbstverständnis der deutschen Kaiserkrönung in Versailles, die wenige Monate später folgen sollte.

Da das junge Deutsche Reich noch keinen Nationalfeiertag kannte, wurden bald Stimmen laut, die den 2. September zum **patriotischen Gedenktag** erheben wollten. Obwohl niemals zum offiziellen Feiertag erklärt, wurde er ab 1872 allmählich zum Tag lokaler und regionaler Dankes- und Siegesfeste mit militärischen („Sieg der deutschen Armee“) oder zivilen Elementen („Sieg des deutschen Volkes“). Erst Kaiser **Wilhelm II.** stilisierte den Sedantag ab 1890 massiv zum **nationalen Gedenktag**, der für die durch die Hohenzollern-Dynastie garantierte Reichseinheit stand. Damit einher gingen aufwendige **Militärparaden** sowie Einweihungen eindrucksvoller **Denkmäler für Kaiser Wilhelm I.** Bereits um 1900 verlor der Gedenktag jedoch wieder an Bedeutung, da der propagandistisch zur Schau getragene Hass auf Frankreich (etwa angesichts gemeinsamer Einsätze französischer und deutscher Truppen im sog. Boxeraufstand in China 1900/1901) nunmehr deutlich abgeebbt war. Im Jahr 1919 verkündete das Innenministerium der neuen, republikanischen **Weimarer Koalition** das endgültige **Aus des Gedenktags** wegen erwiesener **„Unzeitgemäßheit“**.

Das Niederwalddenkmal (bei Rüdesheim am Rhein)

Schon nach Ende des Deutsch-Französischen Kriegs regte sich in der deutschen Öffentlichkeit der Wunsch, den **militärischen Erfolg** und die **nationale Einheit** auch mit Denkmälern zu verewigen. Eines der imposantesten Beispiele hierfür ist das Niederwalddenkmal (Einweihung 1883, Gesamthöhe: ca. 38 Meter).

Das Bildprogramm, das **propagandistische Reliefs und Plastiken** aufweist, ist exemplarisch für die forcierte Erinnerungspolitik in wilhelminischer Zeit: Im Mittelpunkt steht die überlebensgroße Figur der **Germania** mit Kaiserkrone, Schwert (jeweils mit Lorbeer als Symbol des Siegs) und Reichsadler (Symbol nationaler Einheit). Auf dem Sockel steht die Inschrift: „Zum Andenken an die einmütige siegreiche Erhebung des deutschen Volkes und an die Wiederaufrichtung des deutschen Reiches 1870/71“ (dazu sämtliche Schlachtfeldnamen, zahlreiche Ehrenkränze und ein Eisernes Kreuz).

An anderer Stelle sind fünf Strophen des Lieds **„Die Wacht am Rhein“** (vgl. S. 110) eingemeißelt, das preußisch-deutsche Soldaten zur Kriegshymne erkoren hatten. Das Hauptrelief zeigt eine **Figurengruppe**, die sich in kriegerischer Aufbruchsstimmung **um den preußischen König Wilhelm** schart. An den Flanken zwei symbolische **Darstellungen (Allegorien) von Krieg und Frieden**, wobei erstere bewusst in Richtung Frankreich blickt. Ganz unten eine Bronzegruppe, in der der Rhein (als Vater) der Mosel (als Tochter) ein Wächterhorn überreicht – Symbol für die militärisch erzwungene Grenzverschiebung westlich des Rheins (einschließlich Elsass-Lothringen).

Vorurteile, Stereotypen und die Nationalisierung der Geografie

Die jeweiligen Ressentiments mussten nicht zwangsläufig in jene „Erbfeindschaft“ münden, die das Verhältnis zwischen Deutschland und Frankreich nach 1871 so sehr belastete. Dennoch zogen immer nachhaltigere Formen von **Nationalismus** oder gar **Chauvinismus** diesseits und jenseits des Rheins die allmähliche Entstehung spezifischer nationaler Klischees und Stereotypen nach sich.

Gerade der junge **deutsche Nationalismus** war **stark antifranzösisch** ausgerichtet. Hiermit konnten Minderwertigkeitskomplexe eines deutschen Nationalbewusstseins (bislang kein Einheitsstaat) gegenüber einer Nation artikuliert werden, die seit Jahrhunderten politisch geeint, zentral(istisch) regiert und von einer selbstbewussten europäischen Hochkultur geprägt war. So konnte aus der von Monarchen gepflegten Feindschaft mittelfristig eine **Feindschaft von Nationen** werden, die im anderen Volkscharakter sozusagen das Übel auf Erden sah. In der jeweiligen Öffentlichkeit erzeugte dies eine unendliche Kette von Bildern und Gegenbildern, die sich in ihrer Pauschalität und Absurdität gegenseitig zu überbieten suchten.

Niederwalddenkmal zur Erinnerung an den Deutsch-Französischen Krieg (1870/71): Die Hauptfigur bildet die Germania mit der Kaiserkrone in der rechten und einem gesenkten Schwert in der linken Hand.

Eine wesentliche Rolle bei der steten Verselbstständigung nationaler Vorurteile spielte der jeweilige **Anspruch auf den Grenzfluss Rhein**. Schon während der Französischen Revolution hatte der Revolutionär Georges Danton diesen als Inbegriff einer **„natürlichen Grenze“** bezeichnet, d. h. Anspruch auch auf linksrheinische deutsche Territorien erhoben. Hierauf reagierte Ernst Moritz Arndt als wichtiger Vertreter der deutschen Nationalbewegung 1813 mit dem demonstrativen Hinweis, der Rhein sei „Teutschlands Strom, nicht Teutschlands Grenze“. Der Fluss wurde in den folgenden Jahren zum regelrechten **Mythos**.

Erstmals zum politischen Argument wurde der Anspruch auf den Fluss in der **Rheinkrise** von 1840. Diese ergab sich, als die großen deutschen Staaten Preußen und Österreich anlässlich einer vertraglichen Einigung mit England und Russland im Zuge ihrer Orientpolitik das Übergehen französischer Interessen bewusst in Kauf nahmen.

Rheinkrise und deutsche Rheinlied-Bewegung

Das ehemals mächtige Osmanische Reich war durch verschiedene Unabhängigkeitsbewegungen (z. B. Griechenlands, 1821–1829) in den 20er-Jahren des 19. Jahrhunderts entscheidend geschwächt. Diese Entwicklung rief die wichtigsten europäischen Nationen im Orient auf den Plan. In der sog. **Orient-Krise** (1839–1841) versuchte **Frankreich**, seinen Einfluss im südlichen Mittelmeerraum **(Algerien)** auszuweiten. Es erlitt aber eine Niederlage gegen eine Koalition aus Österreich, Preußen, Russland und Großbritannien, die das labile Osmanische Reich aus strategischen Gründen stützten.

Die **französische Öffentlichkeit** empfand die Niederlage als massiven Gesichtsverlust, den die Regierung nun in Europa wettzumachen gedachte. Entsprechend forcierte sie die allgemeine Empörung gegen Bestimmungen des Wiener Kongresses, die Frankreich und Deutschland betrafen. Über Elsass-Lothringen hinaus, das 1815 zu Frankreich gekommen war, erhob man nun **Anspruch auf alle Gebiete westlich des Rheins**. Diese Forderungen manifestierten sich in der Politik (Kriegsdrohungen gegenüber dem Deutschen Bund) und in der Öffentlichkeit (unterstützt durch anerkannte Schriftsteller wie Victor Hugo). Im **Deutschen Reich** reagierte man mit einer Wiederbelebung der passiv gewordenen Nationalbewegung und massiven **antifranzösischen Ressentiments**. Im Mittelpunkt der Propaganda beider Seiten (man spricht von einem regelrechten „Dichterkrieg“) stand dabei der **Rhein**, der rasch zum **Mythos** stilisiert wurde.

In Deutschland entstand vor diesem Hintergrund die **Rheinlied-Bewegung**. Den Anfang bildete das Rheinlied des Schriftstellers Nikolaus Becker, das in kurzer Zeit sehr populär wurde. Daneben etablierten sich weitere Rheinlieder, die alle zur entschlossenen **Verteidigung des (deutschen) Rheins** und dessen beider Ufer aufriefen. Am bekanntesten waren hier **„Die Wacht am Rhein“** (Max Schneckenburger), das „Kriegslied gegen die Wälschen: All Deutschland in Frankreich hinein“ (Ernst Moritz Arndt) oder das **„Lied der Deutschen“** (August Heinrich Hoffmann von Fallersleben), dessen dritte Strophe heute die deutsche Nationalhymne ist. Aus all diesen Liedern spricht deutliche **national-patriotische Begeisterung**, die die Forderung nach deutscher Stärke und Entschlossenheit geschickt mit dem Aufruf zu nationaler Sammlung und Einheit verband.

Die empörte Reaktion Frankreichs auf diese als Demütigung empfundene Ausbootung in der Ferne bestand darin, die eigene Öffentlichkeit nachdrücklich zu emotionalisieren, indem man im Nahraum nun wieder den **Rhein als „natürliche Grenze“ zum Rivalen im Osten** deklarierte. Diese in der expansiven Phase der Französischen Revolution bzw. unter Napoleon vertretene

Forderung schien seit 1815 eigentlich überwunden. Auf deutscher Seite nahm das Bedürfnis nach einer entschlossenen **Sicherung der Rheingrenze** umso mehr zu, als in Frankreich zunehmend Kriegsforderungen laut und Truppenrüstungen, vor allem im Elsass, vermeldet wurden.

Im Zuge der **Rheinlied-Bewegung** sprachen erstmals weite Bevölkerungsteile in Deutschland demonstrativ vom **„deutschen Rhein"**, den es beherzt gegen jedwede „welsche" Ambitionen zu verteidigen gebe. Ein beliebter Autor von patriotischen Liedern war **Nikolaus Becker** (1809–1845). In seinem Lied „Der deutsche Rhein", das mehr als 300-mal vertont bzw. nachgedruckt wurde, heißt es in der ersten und letzten Strophe: „Sie sollen ihn nicht haben, den freien deutschen Rhein. Ob sie wie gier'ge Raben sich heiser danach schrei'n. [...] Sie sollen ihn nicht haben, den freien deutschen Rhein, bis seine Flut begraben des letzten Manns Gebein."

Nicht verwunderlich, dass die französische Antwort, etwa des bekannten romantischen Dichters **Alfred de Musset** (1810–1857), nicht lange auf sich warten ließ. In seinem Lied „Le Rhin allemand" („Der deutsche Rhein") heißt es: „Wir hatten ihn schon, euern deutschen Rhein. Wo standen tapfere Germanen, als unsres Caesars mächt'ger Schein euch überstrahlt auf seinen Bahnen? Wo fiel es damals denn, des letzten Manns Gebein?" Anhand der beiden Lieder ist schön zu sehen, wie einfach der Rückgriff auf die Geschichte (römisch-germanische Konflikte der Antike) wie auch die Überzeichnung des Nachbarn als territorial „nimmersatt" die allgemeine Stimmung entscheidend aufheizen konnten.

„Germania auf der Wacht am Rhein" (Ölgemälde von Lorenz Clasen, 1860): Die mit einem gesenkten Schwert und einem Reichsadlerschild bewaffnete Germania blickt entschlossen über den Rhein nach Westen.

Deutsche Propaganda während des Ersten Weltkriegs: Die Feldpostkarte zeigt deutsche Soldaten in Felduniform an der Westfront bei der Eroberung der ersten französischen Geschütze, 1914.

In Deutschland entstand in jener Zeit auch die **propagandistische Vorstellung von der „Wacht am Rhein“**, die vor allem der patriotisch gesinnte Schriftsteller Max Schneckenburger (1819–1849) heftig befeuerte: „Es braust ein Ruf wie Donnerhall, wie Schwertgeklirr und Wogenprall: Zum Rhein, zum Rhein, zum deutschen Rhein! Wer will des Stromes Hüter sein? Lieb’ Vaterland, magst ruhig sein, [...]: Fest steht und treu die Wacht, die Wacht am Rhein!“ Dieses Motiv von der „Wacht am Rhein“ zierte alsbald auch eine Unmenge zeitgenössischer Bildpostkarten, auf denen eine **wehrhafte Germania** dem feindlichen Ansturm (von Westen) entschlossen zu trotzen bereit war.

Wenn auch die Rheinkrise, u. a. durch einen vom König angestoßenen Regierungswechsel in Frankreich, entschärft werden konnte, machte sie erstmals deutlich, wie rasch und nachhaltig eine Vielzahl von Menschen vom nationalen Gedanken erfasst und polemisch mobilisiert werden konnte. Zu Recht wird sie daher das „einschneidendste Datum beim Übergang des Nationalismus zur Massenbewegung“ (Wolfgang Hardtwig) genannt. Hiermit war der Startschuss gegeben für eine beispiellose **nationalistische Verklärung geografischer Gegebenheiten**, bei der das Pochen auf (vermeintliche oder tatsächliche) territoriale Besitzstände (etwa der Rheinlande oder des Elsass) zu einem hochgradig emotionalisierten Argument wurde.

Erster Weltkrieg: Kampf um die Existenz

Die allgemeine **nationalistische Euphorie in Europa**, die sich in den Jahren zuvor an zahlreichen Krisenherden beständig aufgeschaukelt hatte, entlud sich schließlich im August 1914 im Ausbruch des Ersten Weltkriegs, der den Startschuss für weitere kriegerische **Eskalationen des Chauvinismus** im 20. Jahr-

Französische Propaganda: Die gefallenen Franzosen des Deutsch-Französischen Kriegs 1870/71 fordern die französischen Soldaten auf, sie zu rächen („Vengez-nous!" – „Rächt uns!"), 1914.

hundert geben sollte. Begleitet von siegessicheren Schlachtgesängen zogen in Deutschland und Frankreich viele junge Menschen begeistert in den Krieg und waren überzeugt, dem Erzfeind „von drüben" in kürzester Zeit eine militärische Lektion erteilen zu können.

Angesichts bekannter Propagandasprüche wie „Jeder Stoß ein Franzos', jeder Tritt ein Brit', jeder Schuss ein Russ'!" dauerte es nicht lange, bis Öffentlichkeit und Politik auf beiden Seiten des Rheins den Krieg zum **nationalen Existenzkampf**, zum Entscheidungskrieg auf Leben und Tod, hochstilisiert hatten. In der Tat führte der Erste Weltkrieg zu einem nie dagewesenen Einsatz von Menschen, Kriegsmaterial und neuen Massenvernichtungswaffen, deren Opfer rasch in die Hunderttausende gingen. Bezeichnend für einen solchen „Neuigkeitscharakter" ist, dass gerade Frankreich bis heute bewusst vom **„großen Krieg"** (franz. „la Grande guerre") spricht, obwohl der Zweite Weltkrieg später insgesamt ein Vielfaches an Menschenopfern forderte und neue Formen von Grausamkeit hervorbrachte. Zu erklären ist dies wohl durch den hohen Grad an Betroffenheit, den das jahrelange hautnahe Erleben des Krieges und seiner Gräuel gerade für die französische Bevölkerung mit sich brachte.

Insbesondere die deutschen Offensiven in Frankreich mündeten in einen blutigen **Graben- und Stellungskrieg**, in dem man den verachteten Gegner meist gar nicht mehr direkt zu Gesicht bekam. All dies gipfelte in den furchtbaren Erlebnissen um die **Schlacht von Verdun**, die insgesamt zehn Monate dauerte und der deutschen Militäroffensive letztlich keinen Fortschritt brachte. Die Materialschlacht forderte nicht nur gewaltigen Blutzoll (mehr als 700 000 Tote auf beiden Seiten und Tausende von Verletzten und Verstümmelten), sondern brannte sich traumatisch in das **kollektive Gedächtnis** der jeweiligen

Nation ein (vgl. zeitgenössische Kommentierungen wie „Hölle von Verdun“, „Blutpumpe“ oder „Knochenmühle“). Das vollständige „Weißbluten“ des Gegners, das der deutsche Oberkommandierende, Generalstabschef von Falkenhayn, als oberste Parole ausgegeben hatte, provozierte auf französischer Seite zunächst nicht minder emotional vorgetragene Durchhalteparolen zur rücksichtslosen Verteidigung des Vaterlandes, denen erst der neue Oberbefehlshaber Pétain mit einer flexibleren Strategie der Nachschubsicherung und des klugen Aufsparens von Kräften ein Ende setzte.

Bezeichnend ist, dass diese – die Schlacht letztlich entscheidende – Idee eines gesicherten Transportweges außerhalb der Reichweite des deutschen Artilleriefeuers in der Benennung „Heilige Straße“ (franz. „voie sacrée“) rasch nationale Überhöhung fand. Mehr noch: Auf beiden Seiten benötigte die **nationale Propaganda** nicht viel Zeit, um einen letzten Endes ungreifbaren Gegner zur barbarischen Bestie zu erklären, die mit allen Mitteln nicht mehr nur gezähmt, sondern gnadenlos unterworfen werden müsse. Schon früh wurde so aus der politisch motivierten Auseinandersetzung ein regelrechter **Kampf der Wertesysteme und Zivilisationen**, in dem das Wesen des Vaterlandes auf dem Spiel zu stehen schien. Rasch lebten wieder all jene Klischees und Stereotypen auf, die einen möglichst großen Gegensatz zwischen beiden Staaten bzw. Völkern aufzeigten.

Was den Franzosen der **barbarisch-germanisch-teutonische „Boche“** war – eine Art roher Dickschädel, der zum Menschenfresser werden konnte –, war den Deutschen der **verweichlichte französische Schöngeist**, der schon in der Großen Revolution bewiesen habe, wie wenig diszipliniert eine ursprüngliche Idee langfristig zu Ende gebracht werden könne. Dies spielte darauf an, dass sich die Revolution von 1789 bald auch nach innen radikalisiert habe („Die Revolution frisst ihre Kinder“), sowie darauf, dass sich an deren Ende Napoleon gar zum neuen Monarchen („Kaiser“) küren ließ. Eine solche Fanatisierung der Massen war für die Führungseliten im Ersten Weltkrieg ein wichtiges Element der Integration und hielt so den militärischen Durchhaltewillen in der jeweiligen Öffentlichkeit tatkräftig am Leben. Inzwischen war aus Klischees und Stereotypen ein starres, **verhärtetes Feindbild** geworden.

Je mehr der Krieg in den Schützengräben stagnierte, desto nachdrücklicher wurde die Auseinandersetzung zu einem **Konflikt zwischen deutscher „Kultur“ und französischer „Zivilisation“** umgedeutet. Hier der „deutsche Sonderweg“ der Moderne (starker Staat, monarchische Führung, Volksgemeinschaft statt Individualismus), dort jene wirkmächtigen Ideen der Revolution von 1789, die sich der Tradition der europäischen Aufklärung („Freiheit, Gleichheit, Brüderlichkeit“) verpflichtet fühlten. Gerade in Deutschland scharte sich die Nation entschlossener denn je um den Kaiser, der in einem pathetischen Aufruf verkündete, er kenne ab sofort keine Parteien mehr, sondern nur noch Deutsche. In einer solchen Atmosphäre konnten auch die **„Ideen von 1914"**, die vor allem von Intellektuellen verbreitet wurden, ihre entscheidende Wirkkraft entfalten: Mit ihrem antidemokratischen **Glauben an Befehl, Gehorsam und unbedingten Opferwillen** sagten diese – sozusagen als Gegenbild revolutionärer Werte – der europäischen Zivilisation in liberaler französischer (und auch britischer) Spielart bewusst den Kampf an.

Aus dieser Stimmungslage heraus erklären sich auch die harte Haltung Frankreichs im maßgeblich von ihm bestimmten **Vertragswerk von Versailles** (1919), das Deutschland die alleinige Kriegsschuld zusprach und zu hohen Reparationszahlungen verpflichtete, sowie die allgemeine Empörung, mit der die deutsche Öffentlichkeit weitgehend geschlossen darauf reagierte. Aus letzterer resultierten auch das Wechselspiel von Androhung politisch-territorialer Zerschlagung, militärischer Besetzung und Verweigerung nationaler Souveränität im Laufe der 1920er-Jahre sowie die entschlossene, über bloße Revision hinaus zielende Kriegsrüstungspolitik der Nationalsozialisten, die ihre Drohgebärden gerade gegenüber Frankreich schrittweise zu steigern wussten.

Nationalsozialistische Propaganda gegen Frankreich

„Der unerbittliche Todfeind des deutschen Volkes ist und bleibt Frankreich. Ganz gleich, wer in Frankreich regierte oder regieren wird, ob Bourbonen oder Jakobiner, Napoleoniden oder bürgerliche Demokraten, klerikale Republikaner oder rote Bolschewisten: das Schlussziel ihrer außenpolitischen Tätigkeit wird immer der Versuch einer Besitzergreifung der Rheingrenze sein und der Sicherung dieses Stromes für Frankreich durch ein aufgelöstes und zertrümmertes Deutschland."

(Adolf Hitler: Mein Kampf. Bd. 2. München: Hans Eher Verlag 1933, S. 699)

Nach dem **Scheitern europäischer Annäherungs- und Zähmungsversuche** in den 1920er-Jahren brach Adolf Hitler schließlich 1939 den Zweiten Weltkrieg vom Zaun. Dieser endete – anders als der Stellungskrieg nach 1914/15 – mit der raschen **Niederwerfung Frankreichs** und dem Triumph der deutschen Armeen auf den Champs-Elysées. Für Frankreich zog dies eine heftige Polarisierung nach sich: Mit der Aufteilung in eine deutsch besetzte sowie eine von der Marionettenregierung in **Vichy** kontrollierte Hälfte spaltete sich das Land in entschlossene Anhänger der **„Collaboration"** (Zusammenarbeit) oder der **„Résistance"** (Widerstand), was die französische Gesellschaft über 1945 hinaus erheblich belasten sollte.

Daten und Fakten gemeinsamer deutsch-französischer Vergangenheit bis 1945

842/843

karolingische Reichsteilung
Vertrag von Verdun: Dreiteilung des Frankenreichs unter den Enkeln Karls des Großen in ein Westfrankenreich (später: Frankreich), ein Ostfrankenreich (später: Deutschland) und Loth(a)ring(i)en (Elsass-Lothringen)

- Entstehung geschlossener Staatsgebilde mit eigenständigen, offiziellen Sprachen (Französisch und Deutsch)
- erste latente Rivalitäten: „Wem gehört Karl der Große / Charlemagne?“, Rolle Elsass-Lothringens, gegensätzliche politische Verfasstheit (Frankreich als Zentralstaat, Deutschland als föderales Staatswesen)

16. Jh.

Auseinandersetzung um die geistige und politische Führung in Europa
ideelle und kriegerische Konkurrenz der Könige Franz I. (Frankreich) und Karl V. (Deutschland) um die Universalmonarchie

17. Jh.

unversöhnliche Rivalität
Expansionen des frz. Königs Ludwig XIV. in deutsche Territorien (Elsass, Kurpfalz), begründet mit angeblichen Erbansprüchen der Bourbonen-Dynastie

18. Jh.

Annäherung der Nachbarländer
- enger Kulturtransfer
- europaweites Vorbild des Französischen (Sprache der Diplomatie)
- enger Kontakt zwischen dem preußischen König Friedrich dem Großen und dem französischen Philosophen Voltaire

19. Jh.

Eskalation der deutsch-französischen Rivalität im Zuge der Verschärfung des Nationalismus
- französische Expansion in Europa
- 1813–1815: Befreiungskriege gegen Napoleon
- Rheinkrise und Rheinlied-Bewegung
- 1870/71: Deutsch-Französischer Krieg
- Demütigung Frankreichs durch deutsche Kaiserproklamation in Versailles

1871–1945

Phase der Erbfeindschaft
- deutsch-französischer Gegensatz als zentrales Element zweier Weltkriege
- massive Entschlossenheit Frankreichs zu harter Bestrafung des zweimaligen Weltkriegsverlierers Deutschland 1919/20 und 1945/46
- Eskalation von Stereotypen und Vorurteilen (z. B. „Boche“ vs. „Franzmann“)

Aufgabe

10 Erörtern Sie, inwiefern „Erbfeindschaft“ im Selbstverständnis der Deutschen und Franzosen vor 1871 angelegt war.

4 Überwindung nationalistischer Konfrontation

Die Welt nach 1945 war eine gänzlich andere als jene vor Beginn des Zweiten Weltkriegs. Bereits während des Kriegs hatte sich eine breite Front gegen das nationalsozialistische Deutschland gebildet, das die Welt mit Angriffskriegen und unfassbaren Verbrechen an den Rand des Abgrunds gebracht hatte. Die Absicht dieser **Anti-Hitler-Koalition**, gemeinsam eine friedliche Nachkriegsordnung zu schaffen, wurde jedoch nicht realisiert. Die Partnerschaft zerbrach, da sie letztlich nur durch die gemeinsame Gegnerschaft zu Hitler-Deutschland zusammengehalten worden war. Diese schlug schließlich in eine ideologisch-machtpolitische Rivalität und Feindschaft um. Es entstand eine **bipolare Welt**, in der sich regelrechte Lager (Kapitalismus versus Kommunismus) bzw. mehr oder minder starre (Militär-)Blöcke feindselig gegenüberstanden. Dem gerade überwundenen „heißen" Krieg mit seinen verheerenden Begleiterscheinungen folgte der **Kalte Krieg**, in dem die Supermächte USA und Sowjetunion jeweils politische und ideologische Deutungshoheit für sich beanspruchten, die mit einem erheblichen Droh- und Vernichtungspotenzial einherging.

Dennoch zogen Sieger wie Besiegte vor allem im Westen aus der Erfahrung der Weltkriegskatastrophe auch **langfristige Lehren** und waren darum bemüht, den in seiner fatalen Übersteigerung erlebten Nationalismus endgültig zu überwinden. So kam das **Thema Europa** wieder auf die Agenda der westlichen Nationen, zumal unterschiedlichste Ideen einer möglichen Einigung Europas in der Vergangenheit nicht einmal ansatzweise realisiert worden waren. Abgesehen von vereinzelten philosophischen oder literarischen Verlautbarungen (z. B. des bekannten französischen „Kultautors" Victor Hugo im 19. Jahrhundert) war ein in sich geschlossenes Konzept oder gar eine **Zukunftsvision** zu keiner Zeit wirklich in Sicht gewesen.

Spätere Impulse in der Weimarer Zeit fielen schon bald der tief greifenden Feindseligkeit der europäischen Staaten nach Ende des Ersten Weltkriegs zum Opfer: so etwa die **Paneuropa-Bewegung**, die der japanisch-österreichische Schriftsteller und Politiker Graf Richard Coudenhove-Kalergi 1922 in Wien gründete. Diese trat für die Schaffung eines europäischen Staatenbunds ein, der weitere große Kriege verhindern sollte. „Wer nicht Paneuropäer ist, ist Anti-Europäer" – so ein fundamentales Wort des Grafen in dessen „Europäischem Manifest" von 1923, das jedoch nur wenige wirklich zur Kenntnis nahmen.

Ähnlich erging es dem weitblickenden Engagement der Außenminister **Aristide Briand** und **Gustav Stresemann** in der zweiten Hälfte der Zwanzigerjahre. Die beiden für ihre Zeit eher untypischen Staatsmänner suchten die traditionelle europäische Gewaltspirale, die auf direktem Wege in den Ersten

Weltkrieg geführt hatte, zu durchbrechen und eine ehrliche **Friedens- und Versöhnungspolitik** einzuleiten. Für ihre tiefe, öffentlich nachdrücklich vertretene Überzeugung von der Signalwirkung einer deutsch-französischen Annäherung wurden beide Politiker 1926 mit dem **Friedensnobelpreis** ausgezeichnet. Mit ihrer kühnen Vision von Ausgleich und Frieden in Europa waren Briand und Stresemann ihren Zeitgenossen aber um Jahrzehnte voraus.

1926 trat das Deutsche Reich in den Völkerbund ein. Damit war es in jener internationalen Staatenvereinigung vertreten, die auf der Pariser Friedenskonferenz im Februar 1919 auf Initiative des damaligen amerikanischen Präsidenten Woodrow Wilson gegründet worden war und deren Zweck es sein sollte, den Weltfrieden dauerhaft zu sichern und auf allen Ebenen die internationale Zusammenarbeit zu fördern. Das Reich bekam einen ständigen Sitz im Völkerbundsrat, also im eigentlichen Entscheidungsorgan. Dies dokumentierte weltweit die **Rückkehr in den Kreis der Großmächte**.

In konsequenter Fortsetzung der Friedenspolitik arbeitete Briand gemeinsam mit dem US-Außenminister Kellogg ein Abkommen aus, das den Grundstein für die völkerrechtliche Ächtung des Kriegs legte **(Briand-Kellogg-Pakt)**. Im August 1928 unterzeichneten 15 Staaten – darunter auch Deutschland – den Kriegsächtungspakt. Bereits früh hatte sich Briand für die Aufnahme des bis dato international weitgehend isolierten Deutschlands in den **Völkerbund** ausgesprochen und mit deren Umsetzung im Jahr 1926 eine völlig neue Zeit

West-Berliner Wohnungsbau, der mit dem Marshall-Plan finanziert wurde, um 1950.

kommen sehen: „Zwischen Deutschland und Frankreich ist es Schluss mit den schmerzhaften und blutigen Zusammentreffen, mit denen alle Seiten der Geschichte befleckt sind. Kein Krieg mehr, keine brutalen und blutigen Lösungen mehr für unsere Meinungsverschiedenheiten."

Nach 1945 hatten sich Voraussetzungen wie Notwendigkeiten für ein geeintes Europa in ungeahnter Weise verschoben. Im September 1946 forderte der ehemalige britische Premierminister Winston Churchill in einer Rede in Zürich nachdrücklich die Gründung der **„Vereinigten Staaten von Europa"**. Dieser Gedanke entsprach einem allgemeinen Bedürfnis der Staaten Europas nach Frieden, Sicherheit und dauerhaften Grenzlösungen. Insbesondere die westlichen Siegermächte waren darum bemüht, die von ihnen verwalteten Besatzungszonen von (übersteigertem) Nationalismus und Militarismus zu befreien und die demokratischen politischen Strukturen wiederherzustellen. Die Wiedereingliederung Westdeutschlands in die westeuropäische Wertegemeinschaft war daher eng mit dem **Gedanken der europäischen Einigung** verbunden, der erstmals entschlossen vorangetrieben wurde.

Sichtbarstes Zeichen hierfür war das schrittweise Bemühen um Schaffung erster **supranationaler Institutionen:** Im April 1948 gründeten 17 Staaten die Organisation für europäische wirtschaftliche Zusammenarbeit **(OEEC)**, die das von den USA forcierte massive wirtschaftliche Hilfs- und Wiederaufbauprogramm für Westeuropa (**„Marshall-Plan"** bzw. „European Recovery Program") logistisch untermauern sollte. Auf politischer Ebene, etwa im Rahmen des Europa-Kongresses in Den Haag im Mai 1949, konnte man sich bei über 700 Teilnehmenden zunächst nicht auf ein gemeinsames Ziel, d. h. auf eine Art **Verfassung für Europa**, verständigen. Jedoch wurde, auf Drängen Großbritanniens, als Ergänzung zur bisher wirtschaftlichen Ausrichtung des beginnenden Einigungsprozesses im August 1949 der **Europarat** gegründet. Dessen zehn Gründungsmitglieder verpflichteten sich zu bestmöglicher Berücksichtigung demokratischer und menschenrechtlicher Aspekte. Dieses politische und ideengeschichtliche Selbstverständnis fand in der 1950 vom Europarat ausgearbeiteten **Konvention zum Schutze der Menschenrechte und Grundfreiheiten** seinen Niederschlag. Über deren Umsetzung wacht der 1959 gegründete Europäische Gerichtshof für Menschenrechte. Diese Entwicklung trug, trotz kleinerer oder größerer Meinungsverschiedenheiten oder gar Rivalitätskämpfen zwischen europäischen Staaten, entscheidend dazu bei, dass der europäische Kontinent seit Ende des Zweiten Weltkriegs die mit Abstand längste Friedensperiode seiner Geschichte erfährt. In der Tat scheint zumindest in Europa Krieg als – früher gängiges – Mittel internationaler Politik zum Vorteil und Wohle der Menschheit verbannt.

Plakatentwurf zum Marshall-Plan („European Recovery Program“) von Walter Hofmann, 1948

Plakatentwurf von Alban Wyss („Europa muss wieder aufgebaut werden“), 1948

Von besonderer Bedeutung für den westeuropäischen Integrationsprozess war dabei das **Verhältnis zwischen (West-)Deutschland und Frankreich**. Nahezu alle supranationalen Entscheidungen seit der zweiten Hälfte der 40er-Jahre betrafen in irgendeiner Form auch die Beziehung der beiden Nachbarn. Mit der Gründung zweier deutscher Staaten 1949 trat die Bundesrepublik ein zunächst schwieriges Erbe an, war die DDR außenpolitisch doch auf Jahrzehnte im Ostblock zementiert. Frankreich, das 1945 zu einer der drei westlichen Besatzungsmächte aufgestiegen war, schwankte gegenüber Westdeutschland zwischen Kontrolle und Integration. Dies bedeutete nicht zwingend einen Widerspruch, sondern eröffnete einen langfristig erfolgreichen Weg.

Schrittweise wurde der europäische Gedanke nun konkretisiert, u. a. dank führender französischer und westdeutscher Politiker der Nachkriegszeit wie Jean Monnet, Robert Schuman, Charles de Gaulle oder Konrad Adenauer, die überzeugte Europäer waren oder wurden. So konnte die **deutsch-französische Annäherung** zum viel beschworenen **„Motor Europas“** werden. Geradezu beispielhaft ist hier die Lebensgeschichte Robert Schumans: Dieser wurde mit luxemburgischen Wurzeln in Lothringen geboren, arbeitete im Ersten Weltkrieg für die (seit 1871) deutsche Verwaltung und nahm nach dem Rückfall Lothringens an Frankreich 1919 die französische Staatsbürgerschaft an. Im

Zweiten Weltkrieg war er engagierter Widerstandskämpfer in der Résistance. Nach 1945 erkannte er schließlich als französischer Außenminister die Zeichen der Zeit und strebte, u. a. als späterer Präsident des Europäischen Parlaments, beharrlich nach Aussöhnung mit dem Nachbarn.

Im Grunde war allen verantwortlichen Politikern in beiden Ländern, aber auch darüber hinaus bewusst, dass die Neudefinition des deutsch-französischen Verhältnisses ein wesentlicher Baustein für den gemeinsamen, erfolgreichen Blick nach vorne war. So erhielt der **Gedanke eines vereinten Europas**, getragen vor allem von den ehemaligen „Erz- bzw. Erbfeinden", grundlegend neue Dynamik. Aus heutiger Sicht entwickelten sich die deutsch-französischen Beziehungen in diesem Zusammenhang nun scheinbar kontinuierlich auf das Jahr 1963 zu. In der Tat mussten Deutschland und Frankreich als die beiden Hauptprotagonisten vergangener Konflikte, zumal auch als bevölkerungsreichste Länder des Kontinents, dringend eine **neue Vertrauensbasis** finden. Für die beiden größten europäischen Staaten war die Ausgangslage dabei wieder von Sieg und Niederlage gekennzeichnet.

Erkennbar wurde dies zunächst in der **französischen Besatzungspolitik** der Jahre 1945–1949, die von rigider Reparations- und Demontagepolitik sowie von bewusster Verschleppung der Vereinheitlichungsbestrebungen seitens der USA und Großbritanniens (etwa im Zusammenhang mit der Schaffung der Bi- und Trizone) geprägt war. Auch im Jahr 1954, als im Rahmen des Korea-Kriegs (vgl. S. 250 ff.) erstmals auch ein **westdeutscher Militärbeitrag** zur Debatte stand, zeigte sich die französische Politik eher zwiespältig: Zwar hatte die Regierung nach langem Zögern dem Druck der USA nachgegeben und dem Vorschlag letztlich zugestimmt, aus Furcht vor neuerlichem deutschen Militarismus lehnte das französische Parlament diesen Vorstoß im August 1954 aber überraschend ab. Die anvisierte Europäische Verteidigungsgemeinschaft (EVG) war somit zunächst gescheitert, konnte in Form der **Westeuropäischen Union** (WEU) mittelfristig jedoch umgesetzt werden. Diese Entwicklung zeigt, dass Versuche der Annäherung letztlich nur in einer Phase erster Orientierung den einen oder anderen Rückschlag erlitten. Langfristig indes begab man sich auf einen guten, in die Zukunft weisenden Weg, der das bisherige Bestreben der Schwächung und Isolation durch Kooperation und vertrauensvolle Partnerschaft ersetzen sollte.

Die begründete Angst vor einer erneuten militärischen Bedrängnis durch Deutschland forcierte von Beginn an Frankreichs Entschlossenheit, den Nachbarn weitestmöglich in größere Strukturen einzubinden und so potenzielle Alleingänge Deutschlands im Keim zu ersticken. Vor allem das in der Vergangenheit mehrfach erlebte Rüstungspotenzial Deutschlands war Frankreich ein

Dorn im Auge. 1950 entwarf der französische Außenminister Robert Schuman den nach ihm benannten Schuman-Plan, der die deutsche und französische Schwerindustrie (Kohle, Eisen und Stahl) gemeinsam unter die Kontrolle einer internationalen Aufsichtsbehörde stellen sollte. Es war dies der Startschuss für die Gründung der **Europäischen Gemeinschaft für Kohle und Stahl** (EGKS), auch Montanunion genannt, die 1951 zwischen Deutschland, Frankreich, Italien und den Benelux-Staaten geschaffen wurde. Mittel- und langfristig entwickelten sich aus ihr die Europäische Wirtschaftsgemeinschaft (**EWG**, 1957), die Europäische Atomgemeinschaft (**EURATOM**, seit 1957), die Europäische Gemeinschaft (**EG**, 1967) und schließlich die **Europäische Union** (1992/93 und 2009).

Die ersten partnerschaftlichen Kontakte der 1950er-Jahre, die sich bereits in der letztlich unproblematischen Wiedereingliederung des Saarlandes in die Bundesrepublik Deutschland (1957) gezeigt hatten, mündeten in den Deutsch-Französischen Freundschaftsvertrag **(Élysée-Vertrag)** vom 22. Januar 1963. Dieser verpflichtete beide Staaten zu regelmäßiger Zusammenarbeit und zog so einen Schlussstrich unter die alte „Erbfeindschaft“. Bundeskanzler Konrad Adenauer und der französische Staatspräsident Charles de Gaulle vereinbarten in diesem eine weitreichende **Kooperation auf politischer und gesellschaftlicher Ebene**. Ungeachtet globaler strategischer Überlegungen beider Seiten, die nicht primär nur mit dem Verhältnis Deutschlands und Frankreichs zu tun hatten, war man bemüht, dem bislang skeptisch betrachteten Nachbarn ein positives Gesicht zu verleihen; insbesondere dem Gedanken des Austauschs,

Der französische Staatspräsident Charles de Gaulle und Bundeskanzler Konrad Adenauer vor dem Rathaus in Bonn am 5. September 1962. Im Januar 1963 unterzeichneten sie in Paris den Élysée-Vertrag.

der der **Aussöhnung** und dem **gegenseitigen Verständnis** der beiden Völker dienen sollte, kam hier eine herausragende Bedeutung zu.

Die Folgezeit war von vertrauensvoller Zusammenarbeit und gegenseitigem Kennenlernen geprägt: Die regelmäßigen, halbjährlichen Treffen der Staats- und Regierungschefs, die deutsch-französischen Konsultationen auf Regierungsebene (beides jeweils zu relevanten Fragen der Außen-, Sicherheits- und Bildungspolitik), die deutsch-französische Brigade oder der gemeinsame Fernsehsender ARTE bestimmten die Realität der Beziehungen ebenso wie die Forcierung der Zusammenarbeit in der wissenschaftlichen Forschung, die Förderung des Erlernens der jeweils anderen Sprache, die gegenseitige Anerkennung von Abschlussdiplomen, der Abschluss zahlreicher Städtepartnerschaften oder die Organisation von Austauschprogrammen für Schülerinnen und Schüler, Studierende sowie Praktikantinnen und Praktikanten der beiden Nachbarländer. Gerade die Jugendlichen beider Länder standen nun bewusst im Fokus, sollten doch „alle Möglichkeiten gegeben werden, um die Bande, die zwischen ihnen bestehen, enger zu gestalten und ihr Verständnis füreinander zu vertiefen“ (Teil C, Artikel 2 des Vertrags).

Wesentlichen Anteil am langfristigen Erfolg der neuen Gemeinsamkeit hatten, wie schon erstmals zu Zeiten der Weimarer Republik, die politisch Verantwortlichen ihrer Länder, die in gewisser Weise sogar persönliche Freundschaften eingingen. Nicht zufällig spricht man hier gerne von **„politischen Paaren“** (frz. „couples politiques“), deren Zusammensein – ähnlich wie bei Paaren im persönlichen Alltag – von Vorzügen wie Härten geprägt ist, die im Idealfall aber an einem Strang zu ziehen gewillt sind. So konnten auf lange Sicht v. a. Helmut Schmidt und Valéry Giscard d'Estaing, Helmut Kohl und François Mitterrand sowie Gerhard Schröder und Jacques Chirac, bezeichnenderweise jeweils entgegengesetzten politischen Lagern zugehörig, nahtlos an das Wirken Adenauers und de Gaulles anknüpfen und den „deutsch-französischen Motor“ trotz immer wieder auftretender Schwierigkeiten im Herzen Europas auf Kurs halten. Besonders wichtig war dies, als der Umbruch im Ostblock 1989/90 auch die **deutsche Wiedervereinigung** auf die internationale Tagesordnung setzte und einige westliche Verbündete, allen voran Großbritannien und Frankreich, zunächst vor erhebliche Unsicherheiten stellte.

Nicht zuletzt dank der persönlichen Freundschaft zwischen **Helmut Kohl** und **François Mitterrand**, die diese im Jahr 1984 am Schlachtfeld von **Verdun** als schwierigem **deutsch-französischen Erinnerungsort** demonstrierten, konnte der Einigungsprozess schließlich in außenpolitischer Einmütigkeit vollzogen werden. Auch Frankreich akzeptierte künftig das auf über 80 Millionen Menschen gewachsene Deutschland. Von dort geht im Grunde eine direkte Entwicklungslinie ins Jahr 2004, als mit Gerhard Schröder erstmals ein deutscher Bundeskanzler an den – erinnerungspolitisch äußerst wichtigen – internationalen **Feierlichkeiten zur Landung der Westalliierten in der Normandie** (Juni 1944) teilnehmen durfte und die deutsch-französische Freundschaft in diesem Zusammenhang vom französischen Staatspräsidenten Jacques Chirac mit innigen Worten und warmen Gesten beschworen wurde.

Die **deutsch-französische Freundschaft** ist trotz mancher Anfeindungen am Beginn des 21. Jahrhundert demnach weiterhin eine entscheidende Konstante europäischen Selbstverständnisses, belegt die bewegte Nachbarschaft beider Staaten doch nachdrücklich, dass aus Fehlentwicklungen nationaler Geschichte(n) langfristig zukunftsweisende Schlüsse gezogen werden können. Daran wird auch die nach so langer Zeit erwartungsgemäß eingetretene **Ernüchterung** bzw. **„Normalität“** im politischen, gesellschaftlichen und kulturellen Miteinander der beiden Nachbarn auf absehbare Zeit nichts ändern.

Aufgaben

11 a) Erarbeiten Sie aus dem Text M 1, warum sich Frankreich und Deutschland im Laufe ihrer Geschichte so gegensätzlich entwickelt haben.

b) Diskutieren Sie, ob es berechtigt ist, Frankreich als die „normalere“ Nation zu bezeichnen.

c) Beurteilen Sie auf Basis des Textes M 1, inwieweit Deutschlands Geschichte „vielfältig gebrochen[ ]“ (Z. 44 f.) verlaufen ist.

M 1: Hartmut Kaelble[1]: Die „normalere“ Nation in Frankreich

[...] Das Verständnis der Nation, wie es sich vor allem im Staatsbürgerrecht niederschlug, war in beiden Ländern verschieden. Die staatsbürgerrechtliche Zugehörigkeit zur Nation wurde in Frankreich schon am Anfang des 19. Jh. festgelegt und war damals stark bestimmt vom klassischen Liberalismus[2], wurde schon damals für Personen geöffnet, die nicht von französischen Eltern abstammten. Dieses Verständnis der französischen Nation blieb während des 19. Jh. auch deshalb erhalten, weil Frankreich aufgrund seiner außergewöhnlich niedrigen Geburtenraten ein Einwanderungsland war und Immigranten in seine nationale Kultur integrieren mußte. Frankreichs nationales Selbstverständnis war deshalb in hohem Maß kulturell definiert. Es bot Immigranten die Möglichkeit, die französische Kultur anzunehmen und dadurch angenommen zu werden.

Deutschlands staatsbürgerrechtliche Definition dagegen stellte die ethnische Abstammung von Deutschen in das Zentrum. Sie stammte aus dem Anfang des 20. Jh., als überall in Europa eine starke Strömung der ethnischen, nicht selten rassistischen Nationskonzepte vorherrschte, in Deutschland stärker als anderswo. Von diesem ethnischen Selbstverständnis der deutschen Nation abzurücken gab es in Deutschland weniger Zwänge, da bis in die 1950er-Jahre Deutschland mit seinen damals hohen Geburtenraten ein Auswanderungs-, weniger ein Einwanderungsland war. Erst seit damals milderte sich dieser Unterschied ab, da inzwischen auch Deutschland ein Einwanderungsland geworden ist und in jüngster Zeit langsam von seinem traditionellen ethnischen Staatsbürgerrecht und nationalen Selbstverständnis abrückte. Ein gemeinsames europäisches Staatsbürgerrecht könnte diesen Unterschied weitgehend beseitigen.

Darüber hinaus verbanden sich in Frankreich und Deutschland mit der Nation unterschiedliche Werte. In Frankreich war die Nation seit der Französischen Revolution in starkem Maß mit Menschen- und Bürgerrechten verbunden [...]. Militärische Feiern und Paraden, Nationalfeiertage, Kriegerdenkmäler und patriotische Sportveranstaltungen gab es in beiden Ländern ähnlich häufig in ähnlichen Formen. Aber sie waren in Frankreich stärker von zivilen und individualistischen Werten geprägt, standen auch stärker unter dem Einfluß ziviler und kirchlicher Honoratioren, nach der nationalen Niederlage gegen Preußen 1871 noch stärker als zuvor. In Deutschland dagegen verband sich nach der kriegerischen Durchsetzung des Nationalstaates 1871 die Nation im öffentlichen Raum zunehmend mit militärischen und monarchischen Werten. Nach der Niederlage Deutschlands 1918 gelang es den Gegnern der parlamentarischen Republik, nationale Werte und demokratische Werte weiter zu trennen. Erst am Ende des 20. Jh. verbanden sich auch in Deutschland nationales Selbstverständnis mit Verfassungsidentität. Die Inhalte des nationalen Selbstverständnisses nähern sich in Frankreich und Deutschland damit an.

Schließlich waren auch die grundsätzlichen Züge der Geschichte des Nationalbewußtseins in Frankreich und Deutschland anders. Frankreich steht für ein normales, ungebrochenes Nationalbewußtsein, Deutschland für eine vielfältig gebrochene Geschichte. In Frankreich blieben nationale Identität und Nationalstaat über mehr als zwei Jahrhunderte eng verbunden und ungetrennt. In Deutschland hingegen fehlte der nationalen Identität über lange Zeit das Pendant des Nationalstaats, und zwar vor 1871 und zwischen 1945 und 1990, also im längeren Teil der letzten 200 Jahre. [...] Darüber hinaus wurde die deutsche Nation in der Geschichte auch weit stärker durch die Genozide und die fast ganz Europa ruinierende militärische Ausbeutung des NS-Regimes diskreditiert, nicht nur bei anderen Nationen, sondern auch bei den Deutschen selbst. Es erstaunt daher nicht, dass der traditionelle Nationalstolz in Deutschland wenig ausgeprägt ist. Nationale Symbole wie Fahne, Hymne, nationale Feiern und Riten spielten aus allen diesen Gründen in Deutschland in der zweiten Hälfte des 20. Jh. eine geringere Rolle. Erst seit 1990 wurde der öffentliche Raum wieder etwas stärker durch politische Symbole und Riten besetzt.

Hartmut Kaelble: Nachbarn am Rhein: ein historisch sozialwissenschaftlicher Vergleich der deutschen und französischen Zivilgesellschaften (www.deuframat.de/einfuehrung/in-einem-neuen-europa/nachbarn-am-rhein/die-normalere-nation-in-frankreich.html).

1 Hartmut Kaelble: ehemaliger Professor für Sozialgeschichte an der Humboldt-Universität Berlin

2 Liberalismus: Ideologie (seit dem 17./18. Jahrhundert), die auf dem Prinzip individueller (v. a. politischer und wirtschaftlicher) Freiheit beruht. Sie fordert ursprünglich die Garantie von Grundrechten und einer bürgernahen Verfassung durch den Staat, zunehmend aber auch von Privateigentum und offenem Wettbewerb.

Der Nahe Osten: Historische Wurzeln eines weltpolitischen Konflikts

Mit dem Begriff „Nahostkonflikt" werden die Auseinandersetzungen zwischen Juden und Arabern um die **Region Palästina** bezeichnet, die beide Seiten als ihre Heimat betrachten. Ein tieferes Verständnis für diesen Konflikt, dessen Ursprünge bis ins späte 19. Jahrhundert zurückreichen, sowie mögliche Lösungen für seine Überwindung sind ohne das Wissen um dessen historische Wurzeln nicht vorstellbar.

Die Geschichte dieses Landstrichs war seit jeher sehr wechselvoll. So gab es in der Antike Spannungen zwischen den Autonomiebestrebungen der **jüdischen Bevölkerung** und den Herrschaftsansprüchen des Römischen Reichs. Ein Großteil der in der Provinz Judäa lebenden Juden wurde von den Römern vertrieben und lebte seit dieser Zeit in der **Diaspora**.

Seit dem 7. Jahrhundert war Palästina mehrheitlich von muslimischen Arabern besiedelt. Gegen diese führten christliche Ritter im Rahmen der **Kreuzzugsbewegung** ab 1095 Kriege und gründeten vier Kreuzfahrerstaaten. Ab der Frühen Neuzeit gehörte Palästina schließlich zum Osmanischen Reich, das die Herrschaft bis zum Ende des Ersten Weltkriegs ausübte.

Infolge des Erstarkens der **zionistischen Bewegung** wanderten seit den 1880er-Jahren viele Juden in Palästina ein. Nach dem Ersten Weltkrieg wuchsen unter der britischen Mandatsherrschaft die Spannungen zwischen den Arabern und der aufgrund der Einwanderung zahlenmäßig stark ansteigenden jüdischen Bevölkerung. Nach dem Zweiten Weltkrieg beschlossen die Vereinten Nationen die **Teilung Palästinas** in einen arabischen und einen jüdischen Staat. Die Mehrheit der Mitgliedstaaten der UNO war zu der Überzeugung gelangt, dass die Juden nach dem Holocaust das Recht auf eine sichere Existenz in einem eigenen Staat hätten. Zwar lehnten die Araber den Teilungsplan ab, dennoch wurde 1948 der **jüdische Staat Israel** gegründet.

Seitdem prägen kriegerische Konflikte und Spannungen das Verhältnis zwischen Israel und den Palästinensern sowie den arabischen Nachbarstaaten. Ab den 1950er-Jahren geriet der Nahostkonflikt schließlich ins **politisch-ideologische Spannungsfeld des Ost-West-Gegensatzes**, was zu einer weiteren Verschärfung des Konflikts führte und ihn untrennbar mit weltpolitischen Entwicklungen verknüpfte. Nach dem Zusammenbruch des Ostblocks und dem

Ende der bipolaren Welt schienen die Chancen einer Entschärfung des Nahostkonflikts zu steigen, doch zeigt das bisherige **Scheitern zahlreicher Friedensbemühungen**, wie schwierig der Weg zu einem friedlichen Zusammenleben in dieser Region ist. Gleichzeitig sind aber ein von arabischer und israelischer Seite akzeptierter Ausgleich der Interessen und eine damit verbundene Entspannung unabdingbar für die Sicherung des Friedens in der Welt.

1 Das antike Palästina im Widerstreit von Herrschaftsinteressen

1.1 Die mythischen Ursprünge des jüdischen Volks

Von den Ursprüngen des jüdischen Volks berichtet die hebräische Bibel **(Thora)**, die später im Christentum in das Alte Testament aufgenommen wurde. Diese Überlieferung ist aber nur durch wenige archäologische Funde sowie ägyptische und mesopotamische Schriftzeugnisse belegt.

Nach biblischem Verständnis wanderten die **Hebräer**, ein nomadisierendes Hirtenvolk, aus Ur am unteren Euphrat (Mesopotamien) in das **Gelobte Land Kanaan**, nachdem ihr **Stammvater Abraham** von Gott den Befehl erhalten hatte, die Heimat zu verlassen. Mit Abraham verbindet sich zudem die göttliche Verheißung, dass aus seinem Geschlecht ein Volk hervorgehen werde, das von Gott selbst auserwählt sei.

Zwei Generationen später kam ein Teil dieses Hirtenvolks nach Ägypten, weil die kargen Weidegebiete in Kanaan nicht mehr genug Nahrung für ihre Tiere boten. Ägypten dagegen war durch den Nil, der mit seinen Überschwemmungen für fruchtbares Land sorgte, nicht so stark vom Regen abhängig. Dort mussten die Israeliten als Sklaven für den Pharao Frondienste leisten und durften das Land nicht mehr verlassen. Unter der Führung von **Moses** gelang den unterdrückten Israeliten schließlich der **Auszug aus Ägypten** sowie die Rückkehr in das Gelobte Land Kanaan. An die Flucht und die Befreiung aus der Sklaverei erinnert bis heute das jüdische Passahfest.

Auf ihrem Weg nach Kanaan soll sich Gott gegenüber Moses auf dem Berg Sinai offenbart und ihm die **Zehn Gebote** übergeben haben. Er schloss mit den Israeliten einen Bund und versprach ihnen Palästina als das Gelobte Land. Seit dieser Zeit nannten sich die Stammesmitglieder **„Kinder Israels“**. Der **monotheistische Glaube** an diesen einen Gott unterschied das „Volk Israel“ von anderen Völkern der Alten Welt, z. B. den Ägyptern und den Babyloniern.

Nach der Rückkehr aus Ägypten kam es in Auseinandersetzungen mit den Kanaanäern und den Philistern, die den Israeliten feindlich gesinnt waren, um 1200 v. Chr. zur gewaltsamen **Landnahme Kanaans** unter der Führung Josuas. Diese führte zur Niederlassung und zum Zusammenschluss der zwölf israelitischen Stämme in dieser Region. Um 1020 v. Chr. wurde **Saul** zum **ersten König** des entstehenden **Großreichs Israel** gesalbt. Er erlitt jedoch gegen die konkurrierenden Philister eine Niederlage und beging, um nicht lebend in die Hände seiner Feinde zu geraten, Selbstmord. Erst seinem Schwiegersohn und Nachfolger David gelang der biblischen Überlieferung nach der entscheidende Sieg über die Philister. Er herrschte nun als König über das Reich Israel mit der Hauptstadt Jerusalem. Unter seinem Sohn Salomo kam es zur Konsolidierung im Inneren. Der Tempel in Jerusalem wurde ausgebaut, sodass die Stadt zum Mittelpunkt der jüdischen Religion wurde.

Nach **Salomos Tod** um 930 v. Chr. zerfiel das Reich in das **Nordreich Israel** und das **Südreich Juda**. Jerusalem blieb aber das geistige und religiöse Zentrum der Juden, auch wenn es nur noch die Hauptstadt von Juda war. Erst ab dieser Zeit wird die Geschichte des jüdischen Volks historisch greifbar.

Israeliten – Juden – Hebräer

Nach der **Genesis**, dem ersten Buch Mose, soll **Jakob**, der Enkel Abrahams, am östlichen Ufer des Flusses Jabbok siegreich mit einem Engel gerungen haben. Von Jahwe bekam er deshalb den Ehrennamen „**Israel**" (hebr. Jisrael: „Kämpfer mit oder für Gott").

Die **Israeliten**, Jakobs Nachkommen, sind nach biblischer Überlieferung von seinen zwölf Söhnen abstammend die Angehörigen der Zwölf Stämme Israels, die sich nach der **Eroberung des Landes Kanaan** im 13. Jahrhundert v. Chr. westlich und teilweise auch östlich des Jordans niederließen. Anfang des 11. Jahrhunderts v. Chr. kam es zur Bildung des **Königreichs Israel**, aus dem später zwei Teilreiche, Israel im Norden und Juda im Süden, entstanden. Während das **Nordreich Israel** im 8. Jahrhundert von den Assyrern erobert wurde, bestand das **Südreich Juda** weiter, sodass die Existenz des jüdischen Volks gesichert war. Der Name „**Juden**" bezieht sich somit ursprünglich auf die **Einwohner des Landes Juda**. Im weiteren Sinne steht dieser Begriff für die Angehörigen des gesamten jüdischen Volks und der jüdischen Religion.

In der Bibel findet sich zudem die Bezeichnung „**Hebräer**", die eine ethnische Zugehörigkeit ausdrückt. Nach diesem Begriff ist auch die Sprache des Volks Israel benannt: Die **hebräische Sprache** ist im heutigen Israel Landessprache.

1.2 Die „Babylonische Gefangenschaft“ der Juden

Zwischen 722 und 721 v. Chr. wurde das **Nordreich Israel** von den Assyrern erobert und zu einem **Vasallenstaat** degradiert. Es kam zur Deportation eines Teils der Einwohner, während im Gegenzug Bevölkerungsgruppen aus anderen Regionen des assyrischen Reichs in Israel angesiedelt wurden. Das Königreich Juda im Süden, das seine Unabhängigkeit zunächst bewahren konnte, gewann an Bedeutung. Seine Hauptstadt Jerusalem entwickelte sich zu einem wichtigen politischen und kulturellen Zentrum. Mit der etappenweisen **Unterwerfung Judas** ab 592 v. Chr. durch das Neubabylonische Reich unter Nebukadnezar II. endete diese Blütezeit. **Jerusalem** wurde 587 v. Chr. **erobert**, und das Südreich wurde ebenfalls zum Vasallenstaat.

Die Babylonier **zerstörten** zur Bestrafung des jüdischen Widerstands den **Tempel in Jerusalem** und verschleppten den König sowie einen großen Teil der Bevölkerung nach Babylon („Babylonische Gefangenschaft“, 582–538 v. Chr.), darunter vor allem Angehörige der politischen und intellektuellen Oberschicht. Während des Exils gelang es den Juden aber, ihre nationale und religiöse Identität zu bewahren. Obgleich die „Babylonische Gefangenschaft“ einen tiefen kulturellen Einschnitt bedeutete – man spricht von einer **ersten Diaspora** (griech. „Zerstreuung“) – verdankte das jüdische Volk gerade den Exilierten, die die Tora und die religiöse Gelehrsamkeit in den Mittelpunkt des Lebens stellten, sein Bestehen in der Geschichte.

Nebukadnezar II. belagert mit seinem Heer Jerusalem (Buchmalerei, 1390/99).

Die babylonische Fremdherrschaft endete, als die Perser unter **Kyros II.** das Neubabylonische Reich 538 v. Chr. eroberten. Bereits im ersten Jahr seiner Herrschaft ordnete Kyros den **Wiederaufbau des Tempels** an. Unter **Darius I.**, einem Nachfolger von Kyros, erhielt ein Teil der Vertriebenen schließlich die Erlaubnis zur Rückkehr in ihre Heimat.

Die Heimkehrenden verstanden sich als Vertreter aller Zwölf Stämme. Sie verkörperten nach ihrem Selbstverständnis das gesamte Volk Israel mit seiner heilsgeschichtlichen Bestimmung. Jude zu sein bedeutete nicht nur die Zugehörigkeit zu einer ethnischen Gruppe innerhalb eines Territoriums, sondern der Anspruch umfasste auch die Anhänger des jüdischen Kults, die verstreut von Babylon bis Ägypten lebten und eine Religionsgemeinschaft bildeten.

Während der **persischen Herrschaft** (538–322 v. Chr.) kristallisierten sich die Schriften heraus, die in den Kanon der hebräischen Bibel eingehen sollten. Für gläubige Juden wurden die Lektüre der Thora, d. h. der fünf Bücher Mose, sowie die Feier des Sabbats ebenso wichtig wie die Opferhandlungen in dem wieder errichteten Tempel in Jerusalem. Weil viele Juden weiterhin in der ägyptischen oder babylonischen Diaspora lebten, war der **Bezug auf eine gemeinsame Schrift**, die die Juden verband, sehr bedeutsam.

1.3 Die Juden während der hellenistischen Zeit

Durch den **Eroberungszug Alexanders des Großen** – Jerusalems Besetzung erfolgte 332 v. Chr. – wurde auch **Palästina** Teil seines Weltreichs. Dort verbreitete sich wie im Mittelmeerraum und im gesamten Orient die **griechische Kultur**. Nach Alexanders Tod und den anschließenden Nachfolgekämpfen (sog. Diadochenkämpfen, 321–301 v. Chr.) kam Palästina unter die **Herrschaft des Ptolemaios I.** und seiner Nachfolger. Es erlebte in dieser Zeit eine Phase relativen Friedens und einer gewissen wirtschaftlichen Prosperität.

Im Jahr 198 v. Chr. eroberte der Seleukide Antiochos III. Palästina. Es setzte ein starker Hellenisierungsdruck ein, dessen Höhepunkt erreicht war, als **Antiochos IV. Epiphanes** die freie Ausübung der jüdischen Religion verbot. So standen fortan z. B. die Einhaltung der Sabbatruhe oder die Beschneidung unter Todesstrafe. Das **Religionsedikt** verlangte von den Juden den Abfall vom Glauben mittels Vollzug eines heidnischen Opfers. Außerdem ließ Antiochos den Tempel in Jerusalem in einen Tempel des olympischen Zeus umwandeln und dort Opferhandlungen vornehmen. Unter der geistigen und wirtschaftlichen Elite des jüdischen Volks gab es aber durchaus auch Sympathien für den Prozess der **Hellenisierung:** Vor allem die führenden Schichten rezipierten die griechische Kultur und Philosophie.

Dagegen lehnte die bäuerliche Bevölkerung auf dem Land diese Entwicklung als Bedrohung der althergebrachten religiösen Traditionen ab. Der jüdische Widerstand gegen die Hellenisierung, der daher in erster Linie bei den unteren Schichten Unterstützung fand, führte 167 v. Chr. zur **Erhebung der Makkabäer**. „Makkabi" (griech. „Hammer") war der Beiname von Judas aus der Priesterfamilie der Hasmonäer, von der der Aufstand ausging. 164 v. Chr. eroberte Judas Jerusalem und begründete die Herrschaft seiner Familie. Noch im gleichen Jahr wurde der Tempelkult wieder aufgenommen. Das **Chanukkafest** (hebr. „Einweihung") erinnert bis heute an das Fest der Tempelweihe.

Unter der **Herrschaft der Hasmonäer** wurde Judäa erstmals seit der Zerstörung des ersten Tempels im Jahr 586 v. Chr. (vgl. S. 130) wieder ein souveräner Staat, der sein Herrschaftsgebiet bis in den heutigen Libanon ausweiten konnte. Das makkabäische Reich existierte zwar nicht sehr lange, doch bezogen sich spätere Vorstellungen der Grenzen von „Eretz Israel" (hebr. „Land Israel") auf die Größe dieses Reichs. An den kämpferischen Geist der Makkabäer erinnern noch heute die Namen von Sportvereinen (z. B. Makkabi Tel-Aviv), die seit den 1930er-Jahren zu internationalen jüdischen Sportveranstaltungen („Makkabiaden") zusammentreffen.

1.4 Das jüdische Volk unter römischer Herrschaft

Der Beginn der römischen Herrschaft in Judäa

Im Jahr 63 v. Chr. wurde die Herrschaft der Hasmonäer und damit die Selbstständigkeit des jüdischen Staates faktisch aufgehoben. Die Römer hatten sich nach vorangegangenen inneren Wirren zum Eingreifen entschlossen, um ihren Herrschaftsanspruch in dieser Region militärisch durchzusetzen.

Nach dreimonatiger Belagerung Jerusalems betrat der römische Feldherr **Gnaeus Pompeius** im Herbst des Jahres 63 v. Chr. den **Tempelbezirk**, das Zentrum der jüdischen Religion, und entweihte damit das Allerheiligste. Die militärische Präsenz der Römer in Judäa stellte einen tiefen Einschnitt dar: Judäa unterstand bis auf eine kurze Unterbrechung für fast 700 Jahre dem römischen Statthalter in Syrien und war Rom gegenüber zinspflichtig.

In diesem römischen **Vasallenstaat** kam 37 v. Chr. **Herodes** als **„König von Roms Gnaden"** (Brenner) an die Macht. Er setzte rücksichtslos seinen Machtanspruch durch, indem er seine Gegner brutal verfolgte. Seine absolute Loyalität gegenüber dem römischen Kaiser Augustus brachte ihm dessen Gunst ein und stärkte seine eigene Stellung. Auf diese Weise konnte Herodes das von ihm regierte Gebiet so ausweiten, dass es fast wieder an die Größe des Reichs der Hasmonäer (vgl. S. 131) heranreichte.

Herodes' große Leistung ist darin zu sehen, dass er unter den Bedingungen der römischen Vorherrschaft einen **Rest nationaler jüdischer Identität** zu bewahren vermochte. So konnten die Juden in dieser Zeit ihre Religion relativ ungestört ausüben. Auch ließ Herodes um 20 v. Chr. den baufälligen Tempel in Jerusalem prachtvoll um- und ausbauen **(„Herodianischer Tempel")**. Allerdings wurden die willfährige Politik gegenüber Rom und die Orientierung am römischen Lebensstil von Teilen der Bevölkerung, insbesondere der Priesterschaft, kritisch gesehen. Eine offene Widerstandsbewegung formierte sich zu dieser Zeit aber noch nicht.

Nach dem Tod des Herodes im Jahr 4 v. Chr. wurde das Reich unter seinen Söhnen aufgeteilt, doch stieß deren Herrschaft bei großen Teilen der Bevölkerung auf Ablehnung. Augustus unterstellte deshalb Judäa im Jahr 6 n. Chr. wieder direkt der römischen Herrschaft. Dem Gebiet stand ein römischer Präfekt vor, der dem Statthalter der Provinz Syrien verantwortlich war.

In den folgenden Jahrzehnten nahmen die sozialen Spannungen in Judäa zu. Es bildeten sich **revolutionäre Bewegungen** im jüdischen Volk, die sich **gegen die römische Fremdherrschaft** wandten. Die Juden machten die Verwaltung der Römer für die krisenhafte Entwicklung im wirtschaftlichen und sozialen Bereich verantwortlich.

Relief im Durchgang des Titusbogens in Rom mit der Darstellung des Beuteguts aus dem Jerusalemer Tempel. Die Beutestücke, u. a. der heilige siebenarmige Leuchter aus dem Allerheiligsten des Tempels, wurden bei einem Triumphzug in Rom im Jahr 71 n. Chr. der Bevölkerung Roms vorgeführt.

Zudem nahmen die Römer wenig Rücksicht auf die **religiösen Empfindlichkeiten** der jüdischen Bevölkerung. Das Betreten des Tempels in Jerusalem und damit die Entweihung des Allerheiligsten durch Pompeius sowie die Beschlagnahmung von Teilen des Tempelschatzes nach dem Tod des Herodes verletzten die religiösen Gefühle der Juden. Auch trugen provokative Verhaltensweisen römischer Soldaten dazu bei, dass sich der Hass gegen die römische Besatzungsmacht steigerte.

Im Jahr 66 n. Chr. brach in Jerusalem ein **gewaltsamer Aufstand** unter Führung der **Zeloten** aus, in dessen Verlauf die römischen Besatzer eine verheerende Niederlage erlitten. Der Aufstand weitete sich schließlich auf das ganze Land aus und führte zur Infragestellung der römischen Herrschaft in Judäa. Da der Statthalter der Provinz Syrien der Erhebung nicht Herr werden konnte, schickte Kaiser Nero **Vespasian** mit zwei Legionen nach Judäa. Die Aufständischen konnten sich aber weiterhin behaupten, was zum Teil auf die verworrene Lage in Rom zurückzuführen war. Denn Kaiser Nero starb 68 n. Chr. und Vespasian, der nach Rom zurückkehrte, wurde im darauffolgenden Jahr zum Kaiser ausgerufen. Sein Sohn **Titus**, dem er das Kommando über die römischen Truppen in Judäa übertrug, **belagerte Jerusalem** und nahm die Stadt schließlich im Jahr 70 n. Chr. unter großen Verlusten ein.

Der **Jüdische Krieg** endete in einer Katastrophe für die Juden. Titus ließ den Tempel plündern und zerstören. Nur ein Teil der Plattform des Tempels und ein kleiner Rest der westlichen Umfassungsmauer, später als **„Klagemauer“** bezeichnet, blieben erhalten. Das Beutegut aus dem Tempel (u. a. Kultgeräte wie die Menora, der heilige siebenarmige Leuchter) wurde nach Rom geschafft und dort bei einem Triumphzug den Einwohnern Roms vorgeführt.

Zeloten

Die Zeloten (griech. „zelotes“: „Eiferer“) waren eine **religiös-politische Widerstandsbewegung**, die sich im Jahr 6 n. Chr. gegen die römische Besatzung bildete. Der Glaube der Zeloten an die **Alleinherrschaft Jahwes** ließ es nicht zu, dass Judäa von einer heidnischen Macht wie dem Römischen Reich regiert wurde. Die Zeloten befürworteten deswegen die Anwendung von Gewalt und organisierten den **bewaffneten Kampf gegen die römische Besatzungsmacht**.

Ihre **soziale Basis** hatte die Widerstandsbewegung in den **ärmeren Bevölkerungsschichten**, die unter der Ausbeutung sowohl durch die römische Besatzungsmacht als auch durch die lokalen Großgrundbesitzer litten. Der Aufstand gegen die Römer im Jüdischen Krieg wurde zum großen Teil von Zeloten getragen. Deren Niederlage markierte auch das Ende der zelotischen Bewegung.

Mit der Eroberung Jerusalems und der Zerstörung des Tempels war der Widerstand der Zeloten entscheidend gebrochen. Lediglich eine kleine Gruppe von Aufständischen leistete noch erbitterten Widerstand in der **Bergfestung Masada**, bis die Römer auch diese Festung im Jahr 73 n. Chr. eroberten. Die Zeloten in der Festung begingen daraufhin Massenselbstmord. Masada, das Archäologen Anfang der 1960er-Jahre ausgegraben hatten, wurde zu einem Sinnbild für den Widerstands- und Selbstbehauptungswillen des jüdischen Volks.

Die Niederschlagung des Aufstands durch die Römer stellte für das jüdische Volk sowohl in politischer als auch in religiöser Hinsicht einen gewaltigen Einschnitt dar. Judäa unterstand nun nicht mehr dem römischen Statthalter in Syrien, sondern wurde zu einer **Provinz mit eigenem römischen Statthalter** aus der Rangklasse der ehemaligen Prätoren und mit einer im Land stationierten römischen Besatzungstruppe **(proprätorische Provinz)**. Die umfangreichen Verwüstungen, die große Zahl der Todesopfer sowie die Versklavung und Verschleppung von Juden veranlasste viele weitere, ihre Heimat zu verlassen – die **zweite Diaspora** begann. Dennoch war der Widerstand gegen die römische Herrschaft nicht gänzlich gebrochen, vielmehr kam es in den folgenden Jahrzehnten auch in anderen Teilen des Römischen Reichs, in denen es jüdische Ansiedlungen gab, immer wieder zu Konflikten.

Die jüdische Bergfestung Masada wurde zwischen 40 und 30 v. Chr. von König Herodes I. erbaut. 73 n. Chr. eroberten die Römer die Festung.

Bar-Kochba-Aufstand (132–135 n. Chr.)

Im Jahr 130 n. Chr. fasste **Kaiser Hadrian** den Beschluss, das zerstörte Jerusalem zu einer römischen Kolonie mit dem Namen **Aelia Capitolina** auszubauen und anstelle des jüdischen Heiligtums einen **Jupitertempel** zur Abhaltung heidnischer Riten zu errichten. Die Juden organisierten daraufhin 132 n. Chr. einen weiteren Aufstand unter Führung von Simon Bar Kosiba, der unter dem Namen **„Bar Kochba“** (hebr. „Sternensohn“) bekannt wurde.

Simon Bar Kochba wurde von seinen Anhängern als Messias betrachtet. Die heilsgeschichtliche Erwartung, dass der Aufstand nicht nur die Befreiung von der römischen Herrschaft mit sich bringen, sondern auch in eine Zeit des Weltfriedens münden würde, gab dem Aufstand seine außerordentliche Kraft.

Die Auflehnung gegen die Römer erfasste nicht nur Judäa, sondern auch Galiläa sowie die jüdischen Siedlungsgebiete der Provinzen Syria und Arabia. Trotz anfänglicher Erfolge der Aufständischen konnten die Römer nach erbitterten Kämpfen 135 n. Chr. die letzte Bergfestung einnehmen. Jerusalem wurde nach dem Krieg unter dem Namen **Aelia Capitolina** neu aufgebaut. Juden durften die Stadt und ihr Territorium bei Androhung der Todesstrafe nicht mehr betreten. Lediglich am Tag der Zerstörung des Tempels war es den Juden erlaubt, an der sog. **Klagemauer** den Verlust des Tempels und der Heimat zu beklagen.

In der Stadt wurden neben Veteranen der römischen Armee vor allem Syrer und Phönizier angesiedelt. Unter Kaiser Hadrian wurde die Provinz Judäa zudem in **Syria Palaestina** umbenannt – in Erinnerung an die Philister (arab. „filastin“ für „Palästina“), die in früheren Zeiten dort ansässigen Bewohner. Seit dem späten 3. Jahrhundert bürgerte sich schließlich die Bezeichnung **„Palästina“** ein. Mit dieser Namensänderung sollte die Beziehung des Landes zur Geschichte der Juden gelöscht werden. Zur eigenen Sicherheit stationierten die Römer zwei Legionen in Palästina.

Judäa war nach der Niederwerfung des Aufstands nicht mehr Mittelpunkt des jüdischen Lebens. Das kulturelle und religiöse Zentrum verlagerte sich in den Norden nach **Galiläa**. Der Krieg und seine Folgen verstärkten die **Diaspora** der Juden im Römischen Reich. Deren Bevölkerungsanteil nahm in Syria Palaestina stark ab und betrug um 300 n. Chr. nur noch etwa ein Viertel der Gesamtbevölkerung.

Das Judentum bis zur Eroberung Palästinas durch die Araber 640 n. Chr.

Die erfolglosen Aufstände gegen die Römer stellten für das jüdische Volk eine tiefe Zäsur dar, denn die Juden verfügten nun nicht mehr über ein geschlossenes Siedlungsgebiet und ein zentrales Heiligtum. Den in anderen Ländern ansässigen Juden war damit die Hoffnung genommen, in ihre angestammte Heimat zurückkehren zu können. Das **jüdische Volk** sollte für fast 2 000 Jahre **ohne eigene staatliche Heimstätte** sein. Das Leben in der **Diaspora** wurde zum prägenden Kennzeichen jüdischer Existenz. Die Sehnsucht nach der Rückkehr nach **Zion**, nach Jerusalem als religiösem und geistigem Zentrum, blieb aber bei den meisten der in der Diaspora lebenden Juden stets gegenwärtig.

Die in Palästina verbleibende jüdische Minderheit wurde nach der Niederschlagung des Aufstands nicht kollektiv bestraft oder diskriminiert, vielmehr wurden sie sogar von den Römern vor Übergriffen der heidnischen Mehrheit geschützt. Außerdem duldeten die Römer z. B. die Sammlung jüdischer Gesetzesvorschriften. Um 200 n. Chr. entstand so die **Mischna**, eine Zusammenstellung von religions- und zivilrechtlichen Entscheidungen, die von dem Patriarchen Rabbi Jehuda gesammelt worden war. 200 Jahre später entwickelte sich daraus der **Talmud**.

Große Veränderungen für das antike Judentum brachte die Christianisierung des Römischen Reichs mit sich. Nachdem Kaiser **Theodosius I.** 391 n. Chr. das **Christentum zur Staatsreligion** bestimmt hatte (vgl. S. 18), wurde in der Folge das politische, gesellschaftliche und vor allem das religiöse Leben der Juden immer stärker eingeschränkt. Nach der Teilung des Römischen Reichs 395 n. Chr. (vgl. S. 19) wurde Palästina Teil des Oströmischen Reichs. Die **Diskriminierung der Juden** nahm unter **Theodosius II.** (401–450 n. Chr.), der zahlreiche judenfeindliche Gesetze erließ, weiter zu: So schloss er u. a. 438 n. Chr. Juden von der Bekleidung öffentlicher Ämter aus.

Als zu Beginn des 7. Jahrhunderts die persischen **Sassaniden Palästina besetzten**, hofften die Juden auf ein besseres Leben unter persischer Herrschaft. Sie unterstützten die Perser im Kampf gegen das Oströmische Reich, wofür diese nach der Eroberung Jerusalems 614 n. Chr. die Stadt an die Juden zurückgaben. Im weiteren Verlauf des Kriegs setzten die Perser aber auf die Unterstützung monophysitischer Christen, einer orientalischen Glaubensrichtung, die in Byzanz nicht anerkannt wurde, und gaben Jerusalem 617 n. Chr. in deren Hand. Als der byzantinische Kaiser **Heraklios** 629 n. Chr. die Perser besiegte und Jerusalem einnahm, wurde den Juden der Zugang nach Jerusalem erneut untersagt.

Schließlich nutzten die Araber die Schwäche der vom Krieg zermürbten Byzantiner und Perser, eroberten Palästina und nahmen 638 n. Chr. **Jerusalem** ein, das nun unter **arabisch-islamischer Herrschaft** stand. Damit war die Hoffnung der Juden, dass diese Region wieder zu einem großen Siedlungsland der Juden werden würde, zerschlagen.

Palästina wurde nach der arabischen Eroberung fast vollständig arabisiert und in starkem Maße von der **islamischen Kultur** durchdrungen. Es gab aber weiterhin eine jüdische und eine christliche Minderheit in Palästina.

Jüdischer Krieg und Bar-Kochba-Aufstand: Ursachen und Folgen

Krieg	Ursachen	Folgen
Jüdischer Krieg (66–70 n. Chr.)	v. a. von Zeloten getragener Widerstand gegen die römische Besatzung (Verletzung religiöser Gefühle der Juden, wirtschaftliche Ausbeutung)	• Zerstörung des Tempels in Jerusalem: Verlust des zentralen Heiligtums • Judäa als proprätorische Provinz Verlust der Eigenständigkeit der jüdischen Bevölkerung • Verschlechterung der rechtlichen und sozialen Lage der Juden → **zweite Diaspora**
Bar-Kochba-Aufstand (132–135 n. Chr.)	Beschluss Kaiser Hadrians, Jerusalem zu einer römischen Kolonie auszubauen (Aelia Capitolina) und einen Jupitertempel anstelle des jüdischen Heiligtums zu errichten	• Vertreibung vieler Juden aus Palästina • Sperrung des Zugangs nach Jerusalem • Umbenennung Jerusalems in Aelia Capitolina • Umbenennung Judäas in Syria Palaestina → **Diaspora; Verlagerung des religiösen Zentrums nach Galiläa**

Aufgabe

12 Skizzieren Sie das Verhältnis zwischen Juden und römischer Besatzungsmacht von der Mitte des 1. Jahrhunderts v. Chr. bis zum Ende des Bar-Kochba-Aufstands.

2 Religiöse und kulturelle Konflikte zwischen Christen und Muslimen im Zeitalter der Kreuzzüge

Zwischen dem 7. und 9. Jahrhundert breitete sich der Islam über den Vorderen Orient, Nordafrika, Spanien, Sizilien und weite Teile Mittelasiens aus. Trotz mehrmaliger Belagerung Konstantinopels konnte sich das Byzantinische Reich gegen eine vollständige islamische Eroberung verteidigen. Jedoch verlor das Reich bereits in den 30er- und frühen 40er-Jahren des 7. Jahrhunderts seine östlichen Provinzen Syrien und Palästina sowie Ägypten an die Araber.

Die **Christen** der eroberten Gebiete wurden – wie die Juden – unter islamischer Herrschaft toleriert und galten nach islamischem Recht als **Schutzbefohlene**, jedoch mit teils eingeschränkten Rechten im Vergleich zu den Muslimen. So konnte die christliche und jüdische Bevölkerung gegen Zahlung einer **Kopfsteuer** weiterhin relativ frei ihre eigene Religion ausüben. Für die christlichen Eliten, die häufig sogar zum Islam konvertierten, war die wissenschaftlich und kulturell überlegene Welt der Muslime von großem Reiz, denn die Araber hatten weitaus früher Zugang zum Erbe der Antike. Die Christen profitierten von diesen Erkenntnissen (vgl. S. 3 f.), die im Abendland zum großen Teil in Vergessenheit geraten waren.

In der zweiten Hälfte des 10. Jahrhunderts sah sich der **Kalif von Bagdad**, das geistliche und politische Oberhaupt der Muslime, mit **innerpolitischen Konflikten** konfrontiert. Diese ermöglichten es dem Byzantinischen Reich, Gebiete im östlichen Mittelmeerraum zurückzuerobern und die Araber wieder von Kreta und Zypern zu vertreiben. Allerdings waren die Auseinandersetzungen zwischen Byzanz und islamischer Welt noch nicht primär religiös motiviert, vielmehr ging es um territoriale Gewinne und Machtansprüche. Die Zerstörung der Grabeskirche in Jerusalem im Jahr 1009 und die zeitgleiche Christenverfolgung auf Befehl des Kalifen Al-Hakim sind deshalb eher als Gräueltat eines Einzelnen zu bewerten denn als Ausdruck antichristlicher Gesinnung unter den Muslimen jener Zeit.

2.1 Der Aufruf Papst Urbans II. zum Ersten Kreuzzug

Hilfsersuchen des byzantinischen Kaisers an den Papst

Die militärischen Erfolge des Byzantinischen Reichs waren aber nicht von Dauer, denn in dem entstehenden seldschukischen Reich erwuchs den Byzantinern im Osten ein starker Gegner. Der Kalif von Bagdad hatte 1055 die Macht der **Seldschuken**, einer türkischen Fürstendynastie, anerkannt und ihren Feldherrn Tughrul Beg zum Sultan ernannt. Dessen Nachfolger Sultan Alp Arslan errang 1071 einen **entscheidenden Sieg gegen Byzanz** und leitete damit die türkische Besiedlung Anatoliens ein. Mit dem Verlust Anatoliens verlor Byzanz ein wichtiges Rekrutierungsreservoir für die Armee, was seine militärische Macht erheblich schwächte. Im Jahr 1078 eroberten die Seldschuken schließlich **Syrien** und nahmen zudem **Jerusalem** ein.

Angesichts dieser Notlage bat der byzantinische Kaiser Alexios I. Komnenos Papst Urban II. im März 1095 auf der **Synode von Piacenza** um militärischen Beistand. Alexios hoffte auf kampferprobte Söldner aus dem Abendland, die die Durchschlagskraft der byzantinischen Armee verbessern sollten. Um dem Hilfsersuchen Nachdruck zu verleihen, wurden von byzantinischer Seite die **Bedrohung der Christenheit durch die Seldschuken** und deren Grausamkeiten gegenüber den christlichen Pilgern übertrieben dargestellt und die Notwendigkeit der Befreiung Jerusalems von den Moslems hervorgehoben.

Die Interessenlage des Papstes

Die Autorität Papst Urbans II. war zu diesem Zeitpunkt durch den fortdauernden **Investiturstreit** infrage gestellt, hatte Kaiser Heinrich IV. doch bereits 1080 mit Clemens III. einen Gegenpapst eingesetzt (vgl. S. 29). Dass sich der byzantinische Kaiser mit der Bitte um Unterstützung an ihn – nicht an den Gegenpapst – wandte, bedeutete für Urban II. deswegen einen erheblichen Prestigegewinn. Zudem konnte der Papst mit dem Aufruf zum bewaffneten Vorgehen gegen die Heiden seinen Anspruch auf die **Führung über die gesamte Christenheit** untermauern, sollte einst die Kirchenunion wiederhergestellt werden – die Spaltung in eine römisch-katholische und eine griechisch-orthodoxe Kirche im Jahr 1054 („Morgenländisches Schisma“) lag noch nicht allzu lange Zeit zurück.

Auf dem **Konzil in Clermont-Ferrand** rief Papst Urban II. am 27. November 1095 in einer mitreißenden Rede zur Befreiung des Heiligen Grabs aus den Händen der Ungläubigen und damit zum **Ersten Kreuzzug** auf. Unter anderem begründete er die Notwendigkeit des Kreuzzugs mit Angriffen der Heiden auf christliche Pilger in der jüngsten Vergangenheit, welche die heiligen Stätten in Jerusalem besuchen wollten. Für die Teilnahme an der Rettung von Byzanz und der orientalischen Christenheit versprach der Papst einen doppelten Lohn: einen himmlischen (Erlangung des Seelenheils und Vergebung von Sünden) und einen irdischen (Beute, Kriegsruhm).

Gründe für die große Resonanz des päpstlichen Aufrufs zum Kreuzzug

Die Rede des Papstes erzielte eine ungeheure Wirkung, und unter den Zuhörern soll sich als unmittelbare Reaktion die Parole **„Deus lo vult“** („Gott will es“) verbreitet haben. Viele Zuhörer hefteten sich als äußeres Zeichen ihres Gelübdes, in das Heilige Land zu ziehen, ein Stoffkreuz auf die Brust. Mit seiner Aufforderung zum Kreuzzug traf Urban II. einen Nerv der Zeit. Diese Epoche war nämlich nicht zuletzt aufgrund der **kirchlichen Reform- und Emanzipationsbestrebungen** der zurückliegenden Jahre von einer starken religiösen Inbrunst geprägt.

Auch für die Kreuzfahrer selbst boten sich etliche Vorteile: Ihr Eigentum wurde für die Dauer des Kreuzzugs unter den Schutz der Kirche gestellt und ihre Schulden gestundet. Gerade für die jüngeren, nicht erbberechtigten Söhne des Adels mit nur geringen wirtschaftlichen und sozialen Perspektiven in der Heimat stellte die Aussicht auf **Landgewinn** im Osten eine große Motivation dar. Das **Bevölkerungswachstum** im Europa des 11. Jahrhunderts erschwerte es generell, ein Auskommen zu finden. Dies förderte die Bereitschaft vieler, am Kreuzzug teilzunehmen.

Die überaus große Resonanz auf den Aufruf zum Kreuzzug kam trotz allem überraschend. Urban II. selbst hatte eher im Sinn, ein kleines Heer aus südfranzösischen Rittern zu rekrutieren, um den bedrohten Christen im Osten zu Hilfe zu kommen und eventuell Jerusalem zu befreien. Die nun angestoßene Massenbewegung entzog sich dagegen rasch der Kontrolle durch den Papst.

Hintergründe für den Kreuzzugsaufruf von Papst Urban II.

2.2 Der Erste Kreuzzug und die christlichen Kreuzfahrerstaaten

Auftakt der Kreuzzugsbewegung: die „Volkskreuzzüge" 1096

Von Wanderpredigern angefacht, kam es im Jahr 1096 zu sog. Volkskreuzzügen. Es handelte sich um ungeordnete Haufen meist einfacher Leute, die auf ihrem Weg nach Jerusalem plündernd und raubend durch das Land zogen. Keine dieser Scharen erreichte jedoch ihr Ziel. Sie wurden vielmehr von den Seldschuken und Truppen des ungarischen Königs geschlagen und aufgerieben.

Beim Aufbruch dieser Arme-Leute-Heere kam es zu entsetzlichen **Pogromen an den Aschkenasim** (hebr. „deutsche Juden"), die in jüdischen Gemeinden am Rhein lebten. Hunderte von Juden verloren dabei ihr Leben. Für die Pogrome lassen sich im Wesentlichen zwei Beweggründe festmachen: Zum einen wollten sich die mittellosen Haufen durch den Überfall auf jüdische Gemeinden bereichern, zum anderen sahen die Teilnehmer an den Volkskreuzzügen ihr brutales Vorgehen religiös gerechtfertigt. Da die Juden als „Christusmörder" diese Behandlung verdient hätten, wurde die mörderische Gewaltanwendung als gottgefälliges Werk interpretiert. Zwangstaufen von Juden verdeutlichen aber, dass es sich im Mittelalter um (religiös-theologischen) **Antijudaismus** handelte und nicht um (rassistischen) Antisemitismus im modernen Sinn.

Der Kreuzzug der Ritterheere und die Eroberung Jerusalems 1099

Nach dem Aufruf Urbans II. brachen im Sommer 1096 auch Ritterheere, die von adligen Fürsten befehligt wurden, aus Süd- und Westfrankreich, Lothringen, der Normandie und Flandern sowie ein Heer süditalienischer Normannen in Richtung Heiliges Land auf. Die **Kreuzfahrerheere** vereinigten sich zwischen Spätherbst 1096 und Mai 1097 in **Konstantinopel**. Für den byzantinischen Kaiser Alexios I. Komnenos war die Präsenz der Kreuzritter in seinem Land eine zweischneidige Angelegenheit: Einerseits waren sie willkommene Verbündete im Kampf gegen die Seldschuken, andererseits stellten sie aber ein Sicherheitsrisiko für den Bestand des eigenen Reichs dar.

Das vereinigte Heer der Kreuzfahrer erreichte im Jahr 1099 **Jerusalem**. Nach mehrwöchiger Belagerung gelang es den Angreifern, die Stadt einzunehmen. Christliche wie muslimische Augenzeugen berichten in später erstellten Chroniken von **Massakern an der muslimischen und jüdischen Bevölkerung**. Die Kreuzfahrer ermordeten die Bewohner Jerusalems ohne Rücksicht auf Alter oder Geschlecht. So wurden in der al-Aqsa-Moschee alle Zuflucht Suchenden umgebracht, wobei die fränkischen Kreuzritter, so genannt, da die meisten von ihnen aus Frankreich stammten, auch vor Gelehrten und Imamen nicht halt machten. Viele Juden, die sich in die Hauptsynagoge geflüchtet hatten, wurden getötet, als die Kreuzritter die Synagoge niederbrannten. Wegen der großen Brutalität der Kreuzritter bei der Eroberung Jerusalems grub sich das Geschehen in das kollektive Gedächtnis von Muslimen und Juden ein.

Entscheidend für den Erfolg der Kreuzritter waren zum einen ihr **religiöser Fanatismus**, der die Kampfbereitschaft extrem anstachelte, zum anderen die religiöse und **politische Zerstrittenheit der muslimischen Welt**. Diese war in zahlreiche arabische und türkische Kleinfürstentümer zersplittert, die sich untereinander bekämpften und sich zum Teil mit dem Kreuzfahrerheer arrangiert hatten. So kam es auch nach dem Verlust Jerusalems zunächst zu keiner entschlossenen Gegenwehr.

Eroberung Jerusalems durch die Kreuzfahrer, 1099

Nach der Eroberung Jerusalems sollten noch weitere Kreuzzüge folgen, doch hat der Erste Kreuzzug sowohl in der mittelalterlichen Überlieferung als auch in der historischen Forschung einen besonderen Stellenwert eingenommen. Denn in ihm fokussieren sich **politisch-religiöse Motive** und **militärisch-strategische Probleme**, die sich in den späteren Kreuzzügen wiederfinden.

Die Entstehung der Kreuzfahrerstaaten

1099 wurde der Heerführer **Gottfried von Bouillon** zum ersten Herrscher Jerusalems gewählt. Er nannte sich aus Demut aber nicht König – Jesus Christus hatte in dieser Stadt die Dornenkrone getragen –, sondern weitaus bescheidener „Verteidiger des Heiligen Grabes“. Nach seinem Tod übernahm sein Bruder **Balduin von Boulogne** die Macht. Er war weniger zurückhaltend als sein Bruder und ließ sich am Weihnachtstag 1100 zum ersten christlichen König von Jerusalem krönen. Damit wurde er zum Begründer des **Königreichs Jerusalem**.

Insgesamt entstanden in Palästina (entlang der Mittelmeerküste) und in Syrien aufgrund der militärischen Erfolge der Kreuzritter **vier Kreuzfahrerstaaten**. Neben dem Königreich Jerusalem waren dies die Grafschaft Tripolis, das Fürstentum Antiochia und die Grafschaft Edessa.

Bei Weitem nicht alle Kreuzfahrer, die an der Eroberung der Herrschaftsgebiete beteiligt waren, blieben in Palästina. Vielmehr kehrte ein großer Teil von ihnen in die Heimat zurück. Die verbleibenden Kreuzritter schufen Feudalstaaten im Vorderen Orient, die von muslimischen Feinden umgeben waren und ca. zwei Jahrhunderte Bestand hatten. Da die Küstenregionen in der Hand der christlichen Ritter waren, konnten die Kreuzfahrerstaaten über den Seeweg versorgt werden. Die Länder wurden **Outremer** („Länder in Übersee") genannt.

Die abendländischen Ritter waren in den Kreuzfahrerstaaten gegenüber der muslimischen, jüdischen oder christlich-orthodoxen Bevölkerung in der Minderheit. Die christlichen „Franken" – so die Bezeichnung der Kreuzritter in den arabischen Quellen – erlaubten den Moslems und Juden meist die **freie Religionsausübung**. Außerdem gestanden sie ihnen aus wirtschaftlichen Gründen gewisse Rechte zu. Obwohl die herrschende fränkische Schicht teilweise orientalische Gewohnheiten (z. B. Kleidung, Essen) annahm und es vereinzelt zu Kontakten mit der einheimischen Bevölkerung kam, wurden die trennenden Schranken meist aufrechterhalten. Die Muslime akzeptierten zu keinem Zeitpunkt die Herrschaft der Franken, sondern waren vielmehr darum bemüht, die christlichen Ritter aus ihrer Heimat zu vertreiben.

2.3 Das Ende der Kreuzfahrerstaaten

Im Jahr 1144 gelang es dem Heerführer des seldschukischen Sultans, Imad ad-Din Zengi, die **Grafschaft Edessa** zu erobern. Sein militärischer Erfolg stellte für die muslimische Welt ein wichtiges Signal dar, demonstrierte er doch, dass es möglich war, die abendländischen Ritter zu besiegen.

Nachfolgende Aufrufe Papst Eugens III. zu einem neuen Kreuzzug fanden nicht mehr die Resonanz, die der Erste Kreuzzug hervorgerufen hatte. Die einstige Begeisterung war inzwischen einer gewissen Ernüchterung gewichen. Der **Zweite Kreuzzug** (1147–1149) unter Führung des französischen Königs **Ludwig VII.** und des römisch-deutschen Königs **Konrad III.** brachte keine durchschlagenden Erfolge. Deren Vorhaben, gemeinsam mit König Balduin III. von Jerusalem das wohlhabende **Damaskus** anzugreifen, erwies sich als folgenreiche Fehlentscheidung. Denn die in Damaskus regierende Dynastie bat in dieser Notlage trotz vorhandener Spannungen den Sohn Sultan Zengis, **Nur**

ad-Din, um Hilfe, worauf dieser ein **Entsatzheer** zur Befreiung der Eingeschlossenen schickte. Die Kreuzfahrer mussten die Belagerung von Damaskus aufgeben, was zum Scheitern des Zweiten Kreuzzugs beitrug.

Nur ad-Din gelang es in den folgenden Jahren, nicht zuletzt durch die Propagierung der Idee des „Heiligen Kriegs", seine Macht auszuweiten und in Syrien einen geschlossenen „islamischen Machtblock" (Thorau) zu formen. In Ägypten vermochte der junge **Sultan Saladin**, der dort als Statthalter Nur ad-Dins fungierte, seine Stellung zu festigen. Nach dem Tod Nur ad-Dins stieg Saladin zu dessen Nachfolger auf und konsolidierte zunächst seine Macht, bevor er gegen die „Ungläubigen" in den Kreuzfahrerstaaten vorging. Er fügte den Kreuzfahrern 1187 in der Nähe des Dorfs **Hattin** eine **verheerende Niederlage** zu und eroberte dann rasch fast das gesamte Königreich Jerusalem. Die Kreuzfahrer hatten mit Antiochia, Tripolis und Tyrus nur noch drei Brückenköpfe in Palästina.

Die Niederlagen und die daraus resultierenden Hilferufe veranlassten Kaiser **Friedrich Barbarossa**, den französischen König Philipp II. August und den englischen Herrscher **Richard Löwenherz** 1188 zum **Dritten Kreuzzug** (1188–1192). Friedrich Barbarossa ertrank jedoch im Juni 1190 auf dem Weg ins Heilige Land beim Baden im Fluss Saleph in Kilikien. Ein großer Teil seines Heeres kehrte daraufhin auf dem Seeweg nach Hause zurück.

Die Problematik der Züge wurde beim **Vierten Kreuzzug** (1202–1204) besonders deutlich: Auf Betreiben Venedigs, in dessen Interesse der ungestörte Handel im Bereich des Schwarzen Meeres lag, wurde im April 1204 **Konstantinopel**, das Zentrum des östlichen Christentums, gestürmt und erobert; dabei kam es zu umfassenden Plünderungen, Zerstörungen und zu einem entsetzlichen Blutbad an den orthodoxen Christen dort. Dieses Vorgehen zeigte, dass machtpolitische Motive eindeutig Vorrang vor religiösen Beweggründen hatten.

Eine weitere Initiative zur Rückgewinnung der Heiligen Stadt erfolgte unter **Kaiser Friedrich II.** Diesem gelang es 1229 auf dem Verhandlungsweg, die Herrschaft über Jerusalem zu erlangen. Jedoch war die Übereinkunft auf zehn Jahre begrenzt und schloss den Felsendom und die al-Aqsa-Moschee aus; diese blieben in muslimischer Hand. 1244 fiel die Stadt schließlich wieder in die Hände der Muslime. Als **Akkon**, einer der letzten Stützpunkte der Kreuzfahrer, 1291 von den Muslimen eingenommen wurde, war die Herrschaft der Kreuzfahrer unwiderruflich beendet. Weitere Versuche, das Heilige Land zurückzuerobern, scheiterten bereits in der Planungsphase.

Bilanz der Kreuzzüge

Die von der Kreuzzugsbewegung angestrebten Ziele wurden letztlich nicht erreicht. Zwar konnten die Kreuzritter Jerusalem erobern, doch hatte das Königreich ebenso wie die anderen Kreuzfahrerstaaten keinen Bestand. Es wurde auch bald offenbar, dass die Anführer der Kreuzfahrerheere weniger religiöse als vielmehr eigene **machtpolitische Interessen** verfolgten. Die Eroberung des christlichen Konstantinopel beim Vierten Kreuzzug und die damit einhergehende Gewaltausübung zeigten dies ganz deutlich. Da sich die Kreuzfahrer den orthodoxen Christen in Palästina überlegen fühlten und letztere nicht gleichberechtigt waren, vertiefte sich auch die **Kluft zwischen römischer und griechisch-orthodoxer Kirche** – die Wiederherstellung der Kirchenunion rückte in weite Ferne. Eine weitere Folge der Kreuzzüge war das Entfachen eines mörderischen **Antijudaismus** im Reich, der der Toleranz gegenüber dem Judentum ein Ende setzte. Durch die Kreuzzugsbewegung wurde außerdem der **Fanatismus** auf christlicher wie muslimischer Seite stark angeheizt und die religiöse Duldsamkeit vermindert.

Auch die **Kreuzritter** profitierten nicht von den Zügen ins Heilige Land. Denn selbst wenn die Ritter die Kämpfe überlebten, verloren sie häufig einen großen Teil ihres Vermögens und **verarmten**, da sie die Kosten für die „bewaffnete Wallfahrt“ selbst tragen mussten. Die Kirche gehörte ebenfalls zu den Verlierern der Kreuzzugsbewegung. Diese war der kirchlichen Kontrolle entglitten und das machtgierige Verhalten der Kreuzritter schädigte den Ruf der Kirche nachhaltig.

Freilich war der kontinuierliche Austausch zwischen christlich und muslimisch geprägter Kultur über Sizilien, Süditalien und vor allem die Iberische Halbinsel, wo das Christentum nach der im 9. Jahrhundert einsetzenden Rückeroberung arabischer Gebiete („Reconquista“) nicht mehr abgelöst wurde, besonders fruchtbar und nachhaltig. Aber auch durch die Kreuzzüge intensivierten sich die **Kontakte zwischen Orient und Okzident**.

Aufgaben

13 Beschreiben Sie Entstehung, Verlauf und Ergebnis des Ersten Kreuzzugs.

14 Zeigen Sie die langfristigen Folgen der Kreuzzugsbewegung auf.

3 Der Zionismus und die Konflikte zwischen Arabern und Juden in Palästina bis zur Gründung Israels

3.1 Antisemitismus in West- und Osteuropa im 19. Jahrhundert

Aufkommen des modernen Antisemitismus seit den 1870er-Jahren

In der Mitte des 19. Jahrhunderts hatten viele vor allem in West- und Mitteleuropa lebende Juden die Hoffnung, dass sie durch Assimilation ihre rechtliche und soziale Lage verbessern könnten.

Assimilation

Unter Assimilation (lat. „assimilare": ähnlich machen) versteht man im soziologischen Sinn die **kulturelle und sprachliche Anpassung einer Minderheit an die Mehrheit**. So wird für das 19. Jahrhundert von einer Assimilation eines Teils der Juden an die Mehrheitsgesellschaften ihrer Heimatländer gesprochen.

Dieser Optimismus wurde jedoch schwer erschüttert, als sich seit den 1870er-Jahren in etlichen Staaten Europas, besonders im Deutschen Reich und in der k. u. k. Monarchie Österreich-Ungarn, eine neue Form der Judenfeindschaft ausbreitete. Für diese bürgerte sich der Begriff **„Antisemitismus"** ein. Von früheren Erscheinungsformen der Judenfeindlichkeit unterschied sich dieser Antisemitismus dadurch, dass nicht mehr die Religionszugehörigkeit der Grund für Ablehnung und Ausgrenzung der Juden war (Antijudaismus), sondern die unterstellte Zugehörigkeit zu einer **jüdischen „Rasse"**. Diese rassisch begründete Judenfeindschaft ging nicht nur mit der Forderung nach gesetzlicher Ausgrenzung einher, sondern seine Vertreter formulierten als Ziel teilweise schon im späten 19. Jahrhundert die physische Vernichtung der Juden. Ihre Vorstellungen stützten sie dabei auf **pseudo-wissenschaftliche Theorien**.

Das Aufkommen antisemitischer Bewegungen und Parteien war eng mit dem Prozess einer von vielen Bürgern als krisenhaft erlebten Modernisierung verbunden. So verwundert es nicht, dass der Antisemitismus im Deutschen Reich nach der **Wirtschaftskrise** zu Beginn der 1870er-Jahre („Gründerkrach") verstärkt Zulauf fand. Die Lage vieler jüdischer Bürger in West- und Mitteleuropa war im 19. Jahrhundert von unübersehbaren Fortschritten hinsichtlich ihrer ökonomischen, rechtlichen und sozialen Stellung gekennzeichnet (Judenemanzipation). Die Verlierer des Modernisierungsprozesses waren deswegen besonders für Anschauungen empfänglich, die in den Juden die Verantwortlichen für die eigene Misere sahen. Die **Juden** dienten diesen Menschen als **Sündenböcke** für alle Entwicklungen, die sie als Bedrohung ihrer Existenz empfanden.

Der Beginn der jüdischen Einwanderung nach Palästina Ende des 19. Jahrhunderts

Die soziale und rechtliche Situation der jüdischen Bevölkerung in Osteuropa war wesentlich schlechter als die der Juden in West- und Mitteleuropa. So kam es in Russland nach der **Ermordung Zar Alexanders II.** 1881 zu zahlreichen Pogromen gegen jüdische Gemeinden. Unter dem Eindruck dieser gewalttätigen Übergriffe verfasste **Leon Pinsker** (1821–1891), ein jüdischer Arzt aus Odessa, seine Schrift „Auto-Emancipation". Darin kam er zu dem Schluss, dass die Emanzipation der Juden gescheitert sei, und forderte stattdessen die **Selbstemanzipation der Juden als Nation**. Für Pinsker stand jedoch noch nicht fest, wo dieser jüdische Staat entstehen sollte: Neben Palästina wurde auch Argentinien als Ort für die Gründung eines jüdischen Gemeinwesens erwogen.

Die Pogrome in Russland und Pinskers Schrift waren wichtige Faktoren für die erste jüdische Einwanderungswelle **(Alija)** zwischen 1882 und 1903 nach Palästina, das damals zum Osmanischen Reich gehörte. Die Immigranten hofften, in der alten Heimat Palästina den jüdischen Einfluss zu stärken, um eines Tages die politische Selbstständigkeit zu erreichen. Man kann mit Blick auf diese Einwanderungswelle nach Palästina und die Besiedlung des Landes von einem **praktischen Zionismus** sprechen.

Zionismus

Unter Zionismus versteht man die im späten 19. Jahrhundert entstehende **religiös-politische Bewegung**, welche die **Errichtung und Etablierung eines jüdischen Staates in Palästina** zum Ziel hatte. Der Begriff „Zion" leitet sich ursprünglich vom Tempelberg, einem östlich der Stadt Jerusalem gelegenen Hügel, ab, auf dem sich eine Festung befand, die von König David erobert wurde. David integrierte Jerusalem auf friedlichem Wege in seinen Herrschaftsbereich und machte die Stadt zum Mittelpunkt der vereinten Monarchie. Der Name **Zion** wurde später als Bezeichnung Jerusalems verwendet und bezog sich auf die Bedeutung der Stadt als **religiöses und geistiges Zentrum des Judentums**.

Seit der Zerstörung des Tempels 70 n. Chr. und der Vertreibung der jüdischen Bevölkerung durch die Römer lebten die Juden in der **Diaspora** („Verstreutheit"). Trotzdem gab es unter den Juden immer die Sehnsucht nach einer Rückkehr. Die Hoffnung, dass man irgendwann wieder in der **alten Heimat Jerusalem (Zion)** leben könnte, war stets gegenwärtig.

Doch erst mit dem Auftreten eines aggressiven Antisemitismus in Europa gegen Ende des 19. Jahrhunderts wurden konkrete Vorstellungen von der Gründung eines jüdischen Staates in Palästina entwickelt. Der österreichisch-jüdische Schriftsteller **Nathan Birnbaum** prägte für diese nationaljüdische Bewegung im Jahr 1890 den Begriff „Zionismus".

In **zwei Haupteinwanderungswellen** kamen im Zeitraum von 1882 bis 1891 zwischen 20 000 und 30 000 Juden **nach Palästina**. Nach einer Volkszählung aus dem Jahr 1878 lebten zu dieser Zeit ca. 15 000 Juden in Palästina, während die dort lebende muslimische und christliche Bevölkerung fast eine halbe Million Menschen umfasste. Bis zum Ausbruch des Ersten Weltkriegs erhöhte sich der Zahl der jüdischen Bewohner Palästinas durch die Einwanderungsbewegung auf etwa 80 000 Menschen. Allerdings entschied sich die Mehrzahl der russischen Juden (etwa zwei Millionen Menschen) für die Auswanderung in die Vereinigten Staaten.

3.2 Theodor Herzl und der Zionismus

Herzls Hinwendung zum Zionismus

Entscheidend für die Etablierung des Zionismus als **politische Bewegung** war der jüdische Journalist **Theodor Herzl** (1860–1904). Er stammte aus einer assimilierten jüdischen Familie, die 1878 von Budapest nach Wien gezogen war. Zwar war Herzl schon früh mit dem Antisemitismus in Österreich-Ungarn konfrontiert worden – 1883 war er wegen der antisemitischen Ausrichtung der Studentenverbindung „Wiener akademische Burschenschaft Albia“ aus dieser ausgetreten –, doch hielt er noch Anfang der 1890er-Jahre die völlige Assimilation von Juden für den besten Weg, um ein Leben ohne Bedrohungen und Benachteiligungen führen zu können. Dieser Glaube wurde jedoch schon bald grundlegend erschüttert.

oben: Porträt des jüdischen Journalisten Theodor Herzl (1860–1904); rechts: Der jüdische Offizier Alfred Dreyfus wird 1895 unehrenhaft aus der Armee entlassen.

In Frankreich begann im Dezember 1894 der Prozess gegen den jüdischen Offizier Alfred Dreyfus. Dieser wurde fälschlicherweise beschuldigt, militärische Geheimnisse an das Deutsche Reich verraten zu haben. Obwohl die Anklageseite keine überzeugenden Beweise vorlegen konnte, wurde Dreyfus zu lebenslanger Haft verurteilt. Herzl arbeitete zu dieser Zeit in Paris als Korrespondent für die angesehene Wiener Tageszeitung „Neue Freie Presse" und berichtete vom **Dreyfus-Prozess**, der in ganz Europa hohe Wellen schlug. Herzl wurde erstmals bewusst, dass auch in einer scheinbar aufgeklärten Gesellschaft wie der französischen jederzeit antisemitische Ressentiments zutage treten konnten. Deswegen waren in seinen Augen die Bemühungen der Juden um Anpassung und Akzeptanz letztlich vergeblich.

Auch in **Österreich-Ungarn** zeigten sich extrem judenfeindliche Tendenzen. So triumphierte bei der Bürgermeisterwahl in Wien im Jahr 1895 der antisemitisch eingestellte **Karl Lueger**. Aufgrund seiner radikalen Auffassungen wurde er zwar zunächst nicht von Kaiser Franz Joseph I. ernannt; von 1897 bis 1910 war er aber schließlich doch Bürgermeister von Wien.

Theodor Herzl zog aus diesen Entwicklungen den Schluss, dass es für die Juden nur noch eine Möglichkeit gebe, um den Anfeindungen und Übergriffen zu entgehen, nämlich die Gründung eines eigenen Staates.

Theodor Herzls Werk „Der Judenstaat"

Kurz nach der Dreyfus-Affäre veröffentlichte Theodor Herzl im Jahr 1896 die programmatische Schrift „Der Judenstaat". Herzl war zwar nicht der erste, der die Idee der **Gründung eines jüdischen Staates** entwickelte, doch ging er als erster sehr konkret auf die praktischen Fragen der Verwirklichung dieses Ziels ein. Außerdem war aufgrund des seit den 1880er-Jahren immer aggressiver werdenden Antisemitismus die Bereitschaft vieler Juden gewachsen, sich neuen Vorstellungen zur Lösung der „Judenfrage" zu öffnen und bisher vertretene Auffassungen zu überdenken. So kam es durch Herzls Schrift zu einer massenwirksamen Verbreitung der zionistischen Idee. Die Anziehungskraft der **Vision einer „nationalen Heimstätte" für die Juden** gründete sich aber auch auf den allgemeinen Siegeszug nationalistischen und kolonialistischen Denkens in Europa im ausgehenden 19. Jahrhundert.

Die Entwicklung des Zionismus zur politischen Massenbewegung

Im August 1897 organisierte Herzl den **ersten Zionistischen Weltkongress** in Basel. Die Delegierten einigten sich auf das Ziel der Gründung einer „öffentlich-rechtlich gesicherten Heimstätte in Palästina". Das **„Basler Programm"** blieb bis zur Staatsgründung 1948 Leitlinie der zionistischen Bewegung.

Die Festlegung auf Palästina als Ort des zu gründenden jüdischen Staates verband die nationale Bestrebung mit dem historischen und religiösen Erbe der Juden und entfaltete so eine große Breitenwirkung. Durch Theodor Herzl wurde die zionistische Idee zur Grundlage einer politischen Massenbewegung, die es bis dahin noch nicht gegeben hatte. In sein Tagebuch schrieb Herzl die prophetischen Worte: „Fasse ich den Basler Congress in ein Wort zusammen – das ich mich hüten werde, öffentlich auszusprechen –, so ist es dieses: in Basel habe ich den Judenstaat gegründet."

Für die Mehrzahl der Delegierten, die die Gründung eines jüdischen Staates in Palästina befürworteten, war es unerheblich, dass dort seit dem 7. Jahrhundert Araber siedelten und die Juden in der Gegenwart nur eine kleine Minderheit darstellten. Vielmehr gingen die meisten Anhänger der zionistischen Idee davon aus, dass die alte Heimat **Palästina ein „Land ohne Volk" für ein „Volk ohne Land"** sei.

Zur Umsetzung des „Basler Programms" initiierte Herzl noch im Kongressjahr die Gründung der **Zionistischen Weltorganisation** (ZWO). Diese verstand sich als Nationalversammlung, die weltweit alle Anhänger eines Judenstaates repräsentieren sollte. Zur Finanzierung des Landkaufs und der Besiedlung Palästinas gründete sie u. a. 1899 die Jüdische Kolonisationsbank und 1901 den Jüdischen Nationalfonds.

Herzl war die unumstrittene Führungsfigur der zionistischen Bewegung; sein unermüdlicher Einsatz und seine charismatische Ausstrahlung trugen erheblich zur Popularisierung der zionistischen Idee bei. Innerhalb weniger Jahre war der Zionismus zu einer bedeutsamen politischen Bewegung geworden.

Theodor Herzl: Begründer des modernen Zionismus

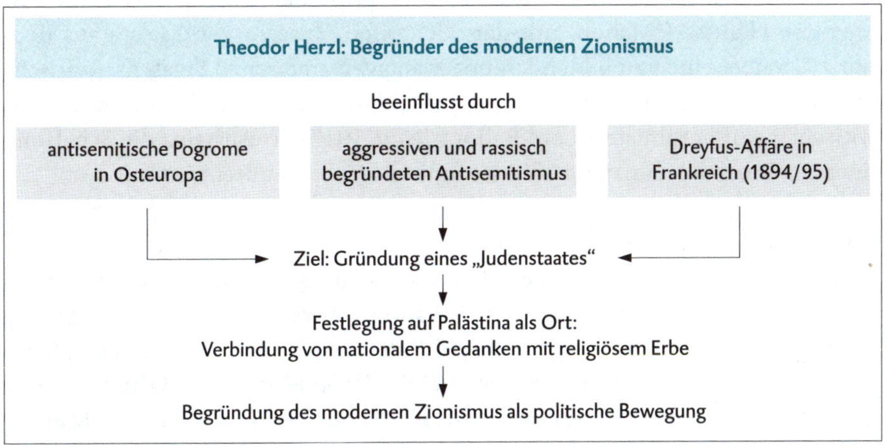

Dennoch schienen im Jahr 1904, als Herzl im Alter von nur 44 Jahren an einem Herzleiden starb, die Chancen auf die Realisierung eines jüdischen Staates in Palästina sehr gering. Nichts deutete zu diesem Zeitpunkt darauf hin, dass Herzls Vision knapp 45 Jahre später Wirklichkeit werden sollte.

3.3 Die britische Nahostpolitik während des Ersten Weltkriegs

Durch den Ersten Weltkrieg veränderte sich die politische Situation im Nahen Osten grundlegend. Nach der Niederlage des Osmanischen Reichs, das 1914 an der Seite des Deutschen Reichs und Österreich-Ungarns in den Krieg eingetreten war, etablierten **Großbritannien** und **Frankreich** als Siegermächte eine **Vormachtstellung** in dieser Region. Sie teilten als Besatzungsmächte entsprechend ihren strategischen und wirtschaftlichen Interessen – Ziel waren der Zugriff auf das immer wichtiger werdende Erdöl sowie die Kontrolle bedeutender See- und Handelswege – die Region des Nahen Ostens untereinander auf. Die Landkarte des Nahen Ostens wurde dadurch fundamental verändert: Jordanien, Syrien, der Irak und der Libanon entstanden als politische Territorien, wenn auch zunächst noch nicht als unabhängige Staaten, sondern unter französischer und britischer Verwaltung. Saudi-Arabien wurde als einziger Staat unabhängig und mit dem an Großbritannien übertragenen **Völkerbundmandat für Palästina** entstand die territoriale Voraussetzung für die spätere Gründung Israels. Die meisten der noch heute existierenden Konflikte im Nahen Osten gehen auf die Auswirkungen der imperialistischen Politik der europäischen Staaten zurück.

Bereits während des Ersten Weltkriegs trafen Großbritannien und Frankreich Abmachungen, die ihren Einfluss in der Region nach dem Krieg sichern sollten. Zu diesen zählten der Schriftwechsel des britischen Hochkommissars von Ägypten, Henry McMahon, mit dem Scherifen Hussein von Mekka aus dem Jahr 1915 über einen zu bildenden unabhängigen arabischen Staat, das britisch-französische Sykes-Picot-Abkommen (Mai 1916) und das Versprechen des britischen Außenministers Lord Balfour (Nov. 1917), in Palästina die Schaffung einer „nationalen Heimstätte" für das jüdische Volk zu unterstützen.

Die McMahon-Korrespondenz (1915)

Da Großbritannien Interesse an einer Schwächung des Osmanischen Reichs hatte, machte es der arabischen Seite Versprechungen, sich für deren nationale Bestrebungen einzusetzen und sie beim Aufbau eines eigenen arabischen Staates zu unterstützen. Am 24. Oktober 1915 schrieb **Henry McMahon**, der britische Hochkommissar in Ägypten, an den **Scherifen Hussein von Mekka**,

Großbritannien werde die arabische Unabhängigkeit innerhalb der von Hussein geforderten Gebiete anerkennen und fördern. Die britische Regierung erhoffte sich dadurch einen **arabischen Aufstand gegen die osmanische Herrschaft**, und zwar unter Beteiligung des britischen Agenten Thomas Edward Lawrence alias „Lawrence von Arabien".

In diesem Briefwechsel wurde aber nicht geklärt, welche Gebiete zum arabischen Herrschaftsbereich gehören sollten. Großbritannien nahm keine präzise Definition vor, um nicht die eigenen Spielräume durch eine klare Festlegung einzugrenzen. Die britische Seite ging davon aus, dass die Mittelmeerküste Syriens, des späteren Libanons und Palästinas nicht zum arabischen Königtum gehören sollte, während die Araber gerade dies für ausgemacht hielten.

„Das Schwert des Islam" – Karikatur von Arthur Johnson aus dem Kladderadatsch (44/13.10.1915). Die Bildunterschrift lautet „Der britische Löwe: ‚Die schönen Tage am Suez sind bald zu Ende.'" Die Karikatur spielt auf den Kampf zwischen der Türkei (verbündet mit dem Deutschen Reich) und Großbritannien um die Vorherrschaft im Nahen Osten an.

Das britisch-französische Sykes-Picot-Abkommen (1916)

In einem geheimen Abkommen zwischen Großbritannien und Frankreich im Jahr 1916 (benannt nach den Verhandlungsführern Mark Sykes und François George Picot) wurden hinter dem Rücken der Araber **Einflusssphären für die Zeit nach dem Ersten Weltkrieg abgegrenzt**.

Großbritannien sollte ein Gebiet kontrollieren, das dem heutigen Jordanien, dem Irak und dem Gebiet um Haifa entspricht, während der französische Einflussbereich im Südosten der Türkei, im Nordirak, in Syrien und im Libanon liegen sollte. **Palästina**, das im Osmanischen Reich Teil der Provinz Syrien war und keine eigene administrative Einheit bildete, sollte eine **internationale Zone** werden und unter einem gemeinsamen **britisch-französischen Protektorat** stehen. Später wurde das Abkommen erweitert, um auch Russland und Italien einzubinden. Die Russen stimmten den Aufteilungsplänen unter der Maßgabe zu, bei Kriegsende Teile des Osmanischen Reichs zu erhalten.

Der Nahe Osten nach dem Sykes-Picot-Abkommen von 1916

Nach Bekanntwerden der Inhalte des Abkommens nahm die Osmanische Regierung Kontakt zu Hussein von Mekka auf, um ihm Autonomie für die arabischen Gebiete innerhalb des Osmanischen Reichs zu offerieren, sofern sich die Araber nicht am Krieg aufseiten Großbritanniens beteiligten. Hussein schlug dieses Angebot aber aus, da er noch immer an die Unterstützung Großbritanniens für die Gründung eines arabischen Staates glaubte.

Die Regierung in London hatte jedoch nicht nur mit Frankreich Vereinbarungen getroffen, die den arabischen Hoffnungen entgegengesetzt waren, sondern auch mit der Zionistischen Weltorganisation in England.

Die Balfour-Deklaration (1917)

Der britische Außenminister **Arthur Balfour** wandte sich am 2. November 1917 in einem Brief an den Präsidenten der Zionistischen Föderation in Großbritannien, Lord **Lionel Walter Rothschild**. In diesem machte der Minister die Zusage, dass die britische Regierung die Bemühungen um die Errichtung einer **„nationalen Heimstätte"** („national home") für das jüdische Volk in Palästina mit Wohlwollen betrachte und keine Mühen scheue, „um die Erreichung dieses Zieles zu erleichtern" (Balfour-Deklaration).

Für die zionistische Bewegung war diese Zusage ein großer Erfolg und ein „Meilenstein" (Steininger) auf dem Weg zur Errichtung eines jüdischen Staates in der alten Heimat Palästina. Denn zum ersten Mal **unterstützte** eine **Großmacht die zionistischen Bemühungen**, auch wenn Großbritannien die Bezeichnung „jüdischer Staat" vermied und stattdessen abgeschwächt von einer „nationalen Heimstätte" sprach. Zwar wurde in der Deklaration betont, dass nichts geschehen solle, was die bürgerlichen und religiösen Rechte der in Palästina bestehenden nicht-jüdischen Gemeinden beeinträchtigen könnte, doch wurde der Anspruch der Juden, die zu diesem Zeitpunkt nur etwa zehn Prozent der palästinensischen Bevölkerung ausmachten, auf eine neue Basis gestellt.

Das Entgegenkommen Londons gegenüber der zionistischen Bewegung hatte mehrere Gründe. Eine Rolle spielte die Hoffnung, in einem zukünftigen jüdischen Staat einen verlässlichen Partner in einer Region zu haben, die für die strategischen Interessen Großbritanniens von großer Bedeutung war. Denn den Briten war klar, dass eine direkte Kontrolle des Gebiets in einer Zeit, in der das **Prinzip des Selbstbestimmungsrechts der Völker** vor allem von US-Präsident Woodrow Wilson hochgehalten wurde, nicht realisierbar war.

Fazit: Die britische Palästina-Politik (1915–1917)

Die britische Palästina-Politik der Jahre 1915 bis 1917, die so widersprüchlich erscheint, war von **kurzfristigen taktischen Erwägungen** bestimmt. Einerseits signalisierten die Briten der arabischen Seite, dass sie deren Unabhängigkeitsbestrebungen unterstützen wollten. Andererseits machte sich Großbritannien für eine „nationale Heimstätte" der Juden in Palästina stark. Dabei blieb ungeklärt, wie dieses Vorhaben mit den Ansprüchen der mehrheitlich arabischen Bevölkerung in Palästina zu vereinbaren war. Die geheimen Abmachungen mit Frankreich im Sykes-Picot-Abkommen zeigen jedoch, dass vor allem die Groß-

Die britische Palästina-Politik (1915–1917)

politischer Schritt	Inhalt	Motiv
McMahon-Hussein-Korrespondenz (1915)	Unterstützung der Bildung eines arabischen Reichs durch Großbritannien, wenn sich Araber gegen die osmanische Herrschaft erheben	Hoffnung auf Schwächung des Osmanischen Reichs durch arabischen Aufstand
Sykes-Picot-Abkommen (1916)	Aufteilung des Nahen Ostens in Interessensphären durch Frankreich und Großbritannien	Sicherung der politischen und wirtschaftlichen Interessen der Briten bei Neuordnung des Nahen Ostens nach Ende des Ersten Weltkriegs
Balfour-Deklaration (1917)	Einverständnis Großbritanniens mit der Schaffung einer nationalen Heimstätte für das jüdische Volk in Palästina	Hoffnung auf Unterstützung der britischen Nahostpolitik v. a. durch britische und amerikanische Juden

→ Schaukelpolitik Großbritanniens ←

machtinteressen Großbritanniens im Vordergrund standen. Die britische Politik zielte darauf ab, durch den Ausbau ihres Einflusses im Nahen Osten den Zugang zur britischen Kronkolonie Indien zu sichern und in einer Region, die wegen ihrer Ölvorkommen wichtig wurde, die eigene Machtstellung auszubauen.

3.4 Die britische Mandatsherrschaft in Palästina und die Gründung des Staates Israel (1920–1948)

Die Übertragung des Mandats über Palästina an Großbritannien

Mit dem Ende des Ersten Weltkriegs und dem **Zusammenbruch des Osmanischen Reichs** erfüllte sich aber weder die Hoffnung der arabischen noch die der jüdischen Seite auf einen eigenen Staat. Vielmehr bestimmten jetzt Großbritannien und Frankreich über die Gebiete im Nahen Osten, die bisher unter der Oberherrschaft des Sultans in Konstantinopel gestanden hatten. Auf der **Konferenz von San Remo** im April 1920 erhielt Großbritannien das offizielle Mandat zur Verwaltung Palästinas und des Irak. Frankreich wurde mit der Verwaltung Syriens und des Libanon beauftragt. Diese Einteilung entsprach weitgehend den Abgrenzungen, wie sie im Sykes-Picot-Abkommen vorgenommen worden waren. Sie wurde schließlich im Jahr 1922 vom Völkerbund, dem Vorläufer der Vereinten Nationen, gebilligt und ein Jahr später in Kraft gesetzt.

Ziel des Mandatssystems sollte es sein, für noch nicht ausreichend politisch entwickelte Gebiete einen Mittelweg zwischen Kolonialherrschaft und staatlicher Unabhängigkeit zu finden. Zumindest in der Theorie sollten sie auf ihrem Weg zur staatlichen Selbstständigkeit Unterstützung erhalten, tatsächlich aber war dieses System „**Kolonialherrschaft in neuem Gewand**" (Krämer) und diente vor allem dazu, die Interessen der Mandatsmächte durchzusetzen.

Das 1922 ausformulierte Mandat über Palästina für Großbritannien übernahm wörtlich den Inhalt der Balfour-Deklaration und erklärte somit die Errichtung einer „nationalen Heimstätte" für die Juden faktisch zur Hauptaufgabe der britischen Mandatsverwaltung. Eine weitere Regelung sah vor, einer zu gründenden **Jewish Agency**, die als beinahe gleichberechtigter Partner eingestuft wurde, den Status einer öffentlichen Körperschaft zu verleihen und sie der britischen Regierung bei der Verwaltung Palästinas in beratender Funktion zur Seite zu stellen. Zwar gewährleistete das Völkerbundmandat die Rechte aller Religionen und Volksgruppen in Palästina, in der konkreten Politik wurde jedoch durchaus eine Unterscheidung vorgenommen.

Großbritannien teilte das ihm zur Verwaltung zugewiesene Palästina 1922 in zwei Teile: Das östlich des Jordans gelegene Gebiet wurde als **Transjordanien** Emir Abdullah unterstellt, während das Gebiet westlich des Jordans zum **Mandatsgebiet Palästina** wurde.

Die Zunahme der Spannungen im Mandatsgebiet

1922 wohnten ca. 641 000 Muslime und ca. 95 000 Juden im britischen Mandatsgebiet, wobei die **Zahl der jüdischen Siedler** in den folgenden Jahren aufgrund der Einwanderung **stetig zunahm**. Die beiden Gruppen unterschieden sich aber nicht nur hinsichtlich ihrer Größe, sondern vor allem bezüglich ihres **Sozialprofils:** Während die Mehrheit der Araber in der Landwirtschaft arbeitete und dabei das Land nach wie vor in traditioneller Weise bestellte, war ein Großteil der Juden in Gewerbe, Industrie und Handel tätig. Zudem bedienten sich die Juden innovativer Methoden bei der Neugewinnung und Bestellung landwirtschaftlicher Nutzflächen. Aufgrund der starken jüdischen Einwanderung vergrößerte sich so der Gegensatz zwischen Arabern und Juden beständig.

Seit Beginn der 1920er-Jahre entwickelte sich eine **arabische Nationalbewegung**, die sich gegen den zunehmenden wirtschaftlichen und politischen Einfluss der **Juden** in Palästina wandte. Wohlhabende Juden erwarben von arabischen Großgrundbesitzern vermehrt **Ländereien**, auf denen nur jüdische Arbeitskräften arbeiten sollten. Die einheimischen arabischen Bauern, die bisher das Land bearbeitet hatten, verloren ihre Beschäftigungsmöglichkeiten. Zudem gründeten sozialistisch gesinnte Juden viele **Dorfkommunen (Kibbuzim)**.

Mit der wachsenden Zahl jüdischer Einwanderer verschlechterte sich die wirtschaftliche Situation der Araber weiter. Zudem sahen sie den Aufbau eines eigenen arabischen Staates gefährdet. Zwischen **Arabern und Juden** kam es so zu ersten **blutigen Auseinandersetzungen**, denen die britischen Behörden machtlos gegenüberstanden. Von beiden Seiten erfolgten aber auch **Übergriffe gegen die als Besatzer empfundenen Briten**.

Kibbuzbewegung

Ein Kibbuz (hebräisch: „Versammlung, Gemeinschaft"; Plural: Kibbuzim) ist eine **landwirtschaftliche Kollektivsiedlung** mit **Gemeinschaftseigentum**. Alle wichtigen Entscheidungen werden von der Mitgliederversammlung basisdemokratisch getroffen **(Prinzip der Gleichheit)**. Der erste Kibbuz wurde 1910 von Einwanderern aus Weißrussland am Südufer des Sees Genezareth gegründet. In der sich schnell ausbreitenden Kibbuzbewegung verbanden sich **zionistische Ziele mit sozialistischen Ideen**.

Die Gründung von Kibbuzim hatte für die **zionistische Besiedlung Palästinas** große Bedeutung: Durch die gemeinsamen Anstrengungen der Mitglieder der Kibbuzim konnten auch in unerschlossenen Gebieten Siedlungen gegründet werden. Durch die **gemeinsame Versorgung** und Abdeckung aller Lebensbedürfnisse boten diese den Siedlern zudem große **Sicherheit**.

Nach der Gründung Israels im Jahr 1948 entstanden viele Kibbuzim entlang der Grenzen, um den jungen Staat gegen Angriffe zu verteidigen. Die Bedeutung der Kibbuzbewegung hat in der Gegenwart abgenommen, doch gibt es heute noch ca. 275 Kibbuzim, in denen knapp 2 % der israelischen Bevölkerung leben.

Die von Großbritannien eingesetzte **Hope-Simpson-Kommission** hob im August 1930 die stetig wachsende Zahl von Arabern ohne Landbesitz hervor und empfahl einen Stopp der jüdischen Einwanderung sowie eine stärkere Kontrolle des Landerwerbs durch Juden. Für die in Palästina lebenden Juden waren die von der Kommission gegebenen Empfehlungen nicht akzeptabel. Sie strebten vielmehr die Garantie an, in Europa verfolgte Juden auch weiterhin in Palästina aufzunehmen. Auch schien ihnen die Aussicht, als Minderheit in einem von einer arabischen Mehrheit dominierten Staat zu leben, aufgrund der negativen Erfahrungen aus der jüdischen Geschichte nicht verlockend.

Der arabische Aufstand (1936–1939) und die Peel-Kommission (1937)

Zwischen 1936 und 1939 kam es zu einer **Rebellion der Araber**, die sich in Gewalt gegen jüdische Siedler, Sabotageakten gegen britische Einrichtungen, Streiks sowie in einem Steuerboykott ausdrückte. Die Ursachen für den Aufstand waren vielfältig. Eine wichtige Rolle spielte, dass die Araber in Palästina

Blick auf den Kibbuz „Ramat Rachel" am südlichen Stadtrand von Jerusalem, 1930er-Jahre

aufgrund der **ungebremsten jüdischen Einwanderung** und der zunehmenden Wirtschaftskraft der jüdischen Gemeinschaft eine Verschiebung der Kräfteverhältnisse zu ihren Ungunsten befürchteten. Inzwischen hatte sich in Palästina nicht zuletzt durch Verbesserungen der Infrastruktur und der Nachrichtenübermittlung – ab März 1936 gab es u. a. einen palästinensischen Radiosender – eine **arabische Öffentlichkeit** herausgebildet, in der verstärkt politische Fragen diskutiert wurden. Ägypten und der Irak, die inzwischen (zumindest nominell) unabhängig waren, dienten vielen palästinensischen Arabern als Beleg, dass sich das Ziel der staatlichen Souveränität verwirklichen ließ.

Die Regierung in London setzte schließlich eine Kommission unter dem Vorsitz von Lord William Peel ein, welche die Lage in Palästina untersuchen sollte. Der im Juli 1937 veröffentlichte Bericht **(„Peel-Bericht")** vermittelte ein ungeschöntes Bild der angespannten Situation in Palästina. Die Kommission vertrat die Auffassung, dass das entscheidende Problem ein politisches sei, denn die arabischen und die jüdischen Bestrebungen nach nationaler Unabhängigkeit stünden sich unversöhnlich gegenüber. Im Bericht wird darauf verwiesen, dass die vorteilhafte wirtschaftliche Entwicklung, die in Palästina aufgrund der jüdischen Einwanderung festzustellen sei, keine versöhnende Wirkung gehabt habe. Für ein geregeltes, friedliches Miteinander der beiden Völker in einem Staat würden damit die Voraussetzungen fehlen. Die Peel-Kommission schlug deswegen eine **Zwei-Staaten-Lösung** vor; Jerusalem sowie ein Korridor zum Meer sollten unter britischer Kontrolle verbleiben.

Die arabische Führung lehnte diesen Vorschlag ab, wobei die Ablehnung nicht so deutlich war, wie es die Verlautbarungen des Obersten Arabischen Komitees erscheinen ließen. Denn eine Minderheit unter dem einflussreichen Politiker Nashashibi, bis 1934 Bürgermeister von Jerusalem, stimmte dem Teilungsplan zu. Auch Emir Abdullah von Transjordanien befürwortete den Vorschlag. Er erhoffte sich durch den Zusammenschluss des zu gründenden arabischen Staates mit seinem Land einen Machtzuwachs. Die zionistische Seite befürwortete unter Vorbehalten, die sich v. a. auf die Gebietsverteilung bezogen, den Teilungsplan. Innerhalb der britischen Regierung gab es keine einheitliche Linie. Das Kabinett sprach sich unter der Maßgabe, dass der Teilungsplan von den beiden Konfliktparteien befürwortet würde, für seine Verwirklichung aus.

1938 kam es zu einer **Radikalisierung des Aufstands**. Da die von Arabern ausgeübte Gewalt gegen jüdische Siedler und britische Beamte stark zunahm, ging die britische Regierung hart gegen die Aufständischen vor. So wurde z. B. der unerlaubte Besitz von Waffen und Munition mit der Todesstrafe geahndet. Zwischen 1937 und 1939 wurden über 100 Araber im Zentralgefängnis von Akko gehängt. Zudem wurden Häuser von Familien der als „Terroristen“ eingestuften Rebellen gesprengt und über ganze Dörfer oder Gemeinden Kollektivstrafen verhängt. Wegen der **harten Sanktionspolitik** der britischen Behörden flohen viele Familien der arabischen Oberschicht in benachbarte arabische Staaten, was für die arabische Bevölkerung in Palästina eine große Schwächung bedeutete. Da durch das Münchner Abkommen vom 30. 9. 1938 der Frieden in Europa gesichert schien, konnte die britische Regierung die Truppenstärke in Palästina erhöhen. Im Frühjahr 1939 brach der arabische Aufstand zusammen.

Im Bericht einer weiteren Untersuchungskommission, dem **MacDonald-Weißbuch** vom 17. Mai 1939, zog Großbritannien Konsequenzen aus den gewalttätigen Auseinandersetzungen und revidierte seine bisherige Politik. Im Weißbuch wurde verkündet, dass es nicht mehr Ziel der britischen Politik sei, einen jüdischen Staat zu schaffen, sondern dass die **Errichtung eines unabhängigen Staates Palästina** angestrebt werde. Dieser Kurswechsel war mit einer Änderung der praktischen Politik verbunden: So sollte die jüdische Einwanderung streng begrenzt und die jüdischen Landkäufe reglementiert werden. Zudem wurde ein Zeitrahmen von zehn Jahren festgelegt, in dem ein von Arabern und Juden gemeinsam regierter Staat Palästina gegründet werden sollte.

Die **Situation in Europa** spielte für den Kurswechsel der britischen Politik ebenfalls eine große Rolle: Im März 1939 waren Hitlers Truppen in Prag einmarschiert und hatten die Tschechoslowakei „zerschlagen“. Ein Krieg mit dem expansiven Nazi-Deutschland zeichnete sich ab. Aus strategischen Gründen schien der britischen Regierung eine **proarabische Politik** somit zweckmäßig.

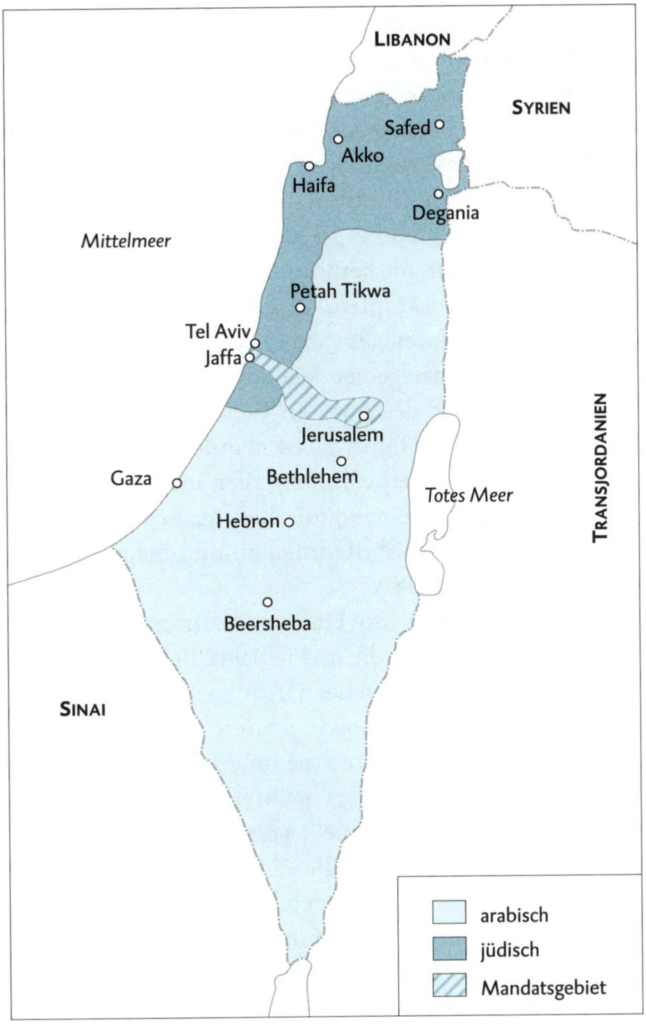

Teilungsplan der Peel-Kommission von 1937

Das Weißbuch wurde aber von beiden Seiten – Juden und Arabern – abgelehnt. Die arabische Seite strebte die Gründung eines unabhängigen arabischen Staates an und trat für einen sofortigen jüdischen Einwanderungsstopp ein. Die jüdische Seite sah in diesem Kurswechsel faktisch eine Aufhebung der Balfour-Deklaration und damit eine Abkehr von der Unterstützung bei der Errichtung eines jüdischen Staates. Die zionistische Bewegung betrachtete Großbritannien daher nun als Gegner der eigenen Zielsetzungen.

Die Entwicklung in Palästina während des Zweiten Weltkriegs und das Ende der britischen Mandatsherrschaft

Der Zweite Weltkrieg hatte vielfältige Auswirkungen auf Palästina. Zwar standen die Juden der britischen Mandatsmacht weiterhin feindlich gegenüber, aber wegen der Judenverfolgungen im nationalsozialistischen Deutschland schien es der Mehrheit der Zionisten nicht ratsam, sich offen gegen Großbritannien zu stellen, das seit September 1939 gegen Hitler kämpfte. Während des Kriegs gab **David Ben Gurion** die berühmte Parole aus: „Wir werden gemeinsam mit England gegen Hitler kämpfen, als gäbe es kein Weißbuch, und wir werden das Weißbuch bekämpfen, als gäbe es keinen Krieg."

Viele im Mandatsgebiet lebende Juden hielten sich an diese Parole und kämpften während des Zweiten Weltkriegs in der britischen Armee gegen das Hitler-Regime. Im Herbst 1944 wurde eine **jüdische Brigade** gebildet, die unter britischem Oberbefehl in Italien und Deutschland zum Einsatz kam. Bei der Verwirklichung eines jüdischen Staates wandten sich die Zionisten aber zunehmend von Großbritannien ab und bemühten sich verstärkt um Unterstützung durch die USA.

Dass die Zionisten ihre Hoffnungen immer stärker auf die Vereinigten Staaten setzten, zeigte auch die im Mai 1942 im New Yorker Biltmore Hotel abgehaltene Konferenz zionistischer Organisationen, an der auch David Ben Gurion und Chaim Weizmann sowie weitere Führungspersönlichkeiten teilnahmen. Auf der Konferenz forderten die Juden zum ersten Mal ausdrücklich die Errichtung eines jüdischen Staates, während vorher immer nur von einer nationalen Heimstätte („national home") gesprochen worden war. Das **„Biltmore-Programm"** verlangte zudem die Einwanderung der vom Nazi-Terror verfolgten Juden nach Palästina, die dort eine sichere Heimat finden sollten.

Eine große Zahl von Abgeordneten des amerikanischen Kongresses stand den zionistischen Ideen aufgeschlossen gegenüber. Auch US-Präsident **Franklin D. Roosevelt** war bereit, sich für die Gründung eines jüdischen Staates in Palästina einzusetzen. Allerdings kam es auf der Rückreise von der **Konferenz von Jalta** (1945) zu einer Unterredung mit dem saudischen König **Ibn Saud**, durch die der Präsident mit der arabischen Sichtweise des Palästina-Problems konfrontiert wurde. Roosevelt war von der Argumentation Ibn Sauds so beeindruckt, dass er diesem das Versprechen gab, die Juden nicht gegen die Araber zu unterstützen.

Auch die Gegensätze zwischen der britischen Mandatsmacht und der jüdischen Gemeinschaft in Palästina wurden immer größer. Die Briten wollten unter allen Umständen verhindern, dass jüdische Flüchtlinge aus Europa nach Palästina einwanderten. Denn sie befürchteten, dass sich die Araber mit Nazi-Deutschland verbünden könnten. Die Zionisten dagegen wollten jüdischen

Flüchtlingen die Aufnahme in Palästina ermöglichen, damit sie dem nationalsozialistischen Terror in Europa entgehen konnten.

Trotz der **britischen Einwanderungsbeschränkungen** versuchten viele Juden, auf oft seeuntauglichen Schiffen nach Palästina zu gelangen. Immer wieder kam es dabei zu Tragödien: Bekannt ist vor allem das Schicksal des Frachters **„Struma"**, der mit über 700 rumänischen Juden an Bord (davon die Hälfte Frauen und Kinder) im Dezember 1941 in Istanbul ankam. Da Großbritannien die Einreise der an Bord befindlichen Juden nach Palästina verhindern wollte, drängte es die Türkei, das Schiff zurückzuschicken. Rumänien weigerte sich wegen der angeblich illegalen Ausreise der Juden, das Schiff wieder aufzunehmen, sodass es schließlich von den türkischen Behörden aufs offene Meer zurückgeschleppt wurde. Dort wurde es am 25. Februar 1942 von einem Torpedo eines sowjetischen U-Boots getroffen und sank. Bis auf eine Ausnahme kamen alle Passagiere ums Leben. Auch bei anderen Schiffskatastrophen verloren Hunderte von jüdischen Flüchtlingen ihr Leben.

Nach dem Ende des Zweiten Weltkriegs wollte Großbritannien die **Weißbuch-Politik** von 1939 fortsetzen und in erster Linie die illegale Einwanderung von Juden verhindern. In Europa waren nach der nationalsozialistischen Herrschaft viele Juden, die die Konzentrationslager überlebt hatten, in Lagern für **Displaced Persons** interniert. Ein Großteil von ihnen wollte nicht mehr in die alte Heimat (v. a. nach Polen und in die Sowjetunion) zurückkehren. Deshalb forderte die Jewish Agency vom britischen Außenministerium, 100 000 Einreisebewilligungen für Palästina auszustellen.

Die restriktive Einwanderungspolitik Großbritanniens führte zu Spannungen zwischen der britischen Regierung und dem amerikanischen Präsidenten Harry S. Truman, der die Möglichkeit der Einwanderung von Juden nach Palästina im großen Stil befürwortete und sich zudem für die Teilung Palästinas aussprach. Allerdings geriet diese Frage 1947 etwas aus dem Fokus der amerikanischen Regierung, da der ausbrechende Kalte Krieg alle Aufmerksamkeit auf sich zog.

Der Hass auf die britische Palästina-Politik führte vermehrt zu **Anschlägen** von jüdischen Untergrundorganisationen wie **Irgun** oder **Lechi** (vgl. S. 164) auf britische Einrichtungen sowie zu Attentaten auf britische Beamte. Der schlimmste Terroranschlag ereignete sich am 22. Juli 1946, als die Organisation Irgun unter Führung **Menachem Begins** (des späteren Ministerpräsidenten Israels) einen Bombenanschlag auf das King David Hotel in Jerusalem, in dem sich das Hauptquartier der britischen Mandatsverwaltung befand, verübte. Bei dem Anschlag kamen 91 Menschen ums Leben.

Die Öffentlichkeit wurde durch das Schicksal der **Exodus** im Juli 1947 auf das Problem der jüdischen Flüchtlinge aufmerksam: Vertreter der **Haganah** hatten das Schiff gekauft, um etwa **4 500 Holocaust-Überlebende** vom südfranzösischen Hafen Sète nach Palästina zu bringen. Vor der Küste Palästinas wurde die Exodus aber von der britischen Marine gestoppt, und die Flüchtlinge wurden auf drei britische Schiffe gebracht, die sie nach Südfrankreich zurückführten; von dort aus schickte man die Flüchtlinge schließlich nach Hamburg in Internierungslager. Die ausführliche Medienberichterstattung über das Schicksal der Exodus führte zu einer Sympathiewelle für die zionistische Bewegung.

Haganah – Irgun – Lechi

Die **Haganah** (hebräisch „Verteidigung") war eine **paramilitärische Untergrundorganisation der zionistischen Bewegung** während der britischen Mandatszeit in Palästina. Anfangs war die Haganah eher eine lose Vereinigung lokaler Verteidigungsverbände, doch wurde sie seit Ende der 1920er-Jahre – vor allem aufgrund der zunehmenden Gewalt gegenüber Juden seitens der Araber – professionalisiert. Nach der Gründung des Staates Israel wurde die Haganah in die israelische Armee (Zahal) überführt.

1937 spalteten sich Befürworter eines gewaltsameren Vorgehens gegen die Araber und die britische Mandatsmacht von der Haganah ab und bildeten die **Terrororganisation Irgun**. Diese war für den Anschlag auf die britische Mandatsverwaltung im Jerusalemer King David Hotel am 22. Juli 1946 und für das Massaker an Arabern im Dorf Deir Yassin am 9. April 1948 verantwortlich.

Da die Führung der Irgun zu Beginn der 1940er-Jahre aus taktischen Gründen ein Abkommen mit der britischen Polizei in Palästina schloss, spaltete sich unter der Führung von **Avraham Stern** die Gruppe **Lechi** ab (von den Briten auch „Stern-Bande" genannt), die weiterhin den kompromisslosen Kampf gegen die britische Mandatsmacht verfocht. Stern wurde von den Briten 1942 bei einer geplanten Verhaftung erschossen. Im Jahr 1948 wurde Lechi nach der Staatsgründung Israels gewaltsam aufgelöst.

Nicht zuletzt unter dem Eindruck der eskalierenden Gewalt fasste die britische Regierung am 14. Februar 1947 den Entschluss, die **Mandatsverwaltung** an die **Vereinten Nationen** als Nachfolgeorganisation des Völkerbunds zurückzugeben. Die formelle Übertragung des Mandats an die UNO erfolgte im April 1947. Die Briten verließen schließlich im Mai 1948 Palästina.

Der Teilungsplan der UNO

Nach der Übertragung des britischen Mandats an die UNO setzte diese einen elfköpfigen Untersuchungsausschuss, das **United Nations Special Comitee on Palestine** (UNSCOP), ein. Dieser sollte die Situation in Palästina prüfen und mögliche Lösungsvorschläge erarbeiten. Im UNSCOP gab es schließlich keine ausreichende Unterstützung für die Bildung eines binationalen palästinensischen Staates. Vielmehr entschied sich die Mehrheit für die **Teilung Palästinas in einen arabischen und einen jüdischen Staat**.

Die UN-Vollversammlung nahm am 29. November 1947 mit 33 Ja-Stimmen und 13 Nein-Stimmen (bei zehn Enthaltungen) den Teilungsplan an. Nicht nur die westlichen Staaten mit Ausnahme der ehemaligen Mandatsmacht Großbritannien, die sich der Stimme enthielt, sondern auch die Sowjetunion und die in ihrem Machtbereich liegenden Staaten (Satellitenstaaten) sprachen sich für den Teilungsplan aus. Die Vertreter der arabischen Staaten stimmten geschlossen dagegen, sodass sich bereits ein offener Konflikt abzuzeichnen begann.

Die **Unterstützung durch die Sowjetunion** und ihre Satellitenstaaten hatte mehrere Gründe: Die unvorstellbaren Leiden des jüdischen Volks während der nationalsozialistischen Herrschaft ließen das Verlangen der Juden nach einem eigenen Staat gerechtfertigt erscheinen. Außerdem sah die Sowjetunion das Ende der Mandatsherrschaft und damit den Abzug Großbritanniens sehr positiv. Es gab mit Blick auf die **Kibbuzbewegung** wohl auch Hoffnungen, dass sich im jüdischen Staat **sozialistische Tendenzen** durchsetzen könnten (vgl. S. 158). Zudem war der Ost-West-Konflikt zu diesem Zeitpunkt noch nicht in seiner ganzen Schärfe entbrannt.

Einwandererschiff „Exodus“ im Hafen von Haifa, 18. Juli 1947

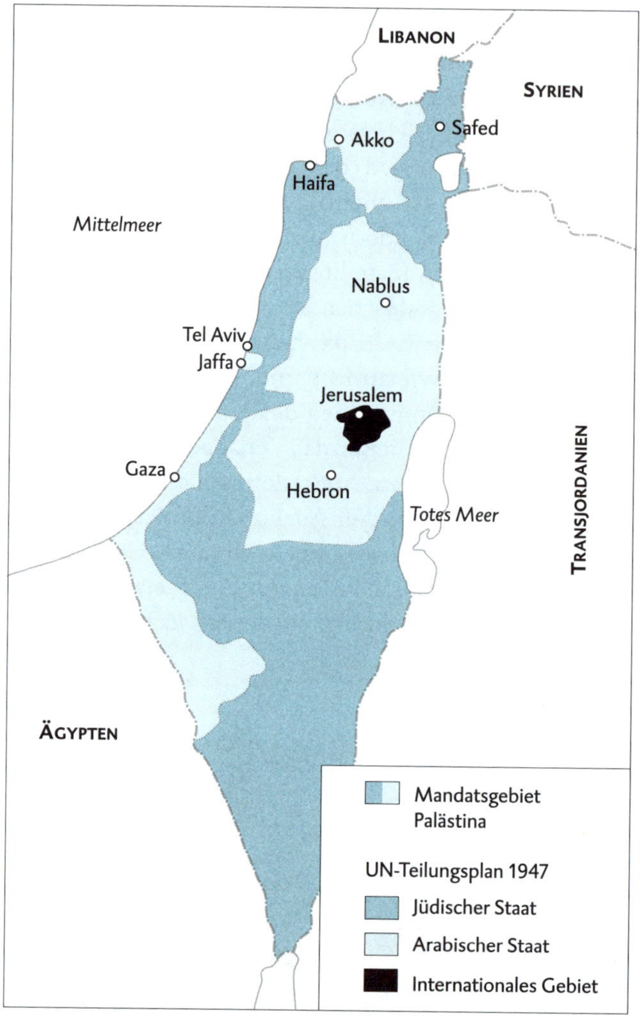

UN-Teilungsplan von 1947

Der **Teilungsplan** sah vor, dass der jüdische Staat 56 % und der arabische Staat 43 % des Territoriums von Palästina umfassen sollte. Jerusalem (1 % der Fläche) sollte internationalisiert werden. Nach dem Teilungsplan hätten die **Araber** im jüdischen Staat die **Bevölkerungsmehrheit** gebildet, während die Juden im arabischen Staat nur eine verschwindend kleine Minderheit (1,2 %) dargestellt hätten. Insgesamt waren über zwei Drittel der Bevölkerung Palästinas Araber, was sich aber in der für die beiden Staaten vorgesehenen Flächenzuteilung nicht widerspiegelte.

Bevölkerungsverteilung nach dem UN-Teilungsplan von 1947

Gebiet / Bevölkerung	Juden	Araber	insgesamt
jüdischer Staat	499 020	509 780	1 008 800
arabischer Staat	9 520	749 010	758 530
internationale Zone von Jerusalem	99 960	105 540	205 500

Trotz einiger Einwände wurde der Plan von der Jewish Agency akzeptiert. Die arabische Seite lehnte ihn dagegen ab, da sie die Gründung eines jüdischen Staates grundsätzlich für illegitim erachtete. Bereits unmittelbar nach Verkündigung des Teilungsbeschlusses kam es zu militärischen Auseinandersetzungen zwischen jüdischen und arabischen Verbänden. Eigentlich war von der UNO geplant, in den Territorien der zu gründenden Staaten schrittweise staatliche Strukturen aufzubauen, um die Staaten schließlich in die Eigenständigkeit zu überführen. Doch verhinderte die Realität die Umsetzung dieses Plans.

Seit April 1948 versuchten die zionistischen paramilitärischen Verbände, das zum jüdischen Staat gehörende Gebiet auszuweiten. Der Höhepunkt des zionistischen Terrors war das **Blutbad von Deir Yassin** vom 9. April 1948, bei dem die Untergrundorganisationen Irgun und Lechi über hundert Dorfbewohner (unter ihnen Frauen, Kinder und alte Männer) umbrachten. Mit dieser schrankenlosen Gewaltanwendung sollte unter der arabischen Bevölkerung Angst und Schrecken verbreitet werden, um sie zum Verlassen ihrer Dörfer zu nötigen und dadurch das jüdische Staatsgebiet zu vergrößern. Es ist jedoch umstritten, ob es auf jüdischer Seite einen systematischen Plan zur Vertreibung der arabischen Bevölkerung gegeben hat.

Es kam aber auch zu **arabischen Vergeltungsmaßnahmen**. So wurden kurz nach dem Massaker von Deir Yassin bei einem arabischen Überfall auf einen jüdischen Konvoi, der sich unter der Flagge des Roten Kreuzes auf dem Weg nach Jerusalem befand, 77 Ärzte, Krankenschwestern und Helfer getötet. Aufgrund der Eskalation der Gewalt verließen viele wohlhabende **Araber** das Land, was die arabische Seite schwächte. Im April 1948 brach der arabische Widerstand zusammen. Es setzte eine **große Fluchtwelle** ein: Schätzungen zufolge verließen ca. 300 000 Araber das jüdische Territorium.

Die Gründung des Staates Israel und der erste Israelisch-Arabische Krieg 1948/49

Am 14. Mai 1948, einen Tag vor dem offiziellen Ende der britischen Mandatszeit, versammelte sich im Stadtmuseum von Tel Aviv der Jüdische Nationalrat.

Der Vorsitzende David Ben Gurion verlas, vor dem Porträt Theodor Herzls stehend, die **Unabhängigkeitserklärung des Staates Israel**. Der neue Staat wurde auch umgehend von den USA und der Sowjetunion anerkannt. 52 Jahre nach dem Erscheinen des Werks „Der Judenstaat" war damit Theodor Herzls Traum wahr geworden. Bereits am nächsten Tag griffen Truppen aus sämtlichen arabischen Nachbarstaaten (Libanon, Syrien, Transjordanien und Ägypten) sowie aus dem Irak den neu gegründeten Staat Israel an. Der **erste Israelisch-Arabische Krieg** hatte begonnen.

Obwohl die **arabische Übermacht** auf den ersten Blick deutlich zu sein schien, war die israelische Seite dennoch überlegen: Die aus der Haganah gebildete israelische Armee („Zahal") war gut ausgerüstet und wurde exzellent geführt; ihre Soldaten waren hoch motiviert. Außerdem nutzte Israel eine vom UN-Sicherheitsrat durchgesetzte Waffenruhe zu Waffenkäufen in der Tschechoslowakei, sodass es nach Wiederaufnahme der Kampfhandlungen waffenmäßig überlegen war. Zudem war die israelische Armee durch die allgemeine Wehrpflicht, die auch Frauen einschloss, den arabischen Einheiten hinsichtlich der Personalstärke überlegen.

Zwischen Februar und Mai 1949 schloss Israel schließlich verschiedene Waffenstillstandsabkommen mit den am Krieg beteiligten Staaten. Der erste Nahostkrieg war damit zwar beendet, doch kam es zu **keinem Friedensschluss**. Araber und Israelis standen sich weiterhin unversöhnlich gegenüber.

Für die **arabischen Palästinenser** war der Ausgang des **Palästinakriegs „die Katastrophe"** („al-nakba") schlechthin. Es gab weder einen binationalen palästinensischen Staat noch die Aussicht auf einen eigenen arabischen Staat, da Israel nun den größten Teil des ehemaligen Mandatsgebiets beherrschte. Israel konnte sein Territorium von 54 auf 78 % erweitern; Jerusalem wurde geteilt, die Altstadt unter UN-Kontrolle gestellt. Bereits im Juni 1948 hatte die israelische Regierung die Rückkehr der ca. 700 000 arabischen Flüchtlinge abgelehnt. Die palästinensischen Araber, die geflohen oder vertrieben worden waren, lebten in verschiedenen Flüchtlingslagern (die es zum Teil heute noch gibt) im Westjordanland, im Gazastreifen oder in angrenzenden arabischen Staaten. Das Territorium, das nach dem UN-Teilungsplan zum arabischen Staat hätte gehören sollen und nicht von Israel besetzt worden war, wurde von Ägypten (Gazastreifen) und Transjordanien (Ostjerusalem und Westjordanland) verwaltet.

Der verlorene Krieg hatte aber auch **Konsequenzen für die arabischen Nachbarstaaten:** Die Ermordung König Abdullahs von Jordanien durch einen palästinensischen Extremisten (Juli 1951) und der Sturz König Faruks I. von Ägypten (Juli 1952) verweisen auf die tiefe Enttäuschung über Regenten, die nicht in der Lage waren, die arabischen Interessen wirkungsvoll durchzusetzen.

Der Staat Israel nach dem Waffenstillstand von 1948/49

Für die **jüdische Seite** bedeutete die Gründung und die Festigung Israels dagegen einen **ungeheuren Triumph**, nämlich die Realisierung der visionären Idee Theodor Herzls, die vielen Juden anfangs eher wie eine märchenhafte Verheißung denn eine realistische Möglichkeit erschienen war.

Aufgabe

15 Erläutern Sie die unterschiedliche Bewertung des UN-Teilungsplans von 1947 durch die jüdische und die arabische Seite.

4 Israel und seine arabischen Nachbarn im Spannungsfeld des Kalten Kriegs (1948–1989)

4.1 Suezkrise – Suezkrieg (1956)

Vorgeschichte des Suezkriegs

Die Suezkrise im Jahr 1956 zeigte, dass sich der ab 1948 offen zutage tretende **Ost-West-Konflikt** nun auch auf den Nahostkonflikt auswirkte: Während die Führungsmächte USA und UdSSR nach 1945 ihren Einfluss im Nahen Osten ausbauen konnten, büßten Großbritannien und Frankreich ihre vor dem Zweiten Weltkrieg dominierende Stellung in dieser Region zunehmend ein.

Seit 1922 war Ägypten zwar formell unabhängig, doch hatte Großbritannien durch den Bündnisvertrag vom 26. August 1936, der weiterhin eine Stationierung britischer Truppen in der Suezkanalzone vorsah, zunächst noch recht großen Einfluss auf den arabischen Staat. Für London war die Kontrolle des Suezkanals, der sich im Besitz der **französisch-britischen Suezgesellschaft** befand, von großer strategischer Bedeutung: Die 162 km lange Passage zwischen Port Said und Suez verkürzte den Seeweg zwischen Europa und Asien um ca. 7 000 Kilometer. Das für das Empire so wichtige Indien war damit wesentlich schneller zu erreichen als über das Kap der Guten Hoffnung an der Südspitze Afrikas. Zudem wurden zwei Drittel des für Europa bestimmten **Erdöls** aus dem Persischen Golf durch den Kanal verschifft.

In **Ägypten** stürzten Militärs unter General Nagib und Oberst Gamal Abdel Nasser 1952 mit einem unblutigen **Staatsstreich** König Faruk und riefen die Republik aus. **Gamal Abdel Nasser** stand seit 1954 als Staatspräsident an der Spitze des Landes. Er sah sich als **Vorkämpfer der panarabischen Einheit** und als Führer eines neuen arabischen Nationalismus. Im **Suez-Abkommen** von 1954 handelte Nasser mit den Briten deren militärischen Abzug aus der Suezkanalzone bis zum Juni 1956 aus. Im Gegenzug erkannte die ägyptische Regierung den internationalen Status der Kanalzone an.

Nasser näherte sich in dieser Zeit der Sowjetunion an. Im Jahr 1955 schloss er ein Waffenlieferungsabkommen mit der Tschechoslowakei, die dem Ostblock angehörte. Zudem gab Nasser bekannt, dass die Sowjetunion bereit sei, sich an der Finanzierung des neuen **Assuanstaudamms**, der den Nil südlich der Stadt Assuan stauen sollte, zu beteiligen. Daraufhin boten auch die USA finanzielle Hilfe an, die sie jedoch im Juli 1956 überraschend zurückgezogen. Als unmittelbare Reaktion darauf verkündete Nasser am 26. Juli 1956 die **Verstaatlichung des Suezkanals** und löste damit eine internationale Krise aus.

Die britische Regierung wollte die Verstaatlichung nicht tatenlos hinnehmen, zumal Großbritannien der größte Anteilseigner der Suezkanalgesellschaft war. Die Regierung der USA ließ aber erkennen, dass sie den Einsatz militärischer Mittel zur Lösung der Krise ablehnte. US-Präsident Dwight D. Eisenhower befürchtete, dass durch einen solchen Schritt das Ansehen des Westens in der arabischen Welt einen nicht wiedergutzumachenden Schaden erleiden könnte und Ägypten in die sowjetischen Arme getrieben würde.

Nachdem sich **Großbritannien** und **Frankreich** auf Konferenzen in Washington mit ihren Vorstellungen, den Suezkanal einer internationalen Kontrolle zu unterstellen, nicht durchgesetzt hatten, begannen die Regierungen in London und Paris mit den **Planungen für einen Angriff auf Ägypten**. Auch Frankreich hatte Interesse an einem Machtwechsel in Ägypten, da Nasser in Algerien die Unabhängigkeitsbewegung gegen die französische Kolonialmacht unterstützte. London und Paris nahmen Kontakt zur israelischen Regierung auf, um einen weiteren Verbündeten für die Militäraktion zu gewinnen.

Israel sah die Politik Nassers mit großer Sorge: Die Aufrüstung durch die Waffenlieferungen aus der Tschechoslowakei, die Bildung eines gemeinsamen Oberkommandos durch Ägypten, Jordanien und Syrien am 24. Oktober 1956 sowie die aggressiven antiisraelischen Äußerungen Nassers hatten in Israel das **Gefühl der Bedrohung** verstärkt. Zudem hatte es in der Vergangenheit wiederholt Angriffe von palästinensischen Guerillakämpfern, den **Fedayyin**, gegeben, die von ägyptischem Territorium aus auf israelisches Gebiet vorstießen und Terrorakte verübten. Die Regierungen Großbritanniens, Frankreichs und Israels einigten sich im Oktober 1956 auf die „**Operation Musketeer**“, die einen Angriff auf Ägypten und die Besetzung der Kanalzone vorsah.

Verlauf des Suezkriegs

Am 29. Oktober 1956 begann der **Angriff Israels auf Ägypten:** Israelische Truppen stießen durch den **Sinai** in Richtung Kanalzone vor. Großbritannien stellte daraufhin Ägypten ein **Ultimatum**, innerhalb von zwölf Stunden die Kampfhandlungen einzustellen und sich zehn Meilen hinter den Suezkanal zurückzuziehen, was Nasser erwartungsgemäß ablehnte.

US-Präsident Eisenhower, der keine Kenntnis von den Plänen der Regierungen Großbritanniens, Frankreichs und Israels gehabt hatte, lehnte das Vorgehen entschieden ab. Bereits am Tag nach dem Angriff legten die USA eine **Resolution** im Weltsicherheitsrat vor, in der der **Rückzug der israelischen Truppen** gefordert wurde, doch verhinderten Großbritannien und Frankreich durch ihr Veto die Annahme der Resolution. Am 5. November besetzten britische und französische Truppen die Kanalzone.

Inzwischen befasste sich die **Vollversammlung der Vereinten Nationen** mit der Suezkrise. Die im Sicherheitsrat zu Fall gebrachte Resolution wurde mit breiter Mehrheit (64 zu 5 Stimmen) angenommen, wobei die USA und die Sowjetunion gemeinsam für die Annahme stimmten. Die Sowjetunion drohte in dieser angespannten Situation mit der Anwendung militärischer Gewalt und schloss sogar den Einsatz atomarer Waffen nicht aus, sollten sich die Angreifer nicht zurückziehen. Wegen des anhaltenden politischen Drucks und der Gefahr der Eskalation lenkten Großbritannien, Frankreich und Israel schließlich ein. Sie beendeten die Kampfhandlungen und zogen ihre Truppen aus der Kanalzone und dem Sinai zurück. **Einheiten der UNO** (United Nations Emergency Forces – UNEF) wurden auf der Sinaihalbinsel und im Gazastreifen stationiert, um die **Waffenruhe zu überwachen**.

Folgen des Suezkriegs

Die Folgen der Suezkrise waren weitreichend: Die bisher im Kolonialherrenstil betriebene Politik Großbritanniens und Frankreichs fand keine Akzeptanz mehr. Das erzwungene Nachgeben führte der Weltöffentlichkeit zudem den **Abstieg der früheren Weltmacht Großbritannien** zu einer europäischen Mittelmacht vor Augen. Die USA und die Sowjetunion waren nun die Mächte, die in der Weltpolitik und im Nahen Osten den Ton angaben.

Obwohl Ägypten in der kriegerischen Auseinandersetzung keine militärischen Erfolge erzielt hatte, wurde **Nassers Stellung erheblich gestärkt**. Durch seine Bereitschaft, den westlichen Mächten die Stirn zu bieten, gewann er Sympathien in der ganzen arabischen Welt. **Israel** hatte trotz des Rückzugs seiner Truppen von der Sinaihalbinsel seine **militärische Überlegenheit** gegenüber der arabischen Seite erneut eindrucksvoll unter Beweis gestellt. Außerdem verbesserte die Stationierung der UNEF-Truppen Israels Sicherheitslage, da ein Angriff Ägyptens vorerst auszuschließen war.

Allerdings hatte die gemeinsame Militäraktion des jüdischen Staates und der alten Kolonialmächte Großbritannien und Frankreich bei den arabischen Staaten den Eindruck erweckt, dass Israel gleichsam ein Werkzeug des westlichen Imperialismus sei. Dies ließ eine friedliche Lösung des Nahostkonflikts in immer weitere Ferne rücken. Während sich Ägypten der Sowjetunion annäherte, wurde **Israel** künftig von den USA unterstützt, da Washington im jüdischen Staat einen **Vorposten der westlichen Welt im Nahen Osten** sah.

Auswirkung des Suezkriegs (1956) auf die politische Lage im Nahen Osten

militärischer Triumph Israels über Ägypten: Besetzung der Sinaihalbinsel und des Gazastreifens (Rückzug bis 1957)	Beendigung des Konflikts durch Eingreifen der USA und der UdSSR	trotz militärischer Niederlage politischer Gewinn für Ägyptens Staatspräsident Nasser
Verschärfung des israelisch-arabischen Gegensatzes	**Nahostkonflikt als Teil des Ost-West-Gegensatzes**	**Stärkung des panarabischen Nationalismus**

4.2 Sechstagekrieg (1967)

Entwicklungen in der arabischen Welt und in Israel nach dem Suezkrieg

Als Reaktion auf die Suezkrise, die zu einem Ende der westlichen Dominanz im arabischen Raum geführt hatte, bekannten sich die USA in der **Eisenhower-Doktrin** (1957) zum entschiedenen Kampf gegen kommunistische Aggressionen in den Ländern des Nahen Ostens. Diese Politik sollte den amerikanischen Einfluss in der Region sichern, sie führte aber bei etlichen arabischen Regierungen zu Irritationen. Gleichzeitig spielte die **Sowjetunion** eine wichtigere Rolle, indem sie zum **Verbündeten des arabischen Nationalismus** wurde. Am 1. Februar 1958 schlossen sich Ägypten und Syrien zur Vereinigten Arabischen Republik zusammen. Diese Union bestand jedoch nur drei Jahre, da die ägyptische Dominanz zu Differenzen führte. Im September 1961 erklärte Syrien nach einem Militärputsch die Union für aufgelöst. 1964 wurden mit der Gründung der **Palästinensischen Befreiungsorganisation (PLO)** auf einem Gipfeltreffen der arabischen Staaten die Weichen für eine eigene Vertretung der Palästinenser gestellt.

Israel erlebte in der Zeit nach der Suezkrise einen **rasanten wirtschaftlichen Aufschwung**. Außerdem gelang es der Regierung unter Ben Gurion, das Verhältnis zu der früheren Mandatsmacht Großbritannien zu verbessern und gute Beziehungen zu Frankreich und der Bundesrepublik Deutschland aufzubauen. Frankreich half bei der Entwicklung eines Atomreaktors zu – wie es hieß – friedlichen Zwecken, und die von der Regierung Adenauer verabschiedeten Entschädigungsleistungen verbesserten die finanzielle Lage des Staates Israel. Allerdings war die **Regierung Ben Gurions** in Israel äußerst **umstritten** und vor allem für die jüngere Bevölkerung war ein Generationswechsel längst überfällig.

Palästinensische Befreiungsorganisation (PLO)

Die PLO (engl. für „Palestine Liberation Organization") wurde im Mai 1964 auf Betreiben des ägyptischen Staatspräsidenten **Nasser** gegründet. Sie ist ein **Dachverband** verschiedener **palästinensischer Gruppen**, der die Errichtung eines unabhängigen palästinensischen Staates zum Ziel hat. Ihr erster Vorsitzender war **Ahmed Schukeiri**. 1969 übernahm **Yassir Arafat**, der der wichtigsten Organisation der PLO, der **Fatah**, vorstand, den Vorsitz der PLO. Er prägte die Organisation bis zu seinem Tod 2004.

Bis 1974 war die Haltung der PLO durch den kompromisslosen Kampf gegen den Staat Israel sowie durch die Befürwortung von Gewalt- und Terroraktionen gekennzeichnet. Danach distanzierte sich die PLO vom Terrorismus und verfolgte eine pragmatischere Linie, die schließlich in der **Anerkennung des Existenzrechts Israels** mündete. Auf der Gipfelkonferenz der Arabischen Liga in Rabat wurde die PLO 1974 als einzige legitime Vertreterin des palästinensischen Volks anerkannt. Noch im gleichen Jahr erhielt die **PLO** einen Beobachterstatus bei den Vereinten Nationen und wurde damit auch von der Vollversammlung der UNO mit großer Mehrheit als **Repräsentantin des palästinensischen Volks** anerkannt. Im September 1993 akzeptierte auch Israel diesen Status.

Vorgeschichte des Sechstagekriegs

Auch nach der Suezkrise blieben die Spannungen zwischen Israel und den arabischen Staaten bestehen. Das **Projekt des Umlenkens von Wasser** aus dem Oberland des Jordans **auf israelisches Gebiet** stellte einen Konfliktpunkt zwischen Israel und den arabischen Nachbarn Syrien und Jordanien dar. Da von syrischem Boden aus immer wieder palästinensische Guerillagruppen Angriffe auf israelisches Gebiet unternahmen, war die Lage gespannt. Es kam zu **Grenzkämpfen zwischen Israel und Syrien**, die im April 1967 einen Höhepunkt erreichten, als die israelische Luftwaffe syrische Flugzeuge abschoss. Zudem schürten die kriegerische Rhetorik arabischer Politiker und ein 1966 von **Ägypten und Syrien** geschlossenes **Verteidigungsabkommen** in Israel die Angst vor einem arabischen Angriff.

Der ägyptische Staatspräsident Nasser, dessen Ansehen in der arabischen Welt auf dem Spiel stand, sperrte am 22. Mai 1967 die **Meerenge von Tiran** für israelische Schiffe. Die freie Schifffahrt durch den Golf von Akaba zum israelischen Hafen Eilat war damit unterbunden (vgl. Karte S. 176). Zudem widerrief Nasser im Mai 1967 die Zustimmung zur Stationierung von UNEF-Truppen entlang der **israelischen Grenze**, woraufhin UN-Generalsekretär U Thant den **Abzug der UN-Blauhelme** vollzog. Die Stellungen wurden von der ägyptischen Armee und im Gazastreifen von der Palästinensischen Befreiungsarmee (PLA) eingenommen, was die Spannungen zusätzlich verschärfte.

Nachdem die Rhetorik des ägyptischen Staatspräsidenten Nasser immer aggressiver geworden war – im Mai 1967 sprach er etwa davon, dass es das grundlegende **Ziel Ägyptens** sei, **Israel zu vernichten** – und sich außerdem Jordanien und der Irak dem ägyptisch-syrischen Verteidigungsabkommen angeschlossen hatten, hielt die israelische Regierung den Zeitpunkt eines Schlags gegen die arabischen Nachbarn für gekommen.

Verlauf des Sechstagekriegs

Am 5. Juni 1967 startete **Israel** ohne Kriegserklärung einen **Angriff auf Ägypten**, der trotz der vorhandenen Spannungen für die arabischen Staaten völlig überraschend kam. In einem ersten Schlag wurde die ägyptische Luftwaffe am Boden ausgeschaltet; anschließend folgte die Zerstörung der syrischen und der jordanischen Luftwaffe, sodass Israel eine uneingeschränkte **Lufthoheit** besaß. Gleichzeitig stießen **israelische Bodentruppen** vor und besetzten innerhalb von zwei Tagen die gesamte **Sinaihalbinsel**. Jordanische Bodentruppen, die in Ostjerusalem einmarschiert waren, wurden bis zum 7. Juni 1967 aus Jerusalem und dem Westjordanland vertrieben. Die **Einnahme Ostjerusalems** durch israelische Truppen stellte einen großen Triumph dar, denn so kamen die historische Altstadt und die Klagemauer unter israelische Kontrolle. Innerhalb von sechs Tagen – die israelische Seite verwendet seither den Begriff „Sechstagekrieg“, während die Araber vom „Juni-Krieg“ sprechen – eroberte Israel neben dem Westjordanland, Ostjerusalem und der Sinaihalbinsel auch den **Gazastreifen** und die **Golanhöhen**. Den vom UN-Sicherheitsrat am 7. Juni 1967 geforderten Waffenstillstand nahm Jordanien sofort an, Ägypten einen Tag später. Syrien und Israel folgten am 10. Juni.

Eroberung der Altstadt von Jerusalem durch die israelische Armee: Fallschirmjäger am Felsendom, 1967

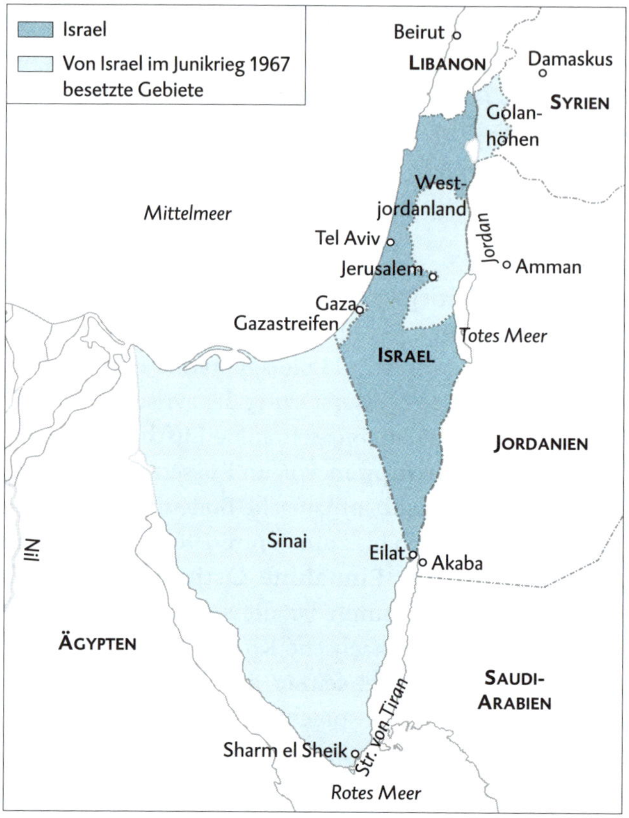

Von Israel besetzte Gebiete (1967)

Folgen des Sechstagekriegs

Israel hatte seine **militärische Überlegenheit** demonstriert: Es war nicht nur gelungen, die Armeen Ägyptens, Syriens und Jordaniens zu schlagen, sondern es verbuchte auch große **territoriale Gewinne**. Obwohl der UN-Sicherheitsrat in der **Resolution 242** vom 22. November 1967 Israel zum Rückzug aus den eroberten Gebieten aufforderte, hielt Israel an der Besetzung fest. Als Begründung führte es an, dass in der englischen Formulierung der UN-Resolution nur der Rückzug aus besetzten Gebieten, nicht *allen* besetzten Gebieten angesprochen sei. **Ostjerusalem** wurde bald vollständig in den israelischen Staat integriert, was aber von der Staatengemeinschaft nicht anerkannt wurde.

Die erneute Demonstration der militärischen Überlegenheit gegenüber den Arabern, die Eroberung von Gebieten sowie die damit verbundene Sicherung strategischer Vorteile ließen in **Israel** das **Gefühl der Sicherheit** wachsen. Für viele Juden war durch die Besetzung der Gebiete ein weiterer Schritt zur Wiederherstellung des historischen Landes Israel getan. Eine friedliche Lösung des Konflikts wurde dadurch aber noch schwieriger.

Der Ausgang des Kriegs löste eine weitere **Fluchtwelle von Palästinensern aus den eroberten Gebieten** aus, sodass sich die schon bestehende Flüchtlingsproblematik noch weiter verschärfte. Verlauf und Ausgang des Kriegs hatten zudem die Unterlegenheit der arabischen Staaten gegenüber Israel gezeigt. Die Palästinenser konnten nun nicht mehr hoffen, dass ihre Interessen von den Regierungen Ägyptens, Jordaniens und Syriens erfolgreich vertreten würden. Sie bedurften zur Durchsetzung ihrer Ziele eigener politischer Organisationen.

Durch **terroristische Aktionen** wie Flugzeugentführungen, Geiselnahmen und Attentate auch außerhalb Israels (z. B. Geiselnahme der israelischen Olympiamannschaft in München im September 1972) versuchten palästinensische Organisationen, auf das Schicksal ihres Volks aufmerksam zu machen. Die arabischen Staaten hatten bereits kurz nach dem Krieg ein diplomatisches Vorgehen abgelehnt. Auf einer Gipfelkonferenz der Arabischen Liga in der sudanesischen Hauptstadt Khartum im September 1967 steckten sie die allgemeine politische Linie ab und formulierten ein **dreifaches Nein:** Nein zum Frieden mit Israel, nein zur Anerkennung Israels und nein zu Verhandlungen mit Israel.

Die Beziehungen zwischen den USA und Israel vertieften sich in der Folge, denn die **USA** sahen im **jüdischen Staat** einen **strategischen Partner**, mit dessen Hilfe sie den Einfluss der Sowjetunion im Nahen Osten zurückdrängen wollten. Gleichzeitig lehnten sich die arabischen Staaten enger an die Sowjetunion an, da sie hofften, durch sowjetische Militärberater sowie durch sowjetische Waffenlieferungen ihre militärische Stärke zurückzugewinnen. Der Nahostkonflikt verband sich so immer stärker mit dem Ost-West-Konflikt.

Ursachen und Folgen des Sechstagekriegs (Juni 1967)

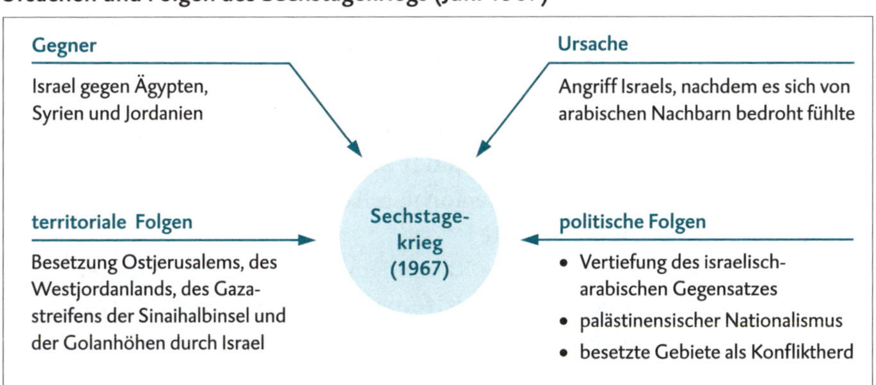

4.3 Yom-Kippur-Krieg (1973)

Vorgeschichte des Kriegs

Nach dem überraschenden Tod des ägyptischen Staatspräsidenten Nasser 1970 übernahm **Anwar al-Sadat** die Führung Ägyptens. Sein Hauptziel war es, die **Rückgabe der besetzten Sinaihalbinsel** von Israel zu erreichen und den Suezkanal wieder zu öffnen. Für Sadat war klar, dass die USA die Haltung der israelischen Regierung stark beeinflussten und Fortschritte nur dann zu erzielen waren, wenn der Regierung der Vereinigten Staaten die Furcht vor einer sowjetrussischen Machtausdehnung im Nahen Osten genommen würde.

Inzwischen hatte sich auch das Verhältnis Ägyptens zur Sowjetunion verschlechtert, da die von Ägypten gewünschten modernen Kampfjets nicht geliefert worden waren. Sadat veranlasste daraufhin im Juli 1972 den Abzug von ca. 17 000 sowjetischen Beratern aus Ägypten und setzte stattdessen auf die amerikanische Vermittlung für Verhandlungen mit Israel. Sadats Hoffnungen auf eine kompromissbereite israelische Haltung wurden aber enttäuscht. Israel bestand auf dem Abschluss eines formellen Friedensvertrags, bevor es Verhandlungen über die besetzten Gebiete führen wollte. Weil Sadat unter starkem innenpolitischen Druck stand und keine Möglichkeiten sah, auf diplomatischem Weg sein Ziel zu erreichen, entschloss er sich zum Krieg gegen Israel.

Verlauf des Kriegs

Am 6. Oktober 1973, am Tag des **Yom-Kippur-Festes**, dem höchsten jüdischen Feiertag, starteten Ägypten und Syrien ihren **Angriff auf Israel**, das vollkommen überrascht wurde. Während die ägyptische Armee den Suezkanal überquerte, stießen die Syrer auf den Golanhöhen vor. Erst nach längerer Zeit und unter großen Verlusten konnte Israel dank amerikanischer Waffenlieferungen den arabischen Vorstoß zurückschlagen und selbst zum Angriff übergehen. Als die israelischen Truppen unter General **Ariel Scharon** die ägyptische Armee auf dem Sinai eingekesselt hatte und israelische Verbände bereits auf dem Westufer des Suezkanals standen und in Richtung Kairo vorrückten, wurde der Krieg durch die **Intervention der USA und der Sowjetunion** gestoppt. Die Supermächte befürchteten, dass aus der regionalen Auseinandersetzung ein globaler, atomarer Konflikt entstehen könnte.

Am 26. Oktober 1973 waren die Kampfhandlungen an allen Fronten beendet. Das von der UN geforderte **Waffenstillstandsabkommen** wurde am 11. November 1973 von Israel und Ägypten unterzeichnet.

Folgen des Kriegs

Durch die prekäre Situation Israels zu Beginn des Kriegs war der **Nimbus der Unbesiegbarkeit der eigenen Armee in den Augen vieler Israelis infrage gestellt** und das Vertrauen in die eigene Regierung geschwächt worden. Dagegen hatten die militärischen Anfangserfolge Ägyptens das Prestige des ägyptischen Staatspräsidenten Sadat in der arabischen Welt enorm gesteigert, wodurch sich sein politischer Handlungsspielraum erheblich vergrößerte.

Im Zuge des Yom-Kippur-Kriegs verhängte die Organisation der Erdöl exportierenden Staaten (OPEC) unter Führung Saudi-Arabiens am 17. Oktober 1973 wegen der Parteinahme für Israel ein mehrmonatiges **Ölembargo** gegen mehrere westliche Staaten. Dies hatte einen **Anstieg des Erdölpreises** zur Folge und löste eine weltweite Rezession aus. Auch in der Bundesrepublik waren die Auswirkungen der ersten Ölkrise zu spüren. Die sozialliberale Regierung unter Willy Brandt erließ als Reaktion auf den hohen Rohölpreis **Sonntagsfahrverbote**. Durch das Erdölembargo wurde die Aufmerksamkeit der internationalen Staatengemeinschaft auf die Frage gelenkt, wie der Nahostkonflikt zu lösen sei.

Auf dem Gipfeltreffen der Arabischen Liga im Oktober 1974 in Rabat wurde die PLO zur einzig legitimen Vertreterin palästinensischer Interessen bestimmt. Allerdings gab es innerhalb des palästinensischen Lagers Spannungen hinsichtlich der richtigen Zukunftsstrategie. Die Loslösung palästinensischer Splittergruppen wie der Palästinensischen Befreiungsfront oder der Volksfront zur Befreiung Palästinas verdeutlichten den Bruch innerhalb der PLO. Noch im selben Jahr erhielt die **PLO** einen Beobachterstatus bei den Vereinten Nationen und wurde damit auch von der Vollversammlung der UNO mit großer Mehrheit als **Repräsentantin des palästinensischen Volks** anerkannt.

Ziel und Folgen des Yom-Kippur-Kriegs (Oktober 1973)

Yom-Kippur-Krieg (1973)

Gegner
Ägypten und Syrien gegen Israel

Ziele
- Rückgewinnung der von Israel besetzten Sinaihalbinsel
- Stärkung der eigenen politischen Position

politische Folgen
- Ägypten: Prestigeerfolg für Sadat
- Israel: Einsicht in die eigene Verwundbarkeit
- Ölembargo der arabischen Staaten
- Anerkennung der PLO als Repräsentantin des palästinensischen Volks

territoriale Folgen
- zunächst Gebietsgewinne für die arabische Seite
- letztlich aber Wiederherstellung des territorialen Status quo ante durch die Gegenoffensive der israelischen Armee

4.4 Das Camp-David-Abkommen zwischen Ägypten und Israel

Annäherung zwischen Ägypten und Israel

Nach dem Yom-Kippur-Krieg war es – nicht zuletzt begünstigt durch die „Pendeldiplomatie" des amerikanischen Außenministers Henry Kissinger – zu einer Annäherung zwischen Ägypten und Israel gekommen. In zwei Abkommen regelten sie die **Truppenentflechtung** auf dem Sinai.

Der ägyptische Staatspräsident Sadat wandte sich nach 1973 verstärkt den USA zu, da er sich von den Vereinigten Staaten wichtige Wirtschaftshilfe versprach. Die Kosten des Kriegs hatten die Wirtschaft Ägyptens schwer belastet. Zudem hatte Ägypten angesichts der militärischen Überlegenheit Israels ein Interesse daran, die von Israel besetzte Sinaihalbinsel auf dem Verhandlungswege zurückzugewinnen. Eine von Sadat betriebene Politik der **Distanzierung gegenüber der Sowjetunion** erleichterte diese Annäherung.

In Israel änderten sich 1977 die innenpolitischen Verhältnisse grundlegend: Die seit der Staatsgründung regierende Arbeiterpartei wurde abgewählt und **Menachem Begin**, der Vorsitzende des rechtszionistischen **Likud-Blocks**, wurde Ministerpräsident Israels. Die Likud-Regierung vertrat viel offener als frühere Regierungen die Politik der Verwirklichung eines **„Großisraels"** – das Westjordanland zählte für sie zum historischen Kernland des jüdischen Volks. Im Gegensatz zum Westjordanland wurde der besetzte **Sinai** als **territoriales Faustpfand** gesehen, das in diplomatischen Verhandlungen eingesetzt werden konnte, um übergreifende Ziele, nämlich die Absicherung der erreichten Machterweiterung und die Verbesserung der strategischen Position, zu erreichen. Hier gab es also ein Feld, auf dem Zugeständnisse Israels möglich waren.

Sadats Friedensinitiative und das Camp-David-Abkommen

Trotz der vorhandenen Differenzen war sowohl der ägyptische Staatschef **Sadat** als auch der israelische Regierungschef **Begin** bereit, in **direkte Verhandlungen** zu treten. In einem öffentlichen Appell an das ägyptische Volk sprach Begin die Möglichkeit einer aufrichtigen und fruchtbaren Zusammenarbeit zwischen beiden Staaten an. Unmittelbar nach diesem Aufruf äußerte **Sadat** seine Bereitschaft, nach Israel zu kommen und in der **Knesset** (hebr. „Versammlung"), dem israelischen Parlament, seine Auffassungen zu einer Regelung des Nahostkonflikts darzulegen. Nachdem das israelische Parlament die Einladung Begins an den ägyptischen Staatspräsidenten gebilligt hatte, traf dieser am 19. November 1977 in Jerusalem ein, wo ihm von der Bevölkerung ein begeisterter Empfang bereitet wurde. In seiner historischen Rede vor der Knesset am 20. November bekräftigte Sadat seine **Bereitschaft zu einem Frieden mit**

Der ägyptische Präsident Anwar el Sadat (li.), US-Präsident Jimmy Carter (Mitte) und der israelische Ministerpräsident Menachem Begin (re.) nach der Unterzeichnung des Camp-David-Abkommens, 1978

Israel, doch sprach er auch offen aus, welche **Erwartungen Ägypten an Israel** hatte: den vollständigen Rückzug aus den 1967 besetzten Gebieten und die Anerkennung eines Palästinenserstaates.

Aus der Initiative der beiden Staatsmänner entwickelte sich schließlich ein Verhandlungsprozess, der von den USA unterstützt wurde. Anfang September 1978 kamen eine ägyptische und eine israelische Delegation in **Camp David**, dem Landsitz des amerikanischen Präsidenten Jimmy Carter, zu geheimen Verhandlungen zusammen. Am 17. September 1978 unterzeichneten sie ein Abkommen, das zwei vertragliche Dokumente umfasste: Im ersten Rahmenabkommen wurde festgelegt, dass der **Gazastreifen** und das **Westjordanland** eine **palästinensische Selbstverwaltungsbehörde** erhalten sollten. An den Verhandlungen dazu sollten Vertreter Ägyptens, Israels und Jordaniens sowie Repräsentanten der Palästinenser teilnehmen, doch war für die PLO auf Drängen Israels kein Platz vorgesehen. Nach einer Übergangszeit von fünf Jahren sollten die Gebiete dann endgültig ihre Autonomie erhalten, wobei sich Israel verpflichtete, seine Truppen abzuziehen. Das zweite Rahmenabkommen sah die **etappenweise Rückgabe der Sinaihalbinsel an Ägypten** und die Auflösung der dort errichteten Siedlungen vor.

Bei etlichen Fragen wie jener nach der Zukunft Ostjerusalems gab es keine Annäherungen. Sadat forderte wie schon in seiner Rede vor der Knesset am 20. November 1977 den vollständigen Rückzug Israels aus allen besetzten Gebieten als Voraussetzung für einen dauerhaften Frieden. Die **unüberbrückbaren Gegensätze** blieben ausgeklammert und die differierenden Auffassungen wurden in Briefwechseln zwischen Sadat und Carter sowie zwischen Begin und Carter festgehalten.

Ägyptisch-israelischer Friedensvertrag und die Reaktionen in der arabischen Welt

Am 26. März 1979 unterzeichneten Sadat und Begin in Washington schließlich einen ägyptisch-israelischen Friedensvertrag, der als zentralen Punkt die gegenseitige Anerkennung der beiden Staaten und die **Beendigung des seit 1948 bestehenden Kriegszustands** beinhaltete. Beide Staaten waren zu Zugeständnissen bereit: Israel verpflichtete sich, die Sinaihalbinsel zurückzugeben, während Ägypten die freie Fahrt israelischer Schiffe durch den Suezkanal garantierte. Außerdem erkannte Ägypten die Straße von Tiran und den Golf von Akaba als internationale Wasserwege an. Dies machte eine Sperrung, wie sie 1967 von Nasser vorgenommen worden war, unmöglich.

Als Reaktion auf diesen Verständigungsprozess bildete sich eine starke **arabische Front**. Am 2. Dezember 1977 trafen auf einer Konferenz in der libyschen Hauptstadt Tripolis die Staatspräsidenten von Algerien, Libyen, Syrien, Repräsentanten der Regierungen des Irak und des Südjemen sowie PLO-Chef Arafat zusammen und sprachen sich unmissverständlich gegen die ägyptisch-israelische Verständigung aus. In einem **„Dokument der Einheit“** wurden die wesentlichen Forderungen dieser Ablehnungsfront formuliert.

Sadat hatte anfangs einen **Separatfrieden Ägyptens mit Israel** ausgeschlossen und auf einer Gesamtlösung der Palästinafrage bestanden, die auch die US-Regierung unter Jimmy Carter anstrebte. Israel stand den Vorstellungen einer umfassenden Lösung des Nahostkonflikts jedoch ablehnend gegenüber und bevorzugte direkte Verhandlungen mit Ägypten. Präsident Carter unterstützte diese Politik, sodass es keine Chance mehr für einen Friedensvertrag unter Einbeziehung der anderen am Konflikt beteiligten arabischen Staaten gab. Durch das alleinige Voranschreiten geriet **Ägypten** innerhalb der arabischen Welt in völlige **Isolation**. Um einem Ausschluss aus der Arabischen Liga zuvorzukommen, ließ Ägypten seine Mitgliedschaft ruhen. Die anderen arabischen Staaten verhängten ein **Wirtschaftsembargo über Ägypten** und zogen ihre Botschafter aus Kairo ab, was den tiefen Riss im arabischen Lager verdeutlichte.

Rückschläge im Verhältnis zwischen Israel und Ägypten

Der ägyptisch-israelische Friedensvertrag war ein Meilenstein: Zum ersten Mal hatte ein **arabischer Staat Israel anerkannt**. Zudem gaben die Gespräche zwischen den beiden führenden Staatsmännern und der gegenseitige Respekt Anlass zur Hoffnung, dass Fortschritte bei der Lösung des Nahostkonflikts möglich seien. Die Erwartungen erfüllten sich aber nicht: So wurde der Friedensprozess von allen anderen arabischen Staaten abgelehnt und auch der Vertrag selbst erwies sich als wenig tragfähige Grundlage für eine Verbesserung der Gesamtsituation. Viele Fragen waren offengeblieben oder nicht eindeutig geklärt worden.

Die Vorstellungen beider Seiten vom zukünftigen **Status Ostjerusalems und des Westjordanlands** waren äußerst unterschiedlich: Während Ägypten von einem vollständigen israelischen Rückzug als Voraussetzung für einen Frieden ausging, war es für Israel unumstritten, dass ganz Jerusalem die Hauptstadt des eigenen Staates sei. Bereits am 30. Juli 1980 bekam **Jerusalem** durch einen Beschluss der Knesset offiziell den Status der **Hauptstadt Israels**.

Durch die Anerkennung Israels zog Sadat den Hass radikaler Fundamentalisten auf sich. Zwei Jahre nach der Unterzeichnung des Vertrags wurde er am 6. Oktober 1981 bei einer Militärparade von radikalen Islamisten ermordet.

Camp-David-Abkommen (September 1978)

Camp-David-Abkommen (1978)

Unterzeichner
- Anwar al-Sadat (Ägypten)
- Menachem Begin (Israel)
- US-Präsident Jimmy Carter

Vereinbarungen
- 5-jähriger Autonomiestatus für den Gazastreifen und das Westjordanland; danach endgültige Regelung
- vollständiger Rückzug Israels vom Sinai

Umsetzung
- Friedensvertrag zwischen Ägypten und Israel (26. März 1979)
- bis 1982 schrittweiser Rückzug Israels vom Sinai

Bedeutung / Folgen
- erstmals Anerkennung Israels durch einen arabischen Staat
- Grundlage für Frieden zwischen Ägypten und Israel
- Isolation Ägyptens in der arabischen Welt
- keine Lösung des Palästinakonflikts

4.5 Erster Libanonkrieg (1982)

Bereits 1948/49 hatten sich viele Palästinenser wegen des ersten Nahostkriegs in den Libanon geflüchtet (vgl. S. 167 ff.). Durch den Sechstagekrieg kamen weitere Flüchtlinge hinzu (vgl. S. 177). 1970 verlegte die **PLO** ihr **Hauptquartier** von Jordanien in den **Libanon**, nachdem der jordanische König Hussein mit Gewalt gegen die PLO und ihre Milizen vorgegangen war **(„Schwarzer September")**. Hussein hatte befürchtet, dass die Palästinenser einen Staat im Staate bilden könnten und dadurch sein Thron gefährdet sei.

Im Libanon hatten die Palästinenser durch eine Abmachung zwischen dem PLO-Führer Arafat und dem Chef der libanesischen Armee El Bustani einige Rechte eingeräumt bekommen. Für die Zusage, dass sie sich nicht in innerlibanesische Angelegenheiten einmischen würden, garantierte das Abkommen den **Palästinensern** in den **Flüchtlingslagern weitgehende Autonomie**, die das

Recht auf Bewaffnung und den freien Zugang zur israelischen Grenze einschloss. Seit Anfang der Siebzigerjahre beschossen die Palästinenser von libanesischem Boden aus wiederholt israelisches Territorium. Aufgrund der Überfälle besetzte Israel im **Litani-Feldzug** (1978) die Flüchtlingslager und räumte das besetzte Gebiet erst, nachdem UNO-Friedenstruppen die früheren PLO-Stellungen übernommen hatten. Doch auch dieses Eingreifen brachte keine Beruhigung.

Im Juni 1982 entschloss sich Israel zur **Invasion in den Libanon**. Ziel der Militäroperation war es, weitere Angriffe auf israelisches Gebiet zu verhindern und die PLO (mit Hauptquartier in Beirut) zu zerschlagen. Anlass für die Vergeltungsschläge gegen die Palästinenser gab ein Attentat auf den israelischen Botschafter in Beirut, das von der **Abu Nidal-Organisation**, einer aus der PLO ausgetretenen Splittergruppe, veranlasst worden war. Einen Tag später begann Israel die Operation **„Frieden für Galiläa"**, die faktisch den Beginn des fünften Nahostkriegs bedeutete. Die israelische Armee rückte rasch vor und schloss PLO-Chef Arafat und seine Truppen in Westbeirut ein. Auf Vermittlung des US-Sonderbotschafters Habib wurde vereinbart, dass die PLO-Kämpfer Beirut verlassen konnten und Aufnahme in Ländern wie Ägypten, Algerien, Tunesein oder Jordanien fanden. Arafat schlug sein neues Hauptquartier in Tunis auf.

Christliche Milizen richteten in den palästinensischen, im Süden von Beirut gelegenen Flüchtlingslagern **Sabra und Schatila** am 15. 9. 1982 ein entsetzliches Blutbad an. Zwischen 700 und 3 500 (die Schätzungen differieren) unbewaffnete Männer, Frauen und Kinder wurden ermordet, ohne dass die israelische Armee, unter deren Augen das Massaker vor sich ging, dagegen etwas unternommen hätte. Der damalige israelische Verteidigungsminister Ariel Scharon, der nach einem Untersuchungsbericht das Massaker hätte verhindern können, trat zurück, doch blieb er als Minister ohne Ressort im Kabinett.

Offiziell zog sich Israel 1985 aus dem Libanon zurück, richtete aber im Süden eine **„Sicherheitszone"** ein, die **vom jüdischen Staat kontrolliert** wurde. Denn trotz des militärisch erfolgreichen Kriegs stellte der Libanon weiterhin eine Bedrohung für Israel dar, weil in der paramilitärischen **Hisbollah** für Israel ein neuer Feind erwuchs (vgl. S. 195). Diese setzte sich aus Resten der Milizen, linksorientierten Moslems, Anhängern der vom Islam abgespaltenen, hauptsächlich im Libanon vertretenen Religionsgemeinschaft der Drusen und aus Palästinensern zusammen. Im Jahr 2000 zog sich die israelische Regierung unter **Ehud Barak** schließlich aus der „Sicherheitszone" zurück.

Aufgabe

16 Geben Sie einen Abriss über das sich wandelnde Verhältnis zwischen Ägypten und Israel vom Yom-Kippur-Krieg 1973 bis zum Friedensvertrag von 1979.

5 Intifada und Roadmap: Beispiele für die Gefährdung und Gestaltung des Friedensprozesses im Nahen Osten

5.1 Erste Intifada: Aufstand gegen die israelische Besetzung

Ursachen und Auslöser der Ersten Intifada

Nachdem es längere Zeit so schien, als ob sich viele Palästinenser mit der israelischen Verwaltung abgefunden hätten, nahmen die Spannungen in den von Israel besetzten Gebieten in den 1980er-Jahren erneut zu. Unter der Likud-Regierung stieg die Zahl der israelischen Siedler im **Gazastreifen** und im **Westjordanland** (ohne Jerusalem) von 8 000 auf 60 000 bis 70 000. Diese **jüdische Siedlungstätigkeit** veränderte die Bevölkerungsverteilung in Palästina und verstärkte den **palästinensischen Widerstand** gegen die israelische Besatzung. Hinzu kam die schwierige soziale und wirtschaftliche Situation der Palästinenser, die von Arbeitslosigkeit und Perspektivlosigkeit beherrscht wurde. Von der israelischen Verwaltung fühlten sich viele willkürlich schikaniert. Im Jahr 1987 spitzte sich die Lage zu, als bei einem Selbstmordkommando der Volksfront zur Befreiung Palästinas sechs israelische Soldaten ums Leben kamen und kurz darauf zwei palästinensische Studenten von einer israelischen Patrouille erschossen wurden. Am 40. Jahrestag der Teilung Palästinas lieferten sich bewaffnete Palästinenser und israelische Sicherheitskräfte heftige Kämpfe.

Am 7. Dezember 1987 kam es schließlich zum Ausbruch von Gewalttätigkeiten im **Gazastreifen**. Die **Welle der Gewalt** begann, als ein israelischer Lastwagen in einem Flüchtlingslager in eine Schlange wartender Autos raste und dabei vier Palästinenser ums Leben kamen. Die Palästinenser gaben dem israelischen Lastwagenfahrer die Schuld an dem Unfall, der ihrer Auffassung nach absichtlich herbeigeführt worden war, um den kurz vorher erfolgten Mord an einem israelischen Geschäftsmann im Gazastreifen zu rächen. Es folgten Generalstreiks, Massendemonstrationen, ein Boykott israelischer Waren und gewaltsame Aktionen: Junge Palästinenser warfen mit Steinen und Molotow-Cocktails auf israelische Siedler und Soldaten. Letztere setzten Schlagstöcke, Tränengas und Munition ein.

Die Ausbreitung des Aufstands

Die palästinensische Aufstandsbewegung – auch als **Intifada** (arab. „Erhebung“, „Abschütteln“) bezeichnet – dehnte sich rasch auf das gesamte **Westjordanland** aus. Sie fand in der ganzen palästinensischen Bevölkerung Rückhalt und war nicht zentral organisiert. Die PLO-Führung im algerischen Exil in Tunis hatte mit dem Ausbruch der Intifada zwar nichts zu tun, doch versuchte sie, Einfluss auf die Bewegung zu gewinnen. Die israelische Regierung und das Mili-

Palästinenser werfen in Ramallah mit Steinen auf Soldaten der israelischen Armee, 1988.

tär, die von der Aufstandsbewegung überrascht worden waren, gingen mit großer **Brutalität gegen die Palästinenser** vor. Diese staatliche Gewalt richtete den Fokus der internationalen Öffentlichkeit wieder auf das Palästina-Problem und brachte dem Kampf der Palästinenser vielerorts Sympathien ein. Träger des Aufstands waren in erster Linie Jugendliche und junge Erwachsene, die sich durch besondere **Radikalität** und **Gewaltbereitschaft** auszeichneten.

Die Auswirkung der Intifada auf die besetzten Gebiete

Die Intifada hatte auch massive Auswirkungen auf die Lage der in den besetzten Gebieten lebenden Palästinenser: Ihre wirtschaftliche und soziale Situation verschlechterte sich aufgrund der Streiks, der zahlreichen Ausgangssperren und der häufigen **Schließung der Grünen Linie** zu Israel durch die israelischen Behörden dramatisch. Diese Entwicklung führte darüber hinaus zu einer zunehmenden Gewalt von Palästinensern gegen Palästinenser. So wurden etliche tatsächliche oder angebliche Kollaborateure ermordet.

Grüne Linie

Grenze zwischen Israel und den von Israel im Sechstagekrieg 1967 **besetzten Gebieten**, u. a. Westjordanland, Gazastreifen, Golanhöhen und die Sinaihalbinsel. Zugleich Grenze des Waffenstillstands von 1949.

Die Intifada war auch die Geburtsstunde der **Hamas**, einer islamistisch-fundamentalistischen Bewegung, die sich von der allgemeinen Widerstandsbewegung gegen die israelische Besatzung abspaltete. Für die israelische Seite bedeutete ein Erstarken der Hamas immerhin eine Schwächung der PLO, mit der die israelische Regierung weiterhin jegliche Gespräche ablehnte. Denn obwohl der **PLO-Vorsitzende Arafat** die Bereitschaft erkennen ließ, das Existenzrecht Israels anzuerkennen und eine **Zwei-Staaten-Lösung** zu akzeptieren, betrachtete Israel die PLO nach wie vor als terroristische Organisation.

Auf einer Tagung des Palästinensischen Nationalrats in Algier im November 1988 wurde von der PLO auf der Grundlage des Teilungsbeschlusses der UNO von 1947 der **Staat Palästina** ausgerufen und gleichzeitig der Verzicht auf Terrorismus erklärt. Kurz zuvor hatte **König Hussein von Jordanien** seinen Anspruch auf das Westjordanland aus Angst, die Intifada könnte sich auch auf Jordanien ausweiten, aufgegeben. Durch die Erklärung der PLO war stillschweigend auch Israel anerkannt worden.

Hamas

Die Hamas (arab. für „Eifer") ist eine **islamisch-fundamentalistische Palästinenser-Organisation**, die es sich zum Ziel gesetzt hat, den Staat Israel zu beseitigen und einen islamischen Gottesstaat in Palästina zu errichten. Die Hamas ist ein Ableger der bereits in den 1920er-Jahren in Ägypten gegründeten radikalen Muslimbrüderschaft.

Nach dem Sechstagekrieg baute die Muslimbrüderschaft im Gazastreifen eine Organisation auf, die vor allem durch religiöse und soziale Aktivitäten den Zusammenhalt der Muslime fördern und die Basis für eine **Islamisierung der Gesellschaft** legen sollte. Beim Ausbruch der Ersten Intifada gaben die palästinensischen Muslimbrüder ihre politische Zurückhaltung auf und entschlossen sich im Dezember 1987 zur Teilnahme an der Intifada. Im August 1988 veröffentlichte die Hamas – das Wort „Hamas" bildet sich aus den Anfangsbuchstaben des arabischen Ausdrucks für „Islamische Widerstandsbewegung" – ihre **Gründungscharta**, in der die Auslöschung des jüdischen Staates als zentrales Ziel formuliert ist. **Geistiger Führer** der Hamas war **Scheich Ahmed Yassin**, der 2004 von der israelischen Armee getötet wurde.

Verhandlungslösungen für eine Überwindung des Nahostkonflikts schließt die Hamas bis heute kategorisch aus und lehnt deshalb die Politik der PLO grundsätzlich ab. Die Gewaltbereitschaft der Hamas schlug sich seit 1993 in zahllosen **Terroranschlägen** gegen Israel nieder, durch die fast 400 Israelis ihr Leben verloren. 2006 beteiligte sich die **Hamas** an den Wahlen in den Palästinensischen Autonomiegebieten und erreichte im **Gazastreifen** die **Mehrheit der Mandate**.

Das harte Vorgehen des israelischen Militärs sowie die Differenzen innerhalb des palästinensischen Lagers, das sich über die geeignete Strategie gegenüber Israel nicht einig war, führte allmählich zum Ende der Intifada; sie konnte 1993 als beendet gelten. Die Intifada hatte bewirkt, dass das **Palästina-Problem wieder von der Weltöffentlichkeit wahrgenommen** wurde. Außerdem betrachteten viele Menschen den Kampf der Palästinenser um die Verwirklichung ihrer Forderungen mit großer Sympathie. Diese **Sympathiewelle** wirkte sich auch positiv auf das internationale Ansehen der PLO aus. Der Imagegewinn wurde aber kurz darauf in der Golfkrise wieder verspielt.

Erste Intifada: Ursachen, Auslöser, Verlauf und Folgen

Ursachen

- zunehmende Siedlungstätigkeit Israels in den besetzten Gebieten
- Schikanen der israelischen Besatzungsbehörden gegenüber Palästinensern
- soziale Not der Palästinenser (Arbeitslosigkeit, Perspektivlosigkeit)

Verbitterung in der palästinensischen Bevölkerung

Auslöser

Tod von 4 Palästinensern nach einem Zusammenstoß mit einem israelischen Lastwagen; Deutung des Unfalls durch Palästinenser als Vergeltungsakt

Verlauf

- gewaltsame Aktionen, v. a. von jungen Palästinensern gegen israelische Besatzungstruppen; Generalstreiks, Massendemonstrationen, Protestaktionen, Boykottmaßnahmen
- gewaltsames Vorgehen der israelischen Sicherheitskräfte gegen die Palästinenser

politische Folgen

Palästinenser:
- Palästina-Problem wieder im Fokus der Weltöffentlichkeit
- Sympathie vieler mit dem Widerstand der Palästinenser
- aber auch Spannungen in der palästinensischen Gesellschaft: Frustration wegen der Erfolglosigkeit der Erhebung
- Stärkung radikaler Kräfte

Israel:
- internationale Kritik wegen des brutalen Vorgehens der israelischen Sicherheitskräfte gegen die Palästinenser
- tief gehende Kontroversen in der israelischen Gesellschaft über die Frage der Besatzungspolitik
- in gemäßigten Kreisen aber auch zunehmende Einsicht in die Notwendigkeit einer politischen Lösung

5.2 Zweiter Golfkrieg (1990/91)

Der irakische Diktator **Saddam Hussein besetzte** am 2. August 1990 das benachbarte **Kuwait** und löste dadurch eine internationale Krise aus (vgl. S. 265 f.). Einstimmig verurteilte der **UN-Sicherheitsrat** in der **Resolution 660** die Invasion und forderte den Irak auf, seine Truppen aus Kuwait abzuziehen. Die USA schmiedeten eine Koalition aus über 30 Staaten, der auch viele arabische Staaten angehörten. Saddam Hussein wurde ein Ultimatum gestellt: Sollte er nicht bis zum 15. Januar 1991 den Abzug der irakischen Truppen aus Kuwait veranlassen, würde die UN-Resolution 660 mit militärischer Gewalt durchgesetzt. Da Saddam Hussein diesem Ultimatum nicht nachkam, begannen die **Alliierten** einen Tag später mit der **Befreiung Kuwaits**. Bereits im März 1991 war der Krieg mit einem Sieg der internationalen Streitmacht unter Führung der USA beendet. Der Irak musste den Waffenstillstand unterzeichnen und die UN-Resolution annehmen.

Als der Krieg gegen den Irak im Januar 1991 begann, machte Saddam Hussein seine schon früher geäußerte Drohung wahr und ließ 38 **Scud-Mittelstreckenraketen** (ohne atomare Sprengköpfe) **auf Israel** abfeuern. Mit diesem Angriff wollte der Diktator primär einen israelischen Gegenschlag provozieren, der dann – so sein Kalkül – eine Solidarisierung der arabischen Welt mit dem Irak nach sich ziehen würde. Auf amerikanischen Druck hin hielt sich Israel jedoch zurück, sodass Hussein sein Ziel nicht erreichte.

Allerdings ließen sich viele Palästinenser vom irakischen Diktator blenden: Sie hielten ihn für einen Anwalt palästinensischer Interessen, weil er während der Krise angekündigt hatte, die Besetzung Kuwaits zu beenden, wenn Israel die UN-Resolution 242 erfüllen und sich aus den im Sechstagekrieg besetzten Gebieten zurückziehen würde. Wegen der massiven Einwanderung vor allem russischer Juden nach Israel waren die Palästinenser stark verunsichert und sahen, dass auch von den arabischen Staaten keine politischen Schritte unternommen wurden, um diese Entwicklung zu stoppen. So **solidarisierte sich PLO-Chef Yassir Arafat mit dem irakischen Diktator**. Diese Parteinahme war zwar Ausdruck der Sympathie großer Teile des palästinensischen Volks für Hussein – der Beschuss Israels mit Scud-Raketen wurde von vielen Palästinensern in den Flüchtlingslagern bejubelt –, für das Ansehen der PLO in der Weltöffentlichkeit aber hatte sie verheerende Folgen. Die Unterstützung für die PLO und ihre Ziele ließ sowohl in der westlichen als auch in der arabischen Welt spürbar nach. Hinzu kam, dass einige Golfstaaten, die wichtige Geldgeber der Palästinensischen Befreiungsorganisation waren, ihr nun die Zuwendungen strichen, was die materielle Situation der PLO erheblich verschlechterte.

5.3 Von Madrid über Oslo nach Camp David: der Friedensprozess und sein Scheitern

Die Madrider Friedenskonferenz

Nach dem Ende des Golfkriegs starteten die USA einen Versuch, den Nahostkonflikt im Rahmen einer **internationalen Konferenz** zu lösen. Diese begann am 30. Oktober 1991 in Madrid. Die friedlichen Revolutionen in Osteuropa und das damit verbundene **Ende des Ost-West-Konflikts** verbesserten auch die Chancen auf eine Lösung des Nahostkonflikts. Da Israel die PLO immer noch nicht als Gesprächspartner akzeptierte, nahmen die palästinensischen Vertreter als Teil der jordanischen Delegation an den Verhandlungen teil. Dass die arabischen Staaten in direkte Verhandlungen mit Israel eintraten, konnte aber schon als großer Fortschritt gesehen werden.

Allerdings gab es in Madrid keine greifbaren Ergebnisse, da nur die bekannten Positionen ausgetauscht wurden. Der amerikanische Präsident George W. Bush sen. erreichte aber eine **Fortsetzung der Konferenz** Ende 1991 in **Washington**. Dort kam es zu **Verhandlungen der israelischen mit der palästinensischen Delegation**, was ein Novum darstellte und Anlass zu Optimismus gab.

Nachdem im Juli 1992 die Arbeiterpartei unter **Yitzhak Rabin** in Israel die Regierung übernommen hatte, hob die Knesset im Dezember 1992 das Gesetz auf, das jeden Kontakt von israelischen Staatsangehörigen mit Mitgliedern „terroristischer Organisationen“ – zu diesen zählte auch die PLO – unter Strafe gestellt hatte. Trotz der allgemein positiven Tendenzen befanden sich die Verhandlungen Ende 1992 aber in einer Sackgasse.

Osloer Prinzipienerklärung (Oslo-I-Abkommen)

Um den ins Stocken geratenen Washingtoner Verhandlungen neue Impulse zu verleihen, trafen sich israelische und palästinensische Intellektuelle in London zu Gesprächen. Diese Sondierungen wurden aufgewertet, als Israel und die Palästinenser hochrangige Verhandlungspartner entsandten (Uri Savir bzw. Mahmud Abbas) und es auf **Vermittlung des norwegischen Außenministers Holst** zu regelmäßigen geheimen Treffen in Oslo kam. Der israelische Ministerpräsident Rabin und der PLO-Vorsitzende Arafat wurden erst in der Endphase in die Verhandlungen einbezogen und gaben ihre Zustimmung zu den erzielten Vereinbarungen. Am 13. September 1993 unterzeichneten sie in Washington die **Osloer Prinzipienerklärung**. Voraussetzung dafür war die gegenseitige Anerkennung der PLO und Israels. Die Bilder des Händedrucks zwischen Arafat und Rabin im Garten des Weißen Hauses gingen um die Welt.

Die wesentlichen **Inhalte der Prinzipienerklärung** waren:

- Rückzug der israelischen Streitkräfte aus dem Gazastreifen und dem Gebiet der Stadt Jericho innerhalb von 21 Tagen: Übernahme der Sicherheitsaufgaben durch die palästinensische Polizei; doch alle Fragen, die die äußere Sicherheit betreffen, verbleiben weiterhin im Entscheidungsbereich Israels;
- an anderen Orten im Westjordanland Übernahme der Kontrolle über innere Belange (u. a. Bildungs-, Gesundheits- und Sozialwesen) durch die Palästinensische Autonomiebehörde;
- innerhalb von neun Monaten Wahl von eigenen Vertretern durch Palästinenser, die Verantwortung für die kommunale Verwaltung übernehmen sollen;
- innerhalb von zwei Jahren Aufnahme von Gesprächen über den Endstatus der Gebiete und Abschluss der Verhandlungen innerhalb von fünf Jahren.

Doch bereits früh wurde deutlich, dass es verschiedene Auslegungen des Vertragstextes gab. Zudem waren wichtige Fragen wie der Status von Ostjerusalem oder die Flüchtlingsproblematik ausgeklammert worden.

Der israelische Premierminister Yitzhak Rabin (li.), US-Präsident Bill Clinton (Mitte) und der Palästinenserpräsident Yassir Arafat (re.) nach der Unterzeichnung der Osloer Prinzipienerklärung, 1993

Das Oslo-II-Abkommen

Das **Oslo-II-Abkommen**, auch „Taba-Abkommen“ oder „Israelisch-palästinensisches Interimsabkommen über das Westjordanland und den Gazastreifen“ genannt, wurde am 24. September 1995 geschlossen. Es sollte die zweite Stufe der palästinensischen Selbstverwaltung einleiten. **Das Westjordanland (ohne Ostjerusalem und Hebron) wurde in drei Zonen eingeteilt**, die sich nach ihrem Status unterschieden:

- In **Zone A** (ca. 3 % der Fläche, v. a. städtische Ballungszentren) war eine palästinensische Selbstverwaltung vorgesehen, die über alle zivilen und polizeilichen Befugnisse verfügte. Das israelische Militär sollte aus dieser Zone vollständig abgezogen werden.
- In **Zone B** (ca. 25 % der Fläche, übrige palästinensische Städte, Flüchtlingslager, Großteil der Dörfer) sollte hingegen die palästinensische Nationalbehörde nur die zivilen Kompetenzen ausüben, während die Polizeibefugnisse und die sicherheitsrelevanten Aspekte in den Kompetenzbereich der israelischen Militärverwaltung fielen.
- Die **Zone C** (ca. 72 % der Fläche, v. a. jüdische Siedlungen, Militärgebiete, Umgehungs- und Verbindungsstraßen) verblieb gänzlich unter israelischer Militärhoheit. Die palästinensische Autonomie war aufgrund dieser Regelung sehr stark eingeschränkt.

Die Verbindungswege zwischen den Zonen A und B lagen in der Zone C, sodass mit Blick auf die palästinensischen Gebiete von einem „Flickenteppichgemeinwesen“ (Baumgarten) gesprochen wurde. Israel behielt sich zudem das Recht vor, das Abkommen wieder außer Kraft zu setzen, wenn seine eigene Sicherheit bedroht wäre. Das israelische Parlament billigte das Oslo-II-Abkommen zwar mit knapper Mehrheit (61 zu 59 Stimmen). Die israelische Rechte befürchtete aber eine existenzielle Bedrohung der nationalen Sicherheit. Die Regierung Rabin verwies dagegen darauf, dass es sich um ein palästinensisches Gemeinwesen handeln würde, das unterhalb der Ebene eines Staates angesiedelt und außerdem demilitarisiert sei – somit also keine Gefahr für Israel darstelle.

Bei den im Abkommen vorgesehenen Wahlen zum **Palästinensischen Legislativrat**, die am 20. Januar 1996 stattfanden, ging die Fatah mit 50 von 87 Sitzen als Sieger hervor. **Yassir Arafat** wurde zum **Präsidenten** gewählt. Gleichzeitig war er auch Chef der palästinensischen Autonomiebehörde.

Im November 1995 **erschoss** der national-religiöse jüdische Extremist Jigael Amir den israelischen Regierungschef **Rabin**. Dies brachte den Friedensprozess, der zu diesem Zeitpunkt bereits von divergierenden Auslegungen vereinbarter Grundsätze geprägt war, endgültig zum Erliegen. **Benjamin Netanjahu**, der nach den Wahlen im Mai 1996 Regierungschef wurde, hatte mit dem Prinzip „Land gegen Frieden“ nicht mehr viel im Sinn und sprach sich klar gegen die Errichtung eines eigenständigen Palästinenserstaates aus.

Die Wye-Memoranden

Am 23. Oktober 1998 unterzeichneten Ministerpräsident **Netanjahu** und der PLO-Vorsitzende **Arafat** in Wye Plantation bei Washington dennoch das erste Wye-Memorandum, in dem nach dem **Prinzip „Land gegen Frieden“** verfahren werden sollte. Zuvor hatte die amerikanische Regierung, der an einer Fortsetzung des Friedensprozesses gelegen war, großen Druck auf beide Parteien ausgeübt. Gemäß der Abmachung sollte sich Israels Armee aus weiteren Gebieten des Westjordanlandes zurückziehen. Trotz der Bemühungen von US-Präsident Clinton, den Friedensprozess zu sichern, scheiterte die Umsetzung des Abkommen. Denn die Regierung Netanjahu nahm immer wieder Terrorakte zum Anlass, den Truppenabzug zu verzögern oder zu stoppen. Im Jahr 2000 hatte sich Israel noch nicht einmal aus 20 % der Gebiete, die die Palästinenser in Bezug auf Sicherheit und ziviler Verwaltung übernehmen sollten, zurückgezogen.

Nach einem Regierungswechsel in Israel unterzeichnete der neue Regierungschef **Ehud Barak** am 4. September 1999 das **zweite Wye-Memorandum**, das u. a. den weiteren Abzug israelischer Truppen aus dem Westjordanland, die Entlassung palästinensischer Gefangener aus israelischer Haft sowie die Eröffnung einer Verbindungsstraße zwischen dem Gazastreifen und dem Westjordanland vorsah.

Unüberbrückbare Differenzen: die Camp-David-Verhandlungen im Jahr 2000

Vom 11. bis 25. Juli 2000 fanden auf dem **Feriensitz des amerikanischen Präsidenten in Camp David** Verhandlungen zwischen der israelischen und der palästinensischen Seite statt. Der Ort rief Erinnerungen an die erfolgreich verlaufenen Friedensverhandlungen zwischen Ägypten und Israel im Jahr 1978 wach, die schließlich zum Abschluss eines Friedensvertrages geführt hatten.

PLO-Chef Arafat, der unter starkem innenpolitischen Druck stand, beharrte auf der vollständigen Rückgabe der besetzten Gebiete einschließlich **Ostjerusalems**, das die **Hauptstadt des neuen Palästinenserstaates** sein sollte. Zudem forderte die palästinensische Delegation ein Rückkehrrecht für palästinensische Flüchtlinge. Israel war zwar bereit, den größten Teil der besetzten Gebiete aufzugeben; eine vollständige Rückgabe der besetzten Gebiete lehnte es aber ab. Die israelische Regierung ging davon aus, dass die jüdischen Siedlungen im Westjordanland weiterhin israelischer Hoheit unterstehen sollten, und hielt vor allem an dem Ziel eines **ungeteilten Jerusalems als Hauptstadt Israels** fest. Ein Rückkehrrecht für die palästinensischen Flüchtlinge wurde vom Staat Israel als existenzbedrohend angesehen und deswegen abgelehnt.

Wie der PLO-Vorsitzende Arafat stand auch der israelische Ministerpräsident Barak bei den Verhandlungen unter großem innenpolitischen Druck, weil die politische Rechte seiner Regierung den Ausverkauf israelischer Interessen vorwarf. Beide Seiten waren deshalb zu keinen Zugeständnissen bereit, die einen Ausweg aus der verfahrenen Situation möglich gemacht hätten. Am 25. Juli 2000 wurden die **Verhandlungen in Camp David ergebnislos** abgebrochen.

5.4 Zweite Intifada („Al-Aqsa-Intifada")

Ausbruch der Zweiten Intifada

Das Scheitern des Osloer Friedensprozesses rief auf beiden Seiten tiefe Enttäuschung hervor. Auslöser für die kurz darauf ausbrechende Zweite Intifada war der Besuch des israelischen Oppositionsführers und Likud-Vorsitzenden **Ariel Scharon** mit einem großen Tross von Begleitpersonen und Sicherheitskräften **auf dem Tempelberg in Jerusalem** am 28. September 2000. Dort, wo der Felsendom und die al-Aqsa-Moschee stehen, verkündete Scharon, dass Jerusalem die unteilbare Hauptstadt Israels sei. Scharon, der das Amt des Regierungschefs anstrebte, wollte sich mit seiner Anwesenheit auf dem Tempelberg und seinen Äußerungen als Hardliner profilieren. Am folgenden Tag kam es zu gewalttätigen Ausschreitungen von Palästinensern, die Scharons Auftreten als Affront und gezielte Provokation verstanden.

Die **Aggression** war auch auf die **Frustration vieler Palästinenser** über die ergebnislosen Verhandlungen mit Israel in den letzten Jahren zurückzuführen. Zudem verschlechterten sich die realen Lebensverhältnisse der Palästinenser in den besetzten Gebieten zunehmend: Die **Arbeitslosigkeit** war hoch und der Lebensstandard entsprechend niedrig. Hinzu kam die trotz des Friedensprozesses **fortgesetzte jüdische Besiedlung der besetzten Gebiete**. Auch auf israelischer Seite hatte sich wegen der nicht abreißenden Terroranschläge das Gefühl verstärkt, dass die Zeit der Verständigung vorbei sei und die andere Seite nur die Sprache der Gewalt verstehe. Der Friedensprozess war mit dem Ausbruch der Zweiten Intifada im Jahr 2000 endgültig zum Erliegen gekommen.

Verlauf und Ende der Zweiten Intifada

Anders als bei der Ersten Intifada ergriffen die Unruhen nun auch die **palästinensische Minderheit in Israel**. In Städten mit hohem arabischen Bevölkerungsanteil kam es zu bürgerkriegsähnlichen Szenen. Während die Erste Intifada noch von Straßenkämpfen mit Steine werfenden Jugendlichen sowie

Massenprotesten geprägt war, eskalierte bei der Zweiten Intifada die Gewalt durch **palästinensische Selbstmordattentate** in Israel.

Bei palästinensischen Versammlungen und Demonstrationen nahmen auch zum ersten Mal Anhänger der fundamental schiitischen **Hisbollah** teil. Die israelische Armee reagierte auf die Intifada mit großer Härte und führte gezielt Vergeltungsmaßnahmen durch. Insgesamt kamen bei der Zweiten Intifada etwa 5 000 Menschen ums Leben (ca. 4 000 Palästinenser und ca. 1 000 Israelis).

Hisbollah

Die Hisbollah (arab. „Partei Gottes") ist eine **schiitische Partei** und **militärische Organisation** im Libanon. Sie entstand 1982 nach dem Einmarsch Israels im Libanon, als der Iran die Ausbildung und Bewaffnung schiitischer Kämpfer betrieb. Das nach außen vertretene ideologische Ziel der Hisbollah war die **Befreiung des Libanon von der israelischen Besatzung**, doch ging es ihr von Anfang an auch um die **Islamisierung des Libanon** und die Durchsetzung der Interessen des iranischen Regimes, das die Organisation bis heute finanziert. Rückhalt findet die Hisbollah aufgrund vielfältiger sozialer Aktivitäten vor allem bei der verarmten schiitischen Bevölkerung des Libanon. Mit ihrer Parteiorganisation ist die Hisbollah seit 1992 auch im libanesischen Parlament vertreten. Seit ihrer Gründung waren **Hisbollah-Milizen** immer wieder für **Terroranschläge** verantwortlich. Anschläge der Hisbollah auf israelisches Territorium rissen auch nach dem Abzug Israels aus dem Libanon im Jahr 2000 nicht ab.

Die Errichtung des „Sicherheitszauns" durch Israel

Um die Sicherheit der Bürger Israels zu erhöhen, begann die Regierung unter dem inzwischen zum Ministerpräsidenten gewählten Scharon 2003 mit dem **Bau eines „Sicherheitszauns"** zwischen dem israelischen Staatsgebiet und dem besetzten Westjordanland. Mit Zäunen, Stacheldraht, Gräben, Bewegungsmeldern und Beobachtungsposten sowie einer bis zu acht Meter hohen Mauer in der Nähe dicht besiedelter Gebiete sollten potenzielle Selbstmordattentäter von Israel ferngehalten werden. Der Verlauf des „Sicherheitszauns" stieß auf scharfe Ablehnung durch die Palästinenser, da sich die Sperranlage zum Teil auf das Gebiet des Westjordanlands erstreckt und palästinensische Bauern von ihren Feldern trennt. Der Internationale Gerichtshof in Den Haag erklärte die Anlage 2004 für **völkerrechtswidrig**.

Mit der Unterzeichnung eines Waffenstillstandsabkommens durch **Mahmud Abbas**, den Nachfolger des 2004 verstorbenen Palästinenserpräsidenten Arafat, und Israels Ministerpräsidenten **Scharon** im ägyptischen Scharm El-Scheich wurde die Zweite Intifada schließlich im Februar 2005 beendet.

5.5 Die „Roadmap" des Nahostquartetts

Im April 2002 formierte sich das sog. Nahostquartett, das von den USA, Russland, der EU und der UNO gebildet wurde, um Möglichkeiten für eine friedliche Lösung des Nahostkonflikts zu sondieren. Im September 2002 präsentierte die Gruppe einen verbindlichen **Friedensplan**, der einen unabhängigen Staat für die Palästinenser **(Zwei-Staaten-Lösung)** vorsah. Die sog. Roadmap (engl. „Straßenkarte") sollte einen Prozess auf den Weg bringen, an dessen Ende im Jahr 2005 eine stabile und von allen Seiten akzeptierte Friedensordnung im Nahen Osten stehen sollte.

- Der erste Schritt (bis Ende 2003) sah die Wahl einer neuen Führung für die Palästinenser vor, die unter der Aufsicht des Nahostquartetts Reformen in verschiedenen Bereichen durchzuführen hatte. Außerdem sollte die palästinensische Führung das **Existenzrecht Israels** anerkennen und eine **Demokratisierung der Autonomiebehörde** in die Wege leiten. Daneben sollte sie sich von der Anwendung von Gewalt distanzieren und wirksame Maßnahmen zur Bekämpfung des Terrorismus einleiten.
  Von **Israel** wurde hingegen erwartet, dass es sich zur **Zwei-Staaten-Lösung** bekennt und aus den besetzten Gebieten zurückzieht. Die nach März 2001 errichteten jüdischen Siedlungen waren von Israel wieder abzubauen.
- Im zweiten Schritt sollte bis Dezember 2004 eine internationale Konferenz zur Überwachung der Umsetzung der Roadmap und zur Vorbereitung der **Gründung eines Palästinenserstaates** einberufen werden. Dieser Schritt sah auch die Ausarbeitung einer palästinensischen Verfassung und die Festlegung der Grenzen des zukünftigen palästinensischen Staates vor.
- Im dritten Schritt waren bis Ende 2005 Friedensverhandlungen zwischen Israel und den benachbarten Staaten geplant. Auf einer zweiten internationalen Konferenz sollten Vereinbarungen über die **endgültigen Grenzen**, den Status Jerusalems und über das **Schicksal der Flüchtlinge** getroffen werden.

Die Roadmap ließ durch ihre unpräzisen Formulierungen viele Fragen offen. So bestand die Gefahr, sich am Ende wieder in der Sackgasse zu befinden, die in Camp David schon einmal zum Scheitern der Verhandlungen geführt hatte. In Israel stimmte zwar eine Mehrheit in der Knesset für die Umsetzung der Roadmap und auch der Ministerpräsident der palästinensischen Autonomiebehörde Mahmud Abbas befürwortete den Friedensplan, doch erhöhten Terroranschläge von radikalen Palästinenserorganisationen sowie der weitere Bau von jüdischen Siedlungen im Westjordanland das Misstrauen auf beiden Seiten. Statt einer Fortsetzung des Friedensprozesses kam es zu einer **Verhärtung der Fronten**.

Der israelische Abzug aus dem Gazastreifen im Jahr 2005

Gegen erheblichen Widerstand in Teilen der israelischen Gesellschaft und vor allem bei den betroffenen Siedlern wurde die von der Knesset gebilligte **Räumung der jüdischen Siedlungen im Gazastreifen** 2005 schließlich durchgesetzt. Der Gazastreifen blieb aber ein Krisenherd, denn es kam nach dem Abzug zu wiederholten Raketenangriffen auf israelisches Territorium. Außerdem errang bei den palästinensischen Parlamentswahlen im Januar 2006 die **Hamas** die Mehrheit der Sitze. Die neue Hamas-Regierung ging auf grundlegende Forderungen der Roadmap, wie die Anerkennung des Existenzrechts Israels, den Verzicht auf Terror und die Einhaltung bestehender Verträge, nicht ein.

Räumung der israelischen Siedlungen im Gazastreifen, 2005

Da die EU und die USA angesichts dieser Entwicklung die Zahlung von Hilfsgeldern einstellten, verschlechterte sich die wirtschaftliche und soziale Situation im dicht besiedelten Gazastreifen dramatisch. Nach einem Überfall auf einen israelischen Militärposten, bei dem zwei Soldaten ums Leben kamen und ein Soldat entführt wurde, marschierte die israelische Armee im Gazastreifen ein, um gegen die Terroristen vorzugehen und den entführten Soldaten zu befreien. Das Vorgehen blieb aber erfolglos.

Aufgabe

17 Beschreiben Sie die Rolle der USA beim Nahost-Friedensprozess von der Madrider Friedenskonferenz 1991 bis zu den Verhandlungen in Camp David 2000 und erläutern Sie die Gründe für das Scheitern der Gespräche in Camp David.

6 Zweiter Libanonkrieg (2006) und Gazakrieg (2009)

Zweiter Libanonkrieg (2006)

Im Jahr 2000 zog sich Israel aus einem von ihm besetzten Landstreifen im Südlibanon zurück, den es seit 1985 kontrolliert hatte. Der Rückzug zahlte sich für Israel jedoch nicht aus, weil von libanesischem Gebiet aus nun immer wieder Raketen auf Israel abgefeuert wurden. Als die libanesische **Hisbollah** im Juli 2006 einen **Überfall auf israelische Soldaten** unternahm, bei dem acht Soldaten getötet und zwei Soldaten entführt wurden, spitzte sich die Lage zu.

Israel startete am 12. Juli 2006 Luftangriffe auf Stellungen der Hisbollah im Libanon. Am 23. Juli überquerten israelische Bodentruppen die Grenze zum Libanon. Ziel des Kriegs war eine entscheidende **Schwächung der Hisbollah und damit des Irans**, der die Hisbollah unterstützte.

Die Kriegführung wurde jedoch in Israel und der Welt z. T. hart kritisiert, weil die meisten der 1 400 Kriegsopfer aus der libanesischen Zivilbevölkerung stammten. Zudem wurden ca. 1,5 Millionen Libanesen in die Flucht getrieben. Am 14. August 2006 stimmten die Konfliktparteien einem im UN-Sicherheitsrat vereinbarten Waffenstillstand zu. Eine 15 000 Mann umfassende **UN-Friedenstruppe** wurde im südlichen Libanon stationiert, um Terrorakte durch Milizen zu verhindern. Bei einem Gefangenenaustausch im Juli 2008 übergab die Hisbollah die sterblichen Überreste der beiden entführten Soldaten an Israel.

Gazakrieg (2009)

Nach dem Auslaufen eines halbjährigen Waffenstillstands zwischen der Hamas und Israel am 19. Dezember 2008 feuerten Kämpfer der **Hamas** vom Gazastreifen aus wiederholt Raketen auf israelisches Territorium. Durch ein Tunnelsystem, das den Gazastreifen mit Ägypten verband, wurden die Hamas-Kämpfer mit Waffen versorgt, sodass sich Israel schließlich zum Handeln entschloss. Am 27. Dezember reagierte Israel mit der Militäraktion **„Gegossenes Blei“** auf die Bedrohung durch den Raketenbeschuss der Hamas. Der Gazakrieg dauerte bis zum 18. Januar 2009 und forderte zahlreiche zivile Opfer, da dieses Gebiet die höchste Siedlungsdichte der Region aufweist. Wie beim Libanonkrieg wurde internationale Kritik laut, dass Israel unverhältnismäßig hart auf den Raketenbeschuss reagiert habe. Aber auch die Raketenangriffe der Hamas wurden scharf verurteilt. Beiden Parteien wurden **Kriegsverbrechen** vorgeworfen.

Ausblick

Zurzeit gibt es wenig Hoffnung auf eine friedliche Beilegung des Nahostkonflikts. Das Bestreben des **Irans**, in den Besitz von atomaren Waffen zu kommen, stellt eine große Bedrohung für den Frieden in der Region dar und hat für längere Zeit das **Palästina-Problem** überlagert. Die Eskalation der **Gewalt im Gazastreifen** (2012) hat jedoch den Blick der Weltöffentlichkeit wieder auf den Konflikt zwischen Israel und den Palästinensern gelenkt. Eine Wiederaufnahme des Friedensprozesses scheint momentan in unerreichbare Ferne gerückt, obwohl die **Voraussetzungen für eine Überwindung des Konflikts** auf der Hand liegen: Die Palästinenser müssten Sicherheitsgarantien für die Existenz Israels geben, Kontrolleinrichtungen auf ihrem Territorium zur Überwachung des Friedens akzeptieren und auf das Rückkehrrecht von Flüchtlingen verzichten. Israel hätte im Gegenzug die Siedlungspolitik zu stoppen, eine Reihe bestehender Siedlungen zu räumen und zu akzeptieren, dass Ostjerusalem die Hauptstadt des zu gründenden palästinensischen Staates wird. Beide Seiten müssten also zur Erlangung des Friedens schwierige **Kompromisse** eingehen und Träume von einer weitgehenden Realisierung ursprünglicher Ziele aufgeben. Gegner des Friedensprozesses auf beiden Seiten konnten in der Vergangenheit immer wieder durch Agitation und Gewalt Ansätze zur Verständigung torpedieren und die Konfrontation fördern, obwohl dieses Vorgehen den Interessen der übergroßen Mehrheit der Bevölkerung auf beiden Seiten widerspricht.

Auch wenn es momentan kaum Anzeichen dafür gibt, dass sich die Situation im Nahen Osten in naher Zukunft zum Besseren wenden wird, darf die Hoffnung auf einen Ausgleich der Interessen nicht aufgegeben werden. In der Geschichte hat es schon häufig Beispiele dafür gegeben, dass sich unveränderlich erscheinende Verhältnisse sehr rasch wandeln können. So hätte sich in den 1980er-Jahren kaum jemand vorstellen können, dass nur kurze Zeit später der Kalte Krieg beendet wird, in Deutschland die Mauer fallen und die Wiedervereinigung in Frieden und Freiheit erreicht wird. Oft werden Ideen, deren Zeit gekommen ist, schneller als erwartet verwirklicht.

Aufgaben

18 Erläutern Sie unter Einbeziehung der Statistik zur jüdischen Einwanderung nach Palästina (M 1), wie sich der Zionismus zwischen 1880 und dem Ende der 1930er-Jahre zu einer politischen Massenbewegung entwickelte.

19 Analysieren Sie die Karikatur zur Situation in Palästina 1948 (M 2), und prüfen Sie, ob die historische Situation durch die Karikatur treffend wiedergegeben ist.

20 a) Erschließen Sie aus der Proklamationsurkunde des Staates Israel (M 3), mit welchen Argumenten die Gründung des Staates Israel legitimiert wird.

b) Legen Sie dar, inwiefern sich aus arabischer Perspektive trotz der im Text M 3 angesprochenen historischen Entwicklungen kein Recht auf eine jüdische Staatsgründung ableiten lässt.

M 1: Jüdische Einwanderung nach Palästina

Zeitraum	Zahl der Einwanderer	wichtigste Herkunftsländer
1882–1903	20 000–30 000 (1. Alija)	Russland
1904–1914	35 000–40 000 (2. Alija)	Russland, Polen
1919–1923	ca. 35 000 (3. Alija)	Russland bzw. Sowjetunion, Polen
1924–1931	ca. 80 000 (4. Alija)	Polen, Deutschland
1932–1938	ca. 200 000 (5. Alija)	Polen, Deutschland

Aus: Angelika Timm: Israel. Gesellschaft im Wandel. Bonn: Bouvier 1998, S. 348.

M 2: Karikatur von Fritz Behrendt zum Palästinakonflikt

Erläuterung: Auf dem Schild an der Tasche steht „Back to Britain".

Behrendt/CCC, www.c5.net

M 3: Auszug aus der Proklamationsurkunde des Staates Israel (1948):

In Erez Israel stand die Wiege des jüdischen Volkes; hier wurde sein geistiges und politisches Antlitz geformt; hier lebte es ein Leben staatlicher Selbständigkeit; hier schuf es seine nationalen und universellen Kulturgüter und schenkte der Welt das unsterbliche „Buch der Bücher".

Mit Gewalt aus seinem Lande vertrieben, bewahrte es ihm in allen Ländern der Diaspora die Treue und hörte niemals auf, um Rückkehr in sein Land und Erneuerung seiner politischen Freiheit in ihm zu beten und auf sie zu hoffen.

Auf Grund dieser historischen und traditionellen Verbundenheit strebten die Juden in allen Geschlechtern danach, ihre alte Heimat wiederzugewinnen; in den letzten Generationen kehrten viele von ihnen in ihr Land zurück; Pioniere, Helden und Kämpfer brachten die Wüste zu neuer Blüte, erweckten die hebräische Sprache zu neuem Leben, errichteten Städte und Dörfer und schufen so eine ständig zunehmende Bevölkerung eigener Wirtschaft und Kultur, friedliebend, aber imstande, sich selbst zu schützen, eine Bevölkerung, die allen Bewohnern des Landes Segen und Fortschritt bringt und nach staatlicher Selbständigkeit strebt.

Im Jahre 1897 trat auf den Ruf Theodor Herzls, des Schöpfers des jüdischen Staatsgedankens, der Zionistische Kongreß zusammen und proklamierte das Recht des jüdischen Volkes auf nationale Wiedergeburt in seinem Heimatlande. Dieses Recht wurde in der Balfour-Deklaration vom 2. November 1917 anerkannt und im Völkerbund-Mandat bestätigt, das insbesondere der historischen Verbundenheit des jüdischen Volkes mit Erez Israel und dem Recht des Volkes, sein Nationalheim wieder zu errichten, internationale Geltung verlieh.

Die über das jüdische Volk in der letzten Zeit hereingebrochene Vernichtung, in der in Europa Millionen Juden zur Schlachtbank geschleppt wurden, bewies erneut und eindeutig die Notwendigkeit, die Frage des heimat- und staatenlosen jüdischen Volkes durch Wiedererrichtung des jüdischen Staates in Erez Israel zu lösen. Dieser Staat wird seine Tore für jeden Juden weithin öffnen und dem jüdischen Volke die Stellung einer gleichberechtigten Nation unter den Völkern verleihen.

Die jüdischen Flüchtlinge, die sich aus dem furchtbaren Blutbade des Nationalsozialismus in Europa retten konnten, und Juden anderer Länder strömten ohne Unterlaß nach Erez Israel, trotz aller Schwierigkeiten, Hindernisse und Gefahren; sie forderten unablässig insbesondere ihr Recht auf ein Leben der Ehre, Freiheit und redlichen Arbeit in der Heimat ihres Volkes.

Im Zweiten Weltkrieg hat die jüdische Bevölkerung Palästinas an dem Ringen der freiheits- und friedliebenden Völker mit den Kräften der nationalsozialistischen Verbrecher ihren vollen Anteil genommen und sich mit dem Blut ihrer Kämpfer und durch ihren Kriegsdienst das Recht erworben, den Völkern, die den Bund der Vereinten Nationen gegründet haben, zugerechnet zu werden.

Am 29. November 1947 hat die Vollversammlung der Vereinten Nationen einen Beschluß gefaßt, der die Errichtung eines jüdischen Staates in Erez Israel fordert [...]. Es ist das natürliche Recht des jüdischen Volkes, ein Leben wie jedes andere selbständige souveräne Volk zu führen.

Wir, die Mitglieder des Volksrates, die Vertreter der jüdischen Bevölkerung Palästinas und der zionistischen Bewegung, sind daher heute, am Tage der Beendigung des britischen Mandats über Erez Israel, zusammengetreten und proklamieren hiermit kraft unseres natürlichen und historischen Rechtes und auf Grund des Beschlusses der Vollversammlung der Vereinten Nationen die Errichtung eines jüdischen Staates in Erez Israel, des Staates Israel. [...]

A. Ullmann (Hg.): Israels Weg zum Staat. Von Zion zur parlamentarischen Demokratie. München 1964, S. 307 ff.

Die USA – von den rebellischen Kolonien zur globalen Supermacht

Die Geschichte der USA beginnt mit dem Sieg der **Kolonien** im Kampf um die Unabhängigkeit gegen das Mutterland Großbritannien. Der Stolz, sich von der Bevormundung und Beherrschung durch die Briten aus eigener Kraft befreit und das **erste demokratische Staatswesen der Neuzeit** begründet zu haben, prägt bis heute das amerikanische Selbstverständnis.

Die Vereinigten Staaten von Amerika boten seit ihrer Gründung Menschen, die aus religiösen, wirtschaftlichen oder politischen Gründen einen Neuanfang wagen wollten, eine Heimat. Der religiös fundierte Glaube an die **Auserwähltheit** des amerikanischen Volks und das **republikanische Bewusstsein** verbanden sich von Anfang an mit der Vorstellung, die Vereinigten Staaten hätten die Mission, Freiheit und Demokratie in der Welt zu verbreiten.

Das propagierte Ideal der Freiheit hinderte die USA aber nicht daran, gegen Ende des 19. Jahrhunderts zu einer **imperialistischen Politik** der offenen oder verdeckten Herrschaft über fremde Gebiete überzugehen. Diese Ambivalenz zwischen der Orientierung an Idealen und dem Durchsetzen eigener Interessen mit militärischen Mitteln ist auch heute noch charakteristisch für die amerikanische Politik. Lange konzentrierten sich die USA fast ausschließlich auf den amerikanischen Kontinent. Erst durch den Eintritt in den Ersten Weltkrieg und die von Präsident Wilson skizzierte **neue Weltordnung** lösten sich die Vereinigten Staaten von ihren außenpolitischen Traditionen und nahmen aktiv Einfluss auf die Weltpolitik. Durch die kriegsentscheidende Rolle im Zweiten Weltkrieg stiegen die USA nach 1945 zur Supermacht auf, der in dem entstandenen **bipolaren Mächtesystem** die Rolle der **Führungsmacht der westlichen Welt** zukam. Die Konfrontation mit der Sowjetunion, der vorherrschenden Macht des Ostblocks, prägte die Zeit des Kalten Kriegs. Die Revolutionen in Osteuropa und der Zusammenbruch der UdSSR führten schließlich zum Fall des Eisernen Vorhangs und damit zur Überwindung des bipolaren Systems.

Die USA sind die einzig verbliebene **globale Supermacht**, doch stehen sie im 21. Jahrhundert vor schwierigen politischen und wirtschaftlichen Herausforderungen. Insbesondere der Versuch, die Verbreitung von Demokratie durch das **„nation building“** in der Folge einer Intervention mit Regimewechsel und Besatzung zu fördern, wird in letzter Zeit immer wieder infrage gestellt.

1 Die Herausbildung des amerikanischen Selbstbewusstseins im Unabhängigkeitskampf gegen England

1.1 Die Entwicklung der Kolonien in Nordamerika (1607–1763)

Die Entstehung englischer Kolonien und die Motive für die Besiedlung

Die dauerhafte britische Kolonisation Nordamerikas setzte zu Beginn des 17. Jahrhunderts ein. Eine englische Handelsgesellschaft, die **„London Company of Virginia“**, erhielt 1606 einen königlichen Freibrief („charter“) zur Gründung einer Siedlung an der amerikanischen Ostküste. Das Gebiet im südlichen Teil der Küste wurde zu Ehren der englischen Königin Elisabeth I., der „Jungfräulichen“, **Virginia** genannt. In der Hoffnung auf wirtschaftlichen Erfolg gründeten die Mitglieder der Handelsgesellschaft dort 1607 die Siedlung **Jamestown**. Der Anbau einer aus Trinidad eingeführten Tabaksorte ermöglichte den Kolonisten ab 1612 eine einträgliche **Plantagenwirtschaft** und den erfolgreichen **Export von Tabak** nach Europa. Verstärkt wurde der wirtschaftliche Aufschwung durch Obstanbau, Pelzhandel und Rinderzucht. Trotz dieser Erfolge geriet die Handelsgesellschaft in finanzielle Schwierigkeiten, sodass der englische König **Jakob I.** diese 1624 auflöste und Virginia als **Kronkolonie** übernahm. Die Bevölkerungszahl nahm nun rasch zu: Um 1700 lebten ca. 70 000 Siedler in Virginia. Die meisten von ihnen waren aus **wirtschaftlichen Gründen** nach Nordamerika gekommen: Sie wollten den ärmlichen Verhältnissen in England entfliehen.

Die **Pilgerväter** („Pilgrim Fathers“), die 1620 auf dem Schiff **Mayflower** nach Nordamerika kamen und sich im heutigen Staat **Massachusetts** niederließen, veranlassten hingegen **religiöse Gründe** zur Auswanderung. Sie waren strenggläubige Puritaner, die sich aufgrund der religiösen Unterdrückung und Verfolgung in ihrer Heimat in Nordamerika ansiedelten. In der „Neuen Welt“ hofften sie, ihre Religion frei ausüben und ihre politischen Vorstellungen verwirklichen zu können.

Puritaner

Puritaner (lat. „puritas“: Reinheit) waren **strenggläubige Protestanten (Calvinisten)** in England und Schottland, die sich von der anglikanischen Staatskirche losgesagt hatten. Sie kritisierten an der **„Church of England“** eine zu starke Anlehnung an römisch-katholische Vorstellungen und Praktiken. Die Puritaner sahen es als ihre Aufgabe an, diese **von katholischen Elementen zu „reinigen“** und der Bibel wieder ihren Stellenwert als Grundlage alles menschlichen Handelns zu verschaffen.

Unterzeichnung des Mayflower Compact auf der Überfahrt nach Massachusetts im Jahr 1620 (Ölgemälde von Jean Leon Gerome Ferris)

Im **„Mayflower Compact"** verpflichteten sich die Pilgerväter noch vor ihrer Ankunft in Amerika, gemeinsam eine Kolonie zu errichten und eine politische Körperschaft zu bilden. Die Unterzeichner bekannten sich in diesem Vertrag zu politischer und religiöser Selbstbestimmung. Sie versprachen sich gegenseitige Hilfe und gelobten Gehorsam gegenüber der Gruppe. Dieser Pakt sollte zum **zentralen Bezugspunkt des Gründungsmythos** des amerikanischen Nationalstaates werden. Die Startbedingungen waren für die Pilgerväter äußerst hart – aufgrund von Krankheiten und Hunger starben im ersten Jahr mehr als die Hälfte der Siedler.

1632 übertrug der englische König Jakob I. **Lord Baltimore** für seine treuen Dienste ein großes Gebiet nördlich des Flusses Potomac, das er eigenverantwortlich besiedeln konnte. **Maryland** war die einzige katholische Kolonie unter den sonst strikt protestantischen britischen Kolonien in Nordamerika.

Auch in der 1681 von **William Penn** gegründeten Kolonie **Pennsylvania** siedelten sich religiöse Minderheiten an, die in Europa unterdrückt wurden. Die günstigen Siedlungsbedingungen in Pennsylvania und die von Penn betriebene aktive Bevölkerungspolitik zogen u. a. Presbyterianer aus Schottland, Calvinisten aus den Niederlanden, Hugenotten aus Frankreich sowie Lutheraner und Reformierte aus deutschen Territorien an. Penn selbst gehörte den **Quäkern** an, die Krieg und alle weltliche Macht ablehnten und für soziale Reformen eintraten.

Nicht nur religiöse Unterdrückung, sondern auch **politische Verfolgung** und die mit der allgemeinen Bevölkerungszunahme verbundene **Verschlechterung der Lebensverhältnisse** vor allem in den ländlichen Regionen **Europas** förderten die Auswanderung in die englischen Kolonien. Die Menschen erwarteten sich in Nordamerika bessere Lebensbedingungen und ein Leben in Freiheit. Es kamen aber auch **Abenteurer** und **Glücksritter**, die auf Wohlstand und eine bessere Zukunft hofften.

Insgesamt entstanden im 17. und zu Beginn des 18. Jahrhunderts entlang der **Atlantikküste 13 englische Kolonien**, die sich hinsichtlich der naturräumlichen Gegebenheiten, aber auch in Bezug auf die ethnische, religiöse und soziale Struktur der Bevölkerung stark unterschieden.

Rechtlicher Status und politische Organisationsformen der Kolonien

Die einzelnen Kolonien waren verfassungsmäßig nicht verbunden, sondern standen jeweils in unmittelbarer Beziehung zum Mutterland. Ihren Verfassungsstatus bekamen sie durch vom König verliehene Charter (Freibriefe). Bei den Kolonien handelte es sich in der Mehrzahl um **Kronkolonien**. Deren Gouverneure wurden vom König selbst ernannt und die Gesetzgebung wurde von London aus kontrolliert. Daneben gab es auch **Charter-Kolonien**, die einer Siedlungsgesellschaft zugesprochen waren, und **Eigentümerkolonien**, die privaten Personen gehörten. Dem jeweiligen Gouverneur stand eine **gewählte Versammlung** („assembly“) von Grundbesitzern zur Seite, die die Finanzhoheit beanspruchte und Mitsprache bei der Gesetzgebung besaß. Gegen Entscheidungen der Versammlung konnte der Gouverneur ein Veto einlegen. Zudem war das Handelsministerium in London befugt, von der Versammlung erlassene Gesetze zu annullieren. Zwischen den Kompetenzen der Regierung in London und denen der Kolonisten bestand somit ein natürliches Spannungsverhältnis.

Trotz der unterschiedlichen Organisationsformen stellte die Tatsache, dass **englische Institutionen und Rechtstraditionen** in den Kolonien eine große Rolle spielten, ein verbindendes Merkmal zwischen ihnen dar. Wie im Mutterland galten auch in den Kolonien die in der **„Magna Charta“** (1215) und in der **„Bill of Rights“** (1689) formulierten Rechtsgarantien (vgl. S. 72). Die sich entwickelnde Rechtskultur glich deshalb der des Mutterlands England.

Allerdings lebten in den Kolonien nicht nur Menschen, die aus freien Stücken gekommen waren: Bereits 1619 wurden von einem holländischen Kapitän 20 versklavte Afrikaner als **„Servants“** in Virginia verkauft. Die Geschichte des „schwarzen“ Amerikas hatte damit begonnen. Ende des 18. Jahrhunderts betrug der Anteil der aus Afrika stammenden Sklaven etwas über 20 % der Bevölkerung in den Kolonien.

Europäische Besiedlung Nordamerikas um 1750

Londons Politik der „wohlwollenden Vernachlässigung"

Die britische Regierung unterstützte die Siedlungstätigkeit in der Anfangszeit, ohne sich dabei allzu stark in die inneren Angelegenheiten der Kolonien einzumischen. Eine straffe Kontrolle der Kolonien war wegen der Entfernung – ein Segelschiff benötigte 8 bis 15 Wochen für die Reise zu den Kolonien – faktisch kaum möglich. Zudem übte das **Parlament in Westminster keine legislative Autorität** aus. Englische Gesetze galten für die Kolonien nur, wenn sie ausdrücklich für diese beschlossen worden waren, was aber bis zur Mitte des 18. Jahrhunderts selten der Fall war. Wegen der eingeräumten **Freiheiten** wird auch von einer Politik der „wohlwollenden Vernachlässigung" der englischen Regierung gegenüber den Kolonien gesprochen. Der relativ große Freiraum, der den Siedlern gewährt wurde, trug erheblich zur Attraktivität der englischen Kolonien in Nordamerika bei. Dies zeigte sich nicht zuletzt an der starken Zuwanderung.

Wirtschaftliche Entwicklung und wachsendes Selbstbewusstsein der Kolonien

Die Entwicklung in den Kolonien war nach den anfänglichen Schwierigkeiten von zunehmender **Prosperität** gekennzeichnet. In den **südlichen Kolonien** (Maryland, Virginia, North Carolina, South Carolina, Georgia) wurden auf großen **Plantagen** vor allem **Tabak** und **Baumwolle** angebaut und erfolgreich nach Europa exportiert. Aus Afrika stammende Sklaven wurden als billige Arbeitskräfte eingesetzt. Die von den Plantagenbesitzern erwirtschafteten Gewinne waren aufgrund der starken Nachfrage in Europa so groß, dass sich eine **wirtschaftliche Aristokratie** herausbildete. Für das Mutterland stellten diese Kolonien den wertvollsten Teil der amerikanischen Besitzungen dar, weil sie die Versorgung Englands mit kolonialen Produkten und Rohstoffen sicherstellten.

In den **mittleren Kolonien** (New York, New Jersey, Pennsylvania, Delaware) und in den **Neuenglandkolonien** (New Hampshire, Massachusetts, Connecticut, Rhode Island) wurde erfolgreich **Landwirtschaft** betrieben. An der Küste entwickelten sich **Städte** wie Boston, New York und Philadelphia zu kommerziellen Zentren. Eine besondere Rolle spielte dabei die **Stadt New York**, die ursprünglich auf eine holländische Ansiedlung zurückging. Nach dem erfolgreichen Seekrieg Großbritanniens gegen Holland in den Jahren 1664–1667 fielen die Gebiete der Kolonie „Neu-Niederlande" an den englischen König, der sie seinem Bruder, dem Herzog von York, übereignete. Dies war die Geburtsstunde des Staates und der Stadt New York.

Die erfolgreiche Entwicklung in den Kolonien lässt sich auch daran ablesen, dass sich die Bevölkerungszahl insgesamt etwa alle 25 Jahre verdoppelte. Der Lebensstandard in den Kolonien hatte um 1770 ungefähr den des Mutterlandes

England erreicht. Allerdings waren die Kolonien immer noch eher dünn besiedelt. Zudem gab es zwischen den Kolonien noch keine ausgeprägte Infrastruktur, sodass das Leben sehr stark auf das lokale Umfeld bezogen war. In dieser individualisierten Welt kamen deshalb der **Eigeninitiative**, der **Tatkraft** und der **Verantwortung des Einzelnen** eine besondere Bedeutung zu. Diese Eigenschaften sind für das **amerikanische Selbstverständnis** bis heute prägend.

Der Stolz der Kolonisten auf ihre Leistungen und das damit verbundene **Selbstbewusstsein** waren auch dafür verantwortlich, dass die vom König ernannten oder gebilligten Gouverneure auf Dauer nicht gegen die Interessen der Mehrheit der in der Versammlung vertretenen Grundbesitzer regieren konnten. Die gewählten Versammlungen spielten vielmehr politisch eine immer wichtigere Rolle: Sie nahmen großen Einfluss auf Personalentscheidungen und wurden darüber hinaus durch die Kontrolle der Ausgaben politisch gestaltend tätig. Dies ging aber auf Kosten der britischen Krone, deren Autorität stark abnahm.

1.2 Wachsende Spannungen zwischen dem Mutterland Großbritannien und den Kolonien (1763–1775)

Der Siebenjährige Krieg in Nordamerika als Zäsur

Neben Großbritannien war Frankreich die Macht, die den stärksten Einfluss in Nordamerika ausübte. Die Entscheidung um die Vorherrschaft in Nordamerika zwischen diesen beiden Mächten fiel im **„French and Indian War"**.

Der Siebenjährige Krieg in Europa und Nordamerika (1756–1763)

Auseinandersetzung zwischen Preußen und Österreich in **Europa:** Nach 1745 kam es zu einem Wechsel im europäischen Bündnissystem. Während Frankreich und Russland auf die Seite Österreichs traten, unterstützte England nun Preußen, um das Kräftegleichgewicht **(„Balance of Power")** in Europa zu wahren. Im **Frieden von Hubertusburg** (1763) konnte Preußen seine Großmachtstellung behaupten – der Status quo bellum ante wurde wiederhergestellt.

Der Konflikt wurde nicht nur in Europa, sondern auch als **Kolonialkrieg in Nordamerika („French and Indian War")** ausgetragen, wo Großbritannien Frankreich als konkurrierende Kolonialmacht ausschalten wollte. Aufgrund seiner überlegenen militärischen Stärke konnte Großbritannien den Krieg schließlich für sich entscheiden.

Im **Frieden von Paris** (1763) übertrug der französische König **Kanada** und alle Gebiete östlich des Mississippis der englischen Krone. Spanien musste **Florida** an England abtreten, bekam dafür aber von Frankreich **Louisiana** (westlich des Mississippi) zugesprochen. Die französische Kolonialherrschaft in Nordamerika war damit beendet.

Die **Gegnerschaft zu Frankreich und Spanien** in Nordamerika hatte bis dahin für eine Interessenübereinstimmung zwischen den Kolonien und Großbritannien gesorgt. Dieses einende Band existierte nach dem Ende des Siebenjährigen Kriegs nicht mehr, da die Kolonialmächte Frankreich und Spanien keine Bedrohung mehr darstellten. Es wurde bald offenbar, dass sich das Verhältnis zwischen London und den Kolonien wandelte und immer stärker von Differenzen geprägt war.

Zunehmende Unzufriedenheit der Kolonisten mit der Regierung in London
Die britische Regierung war nach dem Ende des „French and Indian War" bestrebt, wesentlich stärker als bisher in die Angelegenheiten der Kolonien einzugreifen. Der junge König **George III.** und sein Premier Lord North verkannten dabei aber, dass sich die Kolonien inzwischen zu wirtschaftlich aufstrebenden und **politisch selbstbewussten Gemeinwesen** entwickelt hatten, die sich von London nicht mehr ohne Weiteres bevormunden lassen wollten. Eine Reihe von Entscheidungen führte zu großem Unmut unter den Kolonisten:

- Die **königliche Proklamation** vom 7. Oktober 1763 legte ohne vorherige Konsultation und Einbeziehung der Kolonialparlamente („assemblies") die Appalachen als westliche Grenze für die Besiedlung und für Landkäufe durch Weiße fest („**Proclamation Line**", vgl. Karte S. 207). Das Gebiet zwischen den Appalachen und dem Mississippi sollte den „Native Americans" („Indianern", vgl. S. 225 f.) vorbehalten bleiben, was aber den Interessen der landhungrigen Siedler widersprach.
- Das **Zuckergesetz** (1764) sah eine Steuer auf die Einfuhr von Zuckerrohrsirup und Kaffee vor, worunter v. a. die amerikanischen Brennereien litten.
- Das **Währungsgesetz** (1764) verbot in den Kolonien die Ausgabe von Papiergeld zur Minderung der Kapitalknappheit.
- Das **Einquartierungsgesetz** (1765) verpflichtete zur Unterstützung und Einquartierung der britischen Truppen in Privathaushalten.
- Nach dem **Stempelsteuergesetz** (1765) sollten nicht nur alle amtlichen Dokumente, sondern auch Zeitungen, Druckschriften, Kalender und sogar Karten- und Würfelspiele besteuert werden.

Durch die **Erhöhung der Steuereinnahmen** in den Kolonien wollte die britische Regierung das durch den kostspieligen Krieg gegen Frankreich und die Eroberung Kanadas entstandene riesige Haushaltsdefizit abbauen (vgl. S. 209 f.). Das Bestreben der Regierung in London, eine **straffere und koordinierte Kolonialpolitik** durchzusetzen und die Freiräume der Kolonien einzuschränken, ließ den bereits vorhandenen Unmut der Siedler stark ansteigen. So machten die kolonialen Parlamente ihren Rechtsstandpunkt deutlich, dass nur sie befugt seien, Steuern in den Kolonien zu erheben, und forderten von der britischen Regierung eine Rücknahme des Stempelsteuergesetzes. **„No taxation without representation"** wurde zur einprägsamen Parole dieses Protests.

Zur gleichen Zeit bildeten sich **„patriotische" Organisationen** wie die „sons of liberty", die zu Trägern des Kampfs gegen die britische Kolonialpolitik wurden. Im Oktober 1765 fand ein Aufruf zum **Boykott englischer Waren** statt. Zwar wurde aufgrund der Unruhen das Steuermarkengesetz im März 1766 aufgehoben, doch entschärfte das die Lage nicht entscheidend. Denn die britische Regierung unterstrich ihren Anspruch, Gesetze verabschieden zu können, die auch für die Kolonien bindende Kraft hätten. Die Spannungen nahmen weiter zu, als die Regierung in London 1767 **Einfuhrzölle** auf verschiedene Güter aus England erhob und zwei **Regimenter in Boston stationierte**. Nachdem die Kolonisten erneut zum Boykott englischer Waren aufgerufen hatten, musste die Regierung – nicht zuletzt auf Druck der englischen Händler – nachgeben; aber sie hielt, um ihr Gesicht zu wahren, an der Besteuerung von Tee fest.

Die Zuspitzung des Konflikts

Die Auseinandersetzung wuchs sich immer mehr zu einem Grundsatzkonflikt aus. Angesichts der extrem aufgeheizten Stimmung eskalierte die Situation in **Boston** im Jahr 1770, als britische Soldaten bei einer Demonstration in die Menge feuerten und fünf Demonstranten töteten **(„Boston Massacre")**, was den Hass der Kolonisten auf das Mutterland noch weiter anschürte. Als Ende November 1773 drei Schiffe der englischen **„East India Company"** mit Tee an Bord in den Hafen von Boston einliefen, forderte die Stadtversammlung von Gouverneur Hutchinson, die Schiffe wieder nach England zurückzuschicken. Da er sich weigerte, schlichen sich als Indianer verkleidete Kolonisten – Mitglieder der Organisation „sons of liberty" – an Bord und kippten die ganze Ladung Tee (342 Kisten) ins Wasser. Auf diese Weise wollten sie die Zahlung des Zolls, der mit dem Ausladen fällig geworden wäre, unterbinden. Diese Aktion, die später als **„Boston Tea Party"** bezeichnet wurde, zeigte die Unversöhnlichkeit, mit der sich beide Seiten inzwischen gegenüberstanden.

Die britische Regierung antwortete mit der Schließung des Hafens und der politischen Entmündigung der Kolonie Massachusetts. Doch führte dieser Schritt nur zu einer weiteren Zerrüttung des Verhältnisses zwischen Mutterland und Kolonien. 1774 trafen sich Repräsentanten der Kolonien zum **Ersten Kontinentalkongress** in Philadelphia, um ein gemeinsames Vorgehen zu beraten. Man einigte sich, eine eigene Miliz aufzubauen und wirtschaftliche Sanktionen

The Boston Tea Party, Lithografie von 1846

gegen Großbritannien zu erlassen. Daraufhin verhängte London ein **Handelsembargo gegen die Kolonien**. Die meisten Kolonisten sahen sich nun nicht mehr als Untertanen der britischen Krone, sondern als freie Bürger, die sich gegen Versuche der Unterdrückung eines selbstbestimmten Lebens wehrten.

1.3 Der Amerikanische Unabhängigkeitskrieg (1775–1783)

Ausbruch des Kriegs

Im April 1775 kam es zwischen britischen Truppen, die ein illegales Waffenlager ausheben wollten, und einer Bürgerwehr der Kolonisten zu blutigen Auseinandersetzungen bei **Concord** und **Lexington**. Es ist bis heute nicht geklärt, wer zuerst geschossen hat, doch zeigte die Entwicklung, wie groß die Spannungen geworden waren. Die Kolonisten schlugen die britischen Einheiten in die Flucht, die nur unter großen Verlusten Boston erreichen konnten.

Am 10. Mai trat in Philadelphia der **Zweite Kontinentalkongress** zusammen. Die 65 Delegierten aus den Kolonien übernahmen faktisch die Funktionen einer nationalen Regierung und riefen den **Verteidigungszustand** für alle Kolonien aus. Die vorhandenen Milizen der Kolonien wurden in eine gemeinsame Truppe, die sog. **Kontinentalarmee**, überführt. **George Washington** wurde zum militärischen Oberbefehlshaber ernannt. Eine Mehrheit des Kontinentalkongresses sprach sich noch im Juli 1775 für eine Petition aus, in der die fortdauernde Loyalität der Kolonien betont wurde und der König um Beistand angesichts der von den Kolonisten als unbillige Härte empfundenen Entscheidung von Regierung und Parlament gebeten wurde. Doch bereits im August erklärte der englische König formell alle Kolonien als im Zustand der Rebellion befindlich und verbot einige Monate später jeglichen Handel der Kolonien mit Fremdländern.

Verlauf des Kriegs

Die Ausgangslage für die Kolonisten war denkbar schlecht, denn die sich im Aufbau befindliche Kontinentalarmee war der britischen Armee hinsichtlich Zahl, Ausrüstung und Erfahrung unterlegen. Zudem kämpften noch ca. 30 000 deutsche Söldner, die von ihren Landesherren verkauft worden waren, auf britischer Seite. Sie wurden als **„Hessians"** bezeichnet, da viele von ihnen aus dem Großherzogtum Hessen stammten. Wegen der besseren Nachschubsituation und der guten geografischen Kenntnisse, aber vor allem aufgrund der großen Motivation und der überlegten strategischen Führung der Kontinentalarmee durch George Washington gelang es den aufständischen Siedlern jedoch, das Blatt zu ihren Gunsten zu wenden.

Ein wichtiger Meilenstein war der Sieg über die britische Armee 1777 bei **Saratoga** im Hudsontal. Dieser veranlasste **Frankreich**, das die Kolonisten schon finanziell und mit Waffenlieferungen unterstützt hatte, im Februar 1778 den vom Kongress erbetenen **Beistandspakt** zu unterzeichnen. **Spanien**, das sich territoriale Gewinne (Florida, Gibraltar) versprach, schloss sich im darauffolgenden Jahr der Allianz an. Frankreich und Spanien wollten so Revanche für die Niederlage im Siebenjährigen Krieg (vgl. S. 209 f.) nehmen.

Der Krieg entschied sich schließlich im Oktober 1781, als amerikanische Truppen die **Hafenstadt Yorktown** an der Küste Virginias belagerten, in der sich eine britische Truppe verschanzt hatte, und diese zur Kapitulation zwangen. Ein französisches Flottengeschwader hatte den Entsatz der britischen Truppen über das Meer verhindert. Im Unterhaus in London bildete sich jetzt eine Mehrheit heraus, die den König zur Aufnahme von Friedensverhandlungen aufforderte. Den Abgeordneten erschienen die Kosten für eine Unterwerfung der rebellischen Kolonien zu hoch.

Die Friedensschlüsse von Paris und Versailles 1783

Im Frieden von Paris vom 3. September 1783 erkannte Großbritannien die ehemaligen dreizehn Kolonien als **„unabhängige vereinigte Staaten von Amerika"** an und trat das Territorium zwischen Appalachen und Mississippi an diese ab. Im Norden wurden die Großen Seen, im Süden wurde der 31. Breitengrad als Grenze festgelegt; im Westen bildete der Mississippi die Grenze. Im gleichen Jahr schlossen Großbritannien und die amerikanischen Alliierten Frankreich und Spanien in Versailles Frieden. Großbritannien wurde Gibraltar zugesprochen, London erkannte dafür die Herrschaft Spaniens über Florida an.

Aus amerikanischer Sicht war durch die Friedensschlüsse die Gefahr abgewendet worden, dass die europäischen Großmächte England, Frankreich und Spanien das Land zwischen Appalachen und Mississippi unter sich aufteilen würden. Einem amerikanischen Anspruch auf das Land westlich des Mississippi stand jetzt nur noch die sich im Niedergang befindliche ehemalige Weltmacht Spanien entgegen.

1.4 Von der Unabhängigkeitserklärung (1776) zur Bundesverfassung (1787)

Die Unabhängigkeitserklärung (1776)

Nach Ausbruch des Kriegs hatten sich bereits einige Kolonien republikanische Verfassungen gegeben. Auf dem Zweiten Kontinentalkongress in Philadelphia stimmte schließlich eine Mehrheit dafür, offiziell die Unabhängigkeit von Großbritannien zu erklären. Der Jurist **Thomas Jefferson** wurde mit der Ausarbeitung eines Textes beauftragt. Am 2. Juli 1776 beschloss der Kongress die Unabhängigkeit, zwei Tage später, am 4. Juli 1776, wurde die von Jefferson formulierte Erklärung gebilligt und unterzeichnet. Der Bruch zwischen den Kolonien und dem Mutterland Großbritannien war nun unwiderruflich.

In der Präambel wurde die **Gleichheit der Menschen** (im Sinne von Rechtsgleichheit) bestimmt. Die Unabhängigkeitserklärung proklamierte außerdem „**Leben**, **Freiheit** und das **Streben nach Glück und Zufriedenheit**“ als „selbstverständliche Wahrheiten“. Aufgabe der Regierungen sei es, diese Rechte zu schützen. Die Macht der Regierenden sollte sich dabei aus der Zustimmung der Regierten ableiten. Wo politische Herrschaft missbraucht werde, könnte das **Volk** laut Jefferson den Herrschaftsvertrag kündigen und sein **Recht auf Widerstand** wahrnehmen. Zum ersten Mal in der Geschichte der Menschheit wurde damit ein Staat gemäß den **Ideen der Aufklärung** gegründet. Dieses Bewusstsein setzte eine ungeheure Dynamik frei, die sich auf den wirtschaftlichen, sozialen und politischen Bereich auswirkte.

Von der Konföderation zum Bundesstaat

Im Jahr 1777 wurden die **Konföderationsartikel** verabschiedet, die die Konföderation der zu Staaten gewordenen ehemaligen Kolonien mit der Bezeichnung „**The United States of America**“ begründete. Da die Einzelstaaten keine Einschränkung ihrer Eigenständigkeit wollten, wurden der bundesstaatlichen

Ebene nur wenige Rechte zugestanden. Dies erwies sich jedoch sowohl für die Vertretung außenpolitischer Interessen als auch für die Regelung drängender innenpolitischer Probleme auf längere Sicht als wenig zweckmäßig. Der Kongress konnte z. B. keine Steuern erheben, sondern lediglich Zahlungsaufforderungen an die Regierungen der Einzelstaaten verschicken, ohne dass es bei Weigerungen Sanktionsmöglichkeiten gab. Wegen drohender Zahlungsunfähigkeit konnte die Regierung der Konföderation wichtige Aufgaben nicht mehr erfüllen.

Am 25. Mai 1787 trat in Philadelphia ein **Verfassungskonvent** mit Vertretern aus allen Mitgliedsstaaten zusammen, der eine neue Verfassung ausarbeiten sollte. Diese stärkte die Zentralgewalt und wurde am 17. September 1787 verabschiedet. Die Verfassung trat nach der Ratifizierung durch neun Staaten im Juni 1788 in Kraft. Es dauerte aber noch bis Mai 1790, ehe sie von allen Staaten unterzeichnet worden war. Zwei Jahre nach der Verabschiedung wurde die Konstitution 1791 durch einen **Grundrechtskatalog** ergänzt **(„Bill of Rights")**.

Nach der neuen Verfassung sollten die einzelnen Bundesstaaten ihre Souveränität behalten, aber Rechte an die Bundesregierung abtreten, um eine bessere außenpolitische Vertretung sowie eine wirksamere Gestaltung des wirtschaftlichen Lebens zu ermöglichen. Aus einer eher lockeren Konföderation der Staaten war ein **Bundesstaat** geworden.

Unterzeichnung der Unabhängigkeitserklärung, 1776 (Ölgemälde von John Trumbull, 1818/19)

Verfassung der USA (1787) und die Wahl Washingtons zum ersten Präsidenten

Gegenüber der Konföderation wurde die Stellung der Zentralgewalt im Bundesstaat verbessert. Der **Präsident**, der in **indirekter Volkswahl** über Wahlmänner gewählt wurde, stand an der Spitze der Exekutive. Er vertrat die USA im Ausland und war Oberbefehlshaber über die Streitkräfte. Er ernannte die Minister und Bundesrichter, doch bedurfte es dabei der Zustimmung des Senats.

Die Verfassung der Vereinigten Staaten

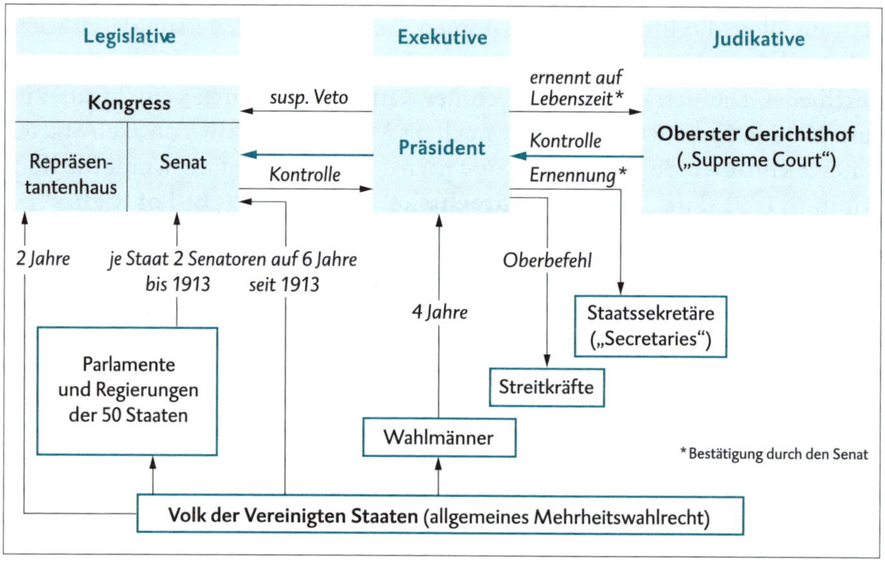

Der **Kongress** setzte sich nach dem Vorbild der Einzelstaaten aus **zwei Kammern** zusammen, dem **Repräsentantenhaus**, in das die Einzelstaaten je nach ihrer Bevölkerungszahl Abgeordnete entsandten, und dem **Senat**, in den jedes Einzelstaatenparlament zwei Vertreter schickte (erst ab 1913 wurden die Senatoren direkt gewählt). An der Wahl des Kongresses durften anfangs (ebenso wie bei der Wahl des Präsidenten) alle weißen männlichen Amerikaner ab 25 Jahren teilnehmen, die über ein gewisses Mindesteinkommen verfügten. Der aus Repräsentantenhaus und Senat bestehende Kongress hatte die Gesetzgebungsgewalt. Der Präsident hatte gegen Gesetzesvorlagen ein suspensives (aufschiebendes) Vetorecht. Dieses konnte aber mit einer Zweidrittelmehrheit in beiden Häusern aufgehoben werden. Der Senat besaß großen Einfluss auf die Außenpolitik, da Verträge mit dem Ausland auch einer Zweidrittelmehrheit bedurften.

Die Verfassung sah auch vor, dass durch ein Zusammenwirken von Repräsentantenhaus und Senat ein **Amtsenthebungsverfahren** („Impeachement“) gegen den Präsidenten durchgeführt werden konnte, falls dieser die Gesetze brach. Außerdem wurde ein **Oberster Gerichtshof** („Supreme Court“) eingerichtet, der für eine einheitliche Rechtsprechung und für die Verfassungsmäßigkeit im ganzen Land sorgen sollte.

Ursachen und Folgen des Unabhängigkeitskriegs

Ursachen

- gestiegenes Selbstbewusstsein der Siedler wegen der prosperierenden wirtschaftlichen Entwicklung in den Kolonien
- eigene ökonomische Interessen der Kolonien
- relativ eigenständige politische Entwicklung in den Kolonien aufgrund Londons Politik der „wohlwollenden Vernachlässigung“
- Herausbildung einer amerikanischen Identität
- Steuererhöhungen und Zunahme der politischen Bevormundung der Kolonien durch Großbritannien nach dem Siebenjährigen Krieg

Auslöser

- Verschärfung des Konflikts durch Erhöhung der Steuern (Stempelsteuergesetz)
- Parole des Protests: „No taxation without repesentation“

Folgen

Unabhängigkeitserklärung 1776:
- Menschenrechte als Grundlage politschen Handelns
- Loslösung der 13 Kolonien vom Mutterland Großbritannien

Frieden von Paris (1783):
- Bestätigung der Unabhängigkeit der Kolonien
- Abtretung des Territoriums zwischen Appalachen und Mississippi durch Großbritannien
- Bildung einer losen Staatenkonföderation

Das Prinzip der **„checks and balances“** (Gewaltenverschränkung) spielte bei der Ausarbeitung der Verfassung eine entscheidende Rolle. Durch gegenseitige Kontrolle sollte die schrankenlose Machtausübung durch ein staatliches Organ verhindert und eine konstruktive Zusammenarbeit ermöglicht werden.

Die Verfassung der Vereinigten Staaten war eine **pragmatische Kompromisslösung** zwischen unterschiedlichen Interessen, nämlich denen der bevölkerungsreichen Nordstaaten und denen der agrarisch geprägten Südstaaten. Aber auch die Frage der Repräsentation von kleinen und großen Staaten wurde durch das Zweikammersystem zufriedenstellend gelöst. Zudem konnten sowohl Befürworter einer starken Zentralgewalt als auch Anhänger dezentraler Strukturen die Verfassung akzeptieren. Gerade die Berücksichtigung der verschiedenen Interessen verlieh der Verfassung Bindekraft und Dauerhaftigkeit. Durch die Verfassung der Vereinigten Staaten wurden die **Forderungen der Aufklärung** nach Volkssouveränität, Gewaltenteilung und Verankerung von Grundrechten erfüllt und mit einer **föderalen Ordnung** verbunden.

Nachdem die Verfassung angenommen worden war, wurden am 7. Januar 1789 die Wahlmänner ernannt, die am 4. Februar einstimmig **George Washington** zum **ersten Präsidenten** der Vereinigten Staaten wählten.

Die Grundelemente des US-amerikanischen Selbstbewusstseins

Das Bewusstsein der Siedler, sich aus eigener Kraft eine Existenz aufgebaut und gegen eine übermächtig erscheinende Kolonialmacht die Unabhängigkeit erkämpft zu haben, erfüllte die Bürger der jungen Republik mit großem Stolz und der Gewissheit, eine unvergleichliche historische Leistung vollbracht zu haben. Der sich aus religiösen Quellen speisende **Auserwähltheitsglaube** und die Annahme, in Gottes Heilsplan eine besondere Rolle zu spielen, wurden zu Grundpfeilern des amerikanischen Selbstverständnisses. Der **Patriotismus** bekam fast die Bedeutung einer säkularen Religion. Daraus entwickelte sich bald die Vorstellung, auch für die Befreiung anderer Völker aus Bevormundung und Abhängigkeit Verantwortung zu tragen **(republikanisches Sendungsbewusstsein)**.

George Washington, erster Präsident der Vereinigten Staaten von Amerika, bei seiner Vereidigung am 30. April 1789

Zentrale politische Strukturen spielten erst im Lauf der Zeit eine größere Rolle, sodass die Menschen in ihrem engen regionalen Bezugsfeld zusammenhalten mussten, um mit den Widrigkeiten des alltäglichen Lebens fertigzuwerden. Bis heute bilden das Vertrauen auf die Familie und die Bereitschaft zur Nachbarschaftshilfe zentrale Werte in der amerikanischen Gesellschaft.

Die Entstehung des US-amerikanischen Selbstbewusstseins

- Bewusstsein der historischen Bedeutung des Unabhängigkeitskampfs: Gründung des ersten demokratischen Staatswesens der Neuzeit
- puritanische Erwähltheitsvorstellungen

- gemeinsame Interessen der Kolonisten gegenüber den Ansprüchen der englischen Krone
- Herausbildung einer amerikanischen Identität

- ideologische Überhöhung der Loslösung vom Mutterland Großbritannien als Kampf zwischen Freiheit und Unterdrückung
- Missionsgedanke: Verbreitung der Demokratie in der Welt

Auserwähltheitsglaube | **Patriotismus** | **republikanisches Sendungsbewusstsein**

Grundelemente des amerikanischen Selbstbewusstseins

Aufgaben

21 Legen Sie Ursachen und Folgen des Unabhängigkeitskampfs der Kolonien gegen das Mutterland Großbritannien dar.

22 Erläutern Sie wichtige Aspekte des US-amerikanischen Selbstbewusstseins.

2 Der Aufstieg der USA zur Weltmacht im 19. Jahrhundert

George Washington, der erste Präsident der Vereinigten Staaten von Amerika, verzichtete nach Ablauf seiner zweiten Amtszeit auf eine Wiederwahl und schuf damit ein Modell, an dem sich alle seine Nachfolger bis zum Jahr 1940 orientierten. Erst Franklin D. Roosevelt wurde während des Zweiten Weltkriegs für eine dritte und 1944 sogar für eine vierte Amtszeit gewählt.

In seiner **Abschiedsbotschaft („Farewell Address")** hinterließ Washington den Amerikanern 1796 sein politisches Vermächtnis. Er gab ihnen den Rat, dass die Vereinigten Staaten zwar mit europäischen Staaten Handel treiben, sich aber auf keine langfristigen Bündnisverpflichtungen einlassen sollten, um nicht in europäische Konflikte hineingezogen zu werden **(„entangling alliances")**. Diese Auffassung bekam für die Außenpolitik der US-Regierungen bis ins 20. Jahrhundert verpflichtenden Charakter. Während des gesamten 19. Jahrhunderts konzentrierten sich die USA auf den Ausbau ihrer Machtstellung auf dem amerikanischen Kontinent.

2.1 Territoriale Ausdehnung der Vereinigten Staaten und vollständige Erschließung des Kontinents bis 1890

„Louisiana Purchase"

Nach einer ersten erheblichen Vergrößerung des Staatsgebiets im Frieden von Paris (1783), der den Mississippi als Westgrenze festlegte, konnten die USA ihr Territorium unter Präsident Thomas Jefferson mit dem **Erwerb der Kolonie Louisiana** von Frankreich („Louisiana Purchase") 1803 – Spanien hatte Frankreich 1800 die Kolonie überlassen – noch einmal verdoppeln. Jefferson wollte v. a. das Mississippi-Delta mit dem Hafen New Orleans erwerben, um den Handel auf dem Mississippi zu sichern. Er schickte 1803 Unterhändler nach Paris, die sondieren sollten, ob die französische Regierung zu einem Verkauf bereit wäre. Die Abgesandten der USA bekamen zu ihrer Überraschung nicht nur New Orleans, sondern die gesamte Kolonie Louisiana angeboten, die das Gebiet zwischen dem Mississippi und den Rocky Mountains mit Ausnahme von Texas (vgl. Karte S. 221) umfasste. Jefferson erwarb das Gebiet für 15 Millionen Dollar.

Gegner dieses Abkommens kritisierten, dass der Handel mit Frankreich nicht mit den in der Verfassung garantierten freiheitlichen Prinzipien vereinbar sei, da ein fremdes Gebiet mit einer fremden Bevölkerung der USA einverleibt würde. Jeffersons Entscheidung wurde aber durch die Zustimmung des Senats und durch seine kurz danach folgende Wiederwahl faktisch legitimiert.

Das territoriale Wachstum der Vereinigten Staaten im 19. Jahrhundert

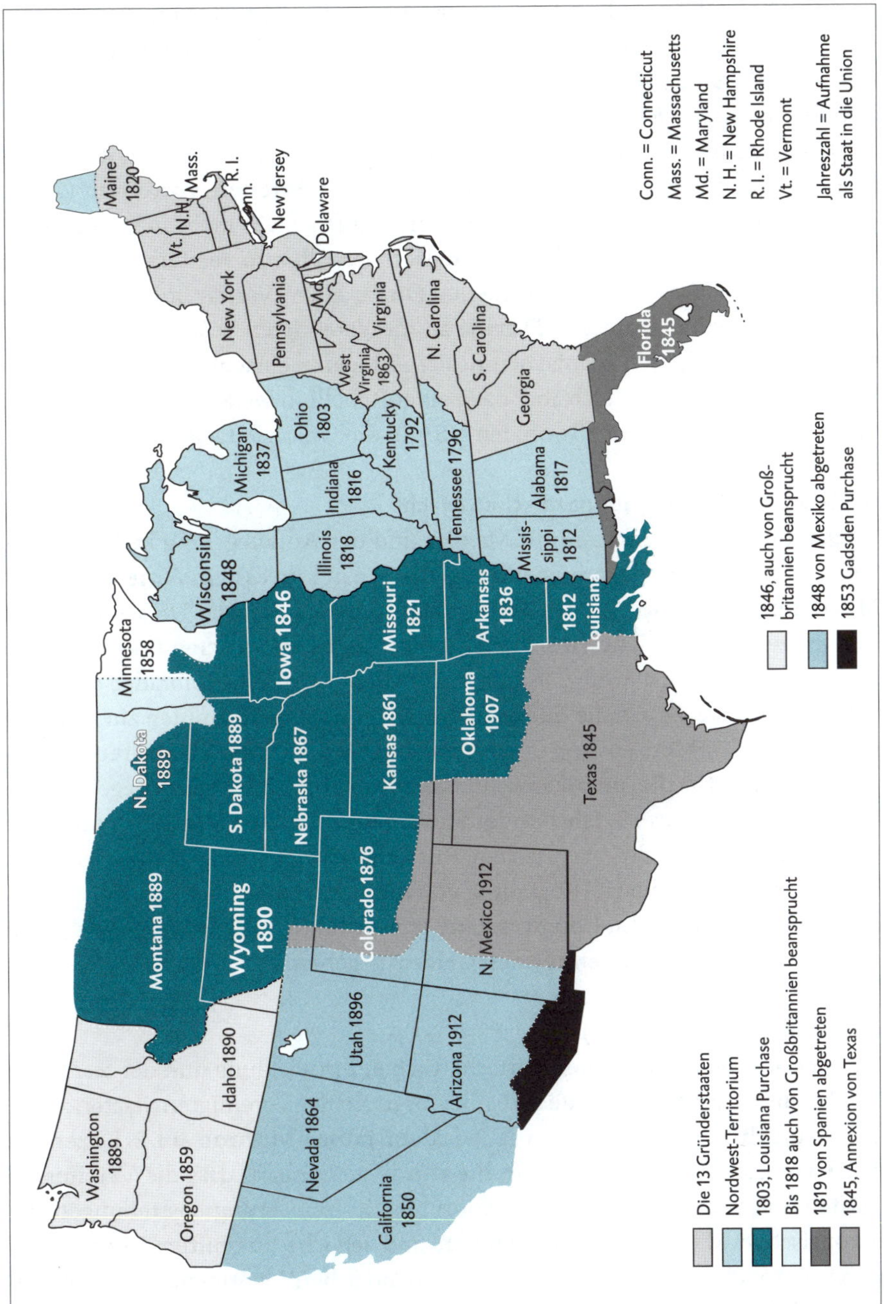

Der Krieg von 1812–1815

Im Jahr 1812 erklärten die USA Großbritannien den Krieg. Hierbei diesem ging es weniger um Handelsstreitigkeiten als vielmehr um die **Expansion des Landes nach Kanada**. Die Briten wehrten den Angriff der USA jedoch erfolgreich ab und zerstörten 1814 die Hauptstadt Washington.

Da sich keine Seite militärisch durchsetzen konnte, waren Briten und Amerikaner schließlich zu Verhandlungen bereit. Im **Frieden von Gent** (1814) wurde die Grenze zu Kanada festgelegt und künftig nicht mehr infrage gestellt. Der Expansionsdrang der USA richtete sich deshalb nun verstärkt auf Gebiete im Süden und Westen des Kontinents. Durch einen Vertrag mit Spanien fiel 1819 das bis dahin spanische **Florida** an die Vereinigten Staaten, während die USA im Gegenzug den spanischen Besitz in Mexiko einschließlich Texas anerkannten. **Texas** spaltete sich aber nach einer Rebellion weißer Siedler 1836 von Mexiko ab und wurde 1845 von den USA in die Union aufgenommen.

Die USA auf dem Weg zur pazifischen Macht

Wegen offener Grenzfragen mit Mexiko und der Aufwiegelung kalifornischer Siedler durch US-Außenminister James Buchanan kam es zum **Amerikanisch-Mexikanischen Krieg** (1846–1848), der mit einem Sieg der USA endete. Die Vereinigten Staaten eigneten sich ein Gebiet an, das die späteren Bundesstaaten New Mexico, Arizona, Utah, Nevada, California sowie Teile Colorados und Wyomings umfasste. Durch die Einigung der USA mit Großbritannien zur **Teilung des Oregon-Gebiets** entlang des 49. Breitengrads im Juni 1846 waren die Voraussetzungen für die amerikanische Besiedlung bis zum Pazifik gegeben. Die USA waren Mitte des 19. Jahrhunderts zu einer pazifischen Macht geworden.
Um ein Ausgreifen des zaristischen Russlands in Richtung Nordamerika zu verhindern, erwarb die US-Regierung von diesem 1867 schließlich für 7,2 Millionen Dollar **Alaska**. Im Kongress hatte es allerdings große Widerstände gegen den Erwerb eines so weit entfernten Gebiets gegeben.

Die Monroe-Doktrin (1823)

Das sich aus der erfolgreichen wirtschaftlichen Entwicklung und der territorialen Expansion ergebende neue Selbstbewusstsein der Vereinigten Staaten zeigte sich deutlich in der Erklärung, die Präsident **James Monroe** am 2. Dezember 1823 vor dem Kongress abgab. In ihr wurde verlautbart, dass die Vereinigten Staaten auf dem amerikanischen Kontinent Kolonisierungsbestrebungen der europäischen Mächte nicht hinnehmen und jegliche zukünftige Intervention durch europäische Staaten auf dem amerikanischen Kontinent als unfreundlichen Akt auffassen würden. Später wurde der Inhalt der Doktrin mit dem

Schlagwort „**Amerika den Amerikanern**“ zusammengefasst. Gleichzeitig betonte der Präsident aber auch, dass sich sein Land nicht in europäische Angelegenheiten und in die Verhältnisse der noch bestehenden Kolonien europäischer Staaten auf dem amerikanischen Kontinent einmischen werde.

Hintergrund dieser Erklärung waren die Unabhängigkeitskämpfe in den spanischen Besitzungen in Süd- und Mittelamerika, die zur Gründung eigenständiger Staaten führten. Mögliche **Gefahren von außen**, etwa Rückeroberungen vonseiten Spaniens, Einmischungen anderer europäischer Staaten oder eine Südausdehnung des russischen Einflussgebiets von Alaska aus entlang der pazifischen Küste, waren nicht auszuschließen.

Die Monroe-Doktrin hatte im 19. Jahrhundert keine politische Bedeutung, da den USA die militärischen Mittel fehlten, diese durchzusetzen. Die Freiheit der unabhängig gewordenen Staaten Lateinamerikas wurde vielmehr durch Großbritannien, das keinem anderen europäischen Staat Machtgewinne auf dem amerikanischen Kontinent zugestand, garantiert. Doch demonstrierte die Monroe-Doktrin das gestiegene Selbstbewusstsein der **USA** und dokumentierte ihren **Führungsanspruch auf dem amerikanischen Kontinent**.

Der Systemgegensatz zwischen Norden und Süden

Zwischen den Nord- und den Südstaaten der USA gab es im Lauf des 19. Jahrhunderts immer größere Gegensätze und Spannungen. Während der Norden eine entwickelte Industrie- und Finanzwirtschaft aufwies, war der Süden vorwiegend agrarisch strukturiert und durch die Plantagenwirtschaft geprägt. Auf den von Sklaven bewirtschafteten Plantagen wurden vor allem Baumwolle, Tabak und Zuckerrohr angebaut, die zum großen Teil für den Export bestimmt waren. Die **ökonomischen Interessen** des Nordens und des Südens der USA entwickelten sich immer weiter auseinander.

An der **Sklavenfrage** entzündete sich schließlich ein offener Konflikt, der sich zum Bürgerkrieg ausweitete. Während sich die Öffentlichkeit im Norden vehement gegen die Haltung von Sklaven aussprach, sahen die politisch den Ton angebenden Plantagenbesitzer des Südens den Erhalt der Sklaverei als unabdingbar für die hier vorherrschende Wirtschafts- und Lebensform an.

Nach dem Sieg des Republikaners **Abraham Lincoln**, eines strikten Gegners der Sklaverei, bei den Präsidentschaftswahlen 1860 traten sieben Staaten des Südens aus der Union aus und gründeten die **Konföderierten Staaten von Amerika**, deren Verfassung einen lockeren Staatenbund mit schwacher Zentralgewalt vorsah. Präsident wurde Jefferson Davis, ein reicher Baumwollpflanzer. Die Regierung in Washington unter Lincoln war jedoch nicht bereit, die **Sezession** (Abspaltung) zu akzeptieren. So kam es 1861 zum **Bürgerkrieg**.

Amerikanischer Bürgerkrieg (1861–1865)

Der **Sezessionskrieg** brach im April 1861 aus, als Unions-Truppen die Besatzung des **Forts Sumter**, eines in South Carolina gelegenen **Militärstützpunkts der Bundesregierung**, mit Nachschub versorgen wollten und dabei von Verbänden der Konföderierten beschossen wurden. Weitere vier Bundesstaaten verließen nun die Union, sodass die Konföderierten Staaten von Amerika schließlich elf Mitglieder umfassten.

Nach einem langen und extrem blutigen Krieg mit hohen Verlusten auf beiden Seiten – man spricht auch vom ersten Krieg im industriellen Zeitalter – behielt die Union die Oberhand. Am 9. April 1865 unterschrieb General Lee, der die Südstaatenarmee befehligte, bei **Appomattox Court House** in Virginia die Kapitulationsurkunde.

Im Dezember 1865 wurde der **13. Zusatz zur US-Verfassung** ratifiziert, der die Sklaverei in den Vereinigten Staaten abschaffte. Bis 1871 traten alle Südstaaten wieder in die Union ein. Durch den Krieg war die **Einheit der amerikanischen Nation** unter großen Opfern bewahrt worden. Es dauerte aber noch lange, bis die Wunden, die der Bürgerkrieg geschlagen hatte, verheilt waren.

Die vollständige Erschließung des Kontinents bis 1890

Bereits während des Bürgerkriegs begann man 1862 mit dem **Bau der Eisenbahnstrecke** zwischen dem Osten und dem Westen. Zwei Unternehmen, die „Central Pacific Railroad Company“ und die „Union Pacific Railroad Company“, bauten die Gleise von Westen bzw. von Osten. Am 10. Mai 1869 trafen sich die beiden Linien in Utah. **Telegrafenleitungen** entlang der Gleise verbesserten die Kommunikation. Der Eisenbahnbau kurbelte durch seinen großen Materialverbrauch und durch die besseren Transportmöglichkeiten die Wirtschaft, insbesondere die **Eisen- und Stahlindustrie**, zusätzlich an.

Bau der transkontinentalen Eisenbahn, die 1869 fertiggestellt wurde.

Vertreibung und Vernichtung der „Native Americans" bis ins 19. Jahrhundert

Eine von **Hernando de Soto** geleitete spanische Expedition, die ab 1539 von Kuba und dem späteren Florida aus nach Westen vordrang, vermittelte einen ersten Eindruck von den **Auswirkungen der europäischen Kolonisation** in Nordamerika: Durch die europäischen Siedler eingeschleppte Krankheiten und Seuchen sowie Vertreibungen und Hungersnöte führten zu einer starken **Dezimierung der Ureinwohner** im Mississippi-Gebiet. De Sotos Vorgehen kann als Beginn der systematischen Zerstörung der indianischen Kultur betrachtet werden.

1608, also im Jahr nach der Gründung von Jamestown in Virginia, begann die erste große und erbittert geführte Auseinandersetzung zwischen Siedlern und Indianern, die schließlich 1646 mit der **Vernichtung des indianischen Stammes der Powhatan** endete. Entscheidende Triebfeder für den Konflikt war der große Landhunger der Kolonisten, die für ihre gewinnträchtigen, exportorientierten **Tabakplantagen** stetig neue Anbauflächen benötigten.
In mehreren Kriegen wurden in der Folgezeit die Aufstände der Urbevölkerung gegen die Landnahme durch die Siedler niedergeschlagen und die Indianerstämme größtenteils vernichtet. Lebten um 1570 noch ca. 3 Millionen Indianer östlich des Mississippi, so waren es 100 Jahre später nur noch 300 000. Die Tatsache, dass sich die indigene Bevölkerung im **Unabhängigkeitskrieg** überwiegend auf die Seite Großbritanniens schlug, da sie von der Regierung in London größeren Schutz erwartete, vergrößerte die Abneigung der amerikanischen Siedler gegenüber den Indianern.

1830 verabschiedete der US-Kongress das **Indianerumsiedlungsgesetz („Indian Removal Act")**, das die gewaltsame Umsiedlung der Indianerstämme östlich des Mississippis auf Gebiete westlich des Flusses legalisierte. Wegen der zunehmenden Einwanderung aus Europa nahm die Begehrlichkeit nach Land aber ständig zu, sodass diese Gebiete unter Bruch bestehender Verträge immer weiter verkleinert oder aber die Indianer erneut unter Zwang umgesiedelt wurden. Der dynamische Industrialisierungsprozess und der Eisenbahnbau beschleunigten die Vertreibung der Indianer seit Mitte des 19. Jahrhunderts zusätzlich. Bestehende Feindschaften zwischen den Indianerstämmen verhinderten jedoch ein gemeinsames Vorgehen gegen die Siedler.

Die Ausdehnung des Siedlungsgebiets Richtung Westen führten zur weiteren Vertreibung und Vernichtung der indianischen Kulturen. Der Vorstoß in die Gebiete jenseits des Mississippis hatte die **Dezimierung der Büffelherden**, die bis dahin die Lebensgrundlage der Prärieindianer gewesen waren, zur Folge. Die Regierung in Washington war bestrebt, die Indianer in **Reservaten** anzusiedeln, doch widersetzten sich die Indianerstämme diesen Umsiedlungsplänen. Zudem zogen **Goldfunde** in Gebieten wie Oklahoma sowie Nord- und Süd-Dakota, die als Reservate vorgesehen waren, in Scharen weiße Siedler an, sodass die den Indianern gemachten Zusagen nicht eingehalten wurden.

Massengrab für die Indianer nach der Schlacht bei „Wounded Knee", 1890

Der Konflikt eskalierte und es kam zu Kämpfen zwischen indianischen Stämmen und der US-Armee, bei denen letztere aufgrund der besseren Ausrüstung und Ausbildung schließlich überlegen war. Besonders grausam war die **Schlacht am Little Bighorn River** am 25. Juni 1876, in der vereinigte Indianerstämme unter Führung der Häuptlinge **Sitting Bull** und **Crazy Horse** der amerikanischen Armee eine empfindliche Niederlage zufügten. Mit einer bereits im Bürgerkrieg praktizierten Strategie, die gezielt die Lebensgrundlage der indianischen Bevölkerung zerstörte, gelang es den Generälen Philip H. Sheridan und William T. Sherman jedoch, den Widerstand der Indianer zu brechen. Das **Massaker von Wounded Knee** 1890, bei dem die US-Armee eine Gruppe von ca. 340 Sioux-Indianern (darunter auch Frauen und Kinder), die auf dem Weg zu einem Indianertreffen waren, niedermetzelte, bildete den traurigen Endpunkt dieser **Indianerkriege**. Die endgültige Umsiedlung der Indianer in die vorgesehenen Reservate bedeutete auch das Verschwinden der „Frontier", der früheren Grenze zwischen den von Indianern und Weißen besiedelten Gebieten. Ab 1890 gab es außerhalb der für die Indianer vorgesehenen Reservate keine Gebiete mehr, die nicht von weißen Amerikanern bewohnt wurden.

2.2 Die USA auf dem Weg zur führenden Wirtschaftsmacht

Bevölkerungswachstum

In der Zeit zwischen dem Ende des Bürgerkriegs und der Jahrhundertwende vollzog sich eine fulminante **industrielle Entwicklung**, die mit einem starken Bevölkerungswachstum einherging. Dieses ging zum einen auf eine **steigende**

Geburtenrate und zum anderen auf die zunehmende **Einwanderung** zurück. Zwischen 1865 und der Jahrhundertwende stieg die Einwohnerzahl von 37 auf 76 Millionen, um schließlich 1915 die 100 Millionen-Grenze zu durchbrechen.

Während um die Mitte des 19. Jahrhunderts die Einwanderer v. a. aus Großbritannien, Irland und Deutschland kamen, wanderten Ende des Jahrhunderts vermehrt Menschen aus Osteuropa, Österreich-Ungarn und Italien ein. Dies wirkte sich auf die **religiöse Struktur** der USA aus: War vorher die Mehrheit der Immigranten protestantisch gewesen, kamen nun Katholiken, orthodoxe Christen und Juden in die USA. Gleichzeitig wurde die **Integration** der Einwanderer wegen der verschiedenen Sprachen, Kulturen und Wertvorstellungen zum Problem.

Für die Wirtschaft war die Einwanderung aus Ost- und Mitteleuropa dagegen von Vorteil. Die jungen, mobilen, motivierten und oft gut qualifizierten Immigranten nutzten entschlossen die Möglichkeiten, die sich ihnen boten. Sie dienten der Industrie als **billige Arbeitskräfte**. Durch die starke Einwanderung im letzten Drittel des 19. Jahrhunderts wurde die **Verstädterung** vorangetrieben und die **Nachfrage nach Gütern** angeregt.

Der Übergang zur Industriegesellschaft

Der wirtschaftlichen Entwicklung kam vor allem der rasche Ausbau der Infrastruktur zugute. Durch die 1869 fertiggestellte **transkontinentale Eisenbahn** wurde der Westen mit seinen reichen Bodenschätzen in den entstehenden nationalen Markt integriert. Die Länge des Schienennetzes stieg von 1865 bis zur Jahrhundertwende von 35 000 auf 310 000 Meilen an, sodass mit Recht von einer **„Transportrevolution“** gesprochen wird. Der **einheitliche Binnenmarkt** bot für die prosperierende Wirtschaft beste Voraussetzungen. Ähnlich wie viele andere Staaten entfernten sich die Vereinigten Staaten von der zuvor verfolgten Freihandelspolitik und erhoben **Schutzzölle** auf industrielle Einfuhren, um die eigene Industrie zu fördern. Zwischen 1870 und 1900 verdreifachte sich das Bruttosozialprodukt und die industrielle Produktion verfünffachte sich, was die Dynamik der wirtschaftlichen Entwicklung verdeutlicht. In dieser Zeit vollzog sich der Wandel von einer Wirtschaft der Kleinproduzenten hin zur Industriegesellschaft, die vom **„Big Business“** geprägt war.

New York und Chicago wurden zu **Finanz- und Wirtschaftsmetropolen**. Risikobereiten und durchsetzungskräftigen Unternehmern gelang es, die Möglichkeiten effektiv zu nutzen und große Profite zu machen. Am Vorabend des Ersten Weltkriegs hatten die USA mit einem Anteil von 32 % an der Weltindustrieproduktion sowohl das Deutsche Reich (14,8 %) als auch Großbritannien (13,6 %) deutlich hinter sich gelassen und nahmen damit eine **unange-**

fochtene Führungsstellung ein. Die **profitable Landwirtschaft** wurde bezüglich der Wertschöpfung aber erst in den 1880er-Jahren von der Industrieproduktion überholt. Die Landwirtschaft blieb aber durch die voranschreitende Mechanisierung und ihre zunehmende Effizienz auch weiterhin ein wichtiger Wirtschaftszweig.

2.3 Die Außenpolitik der USA im Zeichen des Imperialismus

„New Nationalism" und das Gefühl nationaler Einheit

Die tiefen Wunden, die der Bürgerkrieg gerissen hatte, begannen sich seit den 1880er-Jahren zu schließen. Die 1886 als Geschenk der französischen Regierung im Hafen von New York aufgestellte **Freiheitsstatue** wurde zum Symbol für die allgemeinen, universellen Werte, als deren Vertreterin sich die USA empfanden. Rituale wie das Totengedenken an die Opfer des Bürgerkriegs am **„Memorial Day"** oder der tägliche Eid der Schulkinder auf das Sternenbanner wurden ebenso Elemente der amerikanischen **Zivilreligion** wie die **Flagge** selbst oder die **Nationalhymne**.

Dieser **„neue Nationalismus"** stärkte die Bindungskräfte innerhalb der amerikanischen Gesellschaft, die durch die Zuwanderung und die mit ihr verbundenen Probleme herausgefordert wurde, und bewirkte, dass sich das Bewusstsein für eine besondere Mission der amerikanischen Nation vertiefte. Gleichzeitig veränderte sich die Wahrnehmung des Südens durch die weiße Ober- und Mittelschicht des Nordens: Der **Süden** wurde nun in romantischer Verklärung als **Hort traditioneller Tugenden und Werte** gesehen. Dies hob das Selbstwertgefühl der Südstaatenbewohner und förderte ihre Bereitschaft, das Trennende zu überwinden und sich als vollwertiger Teil der Nation zu empfinden.

Voraussetzung und Motive für eine machtbewusste und imperiale Außenpolitik

Vor dem Hintergrund der rasanten industriellen Entwicklung wurden Forderungen laut, **neue Absatzmärkte in Übersee** zu erschließen. Steigende Exporte sollten die Sättigung der Binnenmärkte ausgleichen, um so den Wohlstand zu vermehren und die **gesellschaftliche Stabilität** zu sichern.

In den Blick gerieten Regionen, in denen die Interessen der USA nicht mit denen europäischer Staaten kollidierten, also vor allem **Mittel- und Südamerika** sowie **Ostasien**. Es ist wohl kein Zufall, dass das 1890 erschienene Werk „The Influence of Sea Power 1660–1783" des Marineoffiziers Alfred Thayer Mahan in den USA (aber auch in Europa) große Beachtung fand. Nach der Analyse der britischen Weltmachtstellung im 17. und 18. Jahrhundert kam Mahan zu dem Schluss, dass die Vereinigten Staaten eine große **Handels- und**

Kriegsflotte sowie **überseeische Stützpunkte** benötigten, um beim Wettlauf der Staaten um Einflussgebiete mithalten zu können.

Die Zustimmung in breiten Teilen der amerikanischen Öffentlichkeit zu einer **imperialistischen Politik** knüpfte an die bereits vorhandenen Vorstellungen einer „offenkundigen Bestimmung“ **(„manifest destiny“)** der amerikanischen Nation an. Nach dieser sind die Amerikaner auserwählt, die Zivilisation, d. h. Freiheit und Demokratie, in der Welt zu verbreiten. Die Diskussion über die Ziele der amerikanischen Außenpolitik wurde zunehmend durch chauvinistische Töne in den Massenmedien beeinflusst, obwohl es auch kritische Stimmen gab, die im Übergang zum Imperialismus einen Verrat an den amerikanischen Freiheitsidealen sahen.

Der Spanisch-Amerikanische Krieg (1898)

Möglichkeiten, den neuen Anspruch umzusetzen, ergaben sich gegen Ende des Jahrhunderts in der Karibik. Das 90 Meilen vor der amerikanischen Küste liegende **Kuba** befand sich in spanischem Besitz. Aufgrund von Unruhen und Revolten gegen die spanische Herrschaft war die Situation auf Kuba in zunehmendem Maße instabil. In der amerikanischen Presse gab es große Sympathien für die Unabhängigkeitsbewegung, sodass Präsident William McKinley unter Handlungsdruck geriet. Als in dieser bereits angespannten Situation am 15. Februar 1898 das amerikanische **Schlachtschiff Maine** im Hafen von Havanna explodierte (wobei 260 Besatzungsmitglieder ums Leben kamen), ging die amerikanische Regierung davon aus, dass das Schiff auf spanischen Befehl hin versenkt worden sei. Nach heutigen Erkenntnissen verursachte jedoch eine Kesselexplosion das Unglück.

McKinley forderte unter **Berufung auf die Monroe-Doktrin** von Spanien den Abzug aus Kuba und holte sich vom Kongress die Erlaubnis zum militärischen Eingreifen. Als die USA über Kuba eine **Seeblockade** verhängten, erklärte Spanien den Vereinigten Staaten am 24. April 1898 den Krieg, der von großen Teilen der amerikanischen Öffentlichkeit begeistert begrüßt wurde. Aufgrund der Überlegenheit der US-Marine wurde der Konflikt innerhalb von vier Monaten zugunsten der Vereinigten Staaten entschieden. Wegen der kurzen Dauer und der geringen Zahl eigener Opfer bezeichnete Außenminister John Hay den Krieg auch als „splendid little war“.

Im **Frieden von Paris** vom Dezember 1898 musste Spanien die **Unabhängigkeit Kubas** anerkennen. Die Insel wurde zu einer Art Protektorat der Vereinigten Staaten (vgl. S. 231). Die USA behielten Flottenstützpunkte auf der Insel und beanspruchten das Recht zur Intervention auf Kuba, wenn das Leben und das Eigentum von US-Bürgern bedroht waren. Spanien musste zudem im Pazifik **Guam**, **Puerto Rico** und die **Philippinen** an die USA abtreten.

Der Krieg gegen Spanien war ein Meilenstein in der Außenpolitik der USA, denn mit den damit einhergehenden Annexionen traten die Vereinigten Staaten zum ersten Mal in den Kreis der imperialen Großmächte ein. Im Land wurde eine heftige Diskussion um die Rechtmäßigkeit dieses Schritts geführt. Es gab viele Kritiker, die sich gegen die expansionistische Politik der Regierung wandten, da sich diese ihrer Meinung nach nicht mit den freiheitlichen Idealen der Gründungsväter vertrug. Die Kritiker verfolgten jedoch keine einheitliche Linie, sodass sich schließlich die Befürworter einer expansiven, imperialistischen Außenpolitik durchsetzten. Sie begründeten diese mit der Ausbreitung zivilisatorischer Errungenschaften und der **Befreiung der Völker vom Joch der kolonialen Herrschaft** sowie mit handelspolitischen und militärstrategischen Vorteilen. Die Wiederwahl McKinleys 1900 konnte als Bestätigung des **expansionistischen Regierungskurses** durch das Wahlvolk gesehen werden.

1898 übernahmen die USA die Kontrolle über die Pazifik-Insel **Hawaii**. Dort hatten weiße Zuckerrohrpflanzer die Königin abgesetzt und die Republik ausgerufen. Kurz darauf unterzeichneten die neuen Machthaber einen Vertrag mit Washington, der den Anschluss Hawaiis an die USA vorsah. Der folgende Spanisch-Amerikanische Krieg zeigte die Bedeutung Hawaiis als **Flottenstützpunkt** im Pazifik.

Die USA als selbsternannte Ordnungsmacht in Mittel- und Südamerika

Theodore Roosevelt, der dem 1901 von einem Anarchisten ermordeten McKinley im Präsidentenamt nachfolgte, erkannte, welche Möglichkeiten die Außenpolitik bot, um die Stellung des Präsidenten aufzuwerten. Nicht zuletzt aufgrund seines geschickten Umgangs mit der immer wichtiger werdenden Massenpresse gelang es ihm in bisher nicht gekanntem Maß, das **Weiße Haus als Zentrum der politischen Macht** zu etablieren. Vor dem Hintergrund einer sich dynamisch entwickelnden Industriegesellschaft verfolgte er eine imperialistische Außenpolitik, durch die der Einfluss der USA in Mittel- und Südamerika gesichert werden sollte. Um ein Eingreifen europäischer Staaten bei überschuldeten mittelamerikanischen Staaten zu verhindern, erklärte Roosevelt unter Bezugnahme auf die Monroe-Doktrin die amerikanische Regierung zum alleinigen Gerichtsvollzieher auf dem Doppelkontinent **(„Roosevelt Corollary"):** Lediglich die USA seien berechtigt, auch gegen den Willen des jeweiligen Staates eine **„Polizeigewalt"** auszuüben, wenn sich eine Regierung als unfähig erweisen sollte. Während durch die Monroe-Doktrin nur ein Eingreifen europäischer Mächte auf dem amerikanischen Kontinent verhindert werden sollte, wurde nun ein aktives Eingreifen der USA in die Belange anderer Staaten legitimiert. Die USA machten von diesem sich selbst eingeräumten **Interventionsrecht** in Mittelamerika und der Karibik etliche Male Gebrauch – nicht zuletzt, um die Interessen amerikanischer Konzerne wie der „United Fruit Company“ durchzusetzen, die den Bananenhandel kontrollierte. Diese Verflechtung von Staat und Wirtschaft wird als **Dollar-Imperialismus** bezeichnet.

Die meisten mittel- und südamerikanischen Staaten waren von den USA abhängig. In Kuba, Panama, der Dominikanischen Republik und Haiti bestimmten die amerikanischen Botschafter gleichsam als Statthalter die Politik der formal unabhängigen Staaten. In **Kuba** war der amerikanische Einfluss besonders groß: Schon 1901 waren die Kubaner gezwungen worden, das **„Platt Amendment“** in die Verfassung aufzunehmen, das bestimmte, dass alle völkerrechtlichen Verträge, die Kuba abschloss, der Genehmigung durch den amerikanischen Kongress bedurften. Auch wurden die USA ermächtigt, militärisch einzugreifen, wenn sie die territoriale Integrität oder die innere Ordnung Kubas für gefährdet erachteten. Damit war Kuba de facto ein **US-Protektorat**. Zudem ließen sich die Vereinigten Staaten das Recht verbriefen, den Flottenstützpunkt **Guantanamo Bay** einzurichten und zu nutzen, was sie bis zum heutigen Tag tun, obwohl das „Platt Amendment“ 1934 aufgehoben wurde.

THE BIG STICK IN THE CARIBBEAN SEA

Die Karikatur von W. A. Rogers aus dem Jahr 1904 zeigt US-Präsident Theodore Roosevelt mit seinem „Big Stick“ (der US-Kriegsmarine) in der Karibik.

Bekannt wurde Roosevelts Ausspruch bezüglich Mittelamerikas, dass die USA „mit sanfter Stimme sprechen, aber einen dicken Knüppel (gemeint war die Flotte) in der Hand halten“ müssten **(„Big-Stick“-Politik)**. In der konkreten Außenpolitik bewegte sich Roosevelt insgesamt jedoch zurückhaltender, als es seine Rhetorik vermuten ließ.

Voraussetzungen und Motive des US-Imperialismus

- Schließen der „Frontier“
- Expansionsbestrebungen (Karibik, Ostasien)

- steigender Bedarf an Rohstoffen
- Suche nach neuen Absatzmärkten

Nationalismus als Integrationsideologie

Siegeszug der imperialistischen Ideologie in Europa und den USA

Übergang zum Imperialismus

direkte Herrschaft

Eroberung infolge des Siegs im Spanisch-Amerikanischen Krieg (1898):
- Kuba (später de facto US-Protektorat)
- Puerto Rico, Guam, Philippinen
- Hawaii

indirekte Herrschaft (Dollar-Imperialismus)

Kontrolle der Staaten Mittelamerikas:
- Interventionsrecht der USA bei inneren Konflikten („Roosevelt Corollary)
- Militärstützpunkte (z. B. Guantanamo Bay)
- Monopole amerikanischer Firmen
- „Big-Stick“-Politik

Aufgaben

23 Skizzieren Sie den Prozess der territorialen Expansion der USA bis 1890.

24 Untersuchen Sie die Bedeutung wirtschaftlicher und politischer Motive für den Schritt der USA zum Imperialismus am Ende des 19. Jahrhunderts.

3 Die USA im Zeitalter der Weltkriege

3.1 Die Intervention im Ersten Weltkrieg

Neutralität der USA bei Ausbruch des Ersten Weltkriegs 1914

Als im August 1914 in Europa der Erste Weltkrieg begann, waren die USA an keine europäische Macht vertraglich gebunden. Präsident **Woodrow Wilson** entschied sich daher für einen strikten **Neutralitätskurs**. Dieser war aus Sicht der Regierung nicht nur wegen der durch Washingtons „Farewell Address" gleichsam geheiligten **isolationistischen Tradition** geboten (vgl. S. 220), sondern auch angesichts des multiethnischen Charakters der USA als Einwanderungsland. Da viele US-Bürger aus einem der kriegführenden Länder stammten, befürchtete Wilson im Falle einer klaren Parteinahme eine innere Zerreißprobe für die Vereinigten Staaten. Im Jahr 1916 wurde der Präsident nicht zuletzt wegen des Slogans seiner Demokratischen Partei **„He kept us out of war"** wiedergewählt. Die meisten Amerikaner wollten nicht in europäische Konflikte verwickelt werden, obwohl viele Bürger aus kulturellen, wirtschaftlichen und politischen Gründen Sympathien für Großbritannien hegten.

Kriegseintritt der USA 1917

Die Stimmung in den USA änderte sich 1917 jedoch grundlegend. Im März dieses Jahres veröffentlichte das Außenministerium eine vom britischen Geheimdienst abgefangene **Depesche**, in der der deutsche Außenstaatssekretär **Arthur Zimmermann** der mexikanischen Regierung im Falle des Kriegseintritts der USA vorschlug, gemeinsam gegen die USA Krieg zu führen. Durch diesen könne das Land die ehemals mexikanischen Gebiete Texas, New Mexico und Arizona wieder unter seine Kontrolle bringen. Die amerikanische Öffentlichkeit war aufgebracht und die antideutsche Stimmung verschärfte sich.

Das Deutsche Reich hatte zudem den **uneingeschränkten U-Boot-Krieg**, der 1915 auf Intervention der amerikanischen Regierung eingestellt worden war, am 1. Februar 1917 wieder aufgenommen. Dies belastete die Beziehungen zu den Vereinigten Staaten schwer, denn die Versenkung des Passagierschiffs **„Lusitania"** am 7. Mai 1915 durch einen deutschen U-Boot-Angriff vor der irischen Küste, wodurch etwa 1 200 Opfer (darunter 128 US-Amerikaner) ihr Leben verloren, war in den USA noch in Erinnerung. Außerdem bedrohte der uneingeschränkte U-Boot-Krieg den **amerikanischen Handel mit den Entente-Mächten**, insbesondere mit Großbritannien und Frankreich, die bis 1916 mithilfe amerikanischer Kredite Waren im Wert von über 2 Milliarden Dollar aus den USA bezogen. Wenn diese Staaten vom Deutschen Reich militärisch in die Knie gezwungen worden wären, hätte dies auch schwerwiegende wirtschaftliche Folgen für die Vereinigten Staaten gehabt. Am 6. April 1917 erklärte der Kongress deshalb auf Vorschlag des Präsidenten dem Deutschen Reich mit großer Mehrheit den Krieg.

Berühmt wurde **Wilsons** idealistische Darlegung der Kriegsziele: **Die Welt müsse für die Demokratie sicher gemacht werden** („The world must be made safe for democracy") und die neue Friedensordnung müsse auf politischer Freiheit beruhen. Der Krieg sollte geführt werden, um alle Kriege zu beenden und um freiheitlichen Idealen zum Durchbruch zu verhelfen **(„Kreuzzug für die Demokratie")**. Die USA selbst würden dabei keine materiellen Vorteile wie Gebietserwerbe anstreben.

Auch die Mehrheit der amerikanischen Bürger befürwortete den Eintritt in den Krieg an der Seite der Entente-Mächte, denn es handelte sich – gemäß der mit ihrem Sendungsbewusstsein untrennbar verbundenen dualistischen Weltsicht – um einen **Kampf zwischen demokratischem und autokratischem System**, zwischen Freiheit und Unterdrückung, zwischen Gut und Böse. Diese Deutung knüpfte an die traditionelle amerikanische Überzeugung an, dass die amerikanische Nation eine besondere weltgeschichtliche Mission habe.

Die USA schlossen sich formal nicht der Entente an, sondern traten am 6. April 1917 als **„assoziierte Macht"** in den Krieg ein. Dadurch wollten die Vereinigten Staaten zu den alten europäischen Großmächten Distanz wahren und ihre Eigenständigkeit betonen.

Motive für den Eintritt der USA in den Ersten Weltkrieg

• Zimmermann-Depeche: Angst vor Bündnis des Deutschen Reichs mit Mexiko • Wiederaufnahme des unbeschränkten U-Boot-Kriegs durch Deutschland • US-Staatsbürger als Opfer → antideutsche Stimmung in der amerikanischen Öffentlichkeit	wirtschaftliches Interesse an einem Sieg der Entente	• Deutung des Kriegs als Konflikt zwischen Freiheit und Unterdrückung • historische Mission der USA zur Verbreitung der Demokratie

Eintritt in den Krieg als „assoziierte Macht" an der Seite der Entente-Mächte 1917
Wendepunkt des Kriegs

Entscheidung des Kriegs im Jahr 1918

Den USA gelang es überraschend schnell, die **Wirtschaft** auf die **Erfordernisse des Kriegs** umzustellen, ohne dass es zu Versorgungsengpässen für die Zivilbevölkerung gekommen wäre. Durch die gut ausgerüsteten amerikanischen Truppen verschob sich das Kräfteverhältnis zugunsten der Entente-Mächte. Das von den USA durchgesetzte **Konvoi-System** – Handelsschiffe fuhren in großen Verbänden und wurden von Kriegsschiffen geschützt – machte es für die Deutschen zudem immer schwieriger, mit ihren U-Booten Schiffe der Alliierten zu versenken, sodass sich der Druck auf die Mittelmächte weiter erhöhte.

Nach dem Scheitern einer **deutschen Offensive** im Frühjahr 1918 war der Krieg entschieden. Am 11. November 1918 unterschrieb Finanzstaatssekretär Matthias Erzberger als Vertreter der deutschen Regierung den **Waffenstillstandsvertrag** im Eisenbahnwagen von Compiègne.

Das Eingreifen der USA in den Ersten Weltkrieg

vor 1914	• Führungsmacht auf dem amerikanischen Kontinent (Monroe-Doktrin) • Bestreben, sich aus europäischen Konflikten herauszuhalten
1914	• Neutralität zu Beginn des Weltkriegs • Ablehnung eines Kriegseintritts durch die Mehrheit der Bevölkerung
1917	• Kriegseintritt der USA nach der Wiederaufnahme des unbeschränkten U-Boot-Kriegs des Deutschen Reichs • Wende des Kriegs durch die Rüstungsproduktion der USA und die Entsendung amerikanischer Truppen
1918	• Januar: Wilsons „Vierzehn Punkte“: Konzept für eine Nachkriegsordnung • 11. November: Abschluss eines Waffenstillstands
nach 1918	nach Ende des Kriegs: Scheitern von Wilsons Vorstellung einer Nachkriegsordnung auf Basis der „Vierzehn Punkte“ ⟶ Rückkehr der USA zum Isolationismus

Die USA und die europäische Friedensordnung nach dem Ersten Weltkrieg

In seinen berühmten **„Vierzehn Punkten“** vom Januar 1918 hatte Präsident **Wilson** die ideellen Grundlagen für die Nachkriegsordnung skizziert:

- die Freiheit der Meere und der ungehinderte Welthandel;
- die Umsetzung des Selbstbestimmungsrechts der Völker;
- der Verzicht auf Geheimdiplomatie und Geheimverträge;
- eine Rüstungsbeschränkung und die Regelung der kolonialen Ansprüche;
- die Rückgabe der Gebiete, die die Mittelmächte besetzt hielten;
- die Gründung eines Völkerbunds.

Ein zentraler Punkt war die Forderung nach einem Zusammenschluss der Staaten, einer **„league of nations“**, und nach der Kooperation der Länder in wichtigen Fragen, damit der Frieden dauerhaft gesichert würde, was eine **Abkehr von den bisher gültigen Grundsätzen der amerikanischen Außenpolitik** bedeutete. Präsident Wilson reiste nach Europa, um persönlich für seine Vorstellungen einer stabilen Nachkriegsordnung zu werben. Allerdings verlor seine Demokratische Partei bei den Wahlen im Januar 1919 im Repräsentantenhaus und im Senat die Mehrheit, sodass er politisch geschwächt war.

Bei den **Pariser Friedensverhandlungen** konnte Wilson seine Vorstellungen nur teilweise durchsetzen. So ließ sich bei Gebietsabtretungen das Prinzip des **Selbstbestimmungsrechts der Völker** angesichts der territorialen und ethnischen Situation vor allem im Osten Europas nicht konfliktfrei verwirklichen. Und auch der von Wilson angestrebte **Friede „ohne Kontributionen“** stieß auf die Ablehnung Frankreichs und Großbritanniens, die nicht auf ihre Entschädigung für die Kriegsausgaben verzichten wollten. Außerdem hatte insbesondere Frankreich ein großes **Sicherheitsbedürfnis** und wollte deshalb Deutschland so schwächen, dass dessen Rückkehr zur Machtpolitik ausgeschlossen war. Immerhin konnte Wilson die Teilung des Deutschen Reichs, die der französische Ministerpräsident Clemenceau favorisierte, verhindern.

Obwohl speziell der Versailler Vertrag Tendenzen eines „Straffriedens“ aufwies, den Wilson eigentlich vermeiden wollte, sah es der amerikanische Präsident als großen Erfolg an, dass auf der Friedenskonferenz in Paris die Völkerbundsatzung verabschiedet wurde. In seinen Augen sollte der **Völkerbund** die zentrale Rolle für die Wahrung des Friedens in der Nachkriegszeit spielen.

Politischer Rückzug der USA aus Europa

Bei zwei Anläufen am 19. November 1919 und am 19. März 1920 verpasste der Friedensvertrag die zur Ratifikation notwendige Zweidrittelmehrheit im amerikanischen Senat. Eine an Vorbehalte geknüpfte Zustimmung zum Vertragswerk, die eine Mehrheit hätte finden können, wurde von Wilson aus prinzipiellen Gründen abgelehnt. Die Kritiker des Friedensvertrags befürchteten, dass durch die Mitgliedschaft im Völkerbund die Souveränität der Vereinigten Staaten eingeschränkt würde und die USA in europäische Konflikte hineingezogen werden könnten. Es war eine **Rückkehr** zu den von Washington in der **„Farewell Address“** formulierten Grundsätzen.

Unter Wilsons Nachfolger **Warren G. Harding** wurden im Juli 1921 mit Deutschland sowie mit Österreich und Ungarn **Seperatfriedensverträge** geschlossen. Die letzten US-amerikanischen Besatzungstruppen verließen zwei Jahre später das Rheinland. Für den **Völkerbund** bedeutete die Tatsache, dass die neue Weltmacht **USA** ihm **nicht beitrat**, eine empfindliche Schwächung. Das Fernbleiben der Vereinigten Staaten ließ vor allem in Frankreich die Ängste wachsen, ohne amerikanische Hilfe einem erstarkenden Deutschen Reich gegenüberzustehen. Nicht zuletzt deshalb verfolgte die französische Regierung bei der Klärung der Reparationsfrage einen äußerst harten Kurs, der in Deutschland die Erbitterung gegen das „System von Versailles" steigen ließ.

Auch wenn Wilsons Vorstellung von einem Frieden durch kollektive Sicherheit kein Erfolg beschieden war, so wies die Idee doch in die Zukunft und wurde nach dem Zweiten Weltkrieg mit der Gründung der Vereinten Nationen wieder aufgenommen und zumindest teilweise verwirklicht.

3.2 Die USA in der Zwischenkriegszeit

Wirtschaftliche und soziale Entwicklung in den 1920er-Jahren

Während die europäischen Staaten durch den Weltkrieg geschwächt worden waren, stellte sich die wirtschaftliche Entwicklung der USA nach dem Krieg äußerst positiv dar. Die Vereinigten Staaten waren zur **führenden Weltwirtschaftsmacht** aufgestiegen. Sie waren von einem Schuldner- zu einem **Gläubigerstaat** geworden und hatten außerdem ihre **Auslandsinvestitionen verdoppelt**. Im Unterschied zu den Volkswirtschaften der europäischen Staaten boomte die amerikanische Wirtschaft mit Wachstumsraten um die 5 %. Das Realeinkommen der Arbeitnehmer stieg sogar um etwa 30 %, doch profitierten nicht alle Amerikaner gleichermaßen von dieser positiven Entwicklung. Die Einkommen der Farmer z. B. stagnierten in dieser Zeit oder waren sogar leicht rückläufig. Auch vergrößerten sich nicht zuletzt wegen der Steuerpolitik die **sozialen Gegensätze**.

Die Abkehr von der Interventionspolitik

Wilsons Nachfolger, die Republikaner **Warren G. Harding** (1921–1923) und **Calvin Coolidge** (1923–1929), besaßen nicht wie dieser den politischen Willen, das Gewicht der USA in die Waagschale der Weltpolitik zu werfen, sondern konzentrierten sich auf die inneren Probleme des Landes, insbesondere die Wiederherstellung des sozialen Friedens. Harding hatte 1920 im Wahlkampf mit dem Slogan **„zurück zur Normalität"** („back to normalcy") gepunktet.

Die USA wollten zwar keine konkreten Bündnisverpflichtungen mit Europa eingehen, 1928 kam es jedoch zur Unterzeichnung des **Briand-Kellogg-Pakts**, der von den USA und Frankreich auf den Weg gebracht worden war. Dieser völkerrechtliche Vertrag ächtete den Krieg als Mittel der Politik. Damit kamen die

USA dem Sicherheitsinteresse der Franzosen entgegen. Außerdem engagierten sich die USA bei der **Regelung der deutschen Kriegsreparationen**. Insgesamt aber spielte Europa für die amerikanische Außenpolitik in den 1920er-Jahren keine herausragende Rolle. Der Begriff „Isolationismus“ trifft den Sachverhalt allerdings nicht genau, denn die Abwendung von europäischen Angelegenheiten umfasste nur den Bereich der Politik, während sich amerikanische Bankinstitute und Firmen wirtschaftlich weiterhin in Europa engagierten.

Die USA und die Weltwirtschaftskrise

Im Vertrauen darauf, dass der wirtschaftliche Aufschwung dauerhaft wäre, kauften viele Amerikaner in den 20er-Jahren **Aktien** und nahmen dafür häufig Kredite auf, um von den **Kursanstiegen** profitieren zu können. Einige Fachleute warnten bereits vor einer Überbewertung der Aktien, doch ohne Erfolg. Schlechte Unternehmensnachrichten sorgten schließlich für Kursrückgänge, die panikartige Verkäufe nach sich zogen und am 24. Oktober 1929 im **„Schwarzen Donnerstag“** an der Wall Street kulminierten. Für viele Aktienbesitzer bedeutete die Kursentwicklung den wirtschaftlichen Ruin. Die Zahl der Arbeitslosen stieg sprunghaft an. Auf dem Höhepunkt der Krise in den Jahren 1932/33 waren 25 % der erwerbsfähigen Menschen arbeitslos. Das amerikanische Bruttosozialprodukt halbierte sich bis 1933.

Nach dem „Schwarzen Donnerstag“ am 24. Oktober 1929 bietet ein Spekulant in New York sein Auto gegen Bargeld zum Verkauf an.

Die **Regierung Hoover** reagierte in dieser Krisensituation nicht rasch und entschlossen. Erst lange nach Ausbruch der Krise wurde ein Arbeitsbeschaffungsprogramm aufgelegt, doch kam es zu spät, um die **massive wirtschaftliche Abwärtsentwicklung** verhindern zu können. Die Zuversicht und Hoffnung der amerikanischen Bürger, insbesondere der einfachen Leute, schwand zusehends. Hoovers Einschätzung („prosperity is just around the corner") war so weit von der Realität entfernt, dass ihm kein Vertrauen mehr entgegengebracht wurde. Die Zentralbank betrieb in Zeiten der Krise eine **restriktive Geldmarktpolitik**, was die Nachfrage weiter hemmte, anstatt der Wirtschaft neue Impulse zu geben. Die **Erhöhung von Einfuhrzöllen** zum Schutz der einheimischen Wirtschaft versagte in diesem Fall, weil die Weltwirtschaft dadurch beeinträchtigt wurde.

Franklin D. Roosevelt und der „New Deal"

Nachfolger des glücklosen Republikaners Herbert Hoover wurde im Jahr 1932 **Franklin Delano Roosevelt** von der Demokratischen Partei, der zum bedeutendsten Präsidenten der Vereinigten Staaten im 20. Jahrhundert werden sollte. Roosevelt hatte als Senatsmitglied und als Gouverneur von New York (ab 1928) bereits umfassende politische Erfahrung gesammelt, als er sich bei den Präsidentschaftswahlen 1932 klar gegen den Amtsinhaber durchsetzte.

Anders als Hoover gelang es Roosevelt, bei der Bevölkerung Vertrauen zu gewinnen. Dabei half ihm vor allem sein Geschick im Umgang mit den Medien. Bei seiner Nominierung zum Präsidentschaftskandidaten hatte Roosevelt in seiner Dankesrede eher beiläufig den Begriff **„New Deal"** verwendet, um sein innenpolitisches Programm zu charakterisieren. Umfassende **Wirtschafts- und Sozialreformen** sollten bereits in den ersten Monaten seiner Präsidentschaft die Wirtschaft stimulieren und die Folgen der Krise für den Einzelnen abmildern (u. a. Absicherung von Spareinlagen, Beschäftigungsprogramme, Infrastrukturmaßnahmen). Der **Landwirtschaft** galt das besondere Augenmerk der Maßnahmen. Durch Anbaubeschränkungen und Subventionen sollten die Erzeugerpreise angehoben werden. Außerdem wurden von der Regierung zinsgünstige Kredite an Farmer vergeben, um Zwangsversteigerungen von Farmen abzuwenden.

Die Außenpolitik der USA in den 1930er-Jahren

Mitte der 1930er-Jahre wuchs die Bedrohung des internationalen Staatensystems durch die **expansiven Mächte Deutschland und Japan**. Dennoch waren die USA nicht bereit, sich für die Erhaltung des Friedens zu engagieren. In den Jahren 1935 bis 1937 verabschiedete der Kongress mehrere **Neutralitätsge-**

setze, die u. a. die Lieferung von Waffen und Kriegsgerät sowie die Vergabe von Krediten an kriegführende Staaten verbot. Diese Neutralitätspolitik der Regierung entsprach mehrheitlich der Einstellung der amerikanischen Bevölkerung.

Doch Präsident **Roosevelt** erkannte die Gefahr, die durch faschistische, expansive Mächte drohte, und forderte in einer **Rede** vom 5. Oktober 1937, dass **Staaten**, in denen Gesetzlosigkeit herrsche, unter **„Quarantäne"** gestellt, d. h. isoliert werden müssten. Mit diesem Appell stieß er in der amerikanischen Öffentlichkeit auf **große Kritik**. Denn die Befürworter einer isolationistischen Haltung repräsentierten nach wie vor die Mehrheitsmeinung. Außerdem waren die Vereinigten Staaten im Inneren noch mit der Überwindung der Wirtschaftskrise beschäftigt, sodass es kaum Spielraum für eine aktivere Außenpolitik gab. Roosevelt verfolgte deswegen trotz der Quarantäne-Rede zunächst einmal eine **zurückhaltende Politik gegenüber den expansiven Mächten**.

3.3 Die USA und der Zweite Weltkrieg

Wende in der US-Außenpolitik: die USA als „Arsenal der Demokratie"

Hitlers Annexionspolitik 1938 und im Frühjahr 1939 veranlasste Präsident Roosevelt, den Kongress um die Bewilligung von insgesamt 1,6 Milliarden Dollar zusätzlicher Militärausgaben zu ersuchen. Denn das nun klar hervortretende Expansionsstreben des deutschen Diktators bedrohte grundlegende wirtschaftliche und strategische Interessen der USA. Nach dem Überfall Deutschlands auf Polen im September 1939 blieben die Vereinigten Staaten zwar neutral, da sie keine Bündnisverpflichtungen hatten, doch stand für Roosevelt außer Frage, dass die USA bei diesem Konflikt auf Dauer nicht beiseite stehen konnten. Bereits Ende 1939 wurden daher die **Neutralitätsgesetze gelockert**. Durch das **„Cash-and-Carry-Gesetz"** (1939) konnten die Gegner Deutschlands von den Vereinigten Staaten Kriegsgerät gegen Barzahlung und Selbstabholung erwerben und kurzfristige Kredite aufnehmen. Der Kongress bewilligte 1940 weitere 4 Milliarden Dollar für die **Aufrüstung** und führte die **allgemeine Wehrpflicht** ein, die es bis dahin in Friedenszeiten noch nie gegeben hatte. Roosevelt versprach, das Land zum **„Arsenal der Demokratie"** zu machen.

Obwohl die amerikanische Öffentlichkeit immer stärker auf Krieg eingestellt wurde, versicherte Roosevelt im Wahlkampf 1940, dass amerikanische Soldaten „nicht in irgendeinen fremden Krieg" geschickt werden würden, was darauf hinweist, wie stark die Vorbehalte in den USA gegenüber einer Beteiligung am Krieg in Europa noch immer waren. Roosevelt wurde 1940 mit klarer Mehrheit zum dritten Mal zum Präsidenten gewählt.

Im März 1941 brachte Roosevelt das **Leih-und-Pacht-Gesetz** durch den Kongress, das es der Regierung erlaubte, Kriegsmaterial an Staaten, deren Verteidigung für die USA wichtig erschien, zu verkaufen, zu verpachten oder zu verleihen. Das betraf in erster Linie Großbritannien und nach dem Überfall Deutschlands vom Juni 1941 auch die Sowjetunion. Im Herbst 1941 gab Roosevelt den Befehl, innerhalb einer **300 Meilen-Sicherheitszone** um die amerikanische Küste deutsche U-Boote abzuschießen, und ordnete den **Konvoischutz** von Frachtschiffen bis in englische Häfen an. Damit erhöhte Roosevelt ganz bewusst das Risiko, dass die USA in den Krieg hineingezogen werden würden, obwohl die Mehrheit der amerikanischen Bevölkerung trotz aller Sympathien für den Kampf Großbritanniens gegen Deutschland einen Kriegseintritt noch immer ablehnte.

Atlantik-Charta (1941)

Bereits am 6. Januar 1941 hatte Präsident **Roosevelt** in der Jahresbotschaft an den Kongress die Eckpunkte der amerikanischen Außenpolitik festgelegt und die für die USA wichtigen **„Vier Freiheiten"** verkündet: So sollte auf der Grundlage der Meinungs-, Rede- und Religionsfreiheit sowie der Freiheit von Not und Angst eine neue Weltordnung durchgesetzt werden.

Im August 1941 trafen sich **Roosevelt** und der britische Premierminister **Winston Churchill** auf einem Kriegsschiff vor Neufundland. Noch bevor Deutschland besiegt war, entwarfen sie in der **Atlantik-Charta** die Vision einer neuen Weltordnung, die nach dem Krieg durchgesetzt werden sollte:

- Selbstbestimmung der Völker,
- internationale wirtschaftliche Zusammenarbeit,
- Abrüstung und kollektive Sicherheit,
- Freiheit der Meere.

Die Auseinandersetzung mit den faschistischen Mächten fassten die USA nicht nur als machtpolitischen Konflikt auf, sondern auch als **Kampf um Ideale**. Standen die Diktaturen für Unterdrückung, Gewalt und Fremdherrschaft, hob Roosevelt die Bedeutung des US-Engagements für Freiheit und Selbstbestimmung hervor. Diese Deutung des Konflikts entfaltete in den Vereinigten Staaten eine immer größere Wirkungsmacht, sodass die Ablehnungsfront im Inneren gegen eine Einmischung der USA in den Krieg zu bröckeln begann.

Von der Neutralitätspolitik zur Kriegspolitik

Zeit	Maßnahmen
1935–1937	**Neutralitätsgesetze:** Verbot der Lieferung von Kriegsmaterial und der Vergabe von Krediten an kriegführende Länder
1937	**„Quarantäne-Rede"** Roosevelts: Isolierung von Diktatoren als Ziel
1939	**„Cash-and-Carry"-Gesetz:** Bewilligung der Lieferung von Kriegsmaterial gegen Barzahlung und Selbstabholung
1940	• Bewilligung von Geldern für Aufrüstung durch den Kongress • Lieferung von Zerstörern an Großbritannien • Einführung der allgemeinen Wehrpflicht
1941	• **Leih-und-Pacht-Gesetz:** Möglichkeit, Kriegsgerät an Gegner NS-Deutschlands zu verkaufen, zu verpachten oder zu verleihen • Befehl Roosevelts, deutsche U-Boote innerhalb einer 300-Meilen-Sicherheitszone vor der amerikanischen Küste abzuschießen • Konvoischutz von Frachtschiffen durch die USA bis in englische Häfen

Der Angriff Japans auf Pearl Harbor

Die US-Regierung hatte das **japanische Expansionsstreben** in Asien mit großer Sorge verfolgt und ein **Wirtschaftsembargo** gegen das rohstoffarme Japan, das mit Deutschland verbündet war, verhängt. Verhandlungsbemühungen der japanischen Regierung wurden von Washington zurückgewiesen. Angesichts schwindender Erdölvorräte entschied sich das Inselreich zum Krieg. Mit einem Überraschungsangriff am 7. Dezember 1941 zerstörten japanische Torpedobomber fast die gesamte US-Pazifikflotte im Flottenstützpunkt **Pearl Harbor** auf Hawaii. 2 473 Amerikaner fanden bei diesem Überfall den Tod.

Der Schock der Niederlage erhöhte die **Kriegsbereitschaft der amerikanischen Bevölkerung**. Zum ersten Mal seit der Auseinandersetzung mit Großbritannien (vgl. S. 222) war wieder ein Gegner auf US-amerikanisches Staatsgebiet vorgedrungen. Der Kongress erklärte Japan am folgenden Tag mit nur einer Gegenstimme den Krieg. Durch Deutschlands Kriegserklärung an die USA am 11. Dezember 1941 wurde der Konflikt, der mit Hitlers Überfall auf Polen im September 1939 begonnen hatte, zum **Weltkrieg**.

„Germany-First"-Strategie

Den USA gelang die Umstellung von Friedens- auf Kriegswirtschaft erstaunlich schnell. Bereits 1944 produzierten sie mehr Rüstungsgüter als alle anderen kriegführenden Staaten zusammen. US-Präsident Roosevelt und der britische Premierminister Churchill hatten sich darauf geeinigt, **zunächst Deutschland zur Kapitulation zu zwingen** („Germany-first"-Strategie) und sich erst danach mit allen Kräften Japan zuzuwenden. Obwohl die Japaner nach dem Überfall auf Pearl Harbor noch weitere militärische Erfolge erzielten und ihre Macht im pazifischen Raum ausweiten konnten, blieb Roosevelt bei der vereinbarten Strategie. Großbritannien hatte nämlich den Kampf gegen NS-Deutschland lange allein getragen und war an die Grenze seiner Leistungsfähigkeit gestoßen, sodass es dringend amerikanischer Hilfe bedurfte. Außerdem drohte nach Einschätzung Washingtons von Deutschland hinsichtlich der militärtechnischen Entwicklung größere Gefahr als von Japan, da man die Entwicklung einer Atombombe durch deutsche Wissenschaftler für möglich hielt.

Der Sieg der Anti-Hitler-Koalition

Die Sowjetunion forderte die Errichtung einer **zweiten Front** – neben der auf sowjetischem Territorium verlaufenden Ostfront –, doch wollten Amerikaner und Briten nicht übereilt handeln. Im November 1942 gingen angloamerikanische Truppen in Casablanca und in vier algerischen Häfen an Land und begannen eine Offensive gegen das deutsche **Afrikakorps**, das sich nun im **Zangengriff alliierter Verbände** befand. Am 13. Mai 1943 ergaben sich die deutschen Truppen in Nordafrika dem US-Oberbefehlshaber Dwight D. Eisenhower.

Auf der **Konferenz von Casablanca** vom 14. bis 24. Januar 1943 vereinbarten Roosevelt und Churchill, den Kampf bis zur **bedingungslosen Kapitulation** („unconditional surrender") Deutschlands fortzuführen. Dadurch sollte verhindert werden, dass die deutsche Regierung durch Verhandlungsangebote einen Keil in das alliierte Bündnis treiben könnte. Außerdem verständigten sich die USA und Großbritannien auf eine **Verschärfung des strategischen Bombenkriegs** gegen Deutschland. Auch sollte Stalin durch die Landung alliierter Verbände auf Sizilien und damit durch die Eröffnung einer zweiten Front beruhigt werden. Die dort erfolgte Landung im Juli 1943 führte zwar zum Sturz Mussolinis und zu einer Intensivierung der Bombenangriffe auf Deutschland, doch konnte die Sowjetunion nicht entscheidend entlastet werden.

Am 6. Juni 1944, dem berühmten **„D-Day"**, kam es zur Invasion alliierter Verbände an der Atlantikküste. Unter Führung von US-General Eisenhower landeten 75 anglo-amerikanische Divisionen mit 5 234 Schiffen und 6 518 Flugzeugen in der **Normandie**. Durch das Vorstoßen der westalliierten Verbände von der französischen Küste aus auf Deutschland und die gleichzeitige Großoffensive der Roten Armee konnten die in West- und Osteuropa von Deutschland besetzten Gebiete schnell zurückerobert werden. Die Verbände der **Anti-Hitler-Koalition** rückten nun unaufhaltsam auf Deutschland vor.

Im April 1945 trafen sich amerikanische und sowjetrussische Verbände bei **Torgau an der Elbe**. Die deutsche Generalität unterzeichnete schließlich am 7. Mai im amerikanischen Hauptquartier in Reims und am 9. Mai 1945 im sowjetrussischen Hauptquartier in Berlin-Karlshorst die Kapitulation.

Einsatz der Atombombe und die Kapitulation Japans

Im Pazifik übernahmen die Amerikaner ab 1943 die Offensive und drängten die Japaner Stück für Stück zurück. Am 26. Juli 1945 forderten die USA gemeinsam mit Großbritannien und China die sofortige Kapitulation Japans, dem ansonsten die totale Vernichtung drohe, ohne dass die japanische Führung darauf reagierte. Da eine Invasion nach Ansicht von Experten mit zu vielen Opfern verbunden gewesen wäre, entschloss sich US-Präsident **Harry S. Truman**, der Nachfolger des im April 1945 verstorbenen Roosevelt, zum Abwurf der neu entwickelten **Atombombe**.

Detonation der Atombombe über Nagasaki am 9. August 1945 (links) und ein japanischer Soldat in der von der Atombombe zerstörten Stadt Hiroshima, die dem Erdboden gleichgemacht wurde (rechts).

Am 6. August 1945 wurde „Little Boy“ auf **Hiroshima** und drei Tage später „Fat Man“ auf **Nagasaki** abgeworfen. Die Atombomben hatten eine verheerende Wirkung und kosteten unmittelbar über 100 000 Menschen das Leben. Etwa 200 000 Menschen starben später an den Folgen der atomaren Verstrahlung. Die **japanische Regierung kapitulierte** kurz nach dem Abwurf der Bomben: Am 2. September 1945 unterzeichneten Bevollmächtigte der japanischen Regierung auf dem US-Schlachtschiff Missouri in der Bucht von Tokio die Kapitulationsurkunde. Der Zweite Weltkrieg war damit auch im pazifischen Raum beendet. Mit dem Abwurf der Atombomben auf Hiroshima und Nagasaki hatte das **atomare Zeitalter** begonnen.

Planungen für die Nachkriegszeit

Nach der Kapitulation Deutschlands kamen die **„Großen Drei“** auf der **Potsdamer Konferenz** (Juli/August 1945) zusammen. Truman, Stalin und Churchill (der nach einer Wahlniederlage in Großbritannien während der Konferenz von Clement Attlee abgelöst wurde) trafen sich in dem in der sowjetischen Besatzungszone gelegenen Potsdam, um vor allem gemeinsame Entscheidungen über die **Zukunft Deutschlands** zu fassen. Man kam überein, Deutschland als politische und wirtschaftliche Einheit zu behandeln. Auf der Konferenz einigten sich die Mächte hinsichtlich Deutschlands auf die berühmten **„5 großen D’s“:** Denazifizierung, Demilitarisierung, Demokratisierung, Dezentralisierung und Demontagen.

Die hier erzielten **Formelkompromisse** zeigten sich am deutlichsten bei dem Begriff der Demokratisierung, mit dem die USA und die Sowjetunion ganz verschiedene Vorstellungen verbanden. Während die USA an eine pluralistische, marktwirtschaftliche Ordnung dachten, hatte Stalin die Spielform der sowjetischen „Volksdemokratie“ mit Einparteienherrschaft und marxistisch-leninistischer Ideologie vor Augen. Zwar warnte George F. Kennan, der in den 1930er-Jahren als Diplomat in der amerikanischen Botschaft in Moskau tätig war, vor der Illusion, mit der Sowjetunion Vereinbarungen treffen zu können, doch unterzeichnete Präsident Truman die Abmachungen von Potsdam, um die Einheit der Anti-Hitler-Koalition nicht aufs Spiel zu setzen. Der Plan einer **gemeinsamen Verwaltung des besiegten Deutschlands** ließ sich nur durchführen, wenn in Potsdam eine Einigung erzielt wurde. Da der Krieg gegen Japan noch nicht gewonnen war, war es zudem nicht auszuschließen, dass die USA noch auf die Hilfe der Sowjetunion angewiesen sein könnten.

Intervention der USA im Zweiten Weltkrieg

Kriegseintritt

- 7. Dezember 1941: japanischer Angriff auf die in Pearl Harbor stationierte US-Pazifik-Flotte
- 8. Dezember 1941: Kriegserklärung der USA an Japan
- 11. Dezember 1941: Kriegserklärung Deutschlands an die USA

Kriegsverlauf

Krieg gegen Deutschland („Germany-First"-Strategie):	Krieg gegen Japan:
• Unterstützung der alliierten Verbündeten durch Landungsoperationen in Nordafrika, Italien und der Normandie • alliierter Vorstoß auf Deutschland • 7./9. Mai 1945: Kapitulation Deutschlands	• bis 1942 japanischer Einfluss im (süd-) ostasiatischen und westpazifischen Raum • ab 1943 US-Offensive („Island Hopping") • 1945: Abwurf von Atombomben über Japan • 2. November 1945: Kapitulation Japans

Kriegsziele

- Verzicht auf Annexionspolitik
- Frieden
- Verwirklichung grundlegender Freiheiten
- kollektive Sicherheit

Folgen des Kriegseintritts

- Aufstieg der USA zur Supermacht mit überlegenem militärischen und wirtschaftlichen Potenzial
- Beginn des atomaren Zeitalters
- mit dem Auseinanderbrechen der Anti-Hitler-Koalition Beginn des Ost-West-Gegensatzes und der bipolaren Struktur des Weltstaatensystems

Aufgaben

25 Geben Sie einen Überblick über die Motive und den Verlauf des Eingreifens der USA in den Ersten Weltkrieg.

26 Erläutern Sie die Bedeutung der USA für die Niederlage Deutschlands im Zweiten Weltkrieg.

4 Die USA in der Zeit des Kalten Kriegs (1945–1991)

4.1 Die Situation der USA nach dem Ende des Zweiten Weltkriegs

Nach dem Zweiten Weltkrieg rückten die beiden Hauptsiegermächte USA und Sowjetunion ins Zentrum des weltpolitischen Geschehens. Die Grundstruktur der Weltpolitik veränderte sich nun von der althergebrachten Multipolarität hin zu einer neuartigen **Bipolarität**, die sich in der **Blockbildung** ausdrückte.

Die **USA** waren die unbestrittene **Führungsmacht der westlichen Welt** und verfügten mit dem Atomwaffen-Monopol, das bis 1949 bestand, über ein überlegenes militärisches Potenzial. Anders als nach dem Ersten Weltkrieg wollten die USA ihre Rolle als führende Weltmacht nun ausfüllen und die Nachkriegsordnung aktiv mitgestalten. Die 1945 gegründeten **Vereinten Nationen (UNO)** hatten ihren Sitz in New York, was ebenfalls die herausgehobene Stellung der USA innerhalb der Staatengemeinschaft verdeutlichte. Als eines von fünf ständigen Mitgliedern des Weltsicherheitsrats verfügen die USA zudem über ein Vetorecht für alle Beschlüsse des Gremiums.

Die Charta der Vereinten Nationen stellte eine Fortschreibung der Atlantik-Charta (vgl. S. 241) dar. Anders als 1919 stellte sich das Land seinen internationalen Verpflichtungen und trieb die Einrichtung der UNO als ein System der **kollektiven Sicherheit** mit Zustimmung der Bevölkerung voran, während der Isolationismus an Bedeutung verlor. Roosevelts **„Eine-Welt-Politik"** propagierte eine einige Welt, die von den vier Großmächten USA, UdSSR, Großbritannien und China als **„Weltpolizisten"** kontrolliert werden sollte. Um Stalin für diese Politik zu gewinnen, machten ihm die USA in Europa Zugeständnisse, etwa indem sie die Westverschiebung Polens duldeten.

Die **USA** waren auch wirtschaftlich in einer glänzenden Position. Durch die große Nachfrage nach Kriegsgütern war die Wirtschaftskrise endgültig überwunden worden. Im Vergleich zu den anderen kriegführenden Nationen hatten sie weitaus geringere Verluste erlitten und ihre Infrastruktur während des Kriegs sogar noch ausbauen können. Aufgrund der stattlichen Gewinne der US-Unternehmen während des Kriegs und einer unternehmensfreundlichen Steuerpolitik in der Nachkriegszeit konnten amerikanische Firmen kräftig investieren, was der **Wirtschaft** einen **großen Push** gab.

Auf lange Sicht sollten die wirtschaftliche Stärke der USA und ihre militärische Überlegenheit aufgrund des nuklearen Potenzials zur Grundlage einer **„Pax Americana"** werden, allerdings konnte diese Ordnung aufgrund des erneut aufkommenden **Ost-West-Gegensatzes** mit der ebenfalls zur Supermacht aufgestiegenen UdSSR nur in Teilen der Welt umgesetzt werden.

4.2 Der Beginn des Kalten Kriegs und der Übergang zur Politik der Eindämmung

Nach dem Sieg über Hitler-Deutschland war schnell deutlich geworden, dass die Vorstellungen der USA und der Sowjetunion bezüglich der **Gestaltung der Nachkriegsordnung** äußerst unterschiedlich waren. Der westlichen Idee einer liberalen, pluralistischen Demokratie stand Stalins Auffassung einer „sozialistischen Demokratie" diametral entgegen.

Kalter Krieg

Mit dem vom amerikanischen Journalisten Walter Lippmann geprägten Begriff „Kalter Krieg" wird die sich nach dem Kriegsende 1945 entwickelnde **Konfrontation zwischen** den **USA** und der **Sowjetunion** sowie den hinter ihnen stehenden Machtblöcken auf **ideologischer, diplomatischer und wirtschaftlicher Ebene** verstanden. Eine direkte militärische Auseinandersetzung („heißer Krieg") wurde aber – vor allem wegen der Gefahr des Einsatzes von Atomwaffen – vermieden.

Ab den 1950er-Jahren standen sich **zwei Machtblöcke** feindlich gegenüber, die mit der **NATO** bzw. dem **Warschauer Pakt** jeweils über eine machtvolle Militärorganisation verfügten,. Es herrschte aufgrund der atomaren Bewaffnung ein **„Gleichgewicht des Schreckens"**, das aber die Anwendung militärischer Gewalt verhinderte. Die **Kubakrise** 1962 war die größte Krise im Kalten Krieg, doch führte sie schließlich zum Beginn der **Entspannung**. Endgültig wurden der Kalte Krieg und die damit verbundene Bipolarität des Staatensystems durch den **Zusammenbruch der Sowjetunion** (1991) als Folge der Revolutionen in Osteuropa überwunden.

Truman-Doktrin und Marshall-Plan

Die USA gingen unter dem Eindruck der Sowjetisierung Osteuropas ab 1947 zu einer **Politik der Eindämmung („containment")** des sowjetischen Einflusses über. Angesicht der Gefahr von kommunistischen Umstürzen in der Türkei und in Griechenland sicherte US-Präsident Truman in einer Rede vor dem Kongress am 12. März 1947 allen Staaten, deren Freiheit durch bewaffnete Minderheiten oder äußeren Druck bedroht sei, **materielle und wirtschaftliche Unterstützung** zu (Truman-Doktrin). Begleitend sollten finanzielle Hilfen im Rahmen des „European Recovery Program" (ERP) der Vereinigten Staaten den **Wiederaufbau der zerstörten Länder Europas** fördern (Marshall-Plan) und diese so gegen kommunistische Einflüsse immunisieren. Die **Sowjetunion** dagegen sah einen von den USA betriebenen „Imperialismus" als Grund für die Konfrontation und reagierte ebenfalls mit einer Politik der **Konsolidierung des eigenen Lagers**. Deshalb lehnte die Sowjetunion auch die von den USA angebotene Teilnahme am ERP für sich und die osteuropäischen Satellitenstaaten ab.

Die Gelder aus dem Marshall-Plan waren für die westeuropäischen Staaten und die westlichen Besatzungszonen eine wichtige Hilfe, um die wirtschaftliche Krise der Nachkriegszeit zu überwinden. Die Verteilung der Gelder wurde durch die „Organisation for European Economic Recovery" **(OEEC)**, einen Zusammenschluss von 17 Staaten, vorgenommen. Die Empfänger der Hilfsgelder mussten untereinander sowie gegenüber den USA ihre Wirtschaftslage offenlegen. Außerdem sollten Handelshemmnisse abgebaut und die **Prinzipien der Marktwirtschaft und des Freihandels** berücksichtigt werden. So legte der Marshall-Plan auch den Grundstein für die wirtschaftliche Zusammenarbeit der europäischen Staaten und für die Etablierung eines liberalen Weltwirtschaftssystems. Zudem trug der Marshall-Plan wesentlich zur Stabilisierung der ökonomischen und politischen Lage in den Staaten Westeuropas bei und machte sowjetische Hoffnungen auf soziale Unruhen, die den Boden für kommunistische Umsturzbewegungen hätten bilden können, zunichte.

Gründung der NATO: Abkehr der USA von der Tradition des Isolationismus

Der wirtschaftliche Zusammenschluss des Westens erfuhr am 4. April 1949 auf militärischem Gebiet seine Ergänzung durch die Unterzeichnung des **Nordatlantik-Pakts**, dem neben den USA und Kanada zehn europäische Staaten (Großbritannien, Frankreich, Belgien, Dänemark, Italien, Island, Luxemburg, Niederlande, Norwegen und Portugal) beitraten. Dieser „North Atlantic Treaty Organization" (NATO) schlossen sich 1952 u. a. auch Griechenland und die Türkei an. Der Vertrag verpflichtete die Teilnehmer zur **Sicherung des Friedens**, der Prinzipien der **Demokratie**, der individuellen Freiheit, der Grundsätze des Rechts und zum Schutz des gemeinsamen Kulturerbes. Zudem wurde festgelegt, dass ein Angriff auf eines der NATO-Mitglieder als Angriff auf alle Verbündeten gewertet würde **(Bündnisfall)**, wobei aber jeder Staat über die zu leistende Unterstützung entscheiden konnte.

Die Mitgliedschaft der Vereinigten Staaten in der NATO war ein Bruch mit bisherigen Traditionen der amerikanischen Außenpolitik, denn die **USA** gingen nun **langfristige Bündnisverpflichtungen** ein und verbanden ihr Schicksal mit dem Westeuropas. Dieser Richtungswechsel hatte sich bereits 1948 abgezeichnet, als eine Senatsresolution, die mit großer Mehrheit angenommen worden war, eine Teilnahme der USA an regionalen Bündnissen erlaubte, die der Sicherheit der Vereinigten Staaten dienten. Die Mitgliedschaft in der NATO hatte jedoch noch eine wesentlich größere politische Bedeutung.

Entscheidung für die Gründung eines westdeutschen Teilstaates

Bereits 1947 erwies sich die Annahme, mit der Sowjetunion bezüglich Deutschlands zu tragfähigen Entschlüssen zu kommen, als Illusion. In Absprache mit der britischen Regierung wurden deshalb im Frühjahr 1948 auf der Londoner Sechsmächtekonferenz die Weichen für die Gründung eines **westdeutschen Staates** gestellt, der eine **liberal-demokratische Ordnung** mit marktwirtschaftlicher Orientierung nach westlichem Vorbild aufweisen sollte. Dieser Schritt war ein wichtiger Bestandteil des von den USA vertretenen und seit 1947 entschlossen durchgesetzten Konzepts zur **Stabilisierung Westeuropas**.

Auf die in den Westzonen im Juni 1948 durchgeführte **Währungsreform** reagierte die Sowjetunion mit einer Wirtschafts- und Handelsblockade der Berliner Westsektoren **(Berlin-Blockade)**. Auf Initiative der USA entschieden sich die Westmächte für die Versorgung West-Berlins mittels einer **„Luftbrücke“**. Stalin hob die Sperrung der Zufahrtswege nach Berlin schließlich am 12. April 1949 auf. Die erste große Krise des Kalten Kriegs war damit überwunden. Im Mai 1949 wurde die Bundesrepublik Deutschland gegründet, die als demokratischer Rechtstaat konzipiert war und eine bundesstaatliche Ordnung aufwies.

4.3 Der Koreakrieg (1950–1953)

Unzufrieden mit der Containment-Politik, die die **Ausbreitung des Kommunismus in Mittel- und Osteuropa** sowie **in Asien** nicht hatte aufhalten können – 1949 gelangten in China die Kommunisten unter Mao Zedong an die Macht –, wechselten die USA nun zu einer Politik des **„Roll Back“**. Dieses Streben nach einem Zurückdrängen der sowjetischen Expansion führte vor allem zu **Stellvertreterkriegen** in der Dritten Welt. Eine direkte Konfrontation vermieden die beiden Supermächte USA und Sowjetunion angesichts der Situation des **atomaren Patts**.

Ausbruch und Verlauf des Koreakriegs

Ein militärischer Konflikt in Korea, das im Zweiten Weltkrieg von Japan besetzt worden war und nach dem Krieg in das **kommunistische Nordkorea** und das **westlich orientierte Südkorea** geteilt wurde, sollte die Herausbildung von sich feindlich gegenüberstehenden Blöcken noch beschleunigen. Ursprünglich hatten die USA und die Sowjetunion eine Wiedervereinigung Koreas angestrebt, doch verhinderten die zunehmenden Spannungen zwischen beiden Staaten dieses Vorhaben.

Ankunft von US-Elitetruppen am Hafen von Pusan in Südkorea, Juli 1950

Ende Juni 1950 griffen nordkoreanische Truppenverbände mit Wissen der Sowjetunion Südkorea an. Die **nordkoreanischen Truppen** überschritten die **Demarkationslinie am 38. Breitengrad** und drangen weit nach Süden vor. Mit Legitimation durch den Sicherheitsrat der Vereinten Nationen, der wegen eines sowjetischen Boykotts nicht durch ein Veto gelähmt werden konnte, gelang es den **UN-Truppen unter Führung der USA**, die Frontlinie nach Norden fast bis zur chinesischen Grenze zu verschieben. Dieses Vorgehen veranlasste das kommunistische China, in den Konflikt einzugreifen. Chinesische Truppen stießen nun ihrerseits weit über den 38. Breitengrad in Richtung Süden vor. Unter großen Anstrengungen konnten diese von den UN-Truppen wieder zurückgedrängt werden, sodass die Frontlinie jetzt etwas nördlich der Demarkationslinie verlief. Nach über zweijährigen Verhandlungen wurde am 27. Juni 1953 in einem Waffenstillstandsabkommen der **38. Breitengrad** als **bis heute gültige Grenze zwischen Nord- und Südkorea** festgelegt.

Aufrüstung der USA als Folge des Koreakriegs

Der Koreakrieg, der für die USA sehr verlustreich war (über 50 000 getötete amerikanische Soldaten), führte zu einer massiven **Steigerung der Militärausgaben** durch die Regierung (zwischen 1950 und 1953 von 13 Milliarden auf knapp 30 Milliarden US-Dollar). Eine eindeutige militärische Dominanz gegenüber der Sowjetunion konnte aber nicht erreicht werden. Zudem war die UdSSR bereits seit 1949 im Besitz der Atombombe und seit 1953 im Besitz der Wasserstoffbombe.

Die enorme **Nachfrage nach Rüstungsgütern** wirkte sich als **Katalysator für die amerikanische Wirtschaft** aus. Von der verstärkten Nachfrage profitierte auch die westeuropäische Industrie und speziell die Wirtschaft der Bundesrepublik **(„Korea-Boom“)**.

Der Koreakrieg: Entstehung, Verlauf und Folgen

Entstehung

- nach dem Ende der japanischen Besetzung: Teilung des Landes in das kommunistische Nordkorea und das westlich orientierte Südkorea
- Angst der USA vor einer Ausbreitung des Kommunismus: Übergang zur Politik des „Roll Back“

Verlauf

- Angriff Nordkoreas auf Südkorea: Vorstoß nordkoreanischer Truppen über die Demarkationslinie am 38. Breitengrad
- anfangs große territoriale Gewinne der nordkoreanischen Truppen
- Eingreifen von UN-Truppen unter Führung der USA: Gebietsgewinne der Alliierten
- Eingreifen Chinas auf der Seite Nordkoreas: territoriale Gewinne im Süden
- Gegenoffensive der von den USA geführten UN-Truppen und Stabilisierung der Front auf Höhe der alten Demarkationslinie
- Abschluss eines Waffenstillstandsabkommens (1953): Wiederherstellung des Status quo ante

Folgen

wirtschaftlich:
- Ankurbelung der Wirtschaft in den USA und den westlichen Staaten durch starke Nachfrage nach Rüstungsgütern („Korea-Boom“)
- längerfristig aber Belastung der Staatshaushalte durch erhöhte Rüstungsausgaben

politisch:
- weitere Zuspitzung des Ost-West-Konflikts
- Forcierung der Blockbildung
- Einbindung der beiden deutschen Staaten in die jeweiligen Militärbündnisse

„Korea-Schock“ und Forcierung der Blockbildung

Der Koreakrieg weckte in der westlichen Welt die Furcht vor weiteren **kommunistischen Expansionsbestrebungen**. Vor allem die Situation in Deutschland – wie Korea ein geteiltes Land an der Schnittstelle der sich feindlich gegenüberstehenden Blöcke – gab Anlass zu großer Sorge. Mit Schrecken realisierten die Vereinigten Staaten und die westeuropäischen Regierungen, dass Westdeutschland bei einem Angriff der Sowjetunion und seiner Satellitenstaaten kaum zu verteidigen wäre, weil die ein Jahr zuvor gegründete Bundesrepublik über keine eigenen Streitkräfte verfügte. Es stellte sich die Frage, wie die **Bundesrepublik** einen **Verteidigungsbeitrag** leisten konnte, ohne dass die Gefahr einer unkontrollierten militärischen Stärkung des deutschen Teilstaates bestand.

Im Oktober 1950 trat der französische Ministerpräsident René Pleven mit einem Plan zur Gründung einer **Europäischen Verteidigungsgemeinschaft (EVG)** an die Öffentlichkeit: Die neu aufzustellenden Truppen der Bundesrepublik sollten in multinationale Streitkräfte integriert werden. Das französische Parlament lehnte den Plan aber 1954 ab. Im gleichen Jahr wurde auf einer Konferenz in Paris die Wiederbewaffnung der Bundesrepublik sowie deren Aufnahme in die Westeuropäische Union (WEU) und die NATO beschlossen **(Pariser Verträge)**. Im Gegenzug wurde der Bundesrepublik im Deutschlandvertrag weitgehende Souveränität zugestanden. Die **Integration in die WEU und NATO** bedeutete sowohl eine militärische und politische Stärkung des westlichen Bündnisses als auch eine wirksame Kontrolle des westdeutschen Staates **(„doppelte Eindämmung")**. Komplementär zur Entwicklung im Westen schlossen sich die Sowjetunion und seine Satellitenstaaten zum **Warschauer Pakt** zusammen. Die Blockbildung war somit 1955 durch die Aufnahme Westdeutschlands in die NATO und die Gründung des Warschauer Pakts unter Einbeziehung der DDR abgeschlossen.

4.4 Die Kubakrise (1962): Höhepunkt und Wendepunkt des Kalten Kriegs

Während die Konfrontation in Europa abklang, entstanden im Rahmen der **Entkolonialisierung** neue Krisenherde in der Dritten Welt, für die die Kubakrise oder der Vietnamkrieg beispielhaft sind.

Angespannte weltpolitische Lage: Sputnik-Schock und Berlin-Krisen

1957 gelang der Sowjetunion der erfolgreiche **Start des ersten Erdsatelliten (Sputnik 1)**, was in den USA einen Schock auslöste („Sputnik-Schock"). Die Sowjetunion besaß nun auf dem Gebiet der Weltraumforschung einen Vorsprung und war zudem in der Lage, mit **Interkontinentalraketen** das Gebiet der Vereinigten Staaten zu erreichen. Durch die Erfolge im Weltraum gestärkt, übermittelte der sowjetische Regierungschef **Nikita Chruschtschow** im November 1958 eine Note an die Westmächte, in der er innerhalb von sechs Monaten Verhandlungen über den Status der Viermächtestadt Berlin forderte. Mit seinem **Berlin-Ultimatum** wollte Chruschtschow folgende Ziele erreichen:

- West-Berlin sollte eine entmilitarisierte „Freie Stadt" werden.
- Die westalliierten Truppen sollten sich aus Berlin zurückziehen.
- Die Zugangswege nach Berlin sollten von der DDR kontrolliert werden.

Für den Fall einer Ablehnung des Ultimatums drohte Chruschtschow an, den Viermächtestatus von Berlin aufzukündigen und mit der DDR einen separaten Friedensvertrag zu schließen. Die Westmächte weigerten sich jedoch, über diese Forderungen zu verhandeln, was ohne Konsequenzen blieb.

Bei einem Treffen mit dem neu gewählten US-Präsidenten Kennedy im Juni 1961 brachte Chruschtschow seine Forderungen noch einmal vor, stieß jedoch auf Ablehnung. Kennedy bekräftigte daraufhin in einer Rundfunk- und Fernsehansprache die **„drei Grundsätze" der US-Berlinpolitik („three essentials"):**

- Recht der Westmächte auf Anwesenheit in den jeweiligen Sektoren;
- Recht der Westmächte auf Zugang nach Berlin;
- Verpflichtung, die Sicherheit und das Selbstbestimmungsrecht der West-Berliner zu gewährleisten.

Am 13. August 1961 wurde der Westen von der Entscheidung der DDR-Regierung überrascht, Ost-Berlin durch eine **Mauer** von West-Berlin abzutrennen. Die USA als Vormacht des Westens beließen es bei Protesten, da keines der von Kennedy formulierten Essentials verletzt war.

Vorgeschichte und Entstehung der Kubakrise

Neben Berlin war Kuba ein weiterer Krisenherd, mit dem die US-Regierung konfrontiert war. Im Januar 1959 hatte der sozialistisch orientierte **Fidel Castro** über die Batista-Diktatur gesiegt und eine **kommunistische Revolutionsregierung** gebildet. Nicht zuletzt aufgrund der abweisenden Haltung Washingtons (die Regierung verhängte z. B. einen Importstopp für kubanische Waren) näherte sich Castro mehr und mehr der Sowjetunion an, die Kuba ökonomisch unter die Armee griff. Am 17. April 1961 scheiterte eine vom amerikanischen Geheimdienst CIA mit Billigung der US-Regierung unterstützte Invasion von Exilkubanern in der **„Schweinebucht"**, durch die das Castro-Regime gestürzt werden sollte. Die USA und der erst seit Kurzem amtierende Präsident Kennedy erlitten durch das Scheitern des Vorgehens einen erheblichen Ansehensverlust.

Im Juli 1962 begann die Sowjetunion, die sich inzwischen als Schutzmacht Kubas etabliert hatte, auf der Karibikinsel mit der **Stationierung von Militärpersonal** und der Anlieferung von **Mittelstreckenraketen**, deren atomare Sprengköpfe fast alle US-Metropolen hätten erreichen können. Außerdem hatte die Sowjetunion auch taktische Atomwaffen, die im Falle einer Invasion durch die USA gegen amerikanische Soldaten eingesetzt werden konnten, auf die Insel gebracht. Die Vereinigten Staaten bekamen durch Geheimdienstberichte und Fotos des Spionageflugzeugs U-2 Hinweise auf die Existenz der Raketenabschussvorrichtungen auf Kuba.

Verlauf und Lösung der Kubakrise

Während US-Militärs und wichtige Regierungsmitglieder auf eine Invasion bzw. auf eine Bombardierung der Raketenstellungen drängten, entschied sich Kennedy für eine **Seeblockade Kubas** im Umkreis von 500 Seemeilen, die aber als **„Quarantäne"** bezeichnet wurde, weil der Ausdruck „Blockade" ein militärisches Vorgehen einschloss. Hätte der Präsident für ein gewaltsames Vorgehen votiert, wäre es mit größter Wahrscheinlichkeit zu einem Atomkrieg zwischen den beiden Supermächten gekommen, denn die taktischen Atomwaffen befanden sich – wie wir heute wissen – bereits auf Kuba. Durch die Entscheidung für die „Quarantäne" konnten die USA Zeit gewinnen, um auf verschiedenen Ebenen mit der Sowjetunion Gespräche zur Entschärfung der Krise zu führen.

Nach langen Verhandlungen konnte im letzten Moment eine **Eskalation abgewendet** werden. Die sowjetische Regierung erklärte sich bereit, die Raketen von Kuba abzuziehen, während die US-Regierung künftig einen Angriff auf Kuba ausschloss und den Abbau von in der Türkei stationierten Mittelstreckenraketen zusagte. Letzteres wurde aber nicht öffentlich bekannt gemacht.

Konsequenzen aus der Kubakrise: Übergang zur Entspannungspolitik

Die Kubakrise zeigte den USA und der Sowjetunion, wie nahe sie am atomaren Abgrund gestanden hatten. Damit markierte die Krise einen entscheidenden Wendepunkt im Kalten Krieg: den Beginn der Entspannungspolitik. 1963 unterzeichneten die USA, die Sowjetunion und Großbritannien ein **Atomteststoppabkommen**, in dem sie sich verpflichteten, keine Atomtests mehr in der Atmosphäre, im Weltraum und unter Wasser durchzuführen. Außerdem richteten die USA und die UdSSR eine direkte Fernschreibverbindung **(„heißer Draht")** zwischen dem Weißen Haus und dem Kreml ein, um in weltpolitischen Krisensituationen schnell Kontakt aufnehmen zu können. Im Jahr 1968 wurde schließlich ein Abkommen unterzeichnet, in dem sich außer den USA und der Sowjetunion noch etliche andere Staaten verpflichteten, Kernwaffen nicht an andere Länder weiterzugeben **(Atomwaffensperrvertrag)**.

Die NATO übernahm 1967 das bereits Ende der 1950er-Jahre konzipierte und dann von der Regierung Kennedy aufgegriffene Konzept der **„Flexible Response"**. Es sah vor, dass sich die militärische Reaktion nach der Art des vorausgegangenen Angriffs richtete und nicht automatisch den Einsatz von Nuklearwaffen nach sich zog, was in der Logik der bis dahin geltenden Abschreckungsstrategie der **„massiven Vergeltung"** („massive retaliation") gelegen hatte. Die neue Strategie war mit einem Gewinn an Handlungsmöglichkeiten für die politische Führung verbunden. Kennedy setzte deshalb u. a. eine Vergrößerung der amerikanischen Truppen durch, da bei einer abgestuften Reaktion die konventionellen Streitkräfte an Bedeutung gewannen. Die beiden Supermächte sahen angesichts der gerade noch gemeisterten Krise allerdings ein, dass es nicht sinnvoll war, die Rüstungsspirale immer weiter zu drehen, weil dadurch die eigene Sicherheit eher gefährdet als vergrößert wurde und zudem die Staatshaushalte extrem belastet wurden. Die folgenden Jahre waren von dem Bemühen der beiden Supermächte geprägt, zu einer **friedlichen Koexistenz** zu gelangen. Der Gegensatz zwischen der westlichen Welt und dem Ostblock war zwar nicht aufgehoben, aber beide Seiten waren nun bestrebt, Möglichkeiten auszuloten, die Beziehungen zum gegenseitigen Nutzen zu verbessern.

Der Abschluss des **SALT-I-Vertrags** (1972), dessen Ziel die Erhaltung des nuklearen Gleichgewichts durch die Begrenzung von Langstreckenraketen und Raketenabwehrsystemen war, und die zwischen 1973 und 1975 in Helsinki abgehaltene Konferenz für Sicherheit und Zusammenarbeit in Europa **(KSZE)**, an der auch die USA und Kanada teilnahmen, stellten den Höhepunkt der Phase der Entspannung dar. Schon bald wurden aber keine weiteren Fortschritte mehr erzielt. So führten etwa die 1973 aufgenommenen Verhandlungen über eine beiderseitig ausgewogene Truppenreduzierung zu keinem Ergebnis.

Die Kubakrise 1962: Höhepunkt und Wendepunkt des Kalten Kriegs

Entstehung

Stationierung sowjetischer Mittelstreckenraketen auf Kuba, deren atomare Sprengköpfe die USA erreichen können

Verlauf

Entscheidung der US-Regierung zu einer Seeblockade Kubas („Quarantäne"):
- extrem gefährliche Krise mit der Gefahr der atomaren Eskalation
- im letzten Moment Bereitschaft beider Seiten zum Einlenken

Lösung

Zugeständnisse beider Seiten zur Beilegung der Krise:
- Abzug sowjetischer Mittelstreckenraketen aus Kuba
- Abzug amerikanischer Mittelstreckenraketen aus der Türkei
- Verzicht der USA auf zukünftige Invasion Kubas

Folgen

Übergang zur Entspannungspolitik:
- Einrichtung eines „heißen Drahts" zwischen Washington und Moskau (1963)
- Atomteststoppabkommen (1963)
- amerikanisches Konzept der „Flexible Response" (1967)
- Atomwaffensperrvertrag (1968)

4.5 Der Vietnamkrieg

Die Teilung Vietnams und der Beginn der US-Unterstützung Südvietnams

Frankreich war seit Ende des 19. Jahrhunderts bis zum Beginn des Zweiten Weltkriegs die führende Kolonialmacht in Indochina gewesen.

> **Indochina**
> Der Begriff „Indochina" wurde 1810 von dem dänisch-französischen Geografen Conrad Malte-Brun geprägt, der damit den **Einfluss Indiens und Chinas** auf die Länder **Südostasiens** zum Ausdruck bringen wollte. Indochina, das die heutigen Länder **Vietnam**, **Laos** und **Kambodscha** umfasste, gehörte ab 1887 zum französischen Kolonialreich **(Französisch-Indochina)**.

Ab 1940 kam Vietnam wie auch andere Teile des französischen Kolonialreichs dann aber unter **japanische Herrschaft**. Während der japanischen Besetzung bildete sich die Liga für die Unabhängigkeit Vietnams (kurz: Viet Minh) heraus, die die Befreiung des Landes von kolonialer Unterdrückung zum Ziel hatte. Der Revolutionär **Ho Chi Minh** war die zentrale Führungspersönlichkeit in dieser kommunistisch orientierten Befreiungsbewegung.

Um ihre Kolonialherrschaft in Indochina wiederherzustellen, besetzten französische Truppen Südvietnam; zugleich rückten im Norden nationalchinesische Einheiten bis zum 17. Breitengrad vor. Während die US-Regierung der Viet Minh wegen ihres Kampfes gegen die japanische Besetzung anfangs durchaus wohlwollend gegenüberstand, änderte sich dies nach der Machtübernahme Mao Zedongs in China 1949 und der Anerkennung der **Viet Minh** als **legitime Regierung Vietnams** durch das kommunistische China sowie die Sowjetunion grundlegend. Als Teil der **Strategie der Eindämmung** des Kommunismus unterstützten die USA Frankreich im Kampf gegen die Viet Minh. Als französische Truppen am 7. Mai 1954 in der entscheidenden Schlacht gegen die Verbände der Viet Minh bei **Dien Bien Phu** kapitulierten, markierte dies das Ende der französischen Kolonialherrschaft in Indochina.

Auf der **Genfer Indochina-Konferenz** (1954) wurde Vietnam in das kommunistische Nordvietnam und das westlich orientierte Südvietnam geteilt. Die USA unterstützten die Regierung in Südvietnam nun sowohl finanziell als auch durch die Entsendung von „Militärberatern", da sie eine Ausbreitung des Kommunismus auf Südvietnam und andere Staaten Ostasiens fürchtete **(„Dominotheorie")**. Der von den USA protegierte südvietnamesische Regierungschef Diem herrschte mit diktatorischen Mitteln, sodass sich die **Nationale Front für die Befreiung Südvietnams** („National Liberation Front", NLF) bildete, die von den Kommunisten dominiert wurde und stetig an Stärke gewann (von der südvietnamesischen Regierung **„Vietcong“** genannt). Während der Präsidentschaft Kennedys erhöhte sich die Zahl der US-„Militärberater“ erheblich (von 685 auf 16 732), obwohl Kennedy selbst im Gespräch mit Beratern bisweilen Zweifel an der bisher vertretenen amerikanischen Linie erkennen ließ.

Der Weg in den Krieg

Während Kennedy eine aktive Kriegsbeteiligung vermieden hatte, weitete sein Nachfolger **Lyndon B. Johnson** das militärische Engagement der USA in Südvietnam aus. Ein **Zwischenfall im Golf von Tonking** bot ihm die Gelegenheit, sich vom Kongress die nötige Rückendeckung geben zu lassen. Nordvietnamesische Torpedoboote beschossen am 2. August 1964 in internationalen Gewässern den US-Zerstörer „Maddox“, woraufhin Johnson Verstärkung in den Golf schickte. Als kurz darauf ein erneuter Angriff auf die „Maddox“ und einen weiteren Zerstörer gemeldet wurde (den es mit großer Wahrscheinlichkeit nicht gab), brachte Johnson eine bereits vorliegende Resolution im Kongress ein, die ihn ermächtigte, alle Maßnahmen zu ergreifen, um bewaffnete Angriffe auf US-amerikanische Streitkräfte zurückzuschlagen. Die mit deutlicher Mehrheit angenommene **Tonking-Resolution** stellte für die Regierung eine Art Blankoscheck für das weitere Vorgehen in Vietnam dar. Ihrer Funktion nach war es eine Kriegserklärung. Eine direkte Konfrontation mit dem von der Sowjetunion und auch von China unterstützten Nordvietnam zeichnete sich jetzt deutlich ab.

Der Verlauf des Kriegs

Als Verhandlungen mit der nordvietnamesischen Führung in Hanoi aus der Sicht der USA keine befriedigenden Ergebnisse erzielten und die NLF amerikanische Militärbasen in Südvietnam angriff, befahl Präsident Johnson im Februar 1965 unter dem Codenamen **„Rolling Thunder“** Bombenangriffe auf den Norden, um die nordvietnamesische Führung an den Verhandlungstisch zu bringen. Als sich aber Hanoi auf keine Verhandlungen einließ, entschied sich Johnson für eine Ausweitung der militärischen Operationen, wodurch die USA immer tiefer in den Konflikt verstrickt wurden. Die Zahl der nach Vietnam entsandten amerikanischen Soldaten stieg auf über 550 000 im Jahr 1968.

Der Einsatz des dioxinhaltigen Entlaubungsmittels **„Agent Orange“**, das den Kämpfern der NLF die Tarnung im Dschungel erschweren sollte, führte sowohl bei der vietnamesischen Bevölkerung als auch bei amerikanischen Soldaten zu schweren Gesundheitsschäden. Die Annahme, dass die hohen Opferzahlen auf vietnamesischer Seite (auf einen getöteten US-Soldaten kamen nach einer Analyse des Pentagon 15 getötete Nordvietnamesen) die Regierung Nordvietnams schließlich zum Nachgeben zwingen würde, ging von falschen Voraussetzungen aus, denn es gab im Land keine öffentliche Diskussion über den Krieg. Zudem wurde die Auseinandersetzung mit den USA von der großen Mehrheit der Bevölkerung Nordvietnams als Befreiungskampf gesehen. Gleichzeitig verstärkte sich in den **USA** die **öffentliche Diskussion um den Sinn des Kriegs**. Die Zahl der Kritiker nahm nicht zuletzt deswegen ständig zu, weil die Bilder des Kriegs erstmals live in die Wohnzimmer der Amerikaner übertragen wurden.

Einen Schock für die amerikanische Öffentlichkeit stellte die sog. **Tet-Offensive** durch nordvietnamesische Truppen und Einheiten der NLF dar, die 1968 einen Tag vor dem vietnamesischen Neujahrstag (Tet) begann. Obwohl sie militärisch letztlich erfolglos war, trug sie doch zur Demoralisierung der amerikanischen und südvietnamesischen Truppen sowie zur Desillusionierung der amerikanischen Öffentlichkeit bei. Das Bekanntwerden eines von US-Soldaten an den Bewohnern des südvietnamesischen **Dorfes My Lai** verübten Massakers erschütterte zudem das Vertrauen in die Glaubwürdigkeit der US-Armee.

Ein verdächtiger Vietkong wird durch einen US-Marine abgeführt, 1965 (links) und Demonstration gegen den Vietnamkrieg in New York, 1967 (rechts).

Präsident Johnson zog aus der wachsenden Kritik an seiner Vietnampolitik die Konsequenzen und verkündete Ende März 1968 seinen Verzicht auf eine Kandidatur bei den bevorstehenden Präsidentschaftswahlen. Gleichzeitig bot er Nordvietnam Gespräche an, die kurz darauf in Paris begannen. Wegen der unvereinbaren Positionen – die USA forderten den Abzug der nordvietnamesischen Truppen aus Südvietnam, Nordvietnam verlangte eine Beteiligung des Vietcong an der Regierung Südvietnams – kam es jedoch zu keiner Annäherung.

Der schwierige Weg zur Beendigung des Kriegs

Johnsons Nachfolger **Richard Nixon** hatte im Wahlkampf versprochen, den Vietnamkrieg mit einem „ehrenvollen Frieden“ zu beenden. Die von der neuen Regierung vertretene Strategie hieß **„Vietnamisierung“ des Kriegs**, d. h., es sollte die Präsenz amerikanischer Soldaten reduziert und dafür die südvietnamesische Armee gestärkt werden. Durch eine Ausweitung der Bombenangriffe und eine Ausdehnung des Kriegs auf **Kambodscha** sollte zudem die Verhandlungsbereitschaft der Gegenseite erhöht werden. Auf eine von Nordvietnam im März 1972 begonnene Offensive ordnete Nixon schließlich die **Bombardierung der nordvietnamesischen Hauptstadt Hanoi** mit B-52-Bombern an und verhängte eine Seeblockade über das Land.

Da sich Nixon seit Beginn seiner Amtszeit um eine Entspannung der Beziehungen zur Sowjetunion und zu China bemühte, waren beide Staaten in dieser Situation zu keiner Unterstützung Hanois bereit. 1973 kam es schließlich in Paris zu einem **Waffenstillstandsabkommen**, das die Einstellung der Kampfhandlungen und den Rückzug der verbliebenen US-Truppen vorsah.

Nach dem Abzug der amerikanischen Truppen war es aber nur noch eine Frage der Zeit, bis Nordvietnam sein Ziel, die Vereinigung Vietnams unter kommunistischen Vorzeichen, verwirklichen würde. Im Frühjahr 1975 begann die **Offensive Nordvietnams** und im April 1975 wurde schließlich die südvietnamesische Hauptstadt Saigon eingenommen. Auch Kambodscha und Laos wurden kommunistisch. Der Vietnamkrieg war damit beendet. Er sollte im kollektiven Gedächtnis der USA ein lange nachwirkendes **Trauma** hinterlassen.

Folgen des Vietnamkriegs

Der Krieg brachte über die Bevölkerung von Vietnam, Laos und Kambodscha sowie über die Familien der gefallenen oder verletzten US-Soldaten großes Leid. Insgesamt waren 4 Millionen Opfer (bei ca. 60 000 getöteten oder vermissten GIs) zu beklagen. Kriegsversehrte oder infolge des Gifteinsatzes der USA mit einer Missbildung zur Welt gekommene Kinder sowie immense ökologische Schäden verweisen bis heute in Vietnam auf die Auswirkungen des Kriegs.

Die Folgen dieser einzigen militärischen Niederlage in der amerikanischen Geschichte waren auch für die Vereinigten Staaten gravierend:

- **Scheu** der nachfolgenden US-Regierungen vor erneuter Verstrickung in kriegerische Konflikte ohne vorherige genaue Analyse der Gefahren;
- **Ansehensverlust der amerikanischen Regierung** und des politischen Establishments: durch die Art der Kriegführung verspielten die USA in den Augen vieler Amerikaner, aber auch vieler verbündeter Staaten einen Großteil ihrer moralischen Autorität;

- **Spaltung der amerikanischen Gesellschaft** an der Frage nach der Berechtigung des Kriegs: Entstehung einer Protestbewegung gegen die imperialistische Politik der USA;
- **Aufschub innenpolitischer Reformvorhaben** wegen des großen Finanzbedarfs für die Kriegführung;
- Anstieg des **US-Haushaltsdefizits** und der **Inflationsrate**;
- zunehmende Bedeutung der **Medien** durch die kritische Kriegsberichterstattung; immer stärkere Wahrnehmung als **„vierte Gewalt"** neben der Exekutive, Legislative und Judikative;
- **Erschütterung des Selbstverständnisses** der USA, stets für eine gerechte Sache zu kämpfen und eine demokratische Mission zu erfüllen;
- nur langsame Bewältigung des **Vietnam-Traumas** in den USA: die islamistischen Terroranschläge vom 11. September 2001 haben die Beschäftigung mit diesem Krieg inzwischen jedoch in den Hintergrund gedrängt.

4.6 Die Rückkehr zur Konfrontation

Verschlechterung des Verhältnisses zwischen den USA und der Sowjetunion seit Mitte der 1970er-Jahre

Eine Verschlechterung des Verhältnisses zwischen den USA und der Sowjetunion setzte mit der Aufstellung von sowjetischen Raketen vom Typ SS 20 in Europa seit Mitte der 1970er-Jahre ein. Diese **Mittelstreckenraketen** hatten eine Reichweite von 5 000 Kilometern und waren mit **atomaren Mehrfachsprengköpfen** ausgestattet. Die Raketen konnten darüber hinaus von mobilen Startrampen abgeschossen werden. Die Aufstellung der SS 20-Raketen verstieß zwar gegen kein Abrüstungsabkommen, doch wurde sie von den USA und den anderen westlichen Staaten als mit dem Geist der Entspannung unvereinbar angesehen. Auf Initiative des deutschen Bundeskanzlers Helmut Schmidt fasste der NATO-Rat im Dezember 1979 den **NATO-Doppelbeschluss**. Dieser sah die Stationierung amerikanischer Cruise Missiles und Pershing-2-Raketen als Reaktion auf die Bedrohung Europas durch sowjetische Mittelstreckenraketen vor, sollten die Verhandlungen über eine beiderseitige Abrüstung scheitern.

Das Ende der Entspannungspolitik nach dem Einmarsch der UdSSR in Afghanistan

Der Einmarsch der Sowjetunion in Afghanistan im Dezember 1979 bedeutete schließlich das Ende der Entspannungspolitik und eine **Rückkehr zur Konfrontation** des Kalten Kriegs. In **Afghanistan** wurde 1978 die Regierung von der kommunistisch geprägten Demokratischen Volkspartei gestürzt, die sich eng an die Sowjetunion anlehnte. Die von der neuen Regierung durchgeführten durchaus fortschrittlichen Reformen stießen auf den erbitterten Widerstand von Stammesführern, Großgrundbesitzern und islamischen Mullahs. Etwa 30 Gruppierungen muslimischer Widerstandskämpfer führten einen Krieg gegen die ihnen verhasste neue Regierung, sodass diese Moskau um Hilfe bat.

Die Sowjetunion rückte am 25. Dezember 1979 mit ca. 100 000 Mann in dem Glauben in Afghanistan ein, dass die USA und die westlichen Staaten der Aktion im **„Hinterhof" der Sowjetunion** keine größere Aufmerksamkeit schenken und diese widerspruchslos hinnehmen würden. Die Empörung in der westlichen Welt war jedoch groß. US-Präsident **Jimmy Carter** fühlte sich von der sowjetischen Führung persönlich getäuscht und reagierte hart auf die sowjetische Invasion. Der amerikanische Botschafter wurde aus Moskau abgezogen und ein Weizenembargo gegen die Sowjetunion verhängt. Die **USA** stellten zudem die Lieferung von Hochtechnologie an die Sowjetunion ein und **boykottierten die Olympischen Sommerspiele in Moskau** (1980). Der bereits unterzeichnete SALT II-Vertrag, der eine Reduzierung der Mittelstreckenraketen vorsah, wurde nicht vom Senat ratifiziert.

In einer Botschaft an die beiden Häuser des Kongresses erklärte Carter am 23. Januar 1980, dass jeder „Versuch einer fremden Macht, die Kontrolle über die Region des Persischen Golfs zu erringen, als Angriff auf die vitalen Interessen der Vereinigten Staaten betrachtet und eine solche Macht mit allen dafür notwendigen Mitteln, auch militärischen, zurückgeschlagen werde". Diese Erklärung wurde schon bald als **Carter-Doktrin** bezeichnet. Die USA stockten ihren Verteidigungshaushalt auf und lieferten Waffen an die muslimischen Widerstandskämpfer, um die Feinde ihres Gegners zu stärken.

Diese kompromisslose Reaktion war nicht nur durch die Gefährdung strategischer Interessen der USA begründet, sondern ließ sich auch mit dem innenpolitischen Druck erklären, unter dem Carter stand. So war ihm von republikanischer Seite immer wieder Nachgiebigkeit gegenüber der Sowjetunion und außenpolitische Orientierungslosigkeit vorgeworfen worden. In **Teheran** waren zudem im Oktober 1979 52 **amerikanische Botschaftsangestellte als Geiseln** genommen worden. Eine missglückte Befreiungsaktion führte der ganzen Welt die Schwäche und Verwundbarkeit der USA vor Augen. Bei der Präsidentschaftswahl im November 1979 wurde Carter schließlich von Ronald Reagan, dem Kandidaten der Republikanischen Partei, geschlagen.

Reagans Politik der Stärke

Mit Ronald Reagan wurde ein Mann zum neuen Präsidenten gewählt, der die **Rückkehr der USA zur alten Stärke** versprach und im Kommunismus den

„Mittelpunkt des Bösen in dieser Welt" sah. Gleich zu Beginn seiner Amtszeit setzte Reagan ein umfangreiches **Aufrüstungsprogramm** durch, denn er war fest davon überzeugt, dass die USA nur auf der Basis militärischer Überlegenheit Handlungsfreiheit gegenüber der Sowjetunion zurückgewinnen könnten. Als die Sowjetunion nach der Stationierung der amerikanischen Cruise Missiles und Pershing-2-Raketen in der Bundesrepublik, den Niederlanden und Italien die INF- und START-Gespräche über die Reduzierung von Kurz- und Mittelstreckenwaffen abbrach, schienen die **Beziehungen auf dem Tiefpunkt** angelangt zu sein. Allerdings bot die Reagan-Regierung aus dem Wissen wiedererlangter Stärke heraus der sowjetischen Regierung **Gespräche über eine Rüstungskontrolle** an. Moskau nahm dieses Angebot an. Noch bevor Gorbatschow in der Sowjetunion an die Macht kam, vereinbarten die beiden Staaten, ab März 1985 in Genf parallel über Mittelstreckenraketen, Interkontinentalraketen und weltraumgestützte Waffen zu verhandeln.

Das Ende des Kalten Kriegs

Michail Gorbatschow, der neue Generalsekretär der KPdSU, war schließlich zu substanziellen Fortschritten bei der Abrüstung bereit. Am 8. Dezember 1987 unterzeichneten Reagan und Gorbatschow in Washington den **INF-Vertrag**, der eine Vernichtung aller vorhandenen landgestützten nuklearen Raketen kurzer und mittlerer Reichweite (von 500 bis 5 500 km) vorsah und die Herstellung neuer Raketen verbot **(„doppelte Nulllösung")**. Durch die Zustimmung zu weitreichenden Überprüfungsverfahren wurde von beiden Seiten gewährleistet, dass die Vereinbarungen auch eingehalten wurden. Trotz des verbesserten Verhältnisses zur Sowjetunion hielt Reagan an dem alten Ziel fest, den Kommunismus zu überwinden. In einer Rede im Rahmen eines Berlin-Besuchs 1987 vor dem Brandenburger Tor forderte er den sowjetischen Generalsekretär auf, die Mauer niederzureißen und das Brandenburger Tor zu öffnen.

Der sowjetische Staats- und Parteichef Michael Gorbatschow und der amerikanische Präsident Ronald Reagan in Washington, Dezember 1987

Als **Ungarn** im Mai 1989 die Grenze zu Österreich öffnete und bei den Wahlen in **Polen** im folgenden Monat die unabhängige Gewerkschaft Solidarnosc die Mehrheit im Parlament errang, wurde der **Fall des Eisernen Vorhangs** eingeleitet. Nach der Öffnung der Berliner Mauer am 9. November 1989 sah man in Washington sehr klar, dass die Einheit Deutschlands nur noch eine Frage der Zeit sei. Im Gegensatz zum französischen Staatspräsidenten François Mitterand und der britischen Premierministerin Margaret Thatcher, die der Vorstellung eines vereinigten Deutschlands anfangs skeptisch gegenüberstanden, befürwortete US-Präsident **George W. Bush sen.**, der Nachfolger Reagans, die **Wiedervereinigung** der beiden deutschen Staaten. Voraussetzung dafür war, dass das wiedervereinigte Deutschland Mitglied der NATO bleibe und die Oder-Neiße-Grenze als deutsch-polnische Grenze anerkenne. Nicht zuletzt aufgrund der klaren Haltung Washingtons änderten London und Paris ihre Einstellung und schwenkten auf den amerikanischen Kurs ein.

Am 12. September 1990 unterzeichneten die ehemaligen Siegermächten des Zweiten Weltkriegs (Sowjetunion, USA, Großbritannien, Frankreich) und die beiden deutschen Staaten in Moskau den sog. **Zwei-plus-Vier-Vertrag**, durch den die letzten verbliebenen alliierten Verantwortlichkeiten aufgehoben wurden und die Stellung des wiedervereinigten Deutschlands im internationalen System festgelegt wurde. Auf dem **KSZE-Gipfel** in Paris im November 1990 erklärten die Mitgliedstaaten der NATO und des Warschauer Pakts „die Ära der Teilung und Konfrontation" für beendet.

Durch die Unabhängigkeitsbestrebungen der baltischen Staaten und die wirtschaftliche Krise schwand die Zustimmung zu Gorbatschows Reformbemühungen im Inneren trotz der großen internationalen Anerkennung. Immer mehr Sowjetrepubliken strebten nach Unabhängigkeit und bildeten schließlich am 21. Dezember 1991 die **Gemeinschaft unabhängiger Staaten (GUS)**, woraufhin Gorbatschow am 30. Dezember 1991 als Staatspräsident der UdSSR zurücktrat – die Sowjetunion hörte am 31. Dezember 1991 offiziell auf zu existieren. Damit war auch der **Kalte Krieg mit seiner Konfrontation der Blöcke beendet** und eine neue Epoche begann.

Aufgabe

27 Führen Sie die im Laufe des Entspannungsprozesses (1963–1975) erzielten Fortschritte an und gehen Sie auf die Grenzen der Entspannungspolitik ein.

5 Motive, Möglichkeiten und Grenzen der einzig verbliebenen Supermacht USA

Nach dem Zerfall der Sowjetunion schien die Stärke der einzig verbliebenen Supermacht USA grenzenlos zu sein. Es stellte sich jedoch schnell heraus, dass der Zusammenbruch des Ostblocks und der damit verbundene Wegfall der Konfrontation zwischen liberaler Demokratie und totalitärem Kommunismus nicht gleichbedeutend mit dem **„Ende der Geschichte"** (Francis Fukuyama) und dem **Erreichen eines friedlichen und stabilen Zustands** war. Während durch die Konfrontation der Blöcke immerhin auch außenpolitische Stabilität und Berechenbarkeit gewährleistet waren, so wurde die Welt nach der Auflösung der Sowjetunion und der Überwindung der Bipolarität unübersichtlicher. Es stellten sich hinsichtlich der Sicherheit ganz neue Fragen: Wie konnte garantiert werden, dass die auf dem Gebiet der ehemaligen Sowjetunion vorhandenen Atomwaffen nicht in die falschen Hände kamen? Welche Auswirkungen hatten nationalistische Strömungen, die sich schon bald in etlichen Nachfolgestaaten der Sowjetunion zeigten? Welche Folgen hatte der Wegfall der Bipolarität für das westliche Bündnis? Wie ließen sich die sozialen und wirtschaftlichen Ursachen für internationale Konflikte beseitigen? Die einzige verbliebene Supermacht stand vor ganz **neuen Herausforderungen**.

Verschiedene Krisen zeigten die Möglichkeiten, aber auch die Grenzen der USA auf, den Frieden zu erhalten und dem Demokratie-Prinzip zum weltweiten Durchbruch zu verhelfen.

5.1 Zweiter Golfkrieg (1990/91): Die erste Bewährungsprobe für die neue Weltordnung

Kuwait-Krise und Beginn des Kriegs gegen den Irak

Noch vor der endgültigen Auflösung der Sowjetunion kündigte sich im Sommer 1990 eine ernste außenpolitische Herausforderung für die USA an: Am 2. August 1990 ließ der irakische Diktator **Saddam Hussein** seine Truppen in den ölreichen Golfstaat **Kuwait** einmarschieren und annektierte das Land (vgl. S. 189). Dieses Vorgehen stürzte den Nahen Osten in eine schwere Krise.

Hussein, der während des Ersten Golfkriegs gegen den Iran (1980–1988) noch von den USA unterstützt worden war, erhoffte sich durch die Annexion eine Linderung der schwierigen finanziellen Lage seines Landes, das in Kuwait nicht zuletzt wegen der Rüstungsausgaben für den Ersten Golfkrieg Verbindlichkeiten in Höhe von fast 100 Milliarden Dollar angehäuft hatte. Außerdem hätte sich der **Irak** durch die Einverleibung Kuwaits die Verfügungsgewalt über einen erheblichen Teil der weltweiten Erdölförderung verschafft und dadurch seine Stellung in der Region verbessert. Präsident Bush sen. ließ angesichts der **Gefährdung wirtschaftlicher und strategischer Interessen der USA** keinen Zweifel an einem Vorgehen gegen die Besetzung Kuwaits. Er befürchtete im Fall einer Akzeptanz der Annexion Kuwaits durch den Irak einen Verlust an Glaubwürdigkeit bei den befreundeten Staaten im Nahen und Mittleren Osten. Zudem bestand die Gefahr einer **Destabilisierung in der Region**. Für andere Diktatoren sollte ein klares Signal ausgesandt werden, dass eine Verletzung des internationalen Rechts nicht hingenommen werden würde. Wie Bush in einer Rede vor dem Kongress ausführte, sollte in der zu errichtenden neuen Weltordnung „die Herrschaft des Rechts die Herrschaft des Dschungels ersetzen". Machtpolitische Motive und idealistische Vorstellungen gingen bei Bushs Begründung des außenpolitischen Handelns eine untrennbare Verbindung ein.

Die **Vereinten Nationen** beschlossen **Handelssanktionen gegen den Irak**, die jedoch nicht sehr wirkungsvoll waren. Auf Bitte Saudi-Arabiens, das sich von der irakischen Expansion bedroht fühlte, entsandte Bush sen. amerikanische Truppen in den Nahen Osten **(Operation „Desert Shield")**. Da Saddam Hussein nicht einlenkte und auch von **Resolutionen** der Vereinten Nationen unbeeindruckt blieb, war die amerikanische Regierung entschlossen, den Irak mit militärischer Gewalt zum Rückzug aus Kuwait zu zwingen. Durch rege diplomatische Aktivitäten gelang es Präsident Bush sen., eine große, weltweite Allianz (darunter auch eine Reihe von muslimischen Staaten) zu formieren. Auf der Grundlage der **UN-Resolution 678**, die den Einsatz „aller notwendigen Mittel" zur Befreiung Kuwaits genehmigte, falls der Irak die eroberten Gebiete nicht bis zum 15. Januar 1991 räumte, begannen die **Truppen der Koalition** unter Führung der USA (und formell auch Saudi-Arabiens) den **Angriff** auf die irakischen Besatzungstruppen.

Verlauf und Ausgang des Kriegs

Nachdem fünf Wochen lang militärische Einrichtungen, Kommunikationsverbindungen, Infrastruktur und Industrieanlagen des Iraks bombardiert worden waren und es trotzdem keine Anzeichen für einen Rückzug der irakischen Armee gab, griffen **amerikanische Bodentruppen** ein, die innerhalb kurzer Zeit die irakischen Truppen aus Kuwait vertrieben. Obwohl große Teile der Armee Saddam Husseins vernichtet worden waren, ließ **Bush sen. den Vormarsch auf Bagdad stoppen**, da er in der Besetzung des Iraks unkalkulierbare Risiken sah. Die Erfahrungen des Vietnamkriegs (vgl. S. 257 ff.) wirkten hier noch stark nach.

Aufmarsch amerikanischer Truppen in der der saudischen Wüste – Vorbereitung eines Militärschlags gegen den Irak, November 1990

Die Hoffnungen der USA auf eine Entmachtung Saddam Husseins durch die irakische Opposition erfüllten sich jedoch nicht. Aufstände der Kurden und Schiiten im Irak erfuhren keine Unterstützung durch die USA, sodass Saddam Hussein sie mit Gewalt niederschlagen und dadurch seine Herrschaft stabilisieren konnte. Die USA und Großbritannien errichteten aber mit Verweis auf eine UN-Resolution **Flugverbotszonen im Irak**, um die Möglichkeiten Saddam Husseins einzuschränken und verfolgte Volksgruppen wie Schiiten und Kurden zu schützen. Auch wurde ein international überwachtes **Rüstungskontrollregime** errichtet, damit der Irak nicht noch einmal zu einer Bedrohung des Friedens in der Region werden konnte. Die Krise war zwar mit dem **Rückzug des Iraks aus Kuwait** und der Schwächung Saddam Husseins gelöst, doch entwickelte die Regierung Bush sen. kein Konzept, wie eine stabile Ordnung im Nahen und Mittleren Osten hätte aussehen können.

5.2 Krise auf dem Balkan: die Jugoslawienkriege

Der Beginn der kriegerischen Konflikte und die abwartende Haltung der USA

Nach dem **Tod des jugoslawischen Staatspräsidenten Tito** am 4. Mai 1980, der die entscheidende Integrationsfigur für das aus mehreren Teilrepubliken bestehende sozialistische, aber nicht zum Ostblock gehörende Jugoslawien gewesen war, nahmen vor dem Hintergrund einer schweren Wirtschaftskrise die Spannungen zwischen den verschiedenen Völkerschaften zu. Beeinflusst durch die politischen Veränderungen in anderen sozialistischen Staaten Osteuropas fanden in den Teilrepubliken Kroatien und Slowenien 1990 die ersten freien Wahlen statt. Bei diesen gewannen nationalistisch orientierte Parteien, die die staatliche Eigenständigkeit der Teilrepubliken anstrebten. **Slobodan Milosěvić**, der neue starke Mann in Belgrad, betrieb eine **Politik der Stärkung Serbiens** mit dem Ziel der Errichtung eines großserbischen Jugoslawiens. Dies gab den nationalistischen Kreisen in den anderen Teilrepubliken, die sich für eine Loslösung von Jugoslawien einsetzten, weiteren Auftrieb.

Im Juni 1991 proklamierten **Kroatien und Slowenien** ihre **staatliche Unabhängigkeit**, im November 1991 folgte **Mazedonien** und im März 1992 **Bosnien-Herzegowina**. Die jugoslawische Volksarmee griff schließlich in Slowenien und Kroatien ein, um deren Unabhängigkeit zu verhindern. Der Krieg in Slowenien, wo es keine nennenswerte serbische Minderheit gab, wurde nach wenigen Tagen mit einem Abkommen beendet. Am 8. Oktober 1991 konnte daraufhin in Slowenien die Unabhängigkeit in Kraft gesetzt werden. In Kroatien und Bosnien-Herzegowina dauerten die Auseinandersetzungen dagegen bis 1995 an.

Die Bush-Regierung trat bis zum Sommer 1991 für den Erhalt des jugoslawischen Gesamtstaates ein. Denn mit Blick auf die Sowjetunion, deren Existenz zu dieser Zeit massiv von nach Unabhängigkeit strebenden Republiken bedroht war, wollten die USA keinen Präzedenzfall schaffen. Allerdings wurde immer deutlicher, dass die Einheit Jugoslawiens kaum mehr zu retten war. Die USA scheuten aber vor einem direkten militärischen Eingreifen zurück, weil keine elementaren amerikanischen Interessen berührt waren. Die **anfängliche Zurückhaltung der USA** im nun ausbrechenden Konflikt erklärte sich aber auch durch die Zuversicht der Europäischen Union, die Balkan-Krise selbst lösen zu können. Allerdings wurde dieser Optimismus gedämpft, als der von den Vorsitzenden der Genfer Jugoslawien-Konferenz, dem früheren US-Außenminister **Cyrus Vance** und dem früheren britischen Außenamtschef **David Owen**, vorgelegte **Friedensplan** zur Beilegung des Kriegs in Bosnien im Juni 1993 endgültig scheiterte, da die EU über keine wirkungsvollen Mittel zur Durchsetzung des Plans verfügte.

Krieg in Bosnien-Herzegowina: Wende in der amerikanischen Jugoslawienpolitik

In Bosnien-Herzegowina, wo muslimische Bosniaken sowie überwiegend christliche Serben und Kroaten lebten, waren die Kämpfe besonders erbittert. Die Nachrichten über die Brutalität der Kriegführung, Internierungslager, ethnische Säuberungen und Massaker verstärkten den Handlungsdruck auf Washington. Das vom neuen amerikanischen Präsidenten **Bill Clinton** vertretene **„Lift-and-strike"-Konzept**, das die Aufhebung des UN-Waffenembargos gegen die muslimischen Bosniaken und zugleich Luftangriffe gegen serbische Stellungen vorsah, wurde von der EU aber skeptisch betrachtet und abgeblockt.

Im Jahr 1994 führte die **NATO** schließlich unter amerikanisch-französischer Führung **Luftangriffe auf serbische Stellungen** um **Sarajewo** durch. Erst das **serbische Massaker** an muslimischen Zivilisten in **Srebrenica** im Juli 1995 bewirkte aber eine grundlegende Wende in der amerikanischen Politik. Srebrenica und Zepa waren von der Vereinten Nationen zu „sicheren Häfen" erklärt worden, die durch niederländische Blauhelmsoldaten geschützt werden sollten. Als **serbische Verbände unter General Mladić** die beiden Orte eingenommen hatten, wurden ca. 7 000 muslimische Gefangene – der Großteil der in Srebrenica gefangen genommenen männlichen Bevölkerung – von den Serben systematisch getötet.

US-Präsident Clinton drängte nun – nicht zuletzt wegen der in den Medien gezogenen Parallelen zu den Gräueltaten der Nationalsozialisten – auf ein entschlosseneres Vorgehen gegen die Serben. Der Präsident setzte sich für einen umfassenden Friedensplan ein, der allerdings nur bei einer Veränderung der militärischen Lage zu Ungunsten der Serben Chancen auf Verwirklichung hatte. Die **NATO** flog jetzt unter amerikanischer Führung massive **Luftangriffe** gegen die bosnischen Serben, deren militärische Möglichkeiten dadurch stark eingeschränkt wurden. Nach dieser Machtdemonstration stimmte die serbische Seite schließlich **Friedensgesprächen** zu, die in Dayton (Ohio) unter Leitung der Vereinigten Staaten zwischen den Kriegsparteien (Serben, Kroaten, muslimische Bosniaken) stattfinden sollten. Nach dreiwöchigen Beratungen kam es am 21. November 1995 zur Unterzeichnung des **Abkommens von Dayton**, das den Grund für einen – wenn auch fragilen – Zustand des Friedens in Bosnien-Herzegowina legte.

Friedensabkommen von Dayton (1995)

Das Abkommen von Dayton, an dessen Gestaltung die Vereinigten Staaten maßgeblich beteiligt waren, beendete 1995 den **Krieg in Bosnien-Herzegowina**.

Die wichtigsten **Inhalte** des Vertrags:

- Erhalt Bosniens und Herzegowinas als **souveräner und ungeteilter Staat** in den international anerkannten Grenzen mit der Hauptstadt Sarajewo;
- Zusammensetzung Bosniens und Herzegowinas aus zwei Teilrepubliken („Entitäten"): der **Serbischen Republik** (Republika Srpska) und der (muslimisch-kroatischen) **Föderation von Bosnien und Herzegowina**;
- Trennung der Kriegsparteien und **Demobilisierung** der Streitkräfte;
- Sicherung des Friedens durch die „**Implentation Force**" (IFOR, dt.: Umsetzungstruppe).

Das Abkommen gewährte den Flüchtlingen und den Vertriebenen die Rückkehr in ihre Heimatorte und sah die Förderung des Wiederaufbaus der Wirtschaft vor.

Der Kosovo-Krieg (1998/99)

Der **Kosovo** war zu Zeiten Titos eine autonome Provinz der jugoslawischen Teilrepublik Serbien. Er besaß eine starke **albanische Minderheit**, die schon lange die Eigenständigkeit einer Republik Kosovo forderte. Nachdem **Milosěvić** 1989 zum Präsidenten der Teilrepublik Serbien gewählt worden war, hob er die Autonomie des Kosovo auf. Repressalien gegen die albanische Bevölkerung nahmen nun stark zu. Es bildete sich die albanische paramilitärische **„Befreiungsarmee Kosovo" (UCK)**, die seit 1996 Anschläge auf serbische Einrichtungen und Attentate auf serbische Beamte verübte. Im März 1998 unternahm die serbische Armee massive militärische Aktionen gegen die UCK.

Internationale Vermittlungsbemühungen setzten ein, die Serben und Albaner zu einer friedlichen Lösung bewegen sollten. Nach dem Scheitern dieser Bemühungen starteten serbische Verbände eine **Großoffensive gegen Städte und Dörfer im Kosovo**, bei der es zu systematisch ausgeführten Verbrechen (wie Erschießungen, Vertreibungen, Folter und Vergewaltigungen) der Serben gegen die Kosovo-Albaner kam. Ziel von Milosěvić war, den Kosovo ethnisch zu „säubern" und durch die Flüchtlingsströme auch die Nachbarstaaten – in erster Linie Mazedonien und Albanien – zu destabilisieren.

Da die USA und andere westliche Länder eine humanitäre Katastrophe wie in Bosnien-Herzegowina verhindern wollten, begann die **NATO** am 24. März 1999 im Rahmen der **Operation „Allied Force"** mit massiven Luftangriffen auf serbische Stellungen im Kosovo, aber auch auf Ziele in der Bundesrepublik Jugoslawien (dem heutigen Serbien-Montenegro), obwohl das Vorgehen nicht durch einen Beschluss des UN-Sicherheitsrats legitimiert war (dies geschah nachträglich durch die UN-Resolution 1244). Erst nach 11 Wochen gaben Milosěvić und die jugoslawische Regierung nach. Sie einigten sich mit der NATO auf den Abzug der serbischen Truppen aus dem Kosovo und stimmten der Einrichtung einer **Zivilverwaltung** zu. Durch die Stationierung der von der NATO geführten **KFOR** wurde die militärische Sicherheit im Kosovo gewährleistet. **Slobodan Milosěvić** wurde im Oktober 2000 gestürzt und auf vehementen Druck Washingtons wenige Monate später an das **UN-Kriegsverbrechertribunal in Den Haag** überstellt. Da Milosěvić 2006 vor Abschluss des Verfahrens verstarb, kam es zu keinem Urteil. Am 17. Februar 2008 verkündete das Parlament in Pristina die **Unabhängigkeit des Kosovos**. 96 von 193 Staaten der UNO (Stand 2012) erkennen inzwischen die Republik Kosovo an.

5.3 „Krieg gegen den Terror“ als Reaktion auf den Angriff vom 11. September 2001

Der Anschlag vom 11. September 2001

Am 11. September 2001 ereignete sich eine Katastrophe, die sich vergleichbar dem Überfall der Japaner auf Pearl Harbor unauslöschlich ins Gedächtnis der amerikanischen Nation und der Welt eingegraben hat: Mitglieder der von Osama Bin Laden geführten **Terrororganisation al-Qaida** entführten je zwei Passagierflugzeuge der American Airlines und der United Airlines und steuerten sie in die beiden Türme des **World Trade Centers** in New York sowie in das **Pentagon** in Washington. Ein Flugzeug stürzte ab, bevor es sein Ziel – vermutlich das Weiße Haus oder das Kapitol – erreichen konnte, weil mutige Passagiere die Luftpiraten in einen Kampf verwickelten. Für die al-Qaida-Terroristen waren die Ziele Symbole der verhassten wirtschaftlichen, militärischen und politischen Macht der USA.

Während aber der japanische Angriff auf Pearl Harbor einen Angriff auf einen Außenposten im Pazifik darstellte, handelte es sich bei den Taten der fundamentalistischen Terroristen gleichsam um Anschläge auf das Herz der Vereinigten Staaten. Fast 3 000 Menschen verloren bei den Anschlägen ihr Leben, darunter viele Feuerwehrleute, die nach dem Einsturz der beiden Türme des World Trade Centers ums Leben kamen.

Einschlag des zweiten entführten Flugzeugs in den Südturm des World Trade Centers am 11. September 2001 (links) und ein Feuerwehrmann vor den Resten des WTC am 13. September 2001 (rechts).

Der Schock über die Verwundbarkeit der USA war unbeschreiblich groß. Die Regierung Bush verkündete als Reaktion auf diesen Angriff und als neue Mission der USA den **„Krieg gegen den Terror“** („War on Terror“). Zwei übergreifende Ziele wurden damit formuliert:

- **Schutz der USA** vor terroristischen Angriffen;
- Sicherheit in der Welt durch die **Verbreitung der Demokratie** unter Anknüpfung an die „Vierzehn Punkte“ von Wilson zu Beginn des 20. Jahrhunderts (vgl. S. 235 f.).

Im Jahr 2002 wurden 22 Bundesbehörden, die sich mit Sicherheit beschäftigten, zum **„Ministerium für Innere Sicherheit“** („Department of Homeland Security“) zusammengefasst, das den Schutz der amerikanischen Bevölkerung und Staatsgebiete sowie die Terroristenbekämpfung im Inneren gewährleisten soll. Schwieriger erweist sich das Vorhaben, den Terrorismus weltweit zu bekämpfen und die Welt durch die Verbreitung der Demokratie sicherer zu machen.

Der Kampf gegen das Taliban-Regime in Afghanistan

Nach dem 11. September 2001 wurde rasch eine **„internationale Koalition gegen den Terror“** mit Russland, China, Indien und Pakistan sowie einigen NATO-Ländern gebildet, in denen die Solidarität mit den USA anfangs sehr groß war. Die NATO stellte am 12. September 2001 zum ersten Mal in ihrer Geschichte den **kollektiven Bündnisfall** fest und bereits am 7. Oktober bombardierten amerikanische und britische Flugzeuge **Trainingslager** von **al-Qaida in Afghanistan**. Durch den Einsatz von amerikanischen Bodentruppen gelang es den USA, das afghanische Taliban-Regime, das als Unterstützer Osama Bin Ladens bekannt war, bis Jahresende mithilfe von talibanfeindlichen afghanischen Milizen zu stürzen.

Der Optimismus war groß, nach der Vertreibung der Taliban ein modernes, demokratisches Afghanistan aufbauen zu können. Es zeigte sich aber bald, dass es nicht realistisch war, ein **rückständiges, zersplittertes Land**, das von Clans und Warlords beherrscht wurde und das zudem noch immer schwer unter den Folgen des ersten Afghanistankriegs (1979–1989) litt, schnell zu demokratisieren. Die eingesetzte Regierung von **Hamid Karzai** hatte keinen großen Rückhalt in der Bevölkerung. Sie übte nur in Kabul und in Gebieten, die von Truppen der NATO-Staaten gesichert waren, die Macht aus.

Die **Präsenz amerikanischer und anderer westlicher Truppen** wurde von großen Teilen der afghanischen Bevölkerung immer stärker als **Fremdherrschaft** empfunden. Terroranschläge und Angriffe auf die in Afghanistan stationierten NATO-Truppen verschlechterten die Lage zunehmend, sodass die amerikanische Regierung unter Barack Obama 2009 den Termin für den Rückzug der amerikanischen Truppen auf Ende 2014 festlegte.

Über 1 000 Gefangene, die in Afghanistan als feindliche Kämpfer verhaftet worden waren, wurden in ein Gefängnis auf dem amerikanischen Militärstützpunkt **Guantanamo Bay auf Kuba** gebracht, der nicht der zivilen Gerichtsbarkeit untersteht. Die Haftbedingungen der Internierten führten zu Protesten in der ganzen Welt. Das Image der USA als demokratische Führungsmacht nahm schweren Schaden.

Der Krieg gegen den Irak (2003)

Seit 2001 wurden die Vorwürfe der Bush-Regierung gegen den irakischen Diktator Saddam Hussein immer lauter. Der Irak galt George W. Bush als **„Schurkenstaat“**, der durch den Besitz von Massenvernichtungswaffen eine Bedrohung für den Weltfrieden darstelle. Ein Kreis von Hardlinern um Vizepräsident Cheney und Verteidigungsminister Wolfowitz sprach sich ausdrücklich für einen **Militärschlag gegen den Irak** aus, um Saddam Hussein nicht in den Besitz nuklearer Massenvernichtungswaffen kommen zu lassen.

In einer Rede ordnete Präsident Bush den Irak neben Nordkorea und dem Iran der **„Achse des Bösen“** zu. Für den Präsidenten war in Zeiten des internationalen Terrorismus eine Strategie der Eindämmung oder Abschreckung nicht mehr sinnvoll. Nach seiner Auffassung mussten die USA durch **Erstschläge gegen den Terrorismus** vorgehen, um eine Bedrohung der Freiheit abzuwehren. Gegen Bushs Einschätzung der Gefährlichkeit des Irak gab es in den USA selbst, aber auch in Europa vehemente Kritik. Die Annahme eines irakischen Arsenals an Massenvernichtungswaffen wurde angezweifelt und es wurde darauf verwiesen, dass es keine Verbindungen zwischen dem irakischen Diktator Saddam Hussein und dem Terror-Netzwerk al-Qaida gebe.

Trotz der Erteilung einer Einreisegenehmigung für Waffeninspekteure der UNO durch den Irak blieb die Bush-Regierung auf eine militärische Lösung fixiert. Nicht zuletzt aufgrund eines in den Medien geschürten aggressiven Patriotismus stand die Mehrheit der Bevölkerung hinter dem Kurs des Präsidenten. Durch eine klare Mehrheit im Senat wurde die Regierung ermächtigt, militärisch gegen den Irak vorzugehen, wenn diplomatische Bemühungen vergeblich sein sollten. Obwohl es keine Legitimation durch einen Beschluss des Weltsicherheitsrats gab und sich neben Russland und China auch NATO-Partnerstaaten wie Deutschland und Frankreich gegen einen Krieg aussprachen, begannen die Vereinigten Staaten gemeinsam mit Großbritannien an der Spitze einer multinationalen **„Koalition der Willigen“** am 19. März 2003 mit dem Angriff auf den Irak. Durch den gleichzeitigen Einsatz von Luftstreitkräften und kleinen, beweglichen Bodentruppen gelang es den USA und ihren Verbündeten (vor allem Großbritannien), recht rasch voranzukommen. Bereits am 7. April besetzten amerikanische Truppen das Zentrum von Bagdad. Zwei Tage später gingen die Bilder vom Sturz der großen Saddam Hussein-Statue in Bagdad über die Fernsehschirme. Am 1. Mai 2003 erklärte Präsident Bush bei einer mediengerecht inszenierten Veranstaltung an Bord des Flugzeugträgers „Lincoln", dass die Kampfhandlungen im Irak „weitgehend beendet" seien. Im Dezember 2003 gelang es den USA, den **Diktator Saddam Hussein** in seinem Versteck, einem Erdloch, in der Nähe seiner Heimatstadt Tikrit festzunehmen. Nach seiner Verurteilung 2006 durch ein irakisches Gericht wurde er noch im gleichen Jahr **hingerichtet**.

US-Präsident George W. Bush verkündet an Bord des Flugzeugträgers USS Abraham Lincoln den militärischen Sieg über den Irak, 1. Mai 2003 (links) und Gefangener im Gefängnis Guantanamo, 2002 (rechts).

Die Suche nach den Massenvernichtungswaffen, die als Grund für den Krieg gegen den Irak angeführt worden waren, blieb ergebnislos, was der **Glaubwürdigkeit der amerikanischen Regierung** in den USA, bei den europäischen Verbündeten und in der arabischen Welt erheblich schadete. Auch erfüllten sich die Hoffnungen der Bush-Regierung auf eine schnelle Stabilisierung der Verhältnisse sowie auf eine Durchsetzung von Demokratie und Recht im Irak nicht. Zwar fanden 2005 die ersten freien **Parlamentswahlen** statt, doch verbesserte sich die Versorgungslage der Bevölkerung kaum und noch immer erschüttern Selbstmordanschläge das Land.

Da die Sicherheitslage so prekär war, mussten viele Mittel, die eigentlich für den Wiederaufbau des Iraks gedacht waren, für den Schutz von Bürgern und Institutionen ausgegeben werden. Die im Land stationierten **US-Truppen** schotteten sich aus Sicherheitsgründen sehr stark ab, sodass sie kaum Kontakt zur Bevölkerung hatten und deswegen **eher als Besatzer denn als Befreier wahrgenommen** wurden. Das Ansehen der US-Amerikaner litt aber vor allem durch das Bekanntwerden von **Folterpraktiken** der US-Militärpolizei im irakischen Gefängnis von **Abu Ghraib**. Die Bilder von Gewaltanwendungen, Entwürdigung und sexuellen Übergriffen gingen um die Welt. Bald stellte sich heraus, dass es nicht nur in Abu Ghraib, sondern auch in anderen Gefängnissen zu Misshandlungen von Gefangenen gekommen war. 2006 wurde das Gefängnis von Abu Ghraib von den USA und der irakischen Regierung geschlossen. Ende 2011 verließen die letzten amerikanischen Truppen den Irak.

Aufgaben

28 a) Erarbeiten Sie mithilfe der Monroe-Doktrin von 1823 (M 1) die langfristigen Leitlinien der US-Außenpolitik.
b) Prüfen Sie, ob mit der Monroe-Doktrin eine außenpolitische Neuausrichtung der USA vorgenommen wurde.

29 a) Erarbeiten Sie aus der Rede des US-Präsidenten Wilson (M 2) die allgemeinen Gründe für die Kriegserklärung der USA an das Deutsche Reich.
b) Legen Sie dar, welche konkreten politischen und wirtschaftlichen Gründe darüber hinaus für den Kriegseintritt der USA ausschlaggebend waren.

30 Interpretieren Sie die Bildquelle (M 3) und vergleichen Sie sie dabei inhaltlich und hinsichtlich der Intention mit der Atlantik-Charta (1941).

31 Erörtern Sie anhand des von Präsident George W. Bush nach den Anschlägen auf das World Trade Center am 11. September 2001 verkündeten „Kriegs gegen den Terror“ Möglichkeiten und Grenzen der Supermacht USA.

M 1: Auszug aus der Jahresbotschaft Präsident Monroes an den Kongress („Monroe-Doktrin“), 2. Dezember 1823

[Es ist] [...] die Gelegenheit für angebracht gehalten worden, es als einen Grundsatz aufzustellen, der die Rechte und Interessen der Vereinigten Staaten berührt, daß die amerikanischen Kontinente zufolge der freien und unabhängigen Stellung, die sie sich errungen haben und behaupten, fürderhin nicht mehr als Gegenstände für zukünftige Kolonisation durch irgend welche europäischen Mächte anzusehen sind. [...]

Wir sind stets eifrige und interessierte Zuschauer gewesen bei den Ereignissen in jenem Teile der Erde, mit dem wir so starken Verkehr haben und von dem wir unseren Ursprung ableiten. Die Bürger der Vereinigten Staaten hegen die freundlichsten Gefühle für die Freiheit und das Glück ihrer Mitmenschen auf jener Seite des atlantischen Ozeans. An den Kriegen der europäischen Mächte um ihre eigenen Angelegenheiten haben wir nie teilgenommen, noch verträgt sich eine solche Handlungsweise mit unserer Politik. Nur wenn in unsere Rechte eingegriffen wird, oder sie ernstlich bedroht sind, nehmen wir Kränkungen übel oder treffen Vorbereitungen zu unserer Verteidigung. [...] Wir schulden es deshalb der Aufrichtigkeit und den freundschaftlichen, zwischen den Vereinigten Staaten und jenen Mächten bestehenden Beziehungen, zu erklären, daß wir jedweden Versuch ihrerseits, ihr System auf irgend welchen Teil dieser Hemisphäre auszudehnen, als gefährlich für unseren Frieden und unsere Sicherheit ansehen würden. In die bestehenden Kolonien oder Dependenzen irgend einer europäischen Macht haben wir uns nicht eingemischt und werden wir uns nicht einmischen. Aber wir können einen Eingriff seitens einer europäischen Macht in die Regierungen, die ihre Selbständigkeit erklärt und sie aufrecht erhalten haben, und deren Unabhängigkeit wir nach großer Überlegung und auf Grund gerechter Prinzipien anerkannt haben, zu dem Zwecke sie zu unterdrücken oder in irgend einer Weise ihr Schicksal zu bestimmen, in keinem anderen Lichte denn als Kundgebung eines unfreundlichen Verhaltens gegenüber den Vereinigten Staaten ansehen. [...]

Unsere Politik bezüglich Europas, die in einem früheren Zeitpunkt der Kriege, welche so lange jenen Teil des Erdballs aufgeregt haben, angenommen wurde, bleibt nichtsdestoweniger dieselbe, nämlich, nicht in die inneren Angelegenheiten irgend einer ihrer Mächte einzugreifen, die de facto Regierung als die für uns rechtmäßige anzusehen, freundliche Beziehungen mit ihr zu pflegen, und solche Beziehungen durch eine freimütige, feste und männliche Politik zu erhalten, den gerechten Ansprüchen jeder Macht in allen Fällen zu genügen und dabei Unbill von keiner hinzunehmen.

Zitiert nach: Herbert Schambeck, Helmut Widder, Marcus Bergmann (Hrsgg.): Dokumente zur Geschichte der Vereinigten Staaten von Amerika. 2., erw. Auflage. Berlin 2007, S. 303 ff.

M 2: Wilsons Rede zur Begründung der amerikanischen Kriegserklärung an das Deutsche Reich vor dem amerikanischen Kongress (2. April 1917)

[...] Während wir diese Dinge tun, diese tief-folgenschweren Dinge, laßt uns sehr klar darüber sein und es der ganzen Welt sehr klar machen, was unsere Motive und unsere Ziele sind. [...] Unsere Absicht ist [...], den Prinzipien von Frieden und Gerechtigkeit im Leben der Welt Geltung zu verschaffen gegen selbstische und autokratische Macht und unter den wirklich freien und sich selbst regierenden Völkern der Welt ein solches Zusammenspiel der Zwecke und des Handelns einzurichten, daß es hinfort die Beobachtung jener Prinzipien sichert. Neutralität ist nicht länger durchführbar oder wünschenswert, wo es um den Frieden der Welt und die Freiheit ihrer Völker geht, und die Bedrohung dieses Friedens und dieser Freiheit liegt also in der Existenz autokratischer Regierungen, die sich auf organisierte Gewalt stützen, welche gänzlich durch ihren Willen, nicht den ihres Volkes kontrolliert wird. Wir haben das Ende der Neutralität unter solchen Umständen erlebt. Wir stehen am Anfang eines Zeitalters, in dem man darauf beharren wird, daß die gleichen Maßstäbe für das Verhalten und für die Verantwortlichkeit für getanes Unrecht von den Nationen und ihren Regierungen beobachtet werden sollen, die von den einzelnen Bürgern zivilisierter Staaten befolgt werden.

[...] Ein beständiges Zusammenspiel für den Frieden kann nicht anders erhalten werden als durch eine Partnerschaft demokratischer Nationen. Keiner autokratischen Regierung könnte man vertrauen, daß sie in ihm die Treue hält und seine Abkommen beobachtet. Es muß ein Bund der Ehre, eine Partnerschaft der Meinung sein. [...] Allein freie Völker können ihre Zwecke und ihre Ehre stetig auf ein gemeinsames Ziel richten und die Interessen der Menschheit jedem engeren Eigeninteresse vorordnen. [...]

Die Welt muß sicher gemacht werden für die Demokratie. Ihr Friede muß auf den erprobten Grundlagen politischer Freiheit errichtet werden. Wir haben keine selbstischen Ziele, denen wir dienen. Wir verlangen nach keiner Eroberung, keiner Herrschaft. Wir suchen keinen Schadenersatz für uns selbst, keine materielle Entschädigung für die Opfer, die wir bereitwillig bringen werden. Wir sind lediglich einer der Vorkämpfer für die Rechte der Menschheit. Wir werden befriedigt sein, wenn diese Rechte so gesichert sein werden, wie die Redlichkeit und die Freiheit der Nationen sie eben sichern können. [...]

Es ist eine fürchterliche Sache, dieses große friedfertige Volk in den Krieg zu führen, in den schrecklichsten und verheerendsten aller Kriege, in dem die Zivilisation selbst auf dem Spiele zu stehen scheint. Aber das Recht ist wertvoller als der Friede, und wir werden für Dinge kämpfen, die wir stets unserem Herzen zunächst getragen haben – für die Demokratie, für das Recht jener, die der Autokratie unterworfen sind, auf ein Mitspracherecht bei ihrer Regierung, für die Rechte und Freiheiten kleiner Nationen, für eine allgemeine Herrschaft des Rechts durch ein Konzert der freien Völker, das allen Nationen Frieden und Sicherheit bringen und die Welt selbst endlich frei machen wird.

Zitiert nach: Herbert Schambeck u. a. (Hrsgg.): Dokumente zur Geschichte der Vereinigten Staaten. 2., erw. Auflage. Berlin 2007, S. 433 ff.

M 3: Plakat: We're fighting to prevent this, 1943

DHM, Berlin

Lösungen

Wurzeln europäischer Denkhaltungen und Grundlagen moderner politischer Ordnungsformen in Antike, Mittelalter und Früher Neuzeit

1 Entwicklung der Bedeutung des Einzelnen:

- vom Mythos zum Logos: rationale Erklärung des menschlichen Daseins als Grundlage für neues Selbstbewusstsein des Menschen; relative Unabhängigkeit von Willkür der Götter, Bestimmung des eigenen Loses;
- Mensch als das „Maß aller Dinge" (Protagoras): Mut zu kritischer Selbstreflexion nicht nur über irdisches Dasein schlechthin, sondern vor allem auch im eigenen gesellschaftspolitischen Umfeld (Polis); Aufkommen der Frage nach mehr oder weniger aktiver Bürgerbeteiligung am Gemeinwesen;
- Sokrates: Formulierung ethischer Pflichten des Einzelnen in der Gemeinschaft („Vernunft und Wahrheit"), Orientierung an allgemeinen Normen;
- Platon („Politeia", „Der Staat"): umfassende Skizzierung eines geordneten Staatswesens, das jedem Einzelnen nach individuellem Können seinen Platz zuweist; hierarchische Ständeordnung: Wächter, Krieger, Erwerbstätige;
- Hinterfragung der Ständeordnung Platons durch Ausformung der Demokratie („Herrschaft des Volks"); wachsende Bedeutung der Sophistik: Betonung der Redekunst im öffentlichen Diskurs, Vorrang relativer Moral;
- Aristoteles: Mensch als Bürger, der selbstverständlich in politischer Gemeinschaft lebt und aktiv handelt („zoon politikon"); Grundlage für Philosophenschule der Stoa („stoische Pflichterfüllung im Gemeinwesen"), im Gegensatz dazu Schule des Epikureismus („Zurückgezogenheit des Menschen fern des Staates"); Kynismus: höchstmögliche Zurückgezogenheit und Bedürfnislosigkeit des Einzelnen (vgl. Diogenes: Geh mir aus der Sonne).

2 Entwicklung des Römischen Rechts von der Republik bis zur Spätantike:

- Römisches Recht als eigene (nicht von Griechenland übernommene oder adaptierte) Schöpfung: Formung aus konkretem Lebensalltag heraus (vgl. die lange Dominanz von Einzelfallentscheidungen);
- konstante, additive Weiterentwicklung der Rechtsideen und -instrumente über die Jahrhunderte (analog zur Veränderung von Machtstrukturen): nach

Ständekämpfen Verschriftlichung des nur für die Oberschicht gültigen Gewohnheitsrechts, ab 1. Jahrhundert v. Chr. Etablierung formaler Gerichtshöfe (mit Zuständigkeiten für konkrete Delikte), in der Kaiserzeit Dominanz kaiserlicher Verfügungen (mit Beratung durch professionelle Juristen);
- Spätantike: Schaffung erster umfassender Rechtssammlungen mit Höhepunkt im Corpus Iuris Civilis: systematische Zusammenstellung und Vereinheitlichung des gesamten Römischen Rechts mit Wirkung bis heute (BGB).

3 Folgen des Investiturstreits für das Königtum:
- schwere Erschütterung der theokratischen Legitimation des Königtums;
- Erfordernis einer besonderen Betonung der Sakralität des Königtums;
- Suche nach rationalen Elementen der Herrschaftslegitimierung (z. B. Römisches Recht) als Folge der Notwendigkeit einer Neubegründung königlicher Herrschaft.

Folgen des Investiturstreits für das Papsttum:
- Verfestigung der Kirche zu einer rechtlich abgeschlossenen Körperschaft;
- großes Selbstbewusstsein der Päpste und ausgeprägte päpstliche Selbstdarstellung (quasikaiserliche Stellung);
- politische Ansprüche des Papsttums.

Folgen des Investiturstreits für die Verfassungsstruktur des Reichs:
- Zerfall der frühmittelalterlichen Einheit von weltlicher und geistlicher Gewalt, stattdessen Dualismus der beiden Gewalten;
- Reichsbischöfe werden zu geistlichen Fürsten, die ihre eigenen Territorien aufbauen: Einleitung des Territorialisierungsprozesses.

4 Die Reformen, die vom Wormser Reichstag ausgingen, führten zu institutioneller Verdichtung, Verrechtlichung und letztlich zu größerer Rechtssicherheit im Alten Reich:
- Ewiger Landfriede: allgemeines, zeitlich unbefristetes Fehdeverbot, großer Meilenstein auf dem Weg zu mehr Rechtssicherheit im Reich;
- Einrichtung eines von den Ständen dominierten Reichskammergerichts zur Sicherung des Landfriedens, das erste Instanz für alle unmittelbaren Reichsglieder war, darüber hinaus u. a. auch höchste Appellationsinstanz; die Gerichtsordnungen des Reichskammergerichts (1555 und 1654 verändert) sind in Zusammenhang mit der „Rezeption des Römischen Rechts“ von Bedeutung; Reichskammergericht und der kaiserliche Reichshofrat waren die Instanzen, in denen in der Folgezeit Konflikte politischer, sozialer, wirtschaftlicher, aber auch religiöser Natur auf dem Rechtswege ausgetragen wurden;

- Einführung einer allgemeinen Reichssteuer („Gemeiner Pfennig"): vermögensabhängige Abgabe jeden Einwohners des Reichs über 15 Jahre; diese scheiterte, da den Landesherren ein solch weitgehender Zugriff des Reichs auf die finanziellen Ressourcen der Territorien ein Dorn im Auge war;
- Handhabung Frieden und Rechts: jährlich stattfindende Reichstage und damit die stete politische Beteiligung der Reichsstände sowie die Einwilligung der Stände bei der Steuerbewilligung, bei Entscheidung über Krieg und Frieden sowie Bündnissen; verfassungsrechtliche Anerkennung des dualistischen Charakters der Reichsverfassung;
- Einteilung des Heiligen Römischen Reichs in Reichskreise, die als Exekutivorgane wichtige Funktionen bei der Sicherung des Landfriedens hatten.

5 Der Westfälische Friede war einerseits völkerrechtlicher Vertrag, andererseits regelte er Verfassungsfragen des Reichs und war daher auch maßgebend für die künftige Kräfteverteilung zwischen Kaiser und Reichsständen.

Zur Stärkung der großen Reichsfürsten trugen bei:
- Stärkung des Reichstags: Mitbestimmung bei allen wichtigen Reichsangelegenheiten;
- Erweiterung und klare Definition der Stellung der Reichsstände;
- konfessionelle Parität in den Reichsinstitutionen;
- Bestätigung der vollen Landeshoheit der Fürsten in ihren Territorien;
- Bündnisrecht für die Reichsstände (Ausnahme: Bündnisse, die gegen Kaiser und Reich gerichtet waren).

Der Westfälische Frieden schuf für die großen Reichsfürsten günstige Bedingungen, ihre Territorien zu modernisieren. Mächtige Reichsstände wie Brandenburg-Preußen, Kurbayern, Kurhannover oder Kursachsen legten sich eigene stehende Heere zu und versuchten, die Mitwirkung der Landstände in ihren Territorien so weit wie möglich zurückzudrängen. Den Reichsverband sahen viele mächtige Reichsstände in der Folge zunehmend als Hemmschuh. Ihnen gegenüber stand der habsburgische Kaiser mit seiner Klientel der vielen kleinen Reichsstände und geistlichen Staaten, die Kaiser und Reichsverband schützte.

Von voller Souveränität der Reichsstände kann aus mehrfachen Gründen nicht gesprochen werden:
- Normaljahresregelung (Herstellung der konfessionellen Verhältnisse nach dem „Normaltag" 1. Januar 1624), die dem Reformationsrecht der Stände entgegen stand;
- Einschränkung des Bündnisrechts;
- Mitbestimmung aller Reichsstände am Reichstag.

Die frühere Deutung, der Westfälische Frieden habe die Machtlosigkeit des zersplitterten Reichs fortgeführt, ist heute überholt. Nach dem Westfälischen Frieden stabilisierte sich die kaiserliche Macht zunehmend und damit auch die Position der kleineren Reichsstände, die auf den Schutz des Kaisers angewiesen waren. Auch gab es durchaus produktive Arbeitsphasen des Reichstags nach 1648 bevor die Reichsinstitutionen von den großen Reichsfürsten, vor allem Brandenburg-Preußen, instrumentalisiert und blockiert wurden. Die föderale Gewaltenteilung (regionale Partizipation, Rechtsstaatlichkeit, Friedensfähigkeit) wurde verfestigt.

6 Locke und Montesquieu formulierten in ihren jeweiligen politischen Theorien Prinzipien, die in den westlichen modernen Verfassungsstaaten zu grundlegenden Maximen wurden:

- Prinzip der Gewaltenteilung, das gegen den königlichen Absolutismus gerichtet war und Machtmissbrauch verhindern sollte;
- die Bindung gesetzlichen Handelns an Recht und Verfassung;
- das Widerstandsrecht.

7a Struktur des Alten Reichs:

- loser Verbund heterogener Reichsglieder, an dessen Spitze der Kaiser als Reichsoberhaupt stand;
- hierarchisch strukturierter Lehensverband;
- defensiv ausgerichtet;
- dezentral und föderativ strukturiert: u. a. Einteilung in Reichskreise;
- ständisch-korporativ;
- Staatlichkeit auf zwei Ebenen: autonome Handlungsebene der Territorien und übergeordnete Handlungsebene des gesamten Reichs;
- Wahlmonarchie.

Rechtsgrundlage des Alten Reichs:

- Fehlen einer systematischen schriftlichen Verfassung;
- Reichsverfassung war ein Geflecht aus Gewohnheitsrechten, den schriftlich fixierten Reichsgrundgesetzen (leges fundamentalis) und fallweise erlassenen Übereinkünften (z. B. kaiserlichen Privilegien).

Aufgaben / Ziele:

- Rechtswahrung: friedliche Lösung von Konflikten durch die Reichsgerichte (Reichskammergericht und Reichshofrat);
- Friedenssicherung nach innen und außen;
- gemeinsame Steuern („Gemeiner Pfennig“) und Dienste (z. B. Reichsheer).

7b Charakterisierung des Reichs durch Pufendorf:

- Altes Reich ist ein „irreguläre[r] und einem Monstrum ähnliche[r] Körper" (Z. 21 f.), da man das Reich in seiner Gesamtheit keiner der Staatsformen (Monarchie, Aristokratie, Demokratie) eindeutig zuordnen kann;
- ursprünglich sei das Reich zwar eine Monarchie gewesen (vgl. Z. 24), diese habe sich aber durch die Machtgier der weltlichen und geistlichen Reichsstände und Fehlentscheidungen des Kaisers zu einer „disharmonischen Staatsform" (Z. 25) entwickelt;
- Reich als eine Mischung aus beschränkter Monarchie und Föderation mehrerer Staaten (vgl. Z. 25–28);
- unaufhaltsame Entwicklung in Richtung Staatenbund, in dem ein Fürst – der Kaiser – eine herausragende Stellung habe und sich die übrigen Bundesgenossen unterordnen müssten.

7c Pufendorf macht die Mischung aus Monarchie und Staatenbund, d. h. den Dualismus von Kaiser und Reich, für die Schwäche des Heiligen Römischen Reichs verantwortlich. Dieses Gemenge führe zu einem beständigen Ringen zwischen dem Kaiser auf der einen und den Reichsständen auf der anderen Seite. Haupt und Glieder bildeten keine Einheit, sondern stünden sich wie zwei Parteien gegenüber (vgl. Z. 55 f.). Während der Kaiser versuche, seine monarchische Macht wiederherzustellen, seien die Reichsstände darum bemüht, die eigene politische Macht und die politischen Mitwirkungsrechte zu verteidigen.

7d Obwohl mit dem Westfälischen Frieden 1648 eine Reihe von Verfassungsproblemen offengelassen worden waren, schuf dieser insgesamt eine tragfähige Grundlage für das Neben- und Miteinander von Kaiser und Reichsständen. Die Stärke bzw. Schwäche des Reichs hing angesichts der spezifischen politischen Struktur des Alten Reichs jedoch entscheidend davon ab, wie konsensbereit sich die politischen Akteure innerhalb des Reichsverbands zeigten und ob integrative Ideen und Instrumentarien entwickelt wurden. Der defensive Charakter des Reichs bedingte die Tendenz zu Erstarrung und – mit Blick auf politische Prozesse der Moderne – Rückständigkeit und ließ Entwicklungen etwa hin zur Volkssouveränität nicht zu.

Nicht alle Reichsglieder hatten das gleiche Interesse, sich für das Reichsganze zu engagieren. Während die kleinen und mittleren Reichsstände – den drohenden Verlust der Reichsunmittelbarkeit vor Augen – auf den Schutz des Kaisers angewiesen waren und am Reich festhielten, versprachen sich einige wenige große Reichsstände, vor allem Brandenburg-Preußen, im 18. Jahrhundert kaum mehr Nutzen vom Reich. Die außenpolitische Verflechtung einzelner Reichsfürsten mit europäischen Mächten trug zusätzliche Konflikte in das Reich hinein.

„Volk“ und „Nation“ als Identifikationsmuster

8 Entwicklung des germanischen Ursprungsmythos:

- Produkt diverser Formen von Nationalismus seit dem Humanismus und v. a. im 19. und frühen 20. Jahrhundert in Deutschland; keine kausallogische Verbindung zwischen antikem Germanentum und modernem Deutschtum: niemals Existenz eines germanischen „Volks“ oder einer germanischen „Nation“;
- zunächst Bild der Germanen aus römischer Fremdsicht (mit stark verformender Deutung); Instrumentalisierung von Stereotypen des Geschichtsschreibers Tacitus (im Sinne späterer „deutscher Tugenden“) durch national denkende deutsche Autoren des Spätmittelalters;
- idealisiertes Germanenbild: nahtlose Einfügung in ältere Bestrebungen anderer europäischer Zentralstaaten nach Schaffung eigener nationaler Identität bzw. nach eigenem „Volkscharakter“ („invention of tradition“);
- entscheidende Rolle des in Rom sozialisierten Deserteurs Arminius (ursprünglich aus Stamm der germanischen Cherusker); spätestens mit aggressiver Abwendung vom Nachbarn Frankreich seit den Befreiungskriegen gegen Napoleon Entstehung eines „Hermann“-Mythos, der im Kern auf Roms Katastrophe im Teutoburger Wald (9 n. Chr.) zurückgeht.

Propagandistische Überformung im 19. und 20. Jahrhundert:

- im Deutschland des 19. Jahrhunderts einförmige Überhöhung solch konstruierter Vergangenheit im Dienste eines nationalen Pathos; als prägnantestes Beispiel (mit Beginn des Wilhelminismus) Einweihung eines übergroßen Hermannsdenkmals: rasche Entwicklung zu beliebter Pilgerstätte für national(istisch) Gesinnte; auch an anderen Orten Entstehung ähnlicher Kultorte selbst ernannter deutscher Größe (z. B. Walhalla bei Regensburg);
- Pervertierung des national aufgeladenen Mythos durch rassische Ideen des Nationalsozialismus („Germanenwahn“); Elemente: Konstruktion 2 000-jähriger germanischer Kontinuitätslinie mit (vermeintlich) dauerhafter Überlegenheit des deutschen Wesens in Europa, Verknüpfung eines extremen Antisemitismus mit germanisch definiertem, personalisiertem Führerkult („Hitler als neuer Arminius“), stete Klage über angeblich hinterhältigen Dolchstoß in Deutschland am Ende des Ersten Weltkriegs;
- nach 1945: Wandel sichtbarer Relikte des germanisch-deutschen Vergangenheitspathos zu romantisierenden, kulturellen Touristenattraktionen; Entpolitisierung und Entnationalisierung des Phänomens „Historischer Erinnerungsort“ als selbstverständlicher Teil moderner deutscher Geschichtskultur.

9 Deutsches Reich als „Reichsgründung von oben“:

- Entwicklung vom linken zum rechten Nationalismus: zu Beginn des 19. Jahrhunderts Forderungen nach Demokratie und staatlicher Einheit eher von unten und aus breiten Volksschichten (Studenten, Handwerker, auch Intellektuelle), ab letztem Drittel des 19. Jahrhunderts aber stark autoritäre Entwicklung (als Ergebnis des Kriegs gegen Frankreich, Dominanz alter Eliten);
- keine langfristige Stabilität der deutschen Republik von 1848/49 (Paulskirchenverfassung): Lähmung von Demokratie und Fortschritt durch restaurative, großbürgerliche Strömungen, v. a. in beiden großen Staaten Preußen und Österreich weiterhin relativ uneingeschränkte Macht der Monarchen;
- in 60er-Jahren des 19. Jahrhunderts Eskalation deutscher Rivalität: durch den Sieg Preußens Ende der Träume von der „großdeutschen Lösung“ (Einheitsstaat mit Österreich) zugunsten der „kleindeutschen Lösung“ (Ausschluss Österreichs);
- 18. Januar 1871: Proklamation des preußischen Königs Wilhelm zum deutschen Kaiser, dadurch Schaffung eines deutschen Nationalstaats „von oben“.

10 Wurzeln der „Erbfeindschaft“ im Selbstverständnis der Deutschen und Franzosen vor 1871:

- lange gemeinsame Geschichte mit offener bzw. schleichender Ausprägung von Rivalität und Gegnerschaft; Entstehung von Gegensätzen auch durch unterschiedliche staatspolitische Entwicklung (Zentralstaat in Frankreich, föderaler Staat in Deutschland);
- zahlreiche Kriege seit spätkarolingischer Zeit (9. Jahrhundert); territoriale Verschiebungen, Verlagerung von Wirtschaftskraft; mehrfacher Seitenwechsel Elsass-Lothringens; militärische Offensiven Ludwigs XIV. in deutschen Territorien (unter Berufung auf angebliche Erbansprüche) und Kriege Napoleons in Europa (Verwüstungen und politische Eingriffe, z. B. Installation französisch ausgerichteter Marionettenregierungen in Süddeutschland);
- Phasen freundschaftlicher Annäherung und Zusammenarbeit (v. a. in der Aufklärung im 18. Jahrhundert): in Deutschland beliebte Hinwendung zum Französischen, Kultur und Sitten Frankreichs als Vorbild;
- allmähliche Instrumentalisierung von Symbolen und Vorurteilen: Entstehung offener bzw. latenter Klischees und Stereotypen, v. a. in Kriegsphasen Ausweitung zu massiven Vorurteilen (z. B. „Boche“ vs. „Franzmann“) und Befeuerung des Nationalismus (vgl. plumpe Feindbilder in der Rheinkrise 1840); stilisierte territoriale Propaganda: Grenzfluss Rhein als „Schicksalsfluss“ beider Länder;

- endgültige Konturierung des Phänomens „Erbfeindschaft" als zeitnahes Produkt nationalistischer Stimmungen im Deutsch-Französischen Krieg von 1870/71: doppelte Demütigung Frankreichs (gewaltige Überlegenheit preußischer Truppen, Gefangennahme des Kaisers im eigenen Land), inszenierte Provokation durch deutsche Kaiserproklamation in Versailles (traditioneller französischer Symbolort) als massive Erschütterung des Selbstverständnisses als „Grande Nation" (große Nation).

11 a Faktoren gegensätzlicher Entwicklung in Frankreich und Deutschland:

- Verständnis von Staatsbürgerschaft: in Frankreich Betonung kultureller Integration von Einwanderern (Territorialprinzip), in Deutschland Dominanz des ethnischen Faktors (Blutsprinzip); in Frankreich stärkere Verinnerlichung von Prinzipien des klassischen Liberalismus (individuelle, v. a. politisch-wirtschaftliche Freiheit; staatliche Garantie von Grundrechten und bürgernaher Verfassung, vermehrt auch von Privateigentum und offenem Wettbewerb);
- Wertekanon nationaler Selbstfindung: in Frankreich Verabsolutierung traditioneller Werte der Französischen Revolution und des republikanischen Prinzips (Freiheit, Gleichheit, Brüderlichkeit; Menschen- und Bürgerrechte; zivile und individualistische Werte), in Deutschland ausgeprägte Tradition militärischer Nationalstaatsbildung unter starkem Monarchen (v. a. obrigkeitsstaatliches Prinzip: Befehl und Gehorsam);
- Nationalbewusstsein: in Frankreich überaus positiv und unverkrampft (enge Synthese von Nation und Demokratie sowie von nationaler Identität und Nationalstaat); in Deutschland keine Ausbildung eines „gesunden" Nationalbewusstseins wegen starker Verpflichtung gegenüber negativem historischen Erbe (wilhelminischer Militarismus und rassistischer NS-Terrorstaat).

11 b Frankreich als „normalere" Nation:

- „Deutscher Sonderweg" im Selbstverständnis europäischer Nationalstaatsbildung (Frankreich eher als Normalfall); in Deutschland sehr späte nationale Einheit (19. Jahrhundert) wegen relativer Schwäche der Zentralgewalt im Heiligen Römischen Reich deutscher Nation;
- frühe Etablierung Frankreichs als Zentralstaat mit starker monarchischer Spitze (ähnlich in England und Spanien); Festigung königlicher Macht durch Religion (Heraushebung des Herrschers über Zeitgenossen: Herrschersalbung in Kathedrale von Reims); Verwurzelung starker Dynastien (langfristig v. a. Bourbonen) weit über Französische Revolution hinaus; bis heute weitgehende Ineffektivität von Versuchen politischer wie administrativer Dezentralisierung (z. B. Regionalisierung und Minderheitensprachen).

11 c Historische Brüche in Deutschlands Geschichte:

- vielfältige Brüche als Hindernis für Entwicklung zu „normaler" Nation: endgültige Überwindung des „deutschen Sonderwegs" erst durch Wiedervereinigung 1989/90;
- Selbstverständnis des Heiligen Römischen Reichs: massive Schwächung der Zentralgewalt durch ständige Rivalität zwischen Kaiser, starken Territorialfürsten und Kirche; Weg zum Nationalstaat im 19. Jahrhundert über mehrere Etappen von Fort- und Rückschritt (kein stabiler Einheitsstaat); spätes Erbe: heutiges demokratisch-föderales Prinzip;
- historische Niederlagen in zwei Weltkriegen: alliierte Fremdbestimmung mit unterschiedlich ausgeprägtem Willen zu dauerhafter Eliminierung des deutschen Militarismus und Nationalismus (nach 1918 scharfe innenpolitische Polemik gegen Demokratisierung und „Schande von Versailles" als Menetekel junger Weimarer Demokratie, Kulmination in Machtübernahme der Nationalsozialisten); nach 1945/49 Etablierung demokratischer Prinzipien bzw. Entwicklung eines tragfähigen Verfassungspatriotismus (zumindest in Westdeutschland) über jahrzehntelangen Umweg staatlicher Teilung.

Der Nahe Osten: Historische Wurzeln eines weltpolitischen Konflikts

12 Verhältnis zwischen Juden und römischer Besatzung (63 v. Chr. – 135 n. Chr.):

- Eroberung Jerusalems durch den römischen Feldherrn Pompeius 63 v. Chr.: Verletzen der religiösen Empfindlichkeiten der Juden durch Betreten des Tempelbezirks; Judäa für ca. 700 Jahre Teil des römischen Machtbereichs;
- Herrschaft des Königs Herodes (37–4 v. Chr.): formal eigenständiges jüdisches Reich bei Anerkennung der römischen Oberherrschaft; Anpassung an die Römer, aber auch Bewahrung eines Rests nationaler jüdischer Identität (relativ ungestörte Ausübung ihrer Religion, „Herodianischer Tempel");
- nach dem Tod des Herodes: direkte Unterstellung Judäas unter römische Herrschaft (6 n. Chr.);
- Aufstand der Juden unter zelotischer Führung aus religiösen und wirtschaftlichen Gründen (66–70 n. Chr.): gewaltsame Niederschlagung durch Römer, Zerstörung des Tempels, Beginn der zweiten Diaspora;
- Aufstand der Juden unter Führung von Bar Kochba (132–135 n. Chr.): wiederum gewaltsame Niederschlagung durch die Römer nach erbitterten Kämpfen, Wiederaufbau Jerusalems als römische Siedlung (Aelia Capitolina), zu

der Juden keinen Zutritt mehr haben; Umbenennung Judäas in „Syria Palaestina“ (Bestreben der Römer, Bezug der Region zur jüdischen Geschichte zu tilgen); Verlagerung des religiösen Zentrums nach Galiläa.

13 Entstehung, Verlauf und Ergebnis des Ersten Kreuzzugs:

- nach der Eroberung Anatoliens und der Einnahme Jerusalems durch die Seldschuken Hilferuf des byzantinischen Herrschers Alexios I. Komnenos an Papst Urban II. im März 1095;
- Aufruf des Papstes zum Kreuzzug auf dem Konzil in Clermont-Ferrand 1095: Bildung einer Massenbewegung zur Befreiung des Heiligen Landes;
- „Volkskreuzzüge“ 1096: beim Aufbruch Pogrome an Juden im Rheingebiet durch die Arme-Leute Heere; diese erreichten nicht das Heilige Land;
- Kreuzzug der Ritter: Vereinigung von christlichen Kreuzfahrerheeren in Konstantinopel 1096/97, Belagerung und Eroberung Jerusalems 1099, Massaker an Juden und Muslimen;
- Entstehen von Kreuzfahrerstaaten (Königreich Jerusalem, Grafschaft Tripolis, Fürstentum Antiochia, Grafschaft Edessa);
- Verbleiben nur eines Teils der Kreuzritter im Heiligen Land: kleine Schicht, die Feudalherrschaft in Kreuzfahrerstaaten ausübte.

14 Langfristige Folgen der Kreuzzugsbewegung:

- Aussterben adliger Geschlechter, Verarmung vieler aus dem Heiligen Land zurückkehrender Ritter;
- Hass in der muslimischen Welt aufgrund der Erinnerung an die exzessive Gewaltanwendung durch die Kreuzritter, Verschärfung der Gegensätze zwischen muslimischer und christlicher Welt;
- Verstärkung des Antijudaismus;
- Vertiefung der Kirchenspaltung: Kluft zwischen römischer und griechisch-orthodoxer Kirche;
- Prestige- und Machtverlust des Papsttums;
- aber auch kultureller Austausch zwischen Orient und Okzident.

15 Bewertung des UN-Teilungsplans durch die jüdische und arabische Seite:

jüdische Bewertung:

- grundsätzlich Zustimmung zum Teilungsplan: Anerkennung der Existenz eines jüdischen Staates wurde als großer Erfolg gewertet, Verwirklichung des lange verfolgten zionistischen Ziels der Gründung eines jüdischen Staates;
- Hoffnung auf spätere Korrektur der Staatsgrenzen;

- zugeteilte Fläche für jüdischen Staat angesichts des jüdischen Bevölkerungsanteils in Palästina äußerst günstig.

arabische Bewertung:

- grundsätzliche Ablehnung des Teilungsplans: Illegitimität der Gründung eines jüdischen Staates in Palästina;
- Palästina ist Heimat der Araber, jüdische Immigration erst seit Ende des 19. Jahrhunderts;
- ungerechte Aufteilung des Territoriums, Fläche des arabischen Staates angesichts der arabischen Bevölkerungsmehrheit in Palästina zu klein.

16 Verhältnis zwischen Ägypten und Israel (1973–1979):

- Yom-Kippur-Krieg: Angriff Ägyptens (gemeinsam mit Syrien) auf Israel im Oktober 1973; Ziel: Rückgabe der besetzten Sinaihalbinsel und Öffnung des Suezkanals; durch Israels Haltung keine diplomatische Lösung in Sicht;
- Prestigegewinn Sadats aufgrund anfänglicher militärischer Erfolge Ägyptens; am Ende aber Wiederherstellung des territorialen Status quo ante;
- Annäherung zwischen Ägypten und Israel (1977): Interesse Ägyptens an Verhandlungen mit Israel wegen der Rückgewinnung der Sinaihalbinsel; Bereitschaft zu Dialog auch bei Israels neuer Regierung unter Ministerpräsident Begin: Besuch Sadats in Jerusalem und Rede vor der Knesset im November 1977 als sichtbarer Ausdruck der Entspannung;
- Verhandlungen zwischen Ägypten und Israel unter Vermittlung der USA in Camp David; Abschluss des Camp David-Abkommens im September 1978: Einigung auf etappenweisen Rückzug Israels von der Sinaihalbinsel sowie auf palästinensische Selbstverwaltungsbehörden für den Gazastreifen und das Westjordanland;
- Abschluss eines Friedensvertrags zwischen Ägypten und Israel (1979): gegenseitige Anerkennung der beiden Staaten und Beendigung des seit 1948 bestehenden Kriegszustands; Verbesserung des bilateralen Verhältnisses zwischen Ägypten und Israel, aber kein Durchbruch zu einer Gesamtlösung des Palästinakonflikts; Isolierung Ägyptens in der arabischen Welt.

17 Rolle der USA beim Friedensprozess von der Madrider Friedenskonferenz 1991 bis zu den Verhandlungen in Camp David 2000:

- auf Initiative der USA Einberufung einer Konferenz zur Lösung des Nahostkonflikts in Madrid 1991;
- wegen ausbleibender Fortschritte Fortsetzung der Gespräche in Washington: erstmals direkte Kontakte zwischen Israel und palästinensischen Vertretern;

- Förderung des Osloer Friedensprozesses durch die USA: Unterzeichnung der Osloer Prinzipienerklärung in Washington im Beisein von US-Präsident Clinton am 13. September 1993;
- großes Engagement der Regierung Clinton zur Beilegung des Nahostkonflikts – Unterzeichnung eines Memorandums in Wye Plantation bei Washington durch den israelischen Regierungschef Netanjahu und den PLO-Vorsitzenden Arafat am 23. Oktober 1998: Akzeptanz des Prinzips „Land gegen Frieden" durch beide Seiten;
- Unterzeichnung des zweiten Wye-Memorandums durch den israelischen Regierungschef Barak und den PLO-Vorsitzenden Arafat am 4. September 1999;
- auf Einladung der US-Regierung Verhandlungen zwischen Israel und der palästinensischen Seite auf Camp David, dem Feriensitz des amerikanischen Präsidenten (Juli 2000); aufgrund großer Differenzen (u. a. Status von Ostjerusalem) keine Einigung zwischen beiden Seiten.

Gründe für das Scheitern der Gespräche in Camp David:

- israelische Regierung und palästinensische Vertretung unter starkem innenpolitischen Druck, Furcht vor Eingehen von zu großen Kompromissen;
- fehlendes Vertrauen aufgrund von Enttäuschungen in der Vergangenheit;
- bei zentralen Fragen (z. B. Status von Ostjerusalem, Rückkehr palästinensischer Flüchtlinge) kaum eine für beide Seiten akzeptable Lösung vorstellbar;
- fehlende Druckmittel der USA.

18 Entwicklung des Zionismus zu einer politischen Massenbewegung:

- Pogrome in Osteuropa seit den 1880er-Jahren: verstärkte Auswanderung aus Russland nach Palästina zwischen 1882 und 1903 (1. Alija); Wirkung von Leon Pinskers Werk „Auto-Emancipation";
- massenwirksame Verbreitung der zionistischen Idee durch Herzls Buch „Der Judenstaat" (1896) nach dem Aufkommen eines rassisch begründeten Antisemitismus sowie nach der Dreyfus-Affäre in Frankreich;
- Festlegung auf Palästina als „öffentlich-rechtliche Heimstätte" der Juden bei Erstem Zionistischen Weltkongress (1897): Verbindung der zionistischen Idee mit historischem Erbe;
- judenfeindliche Tendenzen in Österreich-Ungarn seit Ende des 19. Jahrhunderts: zunehmende Auswanderung auch aus Galizien (2. Alija);
- nach der Balfour-Deklaration (1917) und der Einrichtung des britischen Mandats über Palästina (1920): verstärkte Einwanderung vor allem osteuropäischer Juden (Russland bzw. Sowjetunion, Polen) während der 3. Alija;

- Verbesserung der Voraussetzungen für die Einwanderung nach Palästina durch die Entstehung jüdischer Organisationen (u. a. Jewish Agency): starke Zunahme der Einwanderung seit Mitte der 1920er-Jahre (4. Alija);
- nach wachsendem Antisemitismus nach der Machtübernahme der Nationalsozialisten in Deutschland sprunghafter Anstieg der Einwanderung nach Palästina in den 1930er-Jahren auf ca. 200 000 Juden (5. Alija); verstärkte zionistische Besiedlung Palästinas durch den Erwerb von Ländereien und die Entstehung von Kibbuzim.

19 Analyse der Karikatur:

- Darstellung Großbritanniens als snobistisch wirkender Gentleman, der eine Golftasche und eine Reisetasche trägt. Auf Letzterer ist neben der britischen Flagge die Jahreszahl 1948 zu erkennen: Verweis auf den Rückzug Großbritanniens aus Palästina;
- ein Schild mit der Aufschrift „Back to Britain" gibt die Reiserichtung an;
- Übergabe einer Bombe mit brennender Zündschnur und der Aufschrift „Palestina" an zwei Jungen durch den abreisenden Gentleman: die Jungen stehen für das arabische (rechts) und das jüdische Volk (links), die nun mit einer explosiven Anhäufung von Problemen allein gelassen werden;
- der britische Gentleman wirkt unbeteiligt: fehlendes Bewusstsein für die Problematik der Situation;
- die beiden „jungen" Staaten sind angesichts der bestehenden Spannungen mit der Lage überfordert – es droht ein Ausbruch von Gewalt.

Übereinstimmungen mit der historischen Situation:

- Lage nach Abzug der Briten in Palästina ohne jeden Zweifel explosiv;
- beide Seiten hielten an den eigenen nationalen Vorstellungen fest und waren nicht zu Kompromissen bereit.

Widersprüche zur historischen Situation:

- kein leichtfertiger Abzug Großbritanniens: dessen Kräfte und finanzielle Mittel reichten aufgrund der Lasten des Zweiten Weltkriegs und der Auflösung des Empires für eine Fortführung der Mandatsverwaltung in Palästina jedoch nicht mehr aus;
- Konflikt zwischen Arabern und Juden nicht durch Mandatsmacht Großbritannien verursacht, sondern liegt vielmehr im Zusammenstoß zionistischer Vorstellungen mit arabischen nationalen Zielen begründet;
- Juden und Araber sind an dem Konflikt nicht unbeteiligt: beide Seiten griffen seit Beginn der 1920er-Jahre zur Gewalt, um eigene Ziele durchzusetzen;

Darstellung der beiden Staaten als unschuldig wirkende Jugendliche entspricht nicht der historischen Wahrheit.

20a Argumente zur Legitimierung der Gründung des Staates Israel:
- historische und traditionelle Verbundenheit: „Erez Israel“ als alte Heimat des jüdischen Volks, aus der es gewaltsam vertrieben wurde; auch in der Diaspora stets Sehnsucht nach Rückkehr und politischer Selbstständigkeit (vgl. Z. 1–5);
- Kultivierung Palästinas durch zionistische Besiedlung (vgl. Z. 10–16);
- Bestätigung des vom Zionistischen Kongress zum ersten Mal formulierten Rechts auf Gründung eines jüdischen Staates durch Balfour-Deklaration (1917) und Völkerbundmandat (1922);
- nach Holocaust Notwendigkeit eines jüdischen Staates zum Schutz der Juden, auch als sicherer Ort für jüdische Flüchtlinge;
- Teilnahme jüdischer Soldaten aus Palästina am Kampf gegen Hitler-Deutschland; daraus leitet sich ein Recht auf Mitgliedschaft in den Vereinten Nationen ab (vgl. Z. 36–41);
- Anerkennung des Rechts auf Gründung eines jüdischen Staates durch Beschluss der UN-Vollversammlung am 29. November 1947.

20b arabische Sicht der angesprochenen historischen Entwicklungen:
- Palästina seit dem 7. Jahrhundert von Arabern besiedelt; Heimat der Juden in den Staaten, in denen sie lebten;
- kein Recht Großbritanniens, der zionistischen Bewegung jüdischen Staat in Aussicht zu stellen; imperialistische Politik Großbritanniens in der Region seit dem Ersten Weltkrieg;
- Araber nicht für Holocaust verantwortlich, deswegen daraus kein Recht auf Staat in Palästina ableitbar;
- Selbstbestimmungsrecht der in Palästina lebenden Araber sowie Demokratieprinzip durch Teilungsplan der UNO nicht respektiert.

Die USA – von den rebellischen Kolonien zur globalen Supermacht

21 Ursachen des Unabhängigkeitskampfs der Kolonien gegen das Mutterland:
- wachsendes Selbstbewusstsein der Kolonisten durch erfolgreiche Siedlungstätigkeit und Prosperität in den Kolonien;

- zunehmende wirtschaftliche Interessensunterschiede zwischen Kolonien und Mutterland (z. B. Zuckerrohrgesetz);
- Widerstand der Kolonien gegen politische Bevormundung (z. B. königliche Proklamation vom 7. Oktober 1763);
- Kampf der Kolonisten gegen Besteuerung durch britische Regierung ohne eigene politische Mitsprache („no taxation without representation").

Folgen:
- Loslösung vom Mutterland Großbritannien und Gründung der Vereinigten Staaten;
- Gründung des ersten demokratischen Staatswesens der Neuzeit gemäß den Ideen der Aufklärung: Freisetzung einer ungeheuren wirtschaftlichen, politischen und sozialen Dynamik;
- starker Impuls für die Expansion des Siedlungsraums Richtung Westen.

22 wichtige Aspekte des amerikanischen Selbstbewusstseins:
- Patriotismus: Herausbildung einer amerikanischen Identität und Liebe zur Heimat durch Kampf gegen gemeinsamen Feind;
- republikanisches Sendungsbewusstsein: ideologische Überhöhung der Loslösung vom Mutterland; Entwicklung eines starken republikanischen Bewusstseins in der Auseinandersetzung mit der britischen Krone; Überzeugung von der Mission zur Verbreitung der Demokratie in der Welt;
- Auserwähltheitsglaube: von puritanischen Vorstellungen gefärbte Überzeugung der besonderen historischen Rolle der USA;
- nach dem Sieg über die übermächtig erscheinende Kolonialmacht Großbritannien: Vertrauen in die eigenen Kräfte und Überzeugung, angestrebte Ziele erreichen zu können.

23 Prozess der territorialen Expansion der USA bis 1890:
- Erwerb von Louisiana von Frankreich („Louisiana Purchase", 1803) und Florida von Spanien (1819);
- Monroe-Doktrin (1923): „Amerika den Amerikanern"; Führungsanspruch der USA auf dem amerikanischen Kontinent;
- Abspaltung Texas' von Mexiko (1836) und Aufnahme in die Union (1845);
- Teilung des Oregon-Gebiets nach Vereinbarung mit Großbritannien (1846);
- Annexionen nach siegreichem Krieg gegen Mexiko (1846–1848): u. a. New Mexico, Arizona, Utah, Nevada, California;
- Erwerb Alaskas von Russland (1867);
- Besiedlung des Territoriums bis zur Pazifikküste, Zuweisung von Reservaten an Indianer, Schließen der „Frontier" (1890).

24 Wirtschaftliche und politische Motive für den Schritt der USA zum Imperialismus am Ende des 19. Jahrhunderts:

- großer Bedarf an Rohstoffen angesichts des Bevölkerungswachstums und der sich dynamisch entwickelnden Industriegesellschaft in den USA;
- Suche nach neuen Absatzmärkten für amerikanische Produkte;
- Monopolstreben von großen US-Konzernen (Dollar-Imperialismus);
- „new nationalism“ seit Ende des Jahrhunderts: Förderung des Bewusstseins der besonderen Mission der amerikanischen Nation;
- Streben nach politischer Dominanz aufgrund wirtschaftlicher Überlegenheit;
- zunehmendes Gewicht der politischen Öffentlichkeit: Stärkung der Regierung durch außenpolitische Erfolge.

25 Motive für das Eingreifen der USA in den Ersten Weltkrieg:

- Wiederaufnahme des unbeschränkten U-Boot-Kriegs durch das Deutsche Reich am 1. Februar 1917;
- Bekanntwerden der Zimmermann-Depesche (März 1917): Furcht der US-Regierung vor einem Bündnis zwischen dem Deutschem Reich und Mexiko;
- enge wirtschaftliche Beziehungen der USA zu den Entente-Mächten;
- Wilsons Idee der Durchsetzung freiheitlicher Ideale durch den Sieg über autokratische Systeme („Kreuzzug für die Demokratie“).

Verlauf des Eingreifens der USA in den Ersten Weltkrieg:

- nach Kriegsausbruch Lieferung von Kriegsgerät an Entente-Mächte;
- Kriegseintritt der USA am 6. April 1917 als „assoziierte Macht“;
- Wende des Kriegs durch Erscheinen gut ausgerüsteter US-Truppen auf dem Kriegsschauplatz in Europa im Jahr 1917;
- Entscheidung des Kriegs im Jahr 1918 aufgrund der personellen und materiellen Überlegenheit der Alliierten und des von den USA erfolgreich durchgesetzten Konvoi-Systems zur Sicherung der Handelsverbindungen mit Großbritannien.

26 Bedeutung der USA für die Niederlage Deutschlands im Zweiten Weltkrieg:

vor Kriegseintritt der USA:

- „Arsenal der Demokratie“ nach 1939: Belieferung der Gegner Deutschlands mit Rüstungsgütern („Cash-and-Carry“-Gesetz, Leih-und-Pacht-Gesetz);
- Abschuss deutscher U-Boote durch die USA innerhalb einer 300-Meilen-Sicherheitszone um die amerikanische Küste (1941);
- Konvoischutz von Frachtschiffen bis in britische Häfen (1941).

nach dem Kriegseintritt der USA:
- Einigung mit Großbritannien auf „Germany-first"-Strategie;
- gemeinsam mit Großbritannien Sieg über deutsches Afrikakorps (1943);
- Verschärfung des strategischen Bombenkriegs gegen Deutschland seit 1943;
- Landung amerikanischer und britischer Truppen auf Sizilien (1943);
- gemeinsam mit westlichen Alliierten Landung in der Normandie (1944) und Errichtung einer zweiten Front;
- Vorstoß von US-Verbänden auf das Gebiet des Deutschen Reichs und Zusammentreffen mit sowjetischen Verbänden bei Torgau an der Elbe (April 1945);
- Unterzeichnung der Kapitulationsurkunde im amerikanischen Hauptquartier in Reims am 7. Mai 1945.

27 Fortschritte im Entspannungsprozess zwischen 1963 und 1975:
- Einrichtung eines „heißen Drahts" zwischen Washington und Moskau (1963);
- Unterzeichnung eines Atomteststoppabkommens durch die USA, die Sowjetunion und Großbritannien (1963);
- amerikanisches Konzept der „Flexible Response" (1967);
- Unterzeichnung eines Atomwaffensperrvertrages (1968);
- SALT-I-Vertrag zwischen den USA und der Sowjetunion (1972) zur Begrenzung strategischer Waffensysteme;
- Konferenz von Helsinki (1975): gesamteuropäische Konferenz zur Sicherung von Frieden und Zusammenarbeit in Europa.

Grenzen der Entspannungspolitik:
- Begrenzung der Aufrüstung, aber noch keine Abrüstung;
- keine Aufweichung der ideologischen Gegensätze;
- Stellvertreterkriege in der Dritten Welt.

28 a Langfristige Leitlinien der US-Außenpolitik nach der Monroe-Doktrin:
- Forderung nach einem Ende der Kolonisierungsbestrebungen der europäischen Mächte auf dem amerikanischen Kontinent (vgl. Z. 1–6);
- Einstufen jeglicher europäischer Intervention auf dem amerikanischen Kontinent als Bedrohung der Sicherheit und des Friedens der USA, die verteidigt werden müssen (vgl. Z. 13–20);
- keine Einmischung der USA in Angelegenheiten europäischer Staaten (vgl. Z. 11 ff., 29 ff.);
- keine Einmischung der USA in die Verhältnisse noch bestehender Kolonien europäischer Staaten in Amerika (vgl. Z. 20 ff.);

28b Frage nach der außenpolitischen Neuausrichtung der USA:
- einerseits Anknüpfen an Washingtons „Farewell Address“: Ablehnung langfristiger Bündnisse mit europäischen Staaten, um nicht in europäische Streitigkeiten und Konflikte hineingezogen zu werden;
- andererseits aber Ausdruck eines neuen außenpolitischen Selbstbewusstseins, das den Führungsanspruch der USA auf dem amerikanischen Kontinent zum Ausdruck bringt.

29a Gründe für die Kriegserklärung der USA an das Deutsche Reich:
- Durchsetzung der Prinzipien von Frieden und Gerechtigkeit in der Welt durch das Zusammenwirken demokratischer Nationen (vgl. Z. 3–7);
- Bedrohung des Weltfriedens und der Freiheit macht Neutralität unmöglich (vgl. Z. 8 ff.); vielmehr ist eine „Partnerschaft demokratischer Nationen“ (Z. 19) gefragt;
- politische Freiheit als Basis für Frieden; die Welt muss sicher gemacht werden für die Demokratie (vgl. Z. 25 f.);
- USA als „Vorkämpfer für die Rechte der Menschheit“ (Z. 30);
- Rechtfertigung des Kriegs: Durchsetzung des Rechts – insbesondere Freiheit und Demokratie – wichtiger als Friede (vgl. Z. 35 ff.).

29b Politische und wirtschaftliche Gründe für den Kriegseintritt der USA:
- Wiederaufnahme des unbeschränkten U-Boot-Kriegs durch das Deutsche Reich am 1. Februar 1917;
- enge wirtschaftliche Verbindungen der USA zu Großbritannien und Frankreich: Einschränkung des Handels durch den Krieg, hohe Verschuldung dieser Staaten bei US-Banken aufgrund des Bezugs von Kriegsgerät (daher Interesse der USA an einem Sieg der Entente-Mächte);
- Zimmermann-Depesche: Angst der USA vor Zusammenwirken zwischen Deutschem Reich und Mexiko;
- Gefahr einer politischen und wirtschaftlichen Dominanz Deutschlands in Europa.

30 Interpretation des Plakats:
- eine Hand zerknüllt Papiere mit den Aufschriften „American Constitution“, „Bill of Rights“, „Labor and Business Freedom“, die bereits teilweise in Flammen stehen;
- die Hand mit Ring und Armband, auf denen Hakenkreuze abgebildet sind, symbolisiert den Nationalsozialismus;

- der Nationalsozialismus wird als aggressive Bedrohung der Grundpfeiler des amerikanischen Selbstverständnisses dargestellt: der amerikanischen Verfassung mit den Prinzipien der Volkssouveränität, der Gewaltenteilung und der Gewaltenverschränkung („checks and balances"), dem Grundrechtskatalog („Bill of Rights") sowie der freiheitlichen Wirtschaftsordnung;
- der Aussage des Plakats zufolge beteiligen sich die USA am Zweiten Weltkrieg, um gegen diese Bedrohungen durch den Nationalsozialismus vorzugehen und somit die amerikanische Lebensweise bzw. die amerikanischen Werte und Ideale zu schützen;
- das Propaganda-Plakat wurde 1943 veröffentlicht und richtet sich an die amerikanische Bevölkerung, mit dem Ziel, den Einsatz der US-Truppen zu legitimieren.

Vergleich mit der Atlantik-Charta (1941):

- die Grundsätze der Atlantik-Charta beziehen sich mehr auf die internationale Lage und richten sich weniger an die eigene Nation als an die gesamte Welt;
- die Absichtserklärung beinhaltet die Vision einer neuen Weltordnung, die nach amerikanischen Vorstellungen von Frieden, Abrüstung und kollektiver Sicherheit, internationaler wirtschaftlicher Zusammenarbeit, Freiheit und der Selbstbestimmung der Völker geprägt sein sollte; diese Ideale sollten nach dem Krieg verwirklicht werden;
- das amerikanische Modell, das die Bildquelle plakativ illustriert, soll somit weltweit Anwendung finden und die internationalen Beziehungen nach dem Krieg auf eine neue Grundlage stellen.

31 Möglichkeiten und Grenzen der USA beim „Kampf gegen den Terror":

Möglichkeiten, z. B.:

- zunächst erfolgreicher Angriff gegen das Taliban-Regime in Afghanistan: Zerstörung von Ausbildungslagern der al-Qaida und Beseitigung von Rückzugsmöglichkeiten für Terroristen;
- Schmieden einer Allianz gegen islamistischen Terror (z. B. Erklärung des Bündnisfalls durch NATO bei Angriff auf Afghanistan);
- Verstärken der Sicherheitsmaßnahmen im Inneren der USA;
- Bemühungen der USA um politische und wirtschaftliche Hilfe gemäßigter Regierungen im arabischen Raum und um Lösung des Nahostkonflikts;
- Liquidierung von Führungspersönlichkeiten der al-Qaida (z. B. Osama Bin Ladens).

Grenzen, z. B.:

- Demokratisierung Afghanistans nicht erreicht, Entscheidung für Abzug der US-Truppen aus dem Land wegen hoher Zahl an Opfern und wegen der hohen finanziellen Belastung;
- keine Beseitigung der tieferen Ursachen der Radikalisierung vieler Muslime;
- von USA unterstützte Regierungen in der muslimischen Welt nicht sicher im Sattel, starker Druck durch aufgeputschte Massen;
- Anfachen neuen Hasses durch Liquidierungen von Führungsfiguren von Terrornetzwerken, da Verletzung der Souveränität islamischer Staaten (z. B. Pakistans) und zudem auch Tötung Unschuldiger; in der Folge Verstärkung des Anti-Amerikanismus;
- wirtschaftliche Überforderung der USA durch Ausgaben für Krieg in Afghanistan; zudem ökonomische Probleme durch Immobilien- und Bankenkrise.

Stichwortverzeichnis

Bildnachweis

S. 2: Europa und der Stier. ullstein bild – Archiv Gerstenberg.
S. 4: Sokrates und seine Schüler. akg-images / Schütze / Rodemann.
S. 10: Weltkarte des Ptolemaios. bpk / SBB.
S. 12: Zwölftafelgesetze am Reichsgerichtsgebäude in Leipzig. Foto: Andreas Praefke; http://commons.wikimedia.org/wiki/File:Leipzig_Reichsgericht_au%C3%9Fen_Detail_004.jpg; CC-bySA 3.0 unported.
S. 18: Hagia Sophia. ullstein bild – Heritage Images / Werner Forman Archive.
S. 22: Professor im Lehrstuhl mit seinen Studenten. bpk / Scala.
S. 24: Friedrich II. und sein Falkenmeister. bpk.
S. 28: Investitur eines Bischofs durch den König. bpk.
S. 31: Heinrich IV. in Canossa. ullstein bild – Archiv Gerstenberg.
S. 36: Prager Fenstersturz. bpk / Kunstbibliothek, SMB.
S. 46: Augsburger Religionsfrieden, 1555. AT-Oesta / HHStA AUR 1555 IX 25.
S. 49: Friedensreiter, 1648. akg-images.
S. 55: Regensburger Rathaus. Kupferstich von Andreas Geyer, 1729.
S. 58: „Die Schule von Athen". Raphael 1483 –1520; Vatikan Museum.
S. 61 links: Geozentrisches Weltbild. ullstein bild – IBERFOTO; rechts: Heliozentrisches Weltbild. ullstein bild – The Granger Collection.
S. 65: Szene in einem Kaffeehaus, frühes 18. Jahrhundert. ullstein bild.
S. 73: Unabhängigkeitserklärung, 1776. ullstein bild.
S. 80: Die Lützower. ullstein bild – ullstein bild.
S. 83: Einweihung der Walhalla, 1842. Gustav Kraus.
S. 84 links: Hermann-Denkmal. ullstein bild – imagebroker.net / Werner Otto; rechts: Ernst von Bandel mit dem Kopf des Hermann-Denkmals. ullstein bild – ullstein bild.
S. 89: Obergermanisch-Rätischer Limes. akg-images.
S. 100: Kaiserproklamation im Spiegelsaal von Versailles. Anton von Werner, Bismarck Museum.
S. 109: Niederwalddenkmal. Foto: Moguntiner; http://commons.wikimedia.org/wiki/File:Niederwald_memorial_3.JPG?uselang=de; CC-by-SA 2.5 unported
S. 111: „Germania auf der Wacht am Rhein". akg-images.
S. 112: Deutsche Feldpostkarte, 1914. picture alliance / ZB.
S. 113: Französische Feldpostkarte, 1914. akg-images / Jean-Pierre Verney.
S. 118: Berliner Wohnungsbau mit Marshall-Plan-Hilfe, um 1950. ullstein bild – AKG.
S. 120 links: Plakat Marshall-Plan. bpk / Kunstbibliothek, SMB / Knud Petersen; rechts: Plakatentwurf Wiederaufbau. bpk / Kunstbibliothek, SMB / Knud Petersen.
S. 122: Charles de Gaulle und Konrad Adenauer. picture alliance / © dpa – Fotoreport.
S. 130: Nebukadnezar II. belagert Jerusalem. akg-images / British Library.
S. 133: Relief im Durchgang des Titusbogens. akg-images / Erich Lessing.
S. 135: Bergfestung Masada. Foto: Andrew Shiva; http://commons.wikimedia.org/wiki/File:Israel-2013-Aerial_21-Masada.jpg?uselang=de; CC-By-SA 3.0 unported
S. 143: Eroberung Jerusalems durch die Kreuzfahrer. ullstein bild – Roger-Viollet.
S. 149 links: Theodor Herzl. ullstein bild – Imagno; rechts: Alfred Dreyfus – Ausschluss vom Militär. ullstein bild – Fotographisches Atelier Ullstein.
S. 153: Karikatur „Das Schwert des Islam". akg-images.

S. 154: Karte: Der Nahe Osten nach dem Sykes-Picot-Abkommen von 1916. © Cartomedia, Karlsruhe.
S. 159: Kibbuz „Ramat Rachel“, 1930er-Jahre. Bildarchiv Pisarek / akg-images.
S. 161: Teilungsplan der Peel-Kommission von 1937. © Cartomedia, Karlsruhe.
S. 166: UN-Teilungsplan von 1947. © Cartomedia, Karlsruhe.
S. 169: Der Staat Israel nach dem Waffenstillstand von 1948/49. © Cartomedia, Karlsruhe.
S. 175: Eroberung der Altstadt von Jerusalem, 1967. ullstein bild – ullstein bild.
S. 176: Von Israel besetzte Gebiete (1967). © Cartomedia, Karlsruhe.
S. 181: Sadat, Carter und Begin nach dem Camp-David-Abkommen, 1978. David Hume Kennerly / Getty Images.
S. 186: Palästinensische Demonstration, 1988. akg-images / AP.
S. 191: Rabin, Clinton und Arafat nach der Unterzeichnung der Osloer Prinzipienerklärung, 1993. ullstein bild – Reuters / GARY HERSHORN.
S. 197: Räumung der israelischen Siedlungen im Gazastreifen, 2005. ullstein bild – Waizmann.
S. 205: Unterzeichnung des Mayflower Compact, 1620. Jean Leon Gerome Ferris: The Mayflower Compact 1620, ca. 1930.
S. 212: The Boston Tea Party. The Destruction of Tea at Boston Harbor 1773. Kopie einer Lithographie von Sarony & Major, 1846. George Washington Bicentennial Commission, ca. 1932.
S. 215: Unterzeichnung der Unabhängigkeitserklärung. John Trumbull: Declaration of Independence, 1819.
S. 218: Vereidigung von George Washington, 1789. ullstein bild – The Granger Collection.
S. 224: Bau der transkontinentalen Eisenbahn. akg-images.
S. 226: Massengrab für die Indianer nach der Schlacht am „Wounded Knee“, 1890. ullstein bild – ullstein bild.
S. 231: Karikatur „The Big Stick in the Caribbean Sea“. ullstein bild – The Granger Collection.
S. 238: „Schwarzer Donnerstag“. ullstein bild – ullstein bild.
S. 244 links: Atombombe über Nagasaki, 1945. akg / Science Photo Library; rechts: Japanischer Soldat in der zerstörten Stadt Hiroshima. Foto: Wayne Miller 1945, U. S. Navy.
S. 251: Ankunft von US-Elitesoldaten in Südkorea, 1950. ullstein bild – ullstein bild.
S. 259 links: Vietkong, 1965. Foto: U. S. Marine Corps / PFC G. Durbin 1965; rechts: Demonstration gegen den Vietnamkrieg, 1967. ullstein bild – ullstein bild.
S. 263: Gorbatschow und Reagan in Washington, 1987. ullstein bild – Nowosti.
S. 267: Aufmarsch von US-Truppen in der saudischen Wüste, 1990. ullstein bild – AP.
S. 271 links: Einschlag eines Flugzeugs in den Südturm des World Trade Centers, 2001. Foto: Robert/TheMachineStops, bearb. von upstateNYer, lizenziert unter cc-by-sa-2.0. URL: http://commons.wikimedia.org/wiki/File:UA_Flight_175_hits_WTC_south_tower_9-11_edit.jpeg; rechts: Feuerwehrmann vor den Resten des World Trade Centers, 2001. Foto: U. S. Navy / Photographer's Mate 2nd Class Jim Watson 2001.
S. 274 links: Georg W. Bush auf dem Flugzeugträger USS Abraham Lincoln, 2003. ullstein bild – AP / J. Scott Applewhite; rechts: Gefangener in Guantanamo, 2002. Foto: U. S. Army / Photographers Mate 1st Class Shane T. McCoy 2002.

Ihre Meinung ist uns wichtig!

Ihre Anregungen sind uns immer willkommen. Bitte informieren Sie uns mit diesem Schein über Ihre Verbesserungsvorschläge!

Titel-Nr.	Seite	Vorschlag

Bitte hier abtrennen

Zutreffendes bitte ankreuzen!

Die Absenderin/der Absender ist:

- ☐ Lehrer/in in den Klassenstufen: ______
- ☐ Fachbetreuer/in
  Fächer: ______
- ☐ Seminarlehrer/in
  Fächer: ______
- ☐ Regierungsfachberater/in
  Fächer: ______
- ☐ Oberstufenbetreuer/in
- ☐ Schulleiter/in
- ☐ Referendar/in, Termin 2. Staatsexamen: ______
- ☐ Leiter/in Lehrerbibliothek
- ☐ Leiter/in Schülerbibliothek
- ☐ Sekretariat
- ☐ Eltern
- ☐ Schüler/in, Klasse: ______
- ☐ Sonstiges: ______

Unterrichtsfächer: (Bei Lehrkräften!)

______

STARK Verlag
Postfach 1852
85318 Freising

23-V1T_GW
Bitte ausfüllen und im frankierten Umschlag an uns einsenden. Für Fensterkuverts geeignet.

Kennen Sie Ihre Kundennummer? Bitte hier eintragen.

Absender (Bitte in Druckbuchstaben!)

Name/Vorname

Straße/Nr.

PLZ/Ort/Ortsteil

Telefon privat

Geburtsjahr

E-Mail

Schule/Schulstempel (Bitte immer angeben!)

Bitte hier abtrennen

(Bitte blättern Sie um)